플랫폼 변동의 시대

미디어 생산연구로의 초대

플랫폼 변동의 시대

미디어 생산연구로의 초대

이기형 황경아 지음

플랫폼 변동의 시대
미디어 생산연구로의 초대

지은이 이기형 황경아
펴낸이 이리라

책임편집 이여진
편집 하이픈
표지 디자인 식스틴

2023년 7월 31일 1판 1쇄 펴냄

펴낸곳 컬처룩
등록 번호 제2011－000149
주소 03993 서울시 마포구 동교로 27길 12 씨티빌딩 302호
전화 02.322.7019 | 팩스 070.8257.7019 | culturelook@daum.net
www.culturelook.net

ISBN 979－11－92090－20－7 93300

culturelook

차례

일러두기

• 한글 전용을 원칙으로 하되, 필요한 경우 원어나 한자를 병기하였다.
• 한글 맞춤법은 '한글 맞춤법' 및 '표준어 규정'(1988), '표준어 모음'(1990)을 적용하였다.
• 외국의 인명, 지명 등은 국립국어원의 외래어 표기법을 따랐으며, 관례로 굳어진 경우는 예외를 두었다.
• 사용된 기호는 다음과 같다.

신문 및 잡지 등 정기 간행물, 영화, TV 프로그램 제목 등: 〈 〉

책(단행본): 《 》

머리말

이 책은 문화연구자의 문제의식으로 미디어가 관여된 다양한 활동상과 조직의 운영 및 관행에 관한 대안적인 탐구와, 특히 저널리즘 관련 기존의 연구에서 간과된 쟁점을 주의 깊게 조명하는 기획이다. 여기에서는 신문과 방송 그리고 영상과 1인 미디어 등을 주요 대상으로 삼아, 해당 조직 내부에서 전개되는 주목할 활동과 노동 그리고 구성원들이 접하는 제도적 특징과 이면을 '생산연구'라는 특화된 문제의식으로 풀어낸다.

먼저 그런 지적인 모색이 타당하며 권장할 만하다고 할 수 있지만, 의외로 앞서 언급한 지향점이 밀도 있게 포함되거나 차별적으로 녹아든 연구는 — 특히 저서는 — 그리 많지 않다. 요컨대 여전히 상대적 소수라 할 전공자들을 넘어서서, 커뮤니케이션학의 안팎에서 '미디어 생산연구'에 대한 이해가 아직 충분히 축적되고 있지 못하다는 판단으로 이 책을 집필하게 되었다. 그러니까 이 책은 2000년대 중반 이후 점차 집합적인 면모를 구성한 미디어 생산연구의 특징과 성과 및 숙고할 측면을 상세하게 정리·기록하면서, 좀 더 넓은 범주의 독자들에게 이 접근 방식의 의의와 역할을 알리려는 노력을 담아낸다. 달리 말하면, 생산연구를 수행해 온 학자들은 이미 만들어진 일군의 미디어 콘텐츠를 분석하는 기존 작업에서 한 걸음 나아가, 그런 구성물의 기획과 생산을 둘러싼 내부의 동학과 유념할 이해관계의 진단에서, 외부자들이 파악하기 쉽지 않은 발휘되는 제도와 가치 측면의 주요 영향과 압박 요인을 탐구하는 데 상당한 노력을 기울여 왔다.

예를 들면, 미디어 생산연구는 특정 보도와 방송 및 문화 콘텐츠가 어떤 구체적인 과정을 통해 구성되며, 내부 이해관계들을 조율하고 전략적으로 반영되는지, 그리고 위계화된 관리를 통해 등장하는지에 관심이 크다. 또한 이 특정 접근법은 조직 내부에서 어떤 유형의 관계성과 마찰이 존재하며, '생산'으로 수렴되는 문화와 가치들이 구체적으로 작용하는가에 주목한다. 그런 성찰과 집중력이 깃든 노력 속에, 관련 연구자들은 넓은 의미의 미디어 관련 '현장'의 맥락적인 특성과 쟁점 그리고 구조화된 리듬을 파악하려는 분석적인 시선도 꾸준히 추구해 왔다. 동시에 이 같은 관점은 저널리즘이나 문화 콘텐츠를 둘러싼 거시적인 정책의 진단이나 산업적 구성과 경제적 함의를 주로 위로부터 탐구하는 — 제도와 산업 중심의 연구가 펼쳐내는 — 지향성과도 상당히 차별된다. 앞서 언급한 생산연구를 땀땀이 반영하고 변주한 사례 연구가 이미 꽤 존재한다.

논점을 바꾸어서, 생산연구로 수렴되는 문제의식의 구체화 과정에서, 기성 저널리즘 전공자 외에, 문화연구자들이 높은 비중과 역할을 담당해 온 측면도 논할 필요가 있다. 먼저 문화연구자들이 영상과 대중문화나 문화산업의 주요 동향과 관련 현상들에 집중해 온 역사성과 전문성, 정체성이 관찰된다. 예컨대 이들이 이른바 'K 콘텐츠'나 한류 현상의 진단에서, 청년문화와 하위문화 그리고 팬덤과 수용의 분화된 특징 등을 주요 대상으로 분석하기도 했다. 하지만 앞서 언급한 통상적인 활동과 함께, 광의의 저널리즘 역할에서 미디어 조직에 관한 다면적인 연구와 관련해, 문화연구자들이 상호 간 공조와 공감을 기반으로 능동적으로 작업해 온 궤적도 환기할 필요가 있다.

이는 문화연구자들이 언론학 분야에서 활동하면서, 저널리즘이 발휘하는 함의와 — 특히 의제와 프레임의 설정 및 정파성의 반영과 — 결부된 공적 역할에 각별하게 주목하면서, 주제 영역과 문제의식을 정련해낸 방향성으로 풀어낼 수 있다. 이와 함께, 미디어 생산연구에서 문화연구자들이 구사해 온 풍부하고 정제된 해석과 인간 주체의 역할에 주력하는 질적 접근의 효용과 성찰적인 가치도 진중하게 고려할 필요성이 크다. 예컨대 미디어 관련 거시적 정책과 산업 중심의 접근이나 실증분석이 이런 측면과 관련해, 충분한 고려나 진단을 도모하지 않는 사례들도 관찰되기 때문이다. 나아가 이런 측면은 '비판적 지식생산'에 뿌리를 둔 문화연구자들이 사회 내 긴요한 기능과 쟁점을 발현하는 저널리즘이나 미디어의 역할과 영향에 관해 견지해 온 집합적인 동시에 개입적인 관심의 반영이기도 하다.

한편 이 책에서 제시하는 생산연구의 분석 방식과 지향은 상당 부분 '레거시 미디어'의 영역으로 수렴된다. 책을 펼쳐 든 독자는 이 책의 주요 내용과 분석된 대상이 방송과 언론 관련 사례를 상당수 다루고 있음을 어렵지 않게 파악할 수 있을 것이다. 물론 우리가 유튜브 관련 생산연구의 적용이나, 플랫폼 노동과 관리 체계를 둘러싼 논점과 쟁점을 일부 다루고 있지만, 그런 주제로의 진단이 상대적으로 비중이 적은 점도 독자는 알 수 있을 것이다. 이는 현재 전개되는 플랫폼 중심의 거시적인 변환과 심대한 영향을 고려할 때, 생산연구를 수행하는 이들을 중심으로 추가 연구나 특히 플랫폼화의 쟁점과 갈등적 요인들에 관한 다면적인 분석이 좀 더 힘 있게 이루어질 필요가 있다(김수철·이현지, 2019; 김예란, 2020; 2022; 박선희, 2020; 원용진·박서연, 2021; 이광석, 2021; 홍남희, 2023).

주위를 살펴보면, 현재 거대 플랫폼들이 빚어내는 정경은 현실 개입의 강한 동력과 함께, 가속화된 속도감으로 우리의 삶과 감각을 압박하고 있다. 요컨대 '넷플릭스 효과'로 상징되는 다양한 동영상 스트리밍 서비스의 부상을 필두로, 기존의 미디어 영역을 넘어서 금융, 이동, 배달 등 모빌리티와 관련된 새로운 사회·기술적 구조의 핵으로서 플랫폼의 역량이 빠르게 확산이 되고도 있다. 특히 어느새 일상을 깊게 파고든 플랫폼의 존재감으로, 데이터의 흐름과 인공 지능의 역량을 강조하는 담론들이 공적 영역과 학계에 무수하게 등장하면서 큰 영향과 위세를 발산하고 있다. 그 변화 속에 주변 동료들은 기존 미디어 개념이 '흔들리며' 해체된다고 관찰하기도 한다.

이 책은 앞서 논한 거대한 미디어 생태계의 변동과 '플랫폼화'의 함의를 본격적으로 다루는 작업은 아니다. 단적으로 논해, 이 저작은 기성 레거시 미디어와 저널리즘의 역할과 구성적 특성을 내부 구성원들의 활동이나 이들이 구축한 생산문화를 중심으로 돌아보는 기획에 집중하기 때문이다. 동시에 다양한 언론 조직이나 미디어의 내부에서 구현되는 전문화된 기획과 노동의 단면을 세밀하게 조명하는 작업이 거대 플랫폼 변환의 시대에도 여전히 중요하며, 향후 추구될 분석과 평가를 위한 긴요한 초석을 제공한다는 점을 강조하고자 한다. 특히 이 기획은 이른바 '초연결 사회'가 대두되고, 광활하고 생산적인 효과만을 주로 강조하는 플랫폼의 지배적 목소리에 스러지거나 주목받지 못하는 노동(권)과 권력 작용의 측면을 생산연구의 렌즈로 신중하게 탐구한다. 생산연구를 통해 축적한 비판적 진단과 성찰이 주는 가치와 기여가 여전히 유효하다는 판단이 이 연구에 다양하게 녹아들어 있는 것이다. 그런 의미에서, 이 저작이 향후 플랫폼 관련 연구로 이어질 만한 유용한 지적 자원이자, 교량과 연계의 작업으로 유의미한 보탬이 되기를 기대한다.

머리말을 마무리하며, 이 지면을 빌려 감사를 표하고 싶은 분들이 있다. 먼저 꽤 오랜 기간 학과에서 마주하고 교육을 함께 도모해 온 경희대학교 미디어학과의 동료분들에게 — 그리고 상당한 시간과 대화를 공유했으되 지금은 학과를 떠난 분들에게도 — 고마움을 전한다. 학과에서 공조와 소통을 이어가는 데 선임 교수님들이나 동료들의 노력이 상당했음을 이 글을 쓰는 동안 다시 한번 체감하게 된다. 한편 학업을 마치고 국내로 돌아와서 활동하면서 유대와 지적 자극을 생성하는 데 기여한 동료 문화연구자들에게도 심심한 감사의 말씀을 드린다. 상호 간 존중과 관용 그리고 우애와 지적 통찰을 여러모로 공유하면서, 문화연구자로의 고단한 길이 소명이면서 애착이 가는 선택이었음을, 이분들과의 교류를 통해 여러모로 각인할 수 있었기 때문이다. 또한 미디어 교육과 비평 및 문화연구 관련 수업에서 저자들에게 수렴할 관점을 제공한 학생들에게도 이 지면을 빌려 고마움의 뜻을 전한다. 이 책이 나오기까지 세심하게 노력을 보여 주신 이여진 편집장께도 고맙다는 말씀을 드린다. 생산연구를 주제로 한 저작이 나오는 데 지원을 해 주신 방송문화진흥회에도 심심한 감사를 표한다.

그리고 종종 네 전공이 뭐냐고 질문을 주시는 어머님과 이젠 이 세상에서 만날 수 없는 아버님 그리고 두 동생에게 이 책을 헌정한다. 내가 학자이자 교육자로 성장하는 동안, 가족에게 많은 이해와 지지를 받을 수 있었던 것은 큰 행운이었다고 생각한다. 마지막으로 아직 추스르고 정련할 내용이 더 있지만, 생산연구로의 초대와 대화를 제안하는 이 책을 펼쳐 든 독자분들에게 조심스럽게 우리의 마음을 건넨다.

두 저자를 대표해 이기형 씀

서론

이 책은 범커뮤니케이션학에서 상당한 관심과 성과를 축적해 왔지만, 다른 한편으로는 급속한 디지털 환경 변화와 플랫폼의 부상 속에서, 정련된 대응과 성찰적 보완이 요구되는 '미디어 생산연구media production studies'를 핵심 주제로 삼는다. 특히 그동안 생산연구의 특성과 전모를 적지 않게 주도해 온 '문화연구'의 렌즈와 문제의식으로 이 주제를 풀어내고자 한다. 또한 우리는 관련 전공자들과의 대화 및 교류를 넘어, 주류 언론학과 사회과학 분야에서 충분히 알려지지 않은 이 탐구 방식을 좀 더 넓은 지식과 전공 분야에서 활동하는 독자들에게 소개하고자 한다.

짧게 정의하면, 미디어 생산연구는 진득한 관찰과 진단으로 다양한 미디어와 플랫폼이 전개하는 기획과 제작 및 관리 등 생산과 관련된 일련의 과정적 특징과 쟁점 그리고 '이면behind the scenes'을 파고드는 작업이라 할 수 있다. 이 접근법은 기존의 장르와 콘텐츠 중심의 분석이나, 미디어 담론과 정책 혹은 수용자 중심의 분석과 상당한 차이를 보인다. 요컨대 생산연구는 미디어와 문화산업이 제공하는 콘텐츠의 의미 작용과 관련 소비의 양상이나 개별 담론 효과로의 진단을 넘어서, 특정 콘텐츠가 최종적으로 등장하기까지의 복합적 경로에 작용하는 중첩된 인적·제도적·물질적 요인을 조명하는 데 주력한다. 관련 학자들은 그런 과정에서 교차하는 공조와 협업, 경쟁과 마찰 및 권력 작용 등이 반영된 조직 내 움직임과 동적인 관계망에 각별한 분석의 노력을 기울인다. 달리 말하면, 이런 차별화된 접근과 문제의식에서 '생산'이라는 용어는 콘텐츠의 구성에 관여하는 다면적인 관계성과 관리 및 노동의 동학dynamics으로 분석의 초점과 연구의 확장을 함축해 내는 핵심 상징어다.

한편 생산연구의 모색에서 주로 미디어 내부자들과의 교섭과 연구자가 수렴한 인터뷰 및 이들의 활동과 결부된 다양한 지식 자원을 녹여 내며, '두꺼운' 진단과 해석에 주력하는 '질적인 탐구qualitative inquiry'의 활용이 다양하게 이루어지고 있다(강진숙, 2008; 나미수, 2012; 원용진, 2001; 2005; 2018; 이기형, 2011; 한국언론정보학회, 2015). 이와 함께, 생산연구에서 미디어와 플랫폼 내부에서 전개되는 광의의 '문화 노동'이나 전문화된 가치 체계와 관련된 이론적 적용과 사례 연구와의 진득한 교차 작업이 종종 조합된다. 이러한 측면은 미디어 콘텐츠가 포함하는 특정 사회·경제적 이데올로기와 가치values에서, 문화적 상상력과 규범norms, 그리고 전문화된 에토스ethos 등 양적으로 변환하여 분석하기 쉽지 않은 요인들에 관해 이 접근법이 투사하는 큰 주목과 비중을 반영한다. 앞서 거론한 특징에 주목하면서, 키스 네거스Keith Negus(1997)는 생산연구의 주안점이 특히 '생산과 관련된 다양한 문화의 탐구the cultures of production라는 인식을 제기한 바 있다. 여기서 그는 일군의 플랫폼과 미디어가 생산하는 콘텐츠에서 '문화'가 발휘하는 역할과 관련해, 문화의 정의에 상징성과 심미성이나 의미 구성과 정서적 효과를 넘어, 관련 기획과 관리에 관여하는 다양한 조직 문화와 이면, 창의적 노동과 압박, 직업적·기술적 역량과 전문화된 정체성의 명암도 포함한다. 이런 확장된 개념화는 표현과 상징의 영역을 넘어서, 문화의 동적 역할이나 다채롭게 변주된 수행과 연관되는 일련의 제도적·담론적·기술적인 요인도 명백히 포함한다. 예시하면, 생산연구가 주목하는 문화적 요인은 '창의성 담론'과 노동의 추구를 둘러싼 쟁점이나, 문화적 자원을 새로운 비즈니스 모델과 플랫폼 전략으로 — 즉 현재 부상하는 '문화경제cultural economy'라는 문제 틀로 — 변형하는 측면까지도 포괄한다. 이렇듯 다수의 생산연구를 도모하는 이들은 문화 생산의 확장된 회로the circuit of culture를 설정하면서 중층적인multifaceted 방식으로 이론적 진단과 경험 분석을 조합하기도 한다(Cottle, 2014; Du Gay, 1997; Hall et al., 2013).

다소 단순화할 때, 미디어와 관련된 생산이라는 집합적이고 구조화된 행위는 특정한 콘텐츠의 기획과 추진 그리고 이와 결부된 일련의 활동과 집약적 노동을 포함한다. 이를테면 뉴스의 생산은 사회 내 특정 사안이나 쟁점과 연계된 자료와 팩트를 부단히 찾아내고, 관련 대상에게 미치는 영향과 함의를 조명하는 행위라 할 수 있다. 물론 그런 뉴스 생산 과정은 단순하지 않다. 특정 사안과 결부된 행위자나 다루는 주제에 대해 종종 발로 뛰어 취재하고 검증을 위해 섬세하게 자료 조사를 해야 할 뿐만 아니라 수집된 데이터를 진득하게 해석해야 한다. 이와 함께, 저널리즘 기획에서 기자의 취재와 조직 내부의 소통과 데스킹을 통해 구체적인 방향성을 조율하고, '뉴스 가치'에 대한 고려도 그런 과정에서 긴밀하게 결합이 된다. 또한 언론인은 개별적 역량과 분화된 관심사를 지니지만, 언론 조직이 구조화한 관행convention과 관리 방식, 상징화된 의례ritual와 습속habitus의 집합적 영향 속에 성장하며, 또한 조련되는 주체다. 예시하면, 이들은 취재와 팩트의 취사선택에서 주요 정보원의 확보와 기사와 특집 등 콘텐츠의 실제 구현에 이르기까지, 뉴스의 생산과 관련된 일련의 교육과 훈육 과정을 거치면서, 상당한 전문성과 관행을 '체화'하게 된다. 여기에 더해 언론인이 속한 조직 내부에 구축된 유무형의 위계화된 질서와 상업적·정파적 이해관계를 수렴하면서, 관련 주체들은 이를 내재화하게도 된다.[1] 또한 이

1 뉴스의 생산 속에 저널리즘의 가치와 규범에 관한 적용을 둘러싼 고민에서 공적·상업적·정파적 고려가 특정 사안을 중심으로 교차하며 마찰을 빚기도 한다. 한편 본문에서 서술한 뉴스의

들은 외부로 자신들이 구축한 저널리즘의 역할과 권위나 뉴스 생산의 제도화를 '정당화'하는 일련의 담론과 전략을 꾸준히 설파한다. 물론 이런 측면에서 상당한 진통과 이견이 생성되며, 내부 구성원에게 좀 더 명료한 동기 부여와 단단한 정체성의 구현도 이루어진다.

한편 다매체 환경의 부상과 치열한 경쟁 속에, 뉴스에 관한 신뢰도의 심각한 추락과 증폭된 상업적 압박은 언론인에게 부정적 영향을 미치면서 기존에 확립된 이들의 위상에도 만만치 않은 도전을 제기한다. 또한 레거시 미디어에 도전하는 플랫폼의 위세가 커졌으며, 다양한 정보와 콘텐츠가 유발하는 흥미에 대한 수용자의 눈높이와 요구도 커진 바 있다. 예컨대 기성 언론은 독자의 이탈과 함께, 언론 신뢰성에 대한 강한 비난과 냉소에도 노출되고 있다. 이 같은 복수의 주시할 환경 변화에, 언론 조직의 내부에서 생산성과 신속한 뉴스 생산에 관한 집합적인 압력이 커지는 데 반해, 업무 과중과 직업 정체성의 불안 요소도 한층 증가하고 있다. 즉 앞서 짚은 측면은 미디어 내부의 사람들에게 필요한 대응과 성취를 위한 노력과 고민 외에, 적지 않은 부담에서, 긴장과 동요나 좌절을 불러일으키는 요인으로 작용한다(김사승, 2012a; 2012b; 2015; 2019; 김세은, 2017c; 김수미, 2022; 유용민, 2021; 이강형 · 남재일, 2019; Christians et al., 2011; Schudson, 2011; Usher, 2021; Zelizer, 2004; 2009). 정리하면, 지금까지 거론한 미디어에서 벌어지는 생산을 둘러싼 다양한 활동과 제도화된 습속, 그리고 언론인으로 만들어지는 독특한 사회화의 경로는 외부의 일반인이나 연구자가 충분히 파악하기 어려운 면모를 발현하기도 한다.

논점을 학계로 돌려서 보면, 기존 미디어가 구현한 일련의 콘텐츠에 대한 촘촘한 분석과 해독이나, 미디어가 발휘하는 효과와 의제 설정 등에 주

생산 과정에서 협소한 이해관계의 반영이나 관련 요인들이 발휘하는 압박 속에 저널리즘의 소명과 역할이 타협되고 훼손 혹은 방기가 되는 사례도 명백히 존재한다.

력하는 실증 분석 등으로 대표되는 학술적 흐름은 범커뮤니케이션학에서 상당히 장구한 역사성과 더불어 공고한 제도적인 위상을 드러낸다. 주지하다시피 특정한 질적·양적 방법론과 조밀한 개념 및 세련된 분석의 모형으로 매체 관련 다양한 주제를 탐구하는 학술 연구가 매우 많다. 동시에 넓은 범위의 미디어 내부에서 전개되는 전문화된 활동과 조직(문화)의 특화된 성향에서, 내부 구성원이 절실하게 경험하는 이해관계와 제도적 쟁점을 심도 있게 탐구하는 작업은 비교적 최근에야 구체적 대응과 전모를 드러냈다. 특히 생산연구로의 '발상의 전환'과 모색은 영미 학계에서 언론과 미디어를 대상으로 사회학적 접근이나, 제도 연구와 정치경제학적 분석, 그리고 문화연구를 전공하는 주체들이 그런 탐구의 의의와 필요성을 제기하면서, 점차 체계적 구성과 문제의식의 선명한 수렴을 발현하게 되었다.

이 중에서 문화연구는 전통적으로 언론 장media field 내외부의 공적인 주제와 갈등적 의제를 '참여 지향적인' 시각과 '현장'과 인간 주체들의 활동에 관한 진득한 대응으로 접근해 온 특징이 있다. 그런 추구 속에 일군의 문화연구자들이 수행하게 된 생산연구는 분석 사례의 축적과 공유되는 문제의식으로, 미디어 생산물의 구성적 특성과 관련 환경 및 핵심 구성원의 활동상에 주목하는 연구로 가시적인 전환을 구현하게 되었다. 단적으로 논해, 이런 생산자와 생산 과정으로의 지향은 여러모로 진전된 지적 탐구이자 유의미한 도전이라고 할 수 있다.[2] 돌아보면, 다양한 유형의 미디어 관련 활동의 특징과 명암을 주요 탐구 대상으로 삼는 생산연구는, 영미 학계를 넘어서 한국에서도 2000년대 중반을 주요 기점으로 삼아 등장한 바 있다. 이 시기에 기성 미디어 콘텐츠에 관한 상세한 분석이나 수

2 다음 장에서 논하겠지만, 문화연구는 통상적으로 창의적 활동을 담당하는 주체들에 관심이 크며, 특히 이렇게 주체에 주목한 탐구를 언론이나 문화산업 내부의 인물과 교섭하는 '사람 연구'나 '민속지학ethnography' 등으로 실행한 전통도 이 대목에서 돌아봐야 한다.

용자의 미디어 소비에 주력하는 진단을 벗어나서, 다양한 미디어 콘텐츠라는 사회·문화적 '구성물construct'이 만들어지고, 내부 생산자들이 대면하는 특정한 조직 체계의 특성과 관련 제도화의 명암을 탐색하는 소수의 작업이 등장했다. 이런 기존의 연구 관행과 비교되는 시각을 기반으로 — 또한 문화연구 전공자들의 활동이 점차 활성화되면서 — 생산연구로의 방향성과 초점이 서서히 조직화하기 시작했다.

이 시기에 특히 양정혜(2004), 이오현(2004; 2005; 2007), 윤태진(2005), 김현미(2005) 등이 그런 작업을 상징하는 구체적 문제의식의 반영과 관련 개념화를 선도했다. 생산연구로의 지향성을 드러낸 초기 작업 중 양정혜(2004)의 연구는 음악 산업의 기획과 이해관계를 탐구하는 작업으로, 뮤직비디오가 드러내는 코드와 의미 작용의 '원천'을 제작 주체들의 활동과 생산 측면으로 이동해 상세하게 밝힌다. 그는 뮤직비디오에 관한 콘텐츠와 스타일 중심인 기존 분석을 넘어서, 이 콘텐츠의 상업적 구성과 제작 방식에 주목하는 대안적 학술 연구를 모색하는 방안으로 작가, 음반 기획자, 감독으로 구성된 제작진 11명과 심층 인터뷰를 했다. 이 선구적 기획은 기존 텍스트 중심의 해석에서 탈피하여, 제작진이 어떤 강조점과 전략 및 '제한 요인' 속에 그런 '표준화된' 콘텐츠를 기획하는지 조명했다. 그는 당시 '포스트모던 미학'적 관점을 적용하거나 장르 스타일의 변화로 뮤직비디오의 특징과 상업성의 명암을 진단하는 연구의 흐름에서 벗어나서, 그러한 대중에게 큰 주목을 받는 콘텐츠의 기획과 결부된 음반 산업 '내부의 관행과 역할'로 분석의 초점을 이동한 바 있다. 그는 생산자와의 면담을 통해, 일정한 "규칙성과 일관성"을 드러내는 이 콘텐츠의 구성에 관여하는 복수의 요인을 세밀하게 조명했다. 이 연구는 특히 뮤직비디오와 같은 소비 상품의 생산과 직결된 재정적 위험성이나 기획사의 제작비와 관련된 '통제'가 강한 영향을 준다는 사실을 밝혀냈으며, 이런 이유로 이 양식이 상당 부분 '정형성'을 드러내는 측면도 파악했다. 또한 음반 산업에 드리운 '후불제의 관행'은 흥행과 관련해 '안전한' 콘텐츠 제작에서, 제작진의 자율성이나 창의성에 관한 직간접적 효과와 압박 그리고 가용한 인력 구성에도 영향을 미친 것으로 나타났다. 아울러 콘텐츠가 보이는 표현 양식에서는 '검증된 아이디어'와 안전한 구성이 크게 선호되면서, 특히 비주얼의 강조에서 서사의 압축적 전달을 위한 '극적인 임팩트'와 흥미의 요소, 그리고 남성 주도의 가치와 시선이 상당 부분 반영되는 것으로 관찰되기도 했다.

양정혜의 연구는 뮤직비디오의 전반적인 구성과 표현 측면에서 내부의 관행이 제기하는 힘과 직간접적 영향을 밀도 있게 진단한 작업이다. 특히 이 연구는 생산 인력의 섭외와 이들과의 만남이 매우 어려운 측면을 — 후속 연구자들이 맞닥뜨린 쟁점을 — 풀어내기도 한다. 예시하면, 그가 연구에 착수하면서 관련 업계의 경험이 많은 중진급 인사 30여 명에게 인터뷰를 요청했지만, "배타적인 연예 산업 전반의 분위기로" 인해 11명만을 섭외할 수 있었다(143).[3] 양정혜의 작업은 뮤직비디오라는 세련된 문화상품에 관한 기존의 텍스트와 의미론 중심의 분석이 고찰하지 못했던 이 양식의 생산에 관여하는 주목할 관행과 제작의 요건을 내부자들의 관점을 수렴하면서 세밀하게 탐구한 바 있다. 이는 명백히 향후 미디어 생산연구가 공유하게 된 인식과 탐구의 대안을 심사숙고한 기획으로 판단된다.

한편 비슷한 시기에 윤태진(2005: 9)은 "대중문화 연구에 빈 공간으로 남아 있는 '생산자와 생산 과정'"에 새롭게 주목하는 분석의 필요성을 강조하면서, 이를 연구자가 향후 주시해야 할 큰 핵심 주제로 설파했다. 그

3 5장을 포함해 다른 장에서 관련 논의를 제시하겠지만, 생산연구의 모색에서 내부 주체와의 만남을 성사하는 데는 상당한 노력과 함께, 이들이 대면하는 난점이나 쟁점을 파악하기 위한 다양한 자료들의 축적과 연구의 기초 작업groundwork이 요구된다. 연구자가 언론사나 플랫폼의 내부 구성원을 섭외하는 일은 일단 쉽지 않으며, 호의적이지 않은 반응과 무관심을 대면하는 사례가 적지 않기 때문이다. 또한 이들에게 생산연구에 관한 포용적 이해나 협조를 구하는 일은 상당한 끈기와 연구자가 보유한 다양한 인적 관계망의 활용을 전제로 한다.

는 주로 텍스트나 장르 단위의 분석에 집중하면서, 의미의 다원적 생산이나 이데올로기 작용의 특징에 상당히 주목하던 문화연구의 관성에 '이견'을 제시하며, 더불어 변화를 위한 대안적 시선의 필요성을 제기한 바 있다. 그는 당시에 이미 상당한 주목의 대상이었던 '한류' 텔레비전 드라마를 사례로, '자본과 시장 중심'의 상업 논리와 '공익'의 모색이 어떤 식으로 대립과 타협을 거치고, 이질적 요인과 세력 간의 관계성과 압박을 반영하면서 그런 드라마의 '생산 구조' 속에서 복합적으로 작용하는지를 조명했다. 이런 대안을 도모하면서 윤태진은 "생산 구조의 맥락적 요소인 기술적·문화적 환경과 법적·제도적 환경, 그리고 [관련] 언론 담론"도 선별적으로 연구에 반영하는 노력을 기울였다. 이렇듯 이 연구는 한류 드라마와 같은 장르적 '혼종성hybridity'과 서사적·시각성의 구현이 뛰어나며, 당시 한국을 넘어 동북아시아와 동남아시아 등에서도 큰 대중적 관심과 활발한 수용의 단면을 생성한 드라마 관련 주제를 새롭게 탐구했다. 비교의 사례로 그 시기 적지 않은 연구자들이 한류 드라마의 구성적 특징이나 기성 장르 드라마 포맷의 세련된 변화에서 해외 시장의 다국적 수용자 취향과 연동되는 상업적 가치의 재현 등에 상당 부분 주목하는 경향을 보였다. 반면에 윤태진은 한류 드라마의 생산을 둘러싼 내부 인력이 보이는 공조의 특징이나, 상업적 효과와 연계된 기획과 조율이 어떻게 체계적으로 이루어지는지로 분석의 방향성을 명확하게 돌린 바 있다. 특히 이 작업은 생산 구조를 조직적으로 파악하는 방식으로, 내부자들과의 담화와 관련 자료 및 문헌 분석으로 어떤 구체적인 '맥락context'들이 — 특히 내부자들이 모색하는 전략적인 선택이나 이들의 행동에 영향을 주는 제도적인 요건과 부담이 — 이들 사이에서 복잡하게 발현되는지를 진단했다.[4] 요컨대 이 연

4 여기서 맥락은 배경이나 이면과 같은 개념을 넘어서, 특정한 문화 콘텐츠의 구상에서 기획과 본격적 생산으로 이어지는 일련의 과정에 작용하는 다양한 대응과 선택 및 그런 내부 행위자들

구는 장르와 텍스트 혹은 수용자 중심의 분석과는 사뭇 '이질적인' 시각을 반영하면서, 그런 대안의 적용이 가능한 체계적인 방안을 직접 실현한 바 있다. 이와 함께, 그는 기존에 문화 콘텐츠에서 주로 적용하던 콘텐츠 외부에서 영향을 주는 사회문화적 배경background 정도로 상대적으로 느슨하게 설정되던 '맥락'의 정의와 관성적인 활용을 탈피하면서, 생산 인력의 활동과 직결된 주요 제도적 특성과 외부 주체들이 파악하기 어려웠던 내부의 조직 문화를 주목할 요인으로 삼아 연구를 전개했다.

생산연구로의 구체성이 깃든 변환을 문화적 다양성과 공공성이 강조되는 지상파의 지식과 교양 콘텐츠의 생산자로 선명하게 방향성을 정립한 작업도 앞서 소개한 두 학자의 연구와 맞물리면서 부상한 바 있다. 이오현(2005)은 공영 방송이 당시 변화된 정치·사회적 국면에서 — 즉 경직성이 이완되고 자율성이 늘어난 사회 환경에서 — 역사와 과거 속 주요 인물을 재현하는 교양 다큐멘터리의 제작 과정과 관련 요인들을 꼼꼼하게 살펴보는 시도를 실행했다. 이 연구는 내부의 핵심 당사자인 PD와 작가가 역사를 바라보는 관점과 제작 주체로서의 역량 그리고 시대상의 반영을 어떻게 연계했는지를 상당히 근거리에서 이들과 상호 작용하며 진단한 기획이다. 이 연구 또한 앞서 윤태진이 주목한 문제의식과 다르지 않게 교양 다큐멘터리의 서사적·장르적 함의와 의미 작용의 해독을 넘어서려는 시

에게 겹겹으로 영향과 압박을 행사하는 이해관계와 제도적 특성을 포괄하는 복합적인 개념이다. 단적으로 논할 때, 특정 콘텐츠에 작용하는 크고 작은 동시에 — 긴밀하지만 불균등하게도 — 연쇄되는 맥락의 효과를 짚어 낼 수 있다. 예시하면, 그런 맥락이 발휘하는 효과는 문화적·경제적·상업적 요인과 이해관계에서, 조직의 내부자들이 지향하며 경합하기도 하는 가치와 특정 쟁점을 발현한다. 요컨대 앞서 논한 측면에 주목하면서 문화연구는 '급진적 맥락주의'의 추구와 적용에 상당한 노력과 성찰을 투사한다. 즉 뉴스라는 텍스트에 관한 맥락적 분석은, 기성의 뉴스 장르의 문법이나 정치적 함의 등에만 주목하는 방식을 벗어나서, 뉴스 관행을 둘러싼 내부의 체계와 쟁점과 연계하는 방안이나, 뉴스 생산에 관여하는 상업적·정파적 쟁점에 관한 진단도 병행한다. 나아가 이런 작업은 동태적인 생산연구로 이어지는 분석적 교량을 준비하게도 된다.

각을 모색한 바 있다. 특히 연구의 대상과의 긴밀한 소통과 상대적으로 진한 관점의 추구에 주력하는 현장 연구와 가능성을 이오현은 자신의 기획에서 상당 부분 반영해 내기도 했다. 즉 그는 밀도 있는 대화를 제작진과 여러 차례 공유했으며, 이를 넘어 제작 관행과 기획을 관찰할 수 있는 회의에도 참석하고, 일회적 방식이 아닌 제작진과 교섭하는 방식으로 '현장성'이 뚜렷하게 반영된 연구on-site research를 추진했다.

이오현의 작업은 그 당시까지 연구자들이 크게 시도하지 않았던 방송의 생산 인력을 직접 만나고, 이들이 표방하는 시각과 가치를 꼼꼼하게 수렴했으며, 나아가 이들이 직면하는 조직 내 이견 및 관점의 차이에도 주목한 바 있다. 예를 들면, 그는 PD와 작가들과 꾸준히 대화를 나누면서, 공식 회의의 참여와 비공식적 담화 등으로 KBS의 〈인물현대사〉가 만들어지는 과정과 거기에 작동하는 이해관계의 조절과 협의를 상세하게 수렴하는 노력을 기울였다. 그가 추구한 기획은 당시 우리를 포함하여 상당수 연구자 집단이 충분히 인지하지 못했으며, 조직적 관심도 선명하게 주지 못했던 주제를 수면 위로 드러내는 데 공헌했다. 문화적 재현의 공공성과 비판성에 주력한 이 기획은 향후 동료 학자들이 공유할 연구의 유형과 더불어 좀 더 체계적인 실천을 위한 기반이 되기도 했다. 또한 이오현이 기울인 노력은 1970년대를 기점으로 이후 영미 학계에서 상당히 이루어진 '인류학적·민속지학적' 방법론을 활용한 뉴스와 방송 콘텐츠 기획의 현장 연구나 생산에 관여하는 인적·제도적 요인의 꼼꼼한 조명과도 선명하게 접맥된다(Deuze, 2007; Gans, 1979; Peterson & Doming, 2008; Tuchman, 1978).

조금 다르게, 언론학의 '외부'에서 구현되기는 했지만, 김현미 또한 드라마 산업에서 주요한 기능을 담당하는 여성 작가들을 섭외하고, 이들과 공유한 대화와 문헌 연구를 조합하는 접근을 추구했다. 특히 그(2005: 69)의 연구는 여성 작가들이 경험한 "직업 경로와 일 경험을 분석하여, '젠더gender'라는 요인이 어떻게 문화산업에서의 새로운 노동 관리의 형태를 만들어 내며, 성차별적인 노동 분업 구조를 유지"하게 되는지를 상세하게 탐구한 바 있다. 인류학자로 김현미가 시도한 작업은 언론학 영역에서 문화 연구자들이 자주 채용하는 일련의 방법론과 적용 방식과 주안점을 공유하면서도, 문화적 실천과 노동에서 간과된 주제를 겨냥하는 식의 흔치 않은 의의를 드러낸다. 요컨대 그는 노동과 젠더를 주변화된 인식이 아닌, 단단한 문제의식으로 구현하면서, "방송 산업의 생산, 유통 구조, 분배 구조 내에서 작가들이 수행하는 노동에 대한 좀 더 공정한 평가와 보상 체제가 확보"될 필요성이 크다는 점을 제언하기도 했다(69). 그의 작업은 이후 광의의 언론학 영역에서 플랫폼에서 활동하는 문화매개자나 디지털 영상 산업에서 일하는 생산자들의 활동과 이들이 속한 조직의 관행을 연구하면서, 세대와 젠더에 주력하는 후속 연구를 위한 주목할 '시발점'으로서의 위상을 발휘한다. 2장에서 더 상세하게 소개하겠지만, 2010년대 이후 앞서 언급한 주제와 변화된 추세들이 집합적으로 조명된 일군의 생산연구를 꽤 많이 접할 수 있다(강이수, 2015; 김애라, 2016; 김예란, 2007; 2009; 김호영 · 윤태진, 2012; 방희경 · 오현주, 2018; 방희경 · 원용진, 2015; 이소현 · 장은미, 2021; 임영호, 2015a; 2019; 홍지아, 2016).

앞서 소개한 네 편의 작업을 읽어 가며 우리는 그 이전까지 숙고하지 못했던 생산연구로의 대안적 인식이 깃든 문제의식의 긴요함과 필요성을 공감하게 되었다. 우리는 문화연구를 기조로 한 정체성을 명시적으로 갖고 있으며, 각각 2000년대 초반과 후반부터 언론학 분야에서 연구자이자 교육자로 활동을 시작했다. 그런 활동과 관련해, 다른 문화연구자들 다수가 당시에 그러했듯이 우리 역할도 특정 문화 콘텐츠 혹은 '텍스트'에 관한 서사와 기호학에서 (탈)구조주의와 담론 분석 등을 망라하는 이론의 적용과 대중문화의 수용 사례에 주력하는 분석에 힘을 기울였으며, 이를 교육에서도 상당한 주안점을 두고 소개하기도 했다. 이런 경향은 우리가 교우하고, 지적 활동을 함께 도모했던 문화연구 공동체에서도 적지 않게 공유했던 지식 생산의 특징이었다. 앞서 정리한 작업을 대면하면서, 점차 재현과 수용 관련 이론적 탐구와 사례들의 분석에서 미진했던 측면과 아직 분화되지 못했던 제작과 관리 및 생산의 주요 양상과 명암을 세밀하게 파악하는 작업이 마땅히 필요하다는 인식을 곱씹게 되었다. 특히 영미 문화연구의 세례를 받고 학술 공동체에서 본격적으로 활동하게 되면서, 이론적 지향과 교육에서 대중문화를 구성하는 소비와 생산 및 수용에 이르는 복합적인 '회로culture's circuit'의 구현과 이에 대응하는 진중한 분석의 필요성을 우리도 강조했던 기억이 있다. 이는 단적으로 논해 스튜어트 홀Stuart Hall 등이 천착한 문화연구의 주요 관심사이기도 하다(Hall et al., 2013; Du Gay, 1998; 양은경, 2006; 원용진, 1997; 2001; 2004; 2005; 이상길, 2010a; 2010b; 임영호, 2015a; 주창윤, 1995; 1999; 황인성 외, 1999)

그런데 막상 실행한 연구 현실과 비교하면, 생산에 관한 진전된 이해와 관련 주체들이 전개하는 특정한 역할과 가치의 추구 및 노동에 관해 충분히 파악하고 있지는 못했으며, 그런 측면으로 조직적인 고민과 자극이 요구된다는 인식을 명백히 체감하게도 되었다. 생산연구의 필요성을 자각하면서 동시에, 우리가 활동 근거지인 언론학 관련 학과에서 얻은 경험으로, 대중문화 외에 저널리즘이라는 영역으로 비슷한 관심과 문제의식을 투사하는 관심도 점차 축적하게 되었다. 이와 함께, 2000년대 중후반에 개인적으로는 당시 노무현 대통령의 탄핵과 '촛불집회' 그리고 이후 '광우병 파동' 등의 규모가 크고 사회적인 이목을 집중시킨 공적 사건의 갈등적인 전개에서, 레거시 미디어와 온라인 미디어가 벌이는 다양한 활동과 정치적인 개입에도 관심을 두게 되었다. 그런 대응 중 하나의 복안으로 우리는 생산연구로 불릴 만한 접근법의 모색과 변용을 점차 고심하게 되었다. 이렇듯 동료 연구자들이 물꼬를 연 생산연구의 주요 양상과 특성을 둘러싼 일군의 활동과 구조화된 행태를 주제로, 그런 문제의식을 진중한 경험적인 분석과 다원화된 개념화 등으로 모색하는 기획에 눈을 뜨게 된 것이다.

다음 장부터 좀 더 다양한 규정 방식과 특징에 관한 논의를 하겠지만, 미디어 생산연구의 통상적 정의를 간단하게 제시하면 다음과 같다. 먼저 저널리즘이나 미디어와 문화산업 관련 조직의 내부에서 벌어지는 공조와 마찰, 내부에 확립된 관행의 특징과 이해관계의 전모, 영위되는 노동의 특징과 전문성의 발현 그리고 제도화된 조직의 이면에 작용하는 쟁점과 힘을 집중력 있게 탐구하는 학술적·공적 활동으로 이 개념을 정의할 수 있어 보인다. 나아가 이 지점에서 그런 개념이 함축하는 주목할 이슈에 관한 보완적인 설명도 일부 필요하다. 즉 생산연구의 추진에서, 연구자들에게 친숙한 분석 대상인 — 저널리즘의 기사와 연작, 드라마와 다큐멘터리나 관찰 예능 등 — 일련의 콘텐츠는 상당한 정보와 지식 및 의미화의 효과를 발휘하며, 종종 정서적 즐거움과 감정이입에서 욕망 투영 등을 유발하는 대상이기도 하다. 동시에 해당 콘텐츠의 제작진은 독자나 수용자의 그런 욕구와 기대에 부응하는 생산물을 부단히 기획하며, 다양한 고민과 자신들의 이해관계를 반영하고 조율하기도 한다. 그러한 실천은 생산물이나 장르의 성격에 따라 상업적 가치의 반영에서 공적·사회적 이슈를 체계적이고 창의적으로 반영하는 노력으로도 변주되고 있다.

특히 생산 주체들은 나름의 전문적인 역량과 축적된 경험으로 콘텐츠 소비자들이 호응하고 관심을 표명할 만한 콘텐츠의 기획에 주력한다. 이와 함께, 자신들이 쓸 수 있는 재원과 시간을 면밀하게 고려하면서, 성공적으로 제작이 완료될 수 있는 노력을 집중력 있게 경주하기도 한다. 한편 이들은 대중문화의 소비 시장과 수용자의 기호가 변덕스러우며, 장르와 스토리텔링 측면의 혁신과 차별성을 추진하는 일이 상당한 도전과 위험 요소나 실패로 귀결될 수 있다는 점도 상당 부분 인지하고 있다. 이런 주제와 관련해, 내부의 인력 간에 화합되지 않는 관점과 결이 다른 요구가 주기적으로 교차하며, 노동 분담이나 기획의 방향을 둘러싼 마찰과 이견 및 갈등의 조정과 중재 등이 이루어지기도 한다.[5] 부연하자면, 이들은 콘텐츠의 기획과 생산 과정에서 상당한 자율적 위상을 발휘하지만, 성공적인 기획과 직결된 의사 결정이나 추진의 과정에서 위계화되고 치열한 압박과 이견이나 만만치 않은 경쟁도 겪어야 하는 행위자이기도 하다.

앞서 논한 역할에 주목하면서, 생산연구의 추진에서 해당 분석 영역에서 활동하는 인력들로 탐구의 주안점을 일정하게 변화시킨 발상의 함의를 조금 더 길게 설명해야겠다. 예컨대 기존에 문화연구자나 문화 콘텐츠를 연구하는 이들이 텍스트라는 특정 단위가 발휘하는 일련의 의미 작용과 지배적 가치의 구성에 주력한 측면을 잠시 돌아보자. 이런 유형의 텍스트 분석은 주지하다시피 해당 사례에 관한 끈질기고 상세한 해독close reading에 방점을 둔다. 특히 이런 촘촘한 해석의 추구는 특정 콘텐츠에서 세대와 젠더 관계, 문화적 정체성의 구현, 섹슈얼리티의 구성, 인종의 재현, 계급과 전문성의 반영 등을 주제로 삼아 어떤 특정한 사회적 함의가 생성되며, 그런 선별적 의미 작용의 명암이나 관련 쟁점을 파고드는 방식으로 종종 수행된다. 이는 인문학과 사회과학에서 주로 질적·해석적인 연구를 시행해 온 이들이 공유하는 대표적인 분석과 비평 방식이기도 하다(김미선·이가영, 2016; 김훈순 외, 2002; 이기형·이동후, 2019; 이동연, 2002; 이서라, 2020; 주창윤, 2013; 2019; 2021; 한송희, 2020). 동시에 텍스트를 복합적 의미 구현 혹은 '재현의 매개체'로 설정하면서, 연구자들은 이런 구성물이 사회 내에서 어떤 지

5 부연하면, 미디어와 문화산업의 내부자들은 대중이 소비·활용하는 일련의 생산물을 능동적으로 구성하며, 상당한 안목과 전문화된 지식 및 관련 역할과 결부된 많은 경험을 가진 주체다. 동시에 이들은 자신들의 환경과 조직이 구현한 특정 규범과 체계에 의해 상당한 영향과 훈육을 경험하는 — 즉 그런 개별 주체들의 활동에 관여하는 '구조'의 영향 속에 활동하며 압박도 겪는 — 인물이기도 하다. 이는 이들이 능동적 활동과 자신들의 행위와 신념 및 습속을 재구성하는 제도화된 기제institutionalized mechanism와 영향 속에서 적지 않은 압박과 대응을 경험하게 된다는 뜻이다.

배적 인식과 통념이나, 설득과 회유를 시도하는지를 찬찬히 분석한다. 그런 이유로 다양한 의미 작용의 밀도 있는 진단과 비판적 해독을 도모하면서, 이들은 특정 문화 콘텐츠가 발산하는 이데올로기에서 지배적 '신화 작용'의 기능을 '해부'하고 비평적 대응을 제기하기도 한다(김창남, 2018; 원용진, 2014; 2018; 홍석경 외, 2022).

또한 광고나 드라마와 영화 등 주로 상업적 용도로 제공되는 텍스트라 해도, 그런 콘텐츠가 내장한 '전복적인' 혹은 지배적 상징질서에 일정한 균열과 반발 및 저항을 포함하는 텍스트의 구성에도 관련 연구자들이 상당한 관심을 보이기도 한다. 정리하면, 텍스트 분석은 광의의 문화와 일상 영역을 중심으로, 어떤 유념할 변화와 특정 가치를 둘러싼 경쟁과 대립 및 갈등이 동적으로 생성되는지를 추적한다. 즉 이런 접근법은 문화를 '질료resources'로 유의미한 사회·역사적인 변동의 단면과 함의를 탐구하는 데 크게 활용된다. 예컨대 영화와 드라마나 다큐멘터리 등에서 '탈전통화detraditionalization'나 '근대성'의 영향 속에, 개인의 정체성과 가족관계, 가부장제와 결혼 제도 그리고 공동체 윤리 등이 어떻게 변화하고, 균열이 되며, 새롭게 구성되면서 어떤 유형의 상징 투쟁과 갈등이 등장하는지를 탐구하는 데 텍스트 분석은 상당한 공헌을 해왔다.

앞서 서술한 기획들이 적지 않은 성과와 더불어 긴요한 지적, 비판적인 필요성을 제공했지만, 시간이 지나면서 분석 측면에서 이런 확립된 접근이 노출하는 한계에 대한 비판과 대안 모색도 부상하게 된다. 즉 광의의 의미 작용이나 텍스트 중심의 분석이 놓치는 주요 측면이나 분석된 영역에 관한 지적과 이런 난점에 대응해야 한다는 비판과 성찰도 등장한 바 있다. 부연하면, 문화연구자들이 문화의 유연하면서 생산적인 개념과 다면적인 해석이라는 요인을 중용하며, 이는 다양한 콘텐츠와 커뮤니케이션 현상을 이해하고, 비판적으로 진단하는 유용한 자원으로 활용한 시도는 나름의 도전적 의의를 포함한다. 동시에 그런 문제의식을 기호학적 이론과 해석학적인 분석으로 주로 추구한 측면은, 이른바 '재현의 정치politics of representation'를 '좁게' 해석한 방안이자, 광의의 생산이나 기술의 사회적 구성 등과 관련된 복합적인 쟁점은 제대로 짚어 내지 못한 한계를 포함하기도 한다.[6] 예컨대 문화기획자와 생산자 집단은 현실에서 관찰되는 주요 사회문화적 변화나 부상하는 새로운 기류를 자신들이 만드는 콘텐츠 속에 전문성과 숙련성을 기조로 반영하며, 관련 형상화를 다각적으로 도모한다. 동시에 그런 생산 과정에서 상업성이나 사회적 통념과 지배 가치 등이 '굴절'되거나, 제기될 수 있는 논란을 고려하여 전략적 방어와 협의negotiation 및 순화를 위한 노력이 콘텐츠에 반영되는 사례도 적지 않다. 또한 이런 대중문화물이 구현되는 과정은 종종 상업적 요인이 큰 비중을 차지하지만, 때로는 '진보적인progressive' 요인이나 현실 비판과 대안적 성찰이 깃든 측면을 내포하기도 한다. 나아가 의미화나 재현 중심의 해석이 제도와 담론이나 테크놀로지 등의 중요한 개입의 요인에 관한 복합적인 관심을 제대로 반영하지 못하거나, 좀 더 진득한 방법론적 구상과 대안으로 — 예시하면 구성주의적 접근과 문화유물론cultural materialism에서 촘촘한 담론 분석 등으로 좀 더 분석의 다원성을 구현하는 방안으로 — 연계되지 못하는 측면을 파고들 필요성도 제기된 바 있다.[7]

6 재현의 영어 표현은 다시 보여 준다와 재구성하다 혹은 굴절하다 등의 변화와 함의를 갖는다. 이는 사회 내에서 활성화되는 특정 이슈에 관한 정의와 의미 및 가치의 구현에서, 요동치는 현실을 특정한 프레임과 관점으로 구성하는 측면도 포함한다. 이런 재현의 기능은 또한 사회 내 상징 질서나 권력의 역할을 정당화하거나, 그런 측면에 도전과 해체를 실행하는 방안으로도 활용된다. 이런 이유로 인문학과 사회과학의 해석적 전통에서 재현의 사회정치적 역할을 탐구하는 작업은 오랜 기간 주목을 받아왔다. 동시에 의미 생산의 명암과 특성을 꼼꼼하게 구현하는 지적 분석이 현실에 관여하는 정책과 제도나 기술적 변환을 적절하게 반영하지 못하거나 분리하는 효과에 대한 비판과 대안의 모색도 제기된 바 있다.

7 문화연구의 전개 과정에서 2000년대 중반 이후, 특히 재현의 한계를 넘어서려는 노력으로 담론과 권력 작용, 그리고 미디어 테크놀로지를 좀 더 전면에 두는 '기술 연구' 등으로 상당한 변화

그러한 이유로 2000년대 중반 이후 생산연구가 서서히 부각이 되면서, 다양한 문화 콘텐츠를 기획하는 이들이 어떤 목적과 동기, 전문화의 경로와 습득한 가치의 반영, 그리고 특정 제도적 요인들 속에 콘텐츠의 생산에 이르게 되는지를 파악하려는 관심이 부상한 바 있다.[8] 이런 문제 제기를 조금 달리 풀어내면, 초기 생산연구의 기획에서, 일단 '생산자'로 지칭하는 인력의 활동과 행태에 집중력이 큰 분석들이 적용된 이유를 추론할 수 있다. 예컨대 저널리즘과 대중문화 영역에서 활동하는 이들은 상당한 자긍심과 소명 의식을 체화하며, 자신들이 만드는 콘텐츠와 관련된 상당 수준의 전문성과 경험 및 가시적 역량을 체득한 주체들이다. 또한 이들은 외부에서 제기되는 변화의 필요성에서, 자신들이 제공한 산물에 대한 일련의 비판과 비평적 제언도 인지한다. 그런 한편 이들은 학계나 비평계에서 제기하는 쟁점이나 비판에 '전략적'으로 대응하고 반박하기도 하며, 나름의 자율성과 의지가 담긴 활동을 전개한다. 생산연구가 실천되는 과정에서 적지 않은 사례들이 '생산자 연구'라는 명칭을 표방했던 이유도 앞에서 짚은 측면과 연계된다. 즉 텍스트나 콘텐츠에서 기획과 관리 및 노동을 직접 추구하는 주체로의 성찰적 선회와 초점의 이동은 그 이전까지 상대적으로 주목도가 떨어지던 언론 조직이나 문화산업 내부의 '행위자들'로 집중되는 면모를 보인다.

와 생산적인 실천이 이루어진 측면이 명백하게 존재한다(김수미, 2014; 2017; 2022; 김예란, 2012; 2020; 박대민, 2020; 방희경·오현주, 2018; 방희경·원용진, 2015; 방희경, 2021; 이광석, 2020a; 2020b; 2021; 이기형, 2006; 2011; 2012; 이동후, 2007; 2015; 2021; 이상길, 2018; 이희은, 2018; 전규찬, 2010; 조영한, 2012; 2014). 이런 대응은 기존의 텍스트와 의미 중심의 분석을 탈피하고자 한 노력을 반영하며 관련 연구들은 생산연구와 상당한 상호 작용을 발휘하기도 한다. 하지만 초기 생산연구가 부상할 무렵에 관련 주제로의 연구들이 일부 부상하기는 했지만, 이후에 등장한 만큼의 집합적 구성이나 선명한 분화를 아직 크게 발현하지는 못했다.

8 연구자에 따라서 생산연구나 미디어 생산연구라는 명칭을 혼용하거나. 여기에 기성의 산업과 정책 중심의 연구와 차별하는 용도로 '비판적'이라는 수식어를 사용하기도 한다.

이 같은 모색은 생산자라는 집단을 상징적 '구심점'으로 설정하면서, 관련 주체들이 관여된 동시에 이들의 행동을 제약하거나 조건화하는 물질적 환경과 제도화된 압박을 찬찬히 살펴보려는 목적을 반영한 결과라 할 수 있다. 또한 이런 생산자에 주목하는 접근법은 문화산업이나 저널리즘 조직의 특징을 '위로부터' 접근하는 대신, 종종 가용 가능한 교섭과 설득으로 연구 과정에 초빙한 이들과의 상호 작용을 기반으로 '아래로부터' 발견과 도출된 함의를 조명하는 노력을 조합하는 방향성을 발현하기도 한다. 조금 달리 말하면, 생산연구의 추진에서 일종의 징검다리 식으로 연구의 대상을 확장하며, 이들과의 대담이나 난상 토론의 방식으로 외부에서 접근하는 연구자들이 충분히 몰랐던 내부의 관행을 둘러싼 각종의 판단과 지식 및 쟁점을 수렴하고 서사화하는 방식이 정착된 바 있다. 이는 문헌이나 사회적 기록을 참고 자원으로 쓰면서, 내부자와의 실제 만남을 통해 생산의 복합적 측면과 과정상의 특이점을 확인하고, 좀 더 정제된 진술과 관찰을 조형해 내는 지적 노동의 추진이기도 했다.

류웅재와 박진우(2012: 149)는 그 이전까지 생산연구가 활발하게 추진되지 못했다는 판단으로, "[그런] 매체 생산자 연구의 소홀함으로 인해, 그동안의 문화연구는 커뮤니케이션에 대한 총체적 이해를 추구하는 본래의 취지에서 벗어나게 되었다"고 문제 제기한 바 있다. 물론 이들의 지적에 관해 문화연구의 내부자로 생산연구의 지향과 실천이 2000년대 중반 이후 구체적으로 그리고 꾸준하게 모색된 측면을 이 대목에서 — 그리고 2장에서 제공한 적지 않은 사례들을 중심으로 — 환기할 수 있다. 그런 동시에 두 동료 연구자의 비판이 문화연구가 주창하는 공적 기획과 탐구의 질적 전화를 위한 진지한 고민과 상호 간 소통의 반영이라는 점도 수용할 수 있다. 요컨대 일군의 문화연구자들이 지금까지 생산연구에 복수의 노력으로 참여한 사례들이 그런 문제의식의 구체적인 실행을 — 동시에 좀 더 정련되고 혁신적인 접근의 부단한 모색을 — 상기해 주기 때문이다.

즉 생산자로의 관심과 이 주제로 수렴되는 집약적 분석은 이들이 '육화incarnate'하는 — 동시에 외부 연구자들이 밀도 있게 파악하기 어려웠던 — 생산을 둘러싼 조밀한 체계와 성층화된 조직의 규범 등을 파악하고자 했던 긴요하고 흥미로운 시도라고 정의할 수 있다. 이런 고안의 방식은 생산자의 내부 체계와 문화를 복수의 질적인 접근과 해석적 노력으로 파악하면서, 관련 활동 범주와 쟁점을 촘촘하게 그려 가는 방안을 의미하기도 한다. 동시에 생산자 연구라는 표현과 정의 방식이 유용하며, 분석의 핵심적 요건을 시사해 주기도 하지만, 생산이 포괄하는 다양한 활동과 구조적 요인과의 상호 작용을 반영하는 데는 일정한 한계를 드러낸다. 그런 이유로, 적지 않은 연구자들이 생산연구라는 — 확장된 함의와 주제 영역을 함축하는 — 명칭을 선호하기도 한다. 이 책에서도 생산과 관련된 일련의 과정적 특징과 관련 행위자에게 유무형의 영향과 압박을 주는 담론과 구조 측면의 요인들을 연계하는 인식으로 생산연구라는 명칭을 사용할 것이다.

한편 이 책의 주제 영역과 관련해, 문화연구를 전공하는 필진에게 광의의 '저널리즘'은 상당히 독특한 분석 대상이기도 하다. 앞에서 논했지만, 문화연구는 종종 대중문화나 영상 문화와 문화산업 관련 탐구를 주로 모색하는 것으로 외부에 알려져 있으며, 실제로 해당 주제를 대상으로 연구자들의 집중적 모색이 지적으로 큰 성과와 가시적인 흐름을 형성해 온 바 있다(이기형, 2011; 이기형 · 이동후, 2019; 이상길, 2010a; 2010b). 그런데 대학을 근거지로 앞서 언급한 작업을 실천해 오던 와중에, 우리는 미디어가 생산하는 콘텐츠 중에 대중의 즐거움과 욕망이나 교양적 관심을 넘어서, 사회 · 정치적으로 큰 힘을 발휘하는 넓은 범위의 저널리즘 관련 이슈와 공적 활동상으로도 시선을 돌리게 되었다. 이 대목에서 필진은 언론학 관련 학과에서 일하면서 대면하게 되는 저널리즘 관련 일군의 돌출되는 주제와 — 저널리즘 영역에서 충돌하는 과잉 정파성의 현실이나 기자 집단에 대한 신뢰도 추락과 거센 비판 등 — 공적 파급력이 컸던 '촛불집회'와 '탄핵' 등의 역사적 사건을 떠올리게도 된다.

요컨대 언론이 수행하는 뉴스의 생산과 영향력이 상당한 주요 프레임들의 효과나, 요동치는 사회적 맥락의 함의 또한 명백히 간과하기 어려운 주제이며, 그런 활동이 주시할 공적 의미를 발휘한다는 점을 우리는 미디어 관련 학과에서 연구와 교육을 전담하면서 점차 '각인'하게 되었기 때문이다. 앞서 언급한 저널리즘과 직결된 문제의식으로 필진은 복수의 생산연구를 시행하게 되었다. 관련 작업을 짧게 예시하면, 〈한겨레〉에서 '내러티브 저널리즘'의 주요 전범으로 평가되는 "노동 OTL" 연작을 제시했던 언론인들이나, 특히 '문화 저널리즘'의 실천을 도모한 서울 소재 주요 언론사의 기자들, 방송 영역에서 시사·고발 콘텐츠로 상당한 위상을 가진 〈그것이 알고 싶다〉의 제작진, 그리고 정규 뉴스가 보여 주지 않는 '이면'을 노출하며 날카로운 풍자 기능을 선사한 〈돌발영상〉의 생산자들과 직접 만나서 이들의 경험과 관점을 수렴하는 연구를 실행한 바 있다. 이 대목에서 생산연구와 생산자로 집중되는 '선택'을 실행했던 이유로, 저널리즘의 동향이나 주목할 사례와 관련해, 문화연구의 방식을 적용하면서 관련 이슈와 쟁점을 기존의 저널리즘 연구자나 주류의 언론학자들과 차별적인 시선과 접근법을 모색한 측면을 거론할 수 있다. 특히 대중문화물에 관한 꼼꼼한 진단만큼이나, 저널리즘에서 구현되는 기획과 노동을 조직적으로 조명할 필요성과 인식의 확장이 긴요하다는 점에 주목하게 되었다. 또한 그런 새로운 경험을 축적하고, 저널리즘이나 비판 커뮤니케이션 영역의 학자들과 일정한 접점을 찾으면서, 그들의 작업과 유의미하게 교차할 수 있는 학술적 자료나 생산연구를 통해 분석적 '교량'을 형성하는데도 상당한 관심을 공유하게 되었다.[9]

9 이는 광의의 언론학 분야에서 일하면서, 접해 온 언론 영역의 보도와 관행 관련 문제점이나 '정치병행성'의 문제에도 우리가 일정한 관심을 두게 된 데 기인한다. 또한 문화연구자로서 우리

물론 이 책이 주목하는 특정한 주제와 이로 인한 한계도 서문에서 거론할 필요가 있겠다. 이 작업은 범언론학 영역을 주요 배경으로, 문화연구자들이 2000년대 중반에서 지금까지 축적한 일군의 생산연구를 저널리즘과 문화산업 등의 핵심 영역과 추진된 방식의 함의 및 그런 변화된 대응의 명과 암을 중심으로 소개하는 저작이다. 동시에 좀 더 숙련되고 확장된 시선으로 언론학 외부의 생산연구와 유기적으로 연계될 만한 예리한 이론적 모색이나 풍부한 사례 분석을 이 책에 반영해 내지는 못했다. 그런 부족함과 범주의 협소함을 인정하면서도, 이 기획이 지향하는 의의와 필요성을 짚어 내게 된다. 요컨대 그간에 수십여 편에 이르는 관련 논문들이나 '생산자 포럼' 등의 연구자와 생산자가 회동하는 활동이 언론학 분야에서 일부 등장한 바 있지만, 임영호(2019)나 그가 동료들과 주도한 작업(임영호 외, 2018) 외에, 이 주제를 긴 호흡으로 논한 연구서는 여전히 찾기 어렵기 때문이다. 또한 소수의 생산연구를 대상으로 한 메타분석이나 학술지의 특집이 그간에 일부 등장했지만, 생산연구라는 집합적 지향성을 대상으로 다양한 소주제와 플랫폼 관련 사례들을 풍부하게 풀어내는 선집이나 회고담과 관련 번역서도 아직 충분히 접하기 어렵다. 특히 상대적으로 한정된 학술 논문의 제한을 벗어나서 보다 많은 동료 연구자들이 집합적으로 시도한 생산연구의 특징과 의의 및 보강할 측면을 조명할 필요성을 고민하게 되었다. 이 책은 그런 목적을 반영한 기획의 결과물이다.

앞에서 짧게 언급했듯이 광의의 커뮤니케이션학 분야에서 주로 문화연구자들이 미디어와 플랫폼 영역을 대상으로 생산연구에 주력해 왔으며, 이들이 '선도적인' 문제 제기에서 분야별로 분화된 일련의 기획을 추진했던 선명한 궤적을 거론할 수 있다. 또한 이들 중 상당수가 새로운 학술 주

는 '미디어 비평'이나 '문화 저널리즘' 등과 같은 전공과 긴밀하게 연계되는 저널리즘 분야의 작업에도 관심을 투영하게 되었다(이기형 · 황경아, 2021).

제로의 확장이나 실험적 모색을 넘어서, 생산연구를 둘러싼 공적·윤리적 쟁점의 추구와 빠르게 변화하는 미디어 생태계를 향한 '개입'과 '참여'의 단면을 활성화한 측면도 눈여겨 볼 수 있다. 동시에 문화연구자들 외 언론학의 지형에서 관련 연구를 실행한 이들도 명백히 존재하며, 그런 활동이나 모색의 일정 측면을 이 책에서 담고는 있으나, 좀 더 방대하게 생산연구의 외연이나 이 지향과 교차하는 지적 실천에 상세한 관심을 기울이지는 못했다. 이와 함께, 젊은 층 연구자와 학문 후속 세대의 구성원들은 현재 일상과 사회 변동 속에 강한 영향을 발휘하는 디지털화와 플랫폼과 관련된 연구로 집중하는 경향과 발상도 드러내고 있다.

그런 사례들과 비교할 때, 이 책에서 큰 비중과 논의로 다룬 대상은 이른바 기존의 레거시 미디어와 다수 연계된다. 이런 지향성은 우리가 주로 기존의 미디어와 문화산업 영역과 관련된 연구와 관심을 꽤 오래 견지해 왔던 데 유래하기도 하며, 디지털, 데이터, AI 등으로 상징되는 작금의 변화를 밀도 있게 탐구할 만한 지식의 축적을 충분히 실천하지는 못한 측면과도 연결된다. 그런데도 우리의 시각으로 기존의 확립된 미디어에 관한 조직적인 조명이 여전히 적고, 관련 '메타분석'이나 집합적인 면모를 정리하고 서술하는 '리뷰'와 진단 성격의 저작이 여전히 희소하다는 점을 이 책이 발휘하는 주요 의의이자, 고민이 깃든 대응으로 설정하고자 한다. 임영호(2020: 49)가 제안하듯이, "변화되고 통합된 플랫폼 환경에서도 여전히 레거시 미디어는 생산 과정에서 중요한 위치를 차지할 뿐 아니라 이 부분의 생산 과정 연구는 다른 넓은 의미의 생산(자)연구에도 시사점이 크다고" 논할 수 있기 때문이다.

앞에서 관련 논점을 제기했지만, 학술 논문을 매개체로 삼아 구현된 상당한 가시적인 성취에도 불구하고, 여전히 미디어 생산연구의 분석 방식이나 명과 암을 진득하게 혹은 다면적으로 정리하는 작업은 매우 소수에 그치고 있다(임영호, 2015a; 2015b; 2020; 박진우, 2020; 이기형, 2020; 이희은, 2020). 이 측면은 명백히 언론학과 저널리즘 관련 연구자들이 고심과 의지가 녹아든 대안으로 성찰할 필요성이 있는 쟁점이다. 나아가 해외의 관련 사례를 탐색하면서, 이 주제와 관련해 주목할 이슈와 새로운 연구의 트렌드를 정리·진단하거나, 기존에 한국 언론학 영역에서 이루어진 생산연구의 갈래와 특징을 성찰적으로 탐구하는 작업도 여전히 접하기가 쉽지 않다. 이 책은 앞서 설파한 지적 '공백'과 대응이 요청되는 학술적 필요성에 주목하면서, 미디어 생산연구를 핵심 주제로 엮어 내며 저변을 확대하는 데 긴요한 작업을 구성하고자 한다. 이러한 시도가 현재 진행 중인 미디어 생산연구의 성과와 대응할 도전에 관하여 긴요한 학술적·교육적 자원을 제시할 수 있을 것으로 판단한다. 한편 우리는 미디어 생산연구의 렌즈와 방식을 채용한 복수의 연구를 이미 시행한 — 동시에 그런 과정에서 만만치 않은 난점과 대면했던 — 생생한 경험이 있다. 그러한 경험과 축적된 지식을 기반으로, 미디어 생산연구가 미디어와 플랫폼을 연구하는 동료 학자들에게 어떤 의의와 지적 자극 그리고 '진전된 앎'을 줄 수 있는지를 중심으로 이 책을 구성하고자 한다.

지금까지 논한 사안을 정리하면, 곱씹을 다양한 이유가 존재하는 생산연구의 주요 사례에 관한 설명과 정리를 구체적으로 제공하고자 하는 목적을 이 지면에서 반영하고자 한다. 이와 동시에 이 기획은 현재까지 등장한 적지 않은 생산연구의 사례들과 접근법, 그리고 동료 연구자들이 제기한 분화된 관심과 해석 틀을 섬세한 메타분석이나 숙성된 이론적·담론적 점검을 중심으로 조명하는 성격의 작업은 아니다. 그런 방향성보다 국내에서 추구된 생산연구 속에 특히 비판적 지향을 전개하며 공적 함의와 탐구의 대안 및 윤리적 성찰의 문제를 고심한 작업에 주목한다. 요컨대 이 책은 정치적·공적 맥락과 생산연구의 '렌즈'를 저널리즘과 문화산업 내부로 구체적으로 투사한 동료 연구자들의 문제의식과 활동에 상당한 지면을 할애한다. 그런 성격의 — 필요성과 한계가 반영된 — 작업을 수행하면서, 생산연구에 관심이 큰 학자들이나 언론인들이 함께 숙고할 필요가 있으며, 언론 관련 연구자나 행위자가 여전히 간과하는 주제와 문제의식을 환기하고자 한다.

이제 마지막으로 이 책의 구성을 짧게 논하면 다음과 같다. 1장에서는 전반부에서 '생산'을 핵심어로, 매우 복잡한 과정과 교차하는 실천 그리고 전문화된 역할을 함축해 내는 이 개념을 다양하게 풀어내면서, 어떤 측면에서 생산이라는 복합적 영역을 조심스럽게 탐구할 필요가 있는지를 상술하고자 한다. 이와 함께, 특히 생산연구로의 변화와 동력이 반영된 지향점을 앞서서 구축했던 주요 고전canon의 특징과 의의를 일종의 예시적 작업으로 소개한다. 2장에서는 문화연구가 관행적으로 지향해 온 탐구의 특징과 갈래를 소개하며, 그런 집합적 성향을 유지하던 문화연구자들이 어떤 관점과 복안으로 생산연구로 '통칭'이 되는 일군의 기획을 추구했는지를 소개할 것이다. 특히 이제는 나름의 공고한 지적 흐름을 구성한 생산연구의 공유되는 특징과 적용 영역 및 지적 함의를 논하고자 한다. 이 측면을 상술하기 위해, 주목할 필요가 있는 일련의 생산연구의 함의와 핵심 주제 및 접근법을 비교적 구체적으로 풀어낸다. 3장은 한국에서 문화연구나 미디어 산업에 관한 비판적·역사적 접근을 시도하는 이들에게 매우 큰 영향과 분석을 위한 선례를 제공한 영미 생산연구의 특징과 주요 문제의식을 정리하여 제시할 것이다.[10] 특히 이 장은 해외에서 축적된 생산연구의 상세한 계보나 역사적 연원을 상술하기보다, 1990년대를 기점으로 영미에서 집단적인 결연affiliation과 다원적 구성을 보이면서 등장한 생산연구의 특징과 주요 쟁점을 문화연구와의 관계성을 중심으로 조명하고자 한다.

10 이 장은 다음 논문을 큰 폭으로 확장하고 변주한 작업이다. 이기형·황경아 (2020), '지금 여기에서' 생산연구라는 주제와 문제의식을 복기하기: 저널리즘과 비판적 생산연구와의 결합을 중심으로, 〈한국언론정보학보〉, 100, pp.11~63.

4장에서는 특히 '비판 저널리즘'을 주제로 한국의 문화연구자들이 실천한 생산연구의 핵심 사례들을 중심으로, 어떤 공공성이 깃든 연구와 사회적으로 유념할 쟁점이 제기되었는지를 상술한다. 이는 특히 언론이 관여된 사회적 갈등과 공적 쟁점의 재현에서 내부 구성원들의 역할에 주목한 문화연구자들의 선이 굵은 분석을 중심으로, 어떤 연구가 집중력 있게 모색되었는지를 밝힌다. 5장은 그런 기획의 연장으로 우리가 관여했던 높은 인지도의 시사·고발 프로그램 SBS의 〈그것이 알고 싶다〉에 관한 상세한 분석 사례와 함의를 제공한다.[11] 이 작업은 생산연구를 내부 제작진의 섭외와 비평 담론을 조합하면서 제시한다. 또한 관련 내용은 '비판적 저널리즘'이라는 긴요한 주제를 시사와 고발 장르에서 대표적인 텍스트의 생산자들이 전개하는 활동과 접맥하면서, 관련 쟁점을 긴 호흡으로 풀어내고자 한다. 6장에서는 다매체와 플랫폼의 위상과 위력이 매우 커진 현시점에서 생산연구의 변화와 결집력이 필요한 새로운 문제의식의 함의를 논할 것이다. 특히 노동과 젠더 및 '정보 통치성'과 같은 주요 현안과 쟁점을 연계하면서, 이 장은 최근에 모색된 플랫폼 관련 비판적 접근을 소개하면서, 향후 생산연구의 조율된 확장과 변화된 현실에 조응하는 대응 전략에 대한 시사점과 기반을 제공하고자 한다.

이 책은 미디어 생산연구를 시행한 경험을 가진 동료 연구자들의 연구 사례와 관점을 다면적으로 수렴하면서, 다른 한편으로는 미디어와 플랫폼 환경 변화에 대응하는 생산연구의 대응과 변화상에 관한 선이 굵은 탐구와 진단을 제공하고자 한다. 강조하면, 미디어 생산연구가 기성의 접근이나 지향과는 상당히 차별되며, 분석이 충분히 이루어지지 못한 생산 주체들의 활동과 환경에 직간접적인 영향을 끼치는 제도화된 규범 및 조

11 이 장은 다음 논문을 일정하게 수정한 작업이다. 이기형 · 황경아 (2016), SBS 〈그것이 알고 싶다〉의 역할과 성취 그리고 명과 암을 맥락화하기, 〈한국언론정보학보〉, 75, pp.83~144.

건을 복합적으로 탐구해 온 방식은, 상당히 필수적이면서 유용한 학술적 실천이라 논할 수 있기 때문이다.

1장

왜 미디어 '생산연구'인가?

1. 생산이 함축하는 복합적 과정과 교차 지점

미디어 생산연구 혹은 생산연구라는 용어는 이 주제와 관련된 일련의 기획을 실천해 온 학자들에게 익숙하면서도, 광의의 언론학 전공자들이나 특히 대학 외부에서 활동하는 미디어 관련 전문가들에게 상대적으로 '생경한' 개념이라 생각된다.[12] 이제 이 용어의 정의와 특징에 관한 일련의 소개를 디딤돌로 삼아, 우리가 추구하는 문제의식의 의의와 주목한 지향성을 밝히고자 한다.

먼저 '생산'이라는 용어가 함축하는 일련의 과정과 다면적 실행을 돌아보자. 생산이라고 불리는 실행과 과정은 특히 미디어와 플랫폼 관련 영역에서, 기사와 뉴스, 다큐멘터리와 특집, 드라마와 같은 스토리텔링 양식, 교양과 지식 및 연예 관련 다양한 콘텐츠, 그리고 관찰 예능 등을 제작하는 이들이 관여하는 전문성의 반영과 노동 집약적인 작업을 포괄한다. 단적으로 논할 때, 관련 작업들은 수용자들의 변화무쌍한 취향과 욕구에 대한 기민한 대응에서 완성도가 높은 기획을 짜임새 있게 반영하는 창의적 노력 그리고 이런 측면과 조응하는 관행established conventions을 포함한다. 또한 상업화 전략이나 성공의 압박에 생산 주체들이 깊게 관여하기에, 매력과 정보성 및 경쟁력이 있는 상품으로써 특정 미디어 콘텐츠의 특성과 대중성을 추구하는 내부자들의 전략도 종종 생산의 영역과 결부된다. 동시에 미디어와 플랫폼에서 만들어지는 주요 콘텐츠와 관련해, 물질적이고 기술적인 측면을 돌아볼 필요가 명백히 있지만, 광의의 특화된 지식과 가

12 참고로 생산자 연구라는 명칭은 현재도 일군의 연구자들이 사용하고 있다. 이 명칭이 미디어와 문화산업 내부의 종사자들이 도모하는 활동이나 콘텐츠의 구성과 관련된 역할에 주목하지만, 이들이 대면하는 환경적 요인과 제도적 특징을 포함하는 측면에서는 부족한 측면이 있다. 그런 이유로 이 책에서는 생산연구라는 좀 더 복합적이면서 포괄적인 표현을 사용하고자 한다.

치의 추구 및 서사와 이미지 등 넓은 의미의 '문화적' 자원이 차지하는 비중 또한 상당히 중요하다. 즉 다양한 생산물을 수용자들에게 제공하기 위한 과정에는 녹록하지 않은 집중력과 혁신을 위한 집합적인 노력에서, 성취와 좌절, 관련 주제와 만듦새를 부단히 숙고하는 고민과 창의성의 모색, 그리고 고단한 노동 등이 요구된다. 특히 과거보다 훨씬 경쟁이 심한 다매체와 멀티플랫폼 환경이 전개되면서, 신선하고 대중의 관심을 끄는 콘텐츠의 기획은 상당히 치열해졌으며, 관련 분야의 종사자들에게 미치는 영향력과 부담도 배가되고 있다.

저널리즘의 사례로 이 측면을 예시하면, 뉴스의 디지털화와 '유동화'의 추세나 플랫폼에 관한 기성 미디어의 의존도가 커지게 되면서, 그런 미디어 생태계의 변동에 연동하는 조직의 혁신과 관련 관행 및 노동의 변화 등이 크게 요구된다(김사승, 2019; 박아란 · 이소은, 2020; 박영흠, 2018; 백재현 · 임종수, 2018; 유용민, 2022a; 이건혁 외, 2020; 이소은 · 박찬경, 2022; 허만섭 · 박재영, 2019). 또한, 앞서 거론한 상황이 저널리즘 조직 내부에 무시하기 어려운 힘을 발휘하면서, 저널리즘의 실천을 둘러싼 진통과 함께, 돌파구를 찾지 못한 동요와 혼란이 발생하기도 한다. 즉 앞서 언급한 집합적인 변화는 기자들의 행태와 기사 생산에도 유무형의 도전과 압박을 제기한다. 그러한 측면은 언론사의 생존이나 재정적인 위기를 타개할 목적으로 특종과 속보 경쟁이나 홍보성 기사들의 생산으로 이어지기도 한다. 관련 사안을 예시하면, 이건혁(2020) 등의 연구는 일간지 기자들이 느끼는 직무 만족도와 노동의 현황 및 디지털화가 발휘하는 압박감과 충격을 연계된 주제로 삼아 설문 조사와 요인 분석을 적용한 작업이다. 이 연구는 탐색의 주요 시사점으로 "디지털 충격이 취재 관행에 미친 변화에서 기사가 부실해질수록 그리고 속보 중시 경향이 심할수록 직무 만족도가 낮다는 점을 확인"했으며, "디지털 충격이 뉴스룸 정책에 미친 영향으로, 경영 스타일이 권위적이라고 생각할수록 직무 만족도가 낮은"(341) 측면을 발견한 바 있다. 나아가서 이 연구는 조직 내부의 원활한 의사소통과 책임 의식이 반영된 '전문직주의 professionalism'가 직무 만족도를 향상하는 데 여전히 긴요한 요인이라는 점도 제기한다. 이런 양상은 이소은과 박찬경(2022: 13)이 짚었듯이, 학자와 언론인이 "뉴스 데이터화의 형식과 저널리즘 제도, 그리고 기자들의 실천의 '관계'에 주목할 필요가 있으며, 이는 현장 중심의 논의를 통해" 다면적인 진단을 도출할 필요가 있는 사안이기도 하다.[13] 첨언하면, 저널리즘 전공자들이 제공한 언론 조직에 관한 실증 연구와 사례 분석도 생산연구의 지향성과 상당 부분 맞닿는 탐구 주제로의 교차점과 후속 작업의 필요성을 일정하게 환기해 준다.

조금 달리 생산이 영위되는 방식을 풀어내면, 특정 미디어 관련 생산물을 제공하는 복합적인 과정에는 미디어 내 전문가 집단이 구현한 제도적인 실천과 내부에 형성된 가치 체계 그리고 해당 생산물의 공적·상업적 기능과 관련된 일련의 고려할 '이해관계'들이 작용한다. 예컨대 치열한 시장에서의 경쟁이나 소비자의 취향과 선호도 변화에 따른 콘텐츠의 주목이나 부침 등의 이슈는 조직의 활동이나 평판과 긴밀하게 접맥되는 상업적 효과와 집합적인 압력을 발휘한다. 여기에 경영진이 추구하는 새로운 정책과 관리 방식의 추진에서, 디지털 기술의 도입과 관련 여파, 그리고 구조 조정과 '유연화' 등의 복합적인 추세도 내부자들이 영위하는 광의의 생산과

13 관련 사례로, 백재현과 임종수(2018)는 '로봇 저널리즘'이 언론의 실천과 관련해 시사적인 분기점일 수 있지만, 관련 실행이 '혁신 없는' 도입에 머물거나 외면되는 양상을 비판한 바 있다. 이들은 유의미하고 조율된 수준의 로봇 저널리즘의 양식화가 추진되지 못하는 측면을 언론 내부 체계의 문제점을 중심으로 조명한다. 두 연구자는 "뉴스 생산이라는 노동 행위는 저널리즘 관행과 비즈니스, 규범 등 저널리즘 제도 자체의 변화를 내포한다는 점에서 이전의 저널리즘 기술 혁신을 훨씬 뛰어넘는다. 그럼에도 불구하고 한국 언론사들은 언론사 내부의 혁신 추구 문화의 빈약, 이를 보완하고 지원할 외부 전문 기관의 부족, 더욱이 어느 정도 자생력이 있는 대형 언론사의 외면 등으로 로봇 저널리즘을 저널리즘 수행의 한 양식으로 전화해 가지 못하고" 있다는 곱씹을 비판을 제시한 바 있다(129).

실천에 직간접적 도전과 변화의 힘에서 제약과 동요를 형성하게 된다(박진우, 2012; 박진우 외, 2012; 이상기 · 김주희, 2013; 이상길, 2018; 임종수 외, 2020; 조항제, 2019; 허철 · 박관우 · 김성태, 2009). 저널리즘과 관련된 다른 예시를 들어보면, 이른바 군소 언론사를 넘어 기성의 확립된 미디어에서도 속보 경쟁과 포털을 통한 자사 기사의 노출도를 올리려는 의도적 노력은 종종 기사 구성의 짜임새나 콘텐츠의 깊이를 모색하기보다는, 정보 가치가 떨어지는 기사를 '연성화된' 방안이나 이른바 '낚시 기사'로 포장하는 기획으로 변환되고도 있다. 특히 그런 속보 경쟁은 매출과 재원의 확보를 위한 측면에서 종종 묵인되고 강조되기도 하면서, 속보가 담아내는 중요성이나 뉴스의 질적인 가치가 간과되기도 한다. 한편 물질적 보상과 노출에 매달리는 이런 문제적 행태가 최근에 등장한 주세는 아니며, 저널리즘이 견지할 책무보다 상업성에 주력하는 면모도 확연하게 관찰된다. 요컨대 경쟁이 매우 치열한 현재 다매체와 플랫폼 환경에서, 관련 행위자들이 구성하는 생산물은 내외부적으로 적지 않은 비판과 주목 그리고 차별화된 비평 및 비교의 대상이 된다. 이와 함께, 종종 수용자의 기호 변화나 시장의 요구를 반영하는 상당히 까다로운 과업과 대면하기에 생산으로 정의되는 일련의 과정은 내부의 주체들에게 긴장과 도전 및 부담을 지속해서 발휘한다.

지금까지의 논의를 정리하면, 미디어를 대상으로 이루어지는 생산으로 '통칭'하는 과정은 나름의 전문화된 직업 문화와 가치의 투사에서, 만만치 않은 집합적인 노력, 그리고 종종 조직의 운영에서 생존과 결부된 일련의 사회경제적 요인들이 불균등하게 구성해 내는 중층적 '실행multi-leveled practice'을 포함한다. 여기서 실행이라는 용어는 일견 실천과 동의어로 인지되지만, 이 개념은 후자와 비교할 때, 관행과 제도 및 내부자들이 구현한 습속을 반영하는 좀 더 복잡한 의미와 성향 그리고 집약적인 활동 및 물질화된 측면을 두루 포괄한다. 달리 말하면, 이런 과정은 미디어가 채용하는 특정 테크놀로지가 발휘하는 가시적 효과에서 물질적 · 제도적인 환경이 발산하는 특징, 그리고 그런 구축된 환경 내부에서 형성된 특정한 조직 문화와 직업적 정체성 등을 다면적으로 반영하기도 한다(김미숙, 2022; 박진우, 2020; 윤태진, 2005; 이재원 · 양정은, 2021; 임영호, 2020). 예시하면, 지난 십 수 년간 언론 영역에서 확장된 주목을 받아온 '디지털화'의 경우, 취재와 송고 방식에서 변화된 조직의 대응과 적응 및 관련 노동에 이르기까지, 내부 구성원들에게 상당한 적응의 노력과 압박감이 깃든 변화의 방향성을 발휘한다. 즉 앞서 언급한 변화의 추세는 디지털 기술의 활용과 취재 인력과의 긴밀한 상호 작용을 필수적으로 요구하며, 이와 함께, 디지털 스토리텔링이나 인포그래픽의 채용에서 데이터의 확장된 사용과 시각화, 인공지능과 알고리즘의 활용 등의 새로운 측면도 포함한다.

또한, 디지털화가 새로운 기술의 적용을 통한 '혁신'이나 미래를 준비하는 변화를 종종 상징하지만, 이는 동시에 내부자들에게 상당 수준의 진통을 생성하기도 한다. 예컨대 언론사의 경우, 그런 과정에서 기존의 기사 생산 외에 온라인과 소셜 미디어로 확장되는 기사의 구성은 — 즉 디지털 뉴스의 증가한 상품화는 — 관련 주체들에게 강화된 노동 강도와 속보성으로 귀결되는 압력 및 시간 관리의 압박을 형성한다. 요컨대 인력 보강이 원활하지 않은 경우, 디지털 기술을 채용한 혁신의 결과가 불균등하거나 충분히 성공적이지 않을 수 있다. 이런 측면과 함께, 기술적인 진화와 보강이 저널리즘이 지향해야 할 질적으로 우수한 콘텐츠나 양질의 탐사 보도물을 만들기 위한 일정한 조건은 될 수 있겠지만, 그런 결과물을 담보할 수 있는 것은 아니다(박영흠, 2018; 박진우, 2012; 2022; 이강형 · 남재일, 2019).[14] 질적으로 뛰어난 구성물의 생산에는 전문적인 훈련과 언론인의 역량 강화와 사

14 저자 중 한 명이 동료 연구자들과 협업으로 실행한 서울 소재 주요 언론사 문화부 기자들과의 인터뷰에서도, 이들 중 상당수는 안식년이나 연수, 물질적 지원보다는, 인력의 보강이 종종 더 절실한 사안이라는 점을 토로한 바 있다.

내에 구현된 유기적인 지원 및 보상 시스템의 뒷받침에서, 그런 가치를 중시하는 내부의 성향 체계가 필수적이기 때문이다. 그런 생산을 둘러싼 상호 연계되는 다층적인 관계성을 고려해 보면, 생산 과정에 관여하는 행위자나 영향을 주는 일련의 제도적 요인을 탐구하는 작업은 관련 현실과 맥락을 대상으로 구체적이면서 '포용적inclusive' 진단을 모색하게 된다.

논점을 바꾸어, 앞서 거론한 다양한 콘텐츠를 연구하는 범언론학 분야의 학자들이 그런 산물 속에 반영되는 특정 가치나 이념, 프레임, 그리고 주요 문제의식들을 꾸준히 그리고 상당한 성과로 탐구해 온 현실이 존재한다. 동시에 이들은 주로 이미 생산이 완료된 결과물이나, 콘텐츠가 생성한 사회적·공적 이슈와 거시적 영향 등에 주로 집중하는 연구를 도모하기도 한다. 반면에 언론학자들 상당수가 기획에서 생산에 이르는 꽤 복잡하며 만만치 않은 부담과 고민이 배인 일군의 과정을 충분히 알고 있지는 않으며, 때론 필요한 관심도 충분히 투사하지 못해 온 현실을 짚어 내게도 된다. 예컨대 디지털화로 변화하는 '뉴스룸'의 작동 방식이나, 특정 기사와 특집 콘텐츠를 플랫폼의 기능을 염두에 두고 구현하는 저널리즘 작업과 관련해서도, 적지 않은 언론학자들이 어떤 판단과 관점을 내부의 주체들이 주도적으로 활용하며, 동시에 어떠한 기획의 노력과 노동을 경주하는지를 밀도 있게 체험·관찰하지는 못한 측면을 짚게 된다.

2. 생산연구의 기반이 된 핵심 저작들

게이 터크먼의 뉴스 생산 과정 연구와 민속지학

게이 터크먼Gaye Tuchman(1978; 1995)이 오래전에 제시했던 《메이킹 뉴스 *Making News*》와 같은 밀도 있는 분석을 — 생산연구를 이해하는 데 유용한 — 예시의 사례로 삼으면서, 그가 제기하는 주요 메시지와 통찰을 돌아보고자 한다. 주지하듯이 이 사회학자가 모색한 고전적 연구는 '뉴스가 현실을 반영하는 창'이라는 친숙한 명제를 촘촘하게 파고들면서, 그런 과정과 '창window'의 구성과 함의에 관한 심층적이면서도 사려 깊은 탐구를 제공한다. 또한 이 작업은 뉴스룸을 대상으로 한 '민속지학ethnography'[15]의 적용을 주의 깊게 추구한 작업으로도 평가받는다(Paterson et al., 2016). 이런 평가와 함께, 이 책은 저널리즘 영역으로 생산연구의 문제의식을 적용한 이들에게 큰 영향을 주기도 했다.

특히 이 선도적 연구는 그 시기까지 언론의 외부자들이 지녔던 일종의 통념으로 언론인이 단단하게 조형된 객관적인 '틀'을 중심으로 기사를 생산한다는 인식을 파고들면서 상당히 다른 면모를 파헤친 바 있다. 요컨대 그는 뉴스를 생산하는 이들이 채용하는 틀의 성격이나 관련 관행과 내부에 형성된 인식이 결합하면서, 보도의 내용과 방향이 구현되거나 윤색되기도 한다는 점을 설파했다. 이런 관찰점을 도출하는 과정에서, 그는 방송사와 언론사 편집 부서와 기자실에서 뉴스라는 특정 생산물이 만들어지는 복잡한 과정을 매우 긴 기간을 들여 관찰했으며,[16] 연구를 수행하며 내부의 언론 종사자들과 많은 대화와 질문을 공유하기도 했다. 언론학자

15 에스노그라피ethnography는 한국 학계에서 관련 학자들이 '문화기술지'로 번역하기도 한다. 접두어로서 '에스노'가 다양한 문화와 인종의 정경을 함축한다면, '그라피'는 연구자가 수집한 서사와 담화 및 관찰점을 밀도 있게 엮어 내며crafting, 이를 지식으로 구성하는 작업을 의미한다(Denzin, 2010; 2013). 한편 언론학과 문화연구 영역에서 이 용어를 오래도록 '민속지학'으로 번역해 온 관례가 존재한다. 이 책에서는 그런 용례를 고려하여, 민속지학으로 통일해 부르고자 한다.

16 임영호(2013: 280)는 터크먼의 책이 뉴스 생산의 현장을 무려 10여 년 동안 참여 관찰과 관련자들과의 인터뷰를 축적하면서 만든 고된 노동과 방대한 역사적 사례들이 녹아든 작업이라고 소개한 바 있다. 터크먼은 그런 자신의 끈질긴 활동을 기조로 뉴스가 특정 사안과 사건을 반영한다기보다, 언론이 주목하는 현실 자체를 구성하며, 특정 측면을 걸러 낸다는 시각을 제시했다. 또한 언론인들이 표방하는 '전문직주의'와 같은 에토스가 기실 이들의 제도적 위상과 이해관계에 크게 '봉사'하며, 이들의 활동을 정당화하기도 하는 다양한 측면을 탐구하기도 했다.

김영욱(2003)은 이 책의 핵심 내용을 다음과 같이 소개한다.

> 이 책은 구성주의라는 이론을 뉴스와 연결시켜 밀도 있게 다루고 있다. 하지만 이 책이 흥미 있는 것은 그 대목이 아니다. 그녀는 구체적 현장을 보여 준다. 기자들이 직업적으로 공유하고 있는 뉴스 개념은 뉴스 망에 난 구멍을 합리화시키는 도구다. 출입처와 담당 영역의 배치, 관료적 지시계통과 상호조정을 통해 사건들에 뉴스 가치가 부여된다. 중요한 정보가 생산되는 길목에 기자를 배치하지만, 지속적으로 보도하기 때문에 그곳이 중요하게 받아들여진다는 역도 성립한다. 마감시간과 가용한 영상 또한 뉴스 가치를 결정한다. 여성 운동가들이 저녁이나 주말에 집회를 하는 한, 그에 대한 기사가 신문에 실리기 힘들었던 것이 그 예이다. 사건에는 '유형'이 있어, 긴급사태로 규정된 사건이나 스포츠 게임 등은 늦은 시간에 발생해도 기사화가 된다. 그리고 유형은 사건 자체의 성격으로만 결정되는 것이 아니다. 관행이 유형을 결정한다.

이 인용문이 예시하듯, 터크먼의 책은 뉴스라는 관습적 대상을 생산의 현장성이 인지되는 일화나 예시를 반영하면서, 어떤 방향성과 관행의 '이면'이 설파될 수 있는지를 감각적으로 보여 준다. 예컨대 젠더와 뉴스 보도의 관련성이나 특정 출입처의 선정이 보도에 미치는 효과를 서술한 부분은, 특히 수용자들이 생산된 결과물로 뉴스가 제대로 반영하지 못하거나 중용하는 측면의 특징을 살펴보게도 해 준다. 조금 다르게, 터크먼이 탐구한 저널리즘 내부의 현실은, 뉴스의 제작을 위한 언론인이 기울이는 노력 속에, 이들이 역사적으로 확립하게 된 내부의 관습과 단단한 성향이 일반 대중이 인지하지 못하는 과정과 방향성을 포함하며 작용하고 있음을 시사해 준다. 예컨대 그런 과정에서 언론사 조직의 관료적 생태나 특정 가치의 선택적 반영에서, 내부 주체들이 엄수할 필요가 있는 시간적 제한 등이 강하게 작동한다. 또한 이런 저널리즘 내 제도화된 특성은 때로는 비합리적이거나 특정한 정파적 가치의 반영을 포함하기도 한다.

김영욱이 환기했듯이, 터크먼의 책은 저널리즘의 '고전canon'이되, 그런 상찬을 넘어서 '지금, 여기'의 연구자와 언론인들에게 여전히 적지 않은 함의와 쓰임새를 준다. 특히 뉴스의 관행과 생산을 다양한 관련 제도적 요인이나 내외부에 존재하는 사회적 효과를 섬세하게 고려하면서, 터크먼이 뉴스라는 일종의 '그물망'과도 같은 대상이 구성되는 측면을 체계적으로 파고든 노력은 여전히 주목할 함의와 대응의 필요성을 돌아보게도 해 준다. 임영호(2020: 49)는 터크먼의 작업이 "행위자 중심의 구성주의의 관점에서 접근해, 뉴스 생산 과정과 직업 관행을 독창적으로 개념화하고 맥락화하는 모범적 연구 사례를 제시"했으며, "다양한 세력들이 작용해 미디어 산물이 생산되는 과정을 파악하려는" 이런 유형의 시도가 "[연구가 수행될 당시] 외부인이 접근해 들여다보기 어려운 일종의 '블랙박스'로 남아 있었다는 점에서" 해당 작업의 의의를 높게 평가한 바 있다. 우리는 이 저작을 뒤늦게 찾아보고 읽어 가면서, 이런 유형의 언론사 내부로 '잠입한' 동시에 끈기 있는 진단을 성찰적으로 도모한 현장 연구가 이미 꽤 먼 과거에 실행된 데 놀라움을 금치 못했다. 비록 한국 상황에서 그런 연구를 위한 현실적인 '접근성'이나 여건의 차이가 크다고 해도, 터크먼의 선도적 텍스트가 주는 일련의 유용한 단서와 작업의 함의를 여전히 곱씹게도 된다.

이와 함께, 터크먼의 저작에서 우리는 상대적으로 낯익은 텍스트와 담론 중심의 분석에서 방향을 돌리고 특히 민속지학의 '변용'을 통해, 앞서 거론한 주제를 진단하는 방안이 지적·사회적인 차원에서 마땅히 필요하며, 가능하다는 문제의식도 점차 모색하게 되었다(나미수, 2012; 2016; 이기형·황경아, 2016; 2020; 이오현·김철원, 2021; 이오현, 2004). 비슷한 문제의식을 품은 동료 문화연구자들도 관련 모색과 시도를 이 방법론의 적용이나 변주로 시행한 바 있다. 앞서 예시로 든 터크먼의 작업도, 그가 활용한 개념과 서술 방식이 다소 다르긴 해도, 저널리즘 조직과 기자 집단에 관한 의의가 큰 민속지학으로 분류될 수 있다. 그런 측면에 관해, 민속지학의 특징과 함의를 이 지점에서 상술하고자 한다. 조금 단순화할 때, 민속지학은 연구 과정에서 주제와 결부된 '현장성'이나 연구의 대상인 특정 인물들이나 집단이 구성한 독특한 '세계'와 이들이 체화하는 가치에 집약적인 관심을 표출하는 접근법이다. 이 방식은 주류 커뮤니케이션 분야에서 채용되는 실증 연구나 실험 연구와 달리, 분석 대상을 '자연스러운 상황natural setting'에서 직접 만나며, 그들의 목소리와 관점from their standpoint으로 제기되는 시각과 관련 체험을 꼼꼼하게 수렴하고 축적하려는 노력을 기울인다. 그런 각별한 노력은 실증주의와 양적 연구의 전통에서 엄격하게 분리되는 연구자와 연구 대상 사이의 엄격한 분리나 '분석적 거리analytic distance'의 유지를 오히려 의지와 복안으로 넘어서려는 실천으로 대응하며, 연구자가 만난 일군의 주체들과 형성한 진득한 공감empathy과 공유되는 이해를 성찰적으로 탐구하는 방향으로 전개된다.

이 독특한 접근법은 분석 대상과의 접촉과 담화 외에, 연구 대상과 연계되는 현장의 특정한 리듬과 관습을 파악할 수 있는 참여 관찰participant observation이나 이에 상응하는 시사점 도출에도 주목한다.[17] 한편 인정컨대 생산연구 사례에서, 생산자가 활동하는 공간으로 방문하거나 일정 기간을 대면 접촉과 진중한 소통이 반영된 관찰은 구현하기가 상당히 어렵다. 그런데도 소수 사례에서 그런 기회가 성사되면서, 연구자가 생산자에게 친숙한 업무 공간과 회의 등에 참석하고 관찰과 평가를 축적하는 방안이 모색

17 참여 관찰은 인류학과 문화연구에서 자주 활용되는 방법론으로, 특히 특정 공동체에 속한 집단이나 팬층과 부단히 교류하고, 상호 작용하면서 이들이 표출하는 감정과 의미 그리고 도모하는 활동의 특징과 함의에 주목한다. 연구자는 이 같은 과정을 통해 설문 조사나 문서화된 자료들의 해석 등으로 파악하기 어려운 현장성과 분석 집단이 발현하는 정체성을 밀도 있게 관찰하고 수집하게 된다. 또한 이런 과정은 상당한 섭외의 노력과 인내 및 소통의 필요성을 제기하며, 연구 대상과 과정에 관한 성찰적인 고민을 요구하기도 한다.

되기도 한다. 앞서 거론한 실천을 중심으로, 민속지학은 접촉한 이들이 활동하는 특정 장소와 그곳에서 확립된 조직적 활동과 다양한 기획과 노동을 좀 더 '근접해서' 진단하려는 방안을 고심한다. 예컨대 원용진(2014)은 민속지학이 연구자가 친숙한 환경을 벗어나, 그가 주목하는 — 동시에 특정한 직무와 집합적인 성향을 발현하는 — 인간과 집단이 구축하는 일련의 특징과 관계망에 주목하는 측면을 중심으로 '사람 연구'라는 일견 단순하면서도 — 핵심 지향성을 감각적으로 압축한 — 명칭을 제시한 바 있다.[18]

또한 기존의 인류학 영역을 떠나서 모색되는 민속지학은 기업이나 공공 영역에서 나름의 체계화된 조직의 원리와 구조 및 활동 영역이 분화된 이들이 구축한 문화를 밀도 있게 탐구한다. 부연하면, 민속지학은 연구자가 충분히 인지하지 못하며, 때로는 공조와 경쟁의 대상이기도 한 학계 '외부'의 전문가 집단이 구현한 세계를 세밀하게 파악하고자 하는 개방적인 관심과 함께, 관행적 연구의 관성을 그런 방향을 통해 변화시키고 주체적으로 대응하려는 활동을 추구한다(Denzin, 2010; 2013; Iorio, 2004; Paterson et al., 2016; Usher, 2014; 2021; 나미수, 2012; 이기형, 2011; 주형일, 2014). 이 방법론의 모색에서 다양한 배경과 인종이나 젠더로 차별화되는 이들과 교섭하기에, 지식을 산출하는 노력과 함께 타자를 대하는 '윤리적' 측면도 중시된다. 즉 민속지학은 기존 연구에서 발견하고 구성하기 어려운 특정 조직이나 집단 내부의 관심사와 쟁점, 그리고 연구의 대상들이 표방하는 인식과 외부로 쉽게 가시화되지 않는 행태를 신중하게 발굴·탐색하며, 이런 과정 자체에 관한 '자기반영적인self-reflective' 진단도 모색한다. 즉 이 같은 측면은 연구자가

18 영미 학계에서 생산연구를 실천한 이들은 이런 사람 연구를 미디어와 플랫폼 내부에서 발현되는 '주체성agency'의 특징과 관련 구조적 효과를 접합하는 방식으로 추진한다. 이 탐구의 방식은 조직 내부의 위계나 전문성의 분화에 연동하는 위상을 가진 복수 주체들의 행동 양식과 상호 간에 체감되는 쟁점과 이견을 촘촘한 '관계론'으로 삼아 파고든다. 관련 내용은 4장을 참고하라.

때로는 상징적 권위를 내려놓고, 자신이 주도하는 작업 자체를 곱씹는 '재귀적인' 용법과 자성이 실린 관심으로 재조명하는 과정이기도 하다. 박진우(2020: 26)는 이 접근법의 중용이 발휘하는 의의를 다음과 같이 풀어내기도 한다. "여기에는 해당 생산의 현장 내부로 직접 들어가서 관찰하지 않으면 그것의 구체적인 기술적 요소들과 실천 방식을 알 수 없다는 생각이 전제로 깔려 있다(그리고 이 전제를 우리 시대의 미디어 생산연구도 대부분 공유한다)."

그런 이유로 민속지학을 유의미한 수준으로 적용해 내거나, 혹은 연구의 조건과 내부자의 협조 여부를 고려하며, 일정한 전술적 '변주'를 도모하는 대응은 생산연구가 시간이 지나면서도 유지하게 된 동시에 방법론적으로 꽤 선명한 지향성이다. 첨언을 하면, 다음 장에서 소개하겠지만, 국내에서 등장한 많은 생산연구의 사례들도 현장과 내부자가 구축한 특정한 역할과 이들에게 긴요한 내부의 관행과 쟁점을 파악하는 데 있어서, '민속지학적 상상력ethnographic imagination'을 반영하려는 노력을 지향한다. 요컨대 이는 짜임새와 추구된 역할 측면에서 민속지학의 유의미한 적용이 상당히 이루어지기도 하지만, 현실의 난점으로 그런 구성이 어렵더라도, 근본적인 지향에서 민속지학의 문제의식을 다면적으로 반영하고자 하는 노력 자체와 그런 인식이 긴요하며 지속적인 노력이 요구된다는 점을 함축하는 표현이다. 물론 산출된 결과에 따라 이런 치열한 상상력의 구성이 감각적으로 성사되거나, 적지 않은 제한성과 한계를 드러내기도 한다.

또한 민속지학의 실행을 위한 조건이나 주요 '대화자'로서 생산자들의 이런 연구에 관한 이해가 적기에, 연구자들은 추진의 과정에서 상당한 진통과 어려움에서 더딘 진척 등을 겪게도 된다. 한편 이 방법론은 기존 인류학의 영역을 벗어나, 사회학이나 도시 연구, 여성학, 사회복지학, 과학연구, 교육학, 지리학, 간호학 등의 분야에서 활용되면서, 인류학이 지향했던 비서구나 근대화의 경험을 갖지 못한 이들에 관한 섬세한 분석과 차별적인 방향성을 폭넓게 활용하고도 있다. 요컨대 현대 사회에서 접할 수 있는 고도의 조직 체계와 분화되고 복잡한 노동의 리듬을 영위하는 주체로의 관심을 한층 기울이면서, 민속지학을 변주한 다양한 연구자들의 기획이 존재한다. 즉 그런 성격을 드러내는 현장과 조직으로 들어간 연구자들이 미디어 조직이나 광고와 홍보 관련 기획사에서 민속지학을 바탕으로 기성 연구에서 도달하기 어려웠던 경험적 분석과 내부자와의 밀도 있는 관계성을 반영한 일군의 연구가 다양하게 등장하게도 되었다. 특히 미디어와 저널리즘 관련 주제를 대상으로 '뉴스 혹은 미디어 민속지학news or media ethnography'으로도 불리는 특화된 방안도 등장한 바 있다.

이 접근법은 연구자가 언론 조직이나 문화산업 내부의 생산자와 기획 및 생산 과정, 내부의 고유한 문화와 선호되는 가치들, 노동과 제도적 요인들의 명암을 밀도 있게 파악하기 위해서, 다양한 관련 인사들을 섭외하고, 현장 연구와 인터뷰 및 참여 관찰을 직접 실행한다. 또한 여기에 관련 문헌 연구와 기사 분석에서 사례 분석이나 담론 분석 등을 복합적으로 조합하는 방안을 활용한다(강진숙 · 이광우, 2012; 김세은, 2017a; 이기형, 2011; 이오현, 2015; 지영서 · 김영찬, 2010; 채석진, 2016a; 한선 · 이오현, 2012; 2013).[19] 또한 현장 연구가 성사되기 어려운 경우, 생산연구를 도모하는 이들은 주로 심층 인터뷰나 핵심

19 이런 사례를 대표하는 작업으로 캐런 호(2013)의 《호모 인베스투스*Liquidated*》는 미국 자본주의의 핵심인 '월 스트리트'의 투자 기업 내부로 들어간 한 인류학자의 민속지학적 탐방기를 제공한다. 그는 내부에서 구축된 가치와 문화가 의외로 '학벌'과 인간관계를 중요하게 설정하며, 다른 기업과는 달리 매우 빠르고 변덕스러운 고용과 해고의 리듬을 발현한다는 점을, 자신의 직접 체험과 주변 인물들과의 풍부한 대화를 기조로 조명한다. 이와 함께, 그의 예상과 달리, 월 스트리트 투자 은행에서 '장기적 계획'의 수립은 접하기 어려웠다. 즉 즉각적으로 투자를 받고 돈을 벌며 단기간에 이익을 창출하는 가능성으로 직결되는 '현재'가 이들이 표명한 관심의 핵심 대상이었기 때문이다. 연구자가 관찰하고 만났던 일군의 애널리스트와 기획자들은 그런 장기적 전망이나 계획이 드문 이유를 '예측 불가능한 시장'과 결부하여 논하며, 자신들의 활동을 정당화하기도 했다. 하지만 그가 판단하기에 이들이 구사하는 '전략 없음의 전략'은 월 스트리트의 투자 기업이 집합적으로 드러내는 '문화적 정체성'의 요체이기도 했다.

초점 집단focus group과의 대화와 토론을 활성화하면서, 이런 인터뷰 데이터를 문헌 연구나 수집된 경험 분석과 교차해 내는 방안으로 진단의 정합성과 성과 및 구성적 짜임새를 올리는 노력을 기울인다. 특히 밀도 있는 수준의 인터뷰는 생산연구의 근간으로, 현황 보고서나 설문 조사 그리고 언론의 기획 기사 등이 다루기는 하지만, 좀 더 세밀한 동향의 파악과 분석의 깊이가 요구되는 자료들의 구현에 필수적이라 할 수 있다.

토드 기틀린이 문화산업의 내부로 주력한 연구의 특징

이제 생산연구의 필요성이나 관련 함의를 논하기 위한 또 다른 초석으로 두 번째 작업의 특징과 함의를 논해 보자. 토드 기틀린Todd Gitlin(1983)의 책 《인사이드 프라임타임*Inside Prime Time*》은 텔레비전 산업의 내부에서 프로그램의 기획 및 제작의 과정에 깊숙하게 개입한 이들을 저자가 직접 만나고 대담과 관점의 교환을 광범위하게 시행한 작업이다. 미국의 미디어 사회학자이자 비평가로 오래 활동했던 기틀린은 당시 미국의 3대 네트워크 텔레비전(ABC, NBC, CBS)을 중심으로, 방송 산업에서 활동했던 200명에 달하는 경영진과 작가들, 감독, 배우 그리고 그 외 주요 인력과 그가 나눈 방대한 인터뷰와 진단에 기초한 기획을 제공한 바 있다. 이와 함께, 그는 프로그램 대본을 직접 읽어 가며, 제작자들이 텔레비전 콘텐츠를 생산하는 현장이나 경영진의 사무실에서 벌어지는 상황과 내부의 기획 및 편성에서 광고 수주 등과 관련된 대응 등을 조직적으로 파악하려는 노력도 기울인다. 단적으로 논할 때, 이 책은 수용자나 학자들도 충분히 알기 어려운 텔레비전 산업television-industrial complex 내 구현된 독특한 기업 문화와 가치 체계 및 '이면에 도사리는 장면들behind the scenes'을 포착한 기획이다.

당시 학계에서 이루어지던 연구의 관성이나 관심사를 고려할 때, 기틀린이 기울인 노력은 상당히 새롭고 대안적인 접근의 모색이었다고 말할 수 있다. 이 책은 내부 구성원들이 자신들이 속한 업계와 관행에 대해 범주가 상당히 다채로운 시각과 생생한 일화 그리고 이들의 주장을 풍부하게 소개한다. 특히 이들은 수사물과 가족 드라마, 코미디, 텔레비전용 영화 등 주요 프로그램의 선택과 추진에 관해, 외부자들이 인지하기 어려운 내부의 동학inner working과 얽힌 사례들의 소개에서, 자신들이 지향하는 전문성이나 직업 관행을 소상하게 밝힌다. 이 책은 그런 다양한 질료들을 과감하고 흥미롭게 배치하면서, 경쟁과 이윤 창출에 주력하는 텔레비전 내부의 움직임이나 은밀한 관행도 탐색한다. 기틀린은 특히 개별 작가나 감독이 펼치는 역량과 미학적 관점보다, 경영진과 편성 관련 인력들이 상호 간에 맺는 관계성과 경제적 이해관계로 프로그램 제작과 방영에 미치는 중층적인 영향을 비판적으로 서술하기도 한다. 그런 측면에서 이 책을 텔레비전 산업에 관한 유용한 인류학적인 진단과 내부 주체들에 관한 매우 풍부한 해석적 '스케치'와 '집합적인 초상collective portrait'을 구현한 기획으로 판단할 수도 있다.

그는 이 책을 구성한 이유로 당시 미국의 주류 커뮤니케이션 연구가 미디어의 독과점적 구성과 연계된 네트워크 텔레비전의 구조적이고 문화적인 특징을 폭이 넓게 탐구하는 데 큰 관심을 두지 않는다는 점을 짚어낸 바 있다. 이 기획은 명백히 텔레비전 산업에서 간과하기 어려운 경영을 둘러싼 실천과 특정 정치적 가치의 투사를 포함하는 문화적 동인을 결합한 시도이며, 생산된 특정 방송 콘텐츠의 진단이 아닌, 결정을 내리고, 이해관계를 조율하며, 치열한 상업 경쟁에서 시청률을 올리고 살아남기 위해 추진력 있게 실행을 도모하는 주요 행위자들을 분석의 중심에 배치한다. 특히 '비판적 좌파'로 공적인 입지를 크게 구현한 학자로, 기틀린은 이 텍스트에서 텔레비전 드라마와 연예 및 오락 콘텐츠에 스며드는 자본 친화적 이데올로기 작용의 반영과 당대 정치적인 기류가 발휘하는 집합적 효과를 비판적인 어조와 단단한 문제의식으로 풀어내기도 한다.

동시에 이 책의 한계도 짚어 봐야 한다. 기틀린의 시각은 상대적으로 진보적이고 창의성을 지향하는 일종의 '예술가적' 주체로서 작가나 감독들과 상업주의적 기획과 이익의 구현에 — 그리고 백인과 교외 중심으로 구성된 수용자층의 반응에 — 몰두하는 일종의 관료적 엘리트로서 야심적 경영진을 대비하는 '이분법적 인식'을 적지 않게 드러낸다. 이런 구성은 선명한 서술과 비유로 독자에게 다가오지만, 미국 텔레비전 네트워크 내부의 성층화된 위계를 가로지르며, 좀더 다층적인 분석이나 조직 문화의 구성을 입체적으로 포착하지는 못한다. 지면에서 그는 진보적 가치와 당대 보수적 정치 상황에 관한 현실론적 대응과 낙담이 반영된 사례로 〈힐 스트리트 블루스*Hill Street Blues*〉와 같은 양질의 수사물에 관해 길게 논한다. 하지만 이 책에서 기틀린이 적용하는 이데올로기의 적용은 상대적으로 다원적이지는 못하며, 방송 산업 내부에 존재하는 크고 작은 모순과 성향의 복합성에 관한 정제된 인식이 부족한 측면을 노출하기도 한다. 조금 다르게, 방법론적인 측면에서 기틀린이 통상적인 질적 연구에서 구현하기 어려울 정도로 방대한 인터뷰를 실행했지만, 관련 자료들이 때로는 일화적인episodic 구성을 보이거나 단정적인 화법으로 배치되는 측면도 드러낸다. 이런 쟁점은 그가 활용한 다양한 인터뷰의 활용과 구성에 관해 고심할 이슈를 제기하기도 한다. 요컨대 기틀린은 1960년대 미국의 대학가를 풍미했던 저항 운동의 리더 중 한 명으로 인지도가 상당히 큰 인물이며, 이후 유명 대학의 미디어 사회학 교수이자 텔레비전에서도 접할 수 있는 비평가로서의 가시적 위상도 갖게 된다. 이는 그가 텔레비전의 내부 주체들과 방대한 인터뷰를 가질 수 있는 유형의 가시적인 문화자본과 '유명인 자본celebrity capital'의 소유자였다는 점도 돌아보게 한다.[20] 이와 함께, 그가

20 특정 유명 인사나 그의 공적·산업적인 인지도와 명망 등이 좀 더 특화된 '상징자본symbolic capital'의 유형으로, 사회적 주목도가 높은 '가시성의 자본visibility capital'이나 또는 '유명인 자본celebrity capital'으로 작동하기도 한다. 이는 그런 위상을 가진 이들의 활동이 경제적 이익이나

비교적 다양한 집단의 방송 산업과 관여된 내부자들을 만났지만, 그들 중 상당수는 사회적 영향과 특정 이미지를 조형할 만한 역량을 지닌 엘리트 집단이거나 주로 관리와 관행에 실질적인 영향을 줄 수 있는 이들이었다. 즉 이 책은 전술한 한계와 함께, 통상적으로 평범한 학자가 시도하기 어려운 접근성의 확보와 함께, 연구자의 상징적 지위와 지명도가 적지 않은 역할을 한 — 즉 실제로 평범한 연구자가 모색하기 쉽지 않은 기획의 — 결과물이기도 하다.

한편 그가 도모한 일군의 인터뷰 작업이나 내부자들과의 접촉은 텔레비전에서 이루어지는 산업적 기획과 치열한 상업화의 추구를 둘러싼 일련의 제도적 결정을 집중력 있게 풀어낸다. 반면에 기틀린의 작업은 그런 사례를 중심으로 시간과 노력이 요구되는 '현장성'의 장기적인 반영이나 축적된 자료에 관한 다면적이고 교차적인 진단의 수행과는 적지 않은 거리감을 드러내기도 한다. 예컨대 그가 수집한 대화의 사례들이 현장 조사field work'나 참여 관찰의 과정적 모색이 진하게 반영되며, 긴 시간을 들여 참여자 간의 쟁점과 협의나 동적인 대립과 중재의 과정을 좀 더 다원적으로 조명한 구성물로 보기에는 부족한 부분들이 있다. 그럼에도 이 책이 텔레비전의 '산업적' 층위industry level approach와 특징에 주력하면서, '의자에 앉아 정주'하는 식arm chair analysis의 연구가 적지 않았던 당시 학계의 관성과 크게 비교되는 선도적인 연구를 모색한 점은 후발 학자들이 기억할 필요가 크다. 요컨대 기틀린이 구축한 성과는 이후 미디어 생산연구를 추구한 주체들이 중요한 발상과 모색의 모델로도 작용했기 때문이다. 이후 생

미디어를 통한 '후광 효과'를 발휘하며, 공적인 차원에서 이들이 그런 상당한 이점과 신뢰도를 기반으로 다양한 광고와 홍보나 강연 등을 수행하는 측면과도 접맥된다(이기형 외, 2020). 기틀린이 문화산업 내 방대한 상층부 인력과 전문가들을 섭외할 수 있었던 데는, 그런 측면이 각별하게 작용한 것으로 판단된다.

산연구에 참여한 이들이 이 책이 준 영향력에 주목했으며, 이와 함께 그가 수행한 작업의 변주와 비판적 제언을 제시하기도 했다.

니키 어셔의 뉴스 생산과 디지털화의 영향에 관한 민속지학

니키 어셔Nikki Usher는 뉴스가 생산되며, 디지털 기술의 도입과 영향 속에 조직의 역할과 성격이 변화하는 집합적 과정을, 그런 기획이 도모되는 특정 장소 내부의 관행적 습속과 핵심 현안, 그리고 조직 내부에서 구성원들이 차별적으로 체감하는 쟁점과 동요를 핵심 이슈로 삼아 탐구한 바 있다. 주지하다시피 그(2014)는 '디지털화'가 핵심 이슈이자 변화의 동인으로 부상하던 시기에, 〈뉴욕 타임스〉에서 현장 연구로 긴 시간과 내부의 언론인들과 면대면 상호 작용을 꾸준히 시도하면서, 언론사 내부의 변화상과 위계화된 관계망을 조명하는 연구를 제시했다. 요컨대 이 연구의 배경과 관련된 생생한 사례로 2014년 5월에 등장했던 〈뉴욕 타임스 혁신보고서〉와 국내에도 이 영향력이 큰 자료가 강조했던 '혁신'과 같은 키워드를 떠올릴 수 있다. 이 작업은 앞서 언급한 민속지학을 디지털로의 전략적 기획이나 이를 매개로 한 혁신과 맞물린 뉴스의 생산이라는 주제로 그가 변용한 주요 사례이며, 상당한 성취와 더불어 연구의 독자성을 발현하는 예시라고 평가할 수 있다. 그는 2010년 〈뉴욕 타임스〉 편집국에서 5개월여 동안 자신이 직접 관찰한 내용을 중심으로 이 책을 구현하게 되었다. 이 기획에서 외부 관찰자나 해석자로서의 연구자들이 통상적으로 관찰하거나 조사한 뉴스 생산자의 위상이나 관점 외에, 그녀가 진중한 관찰과 수십 명에 이르는 관련자와의 긴 대화로 재구성한 내부자들의 문화와 축적된 관행을 파고드는 진단이 선명하게 감지된다.

어셔는 명백히 상당한 설득과 협의를 통해, 이 언론사 내부 공간에 직접 자리를 잡고, 본격적으로 내부 종사자들의 활동을 상세하게 지켜볼 만한 기회를 얻었으며, 점차 다양한 직급의 주체들과 방대한 인터뷰를 진행했다. 또한 그는 언론인들이 특정 주제를 대상으로 얼마나 기사를 계속해서 수정하고 각기 다른 버전을 만드는지도 생생하게 목격했다. 여기에 더해 그는 인터넷판으로 나가는 기사를 위한 수정 작업에 이들이 몰입하는 광경을 접한 바 있다. 반면에 이런 유형의 참여 관찰은 호응과 이해의 부족 등으로, 한국의 현실에서는 성사되기가 매우 어려운 측면이기도 하다. 어셔는 수십여 명에 이르는 내부 언론인과 편집진, 기술 담당 인력 등과 나눈 다양한 이야기와 에피소드를 이 책의 군데군데 배치한다. 이는 민속지학의 장점을 적용한 밀착된 사례들의 발굴로, 독자가 내부 구성원들이 디지털화라는 거시적 과정을 체감하며 어떤 기대와 동요, 압박과 대응 등을 발현하는가를 일목요연하게 이해할 수 있게 해 준다. 또한 이런 고단한 노력은 이 책이 개념화나 성찰적 진단 외에, 함축해 내는 '참여 지향적인' 연구의 성과를 끌어내기 위한 연구자의 의지와 관련 노동을 감지하게도 해 준다.

그는 현장 연구로만 5개월여에 달하는 장기간에 걸친 현장 조사와 이론화 작업을 조합하면서, 당시 〈뉴욕 타임스〉에서 디지털 변환과 관련해 부상한 핵심 가치인 '상호작용성interactivity,' '즉각성immediacy,' '참여participation'의 전개 상황과 내부의 관련 동력 및 파급 효과를 끈기 있게 탐구해 낸다. 이 작업은 주요 뉴스 가치와 결부된 선정과 중요도의 구현이 어떻게 내부에서 단순치 않게 구성되며, 그런 과정에서 만만치 않은 마찰과 부담 및 이질적 반응이 형성되는지를 가까운 거리에서 진단할 수 있었다. 예시하면, 소셜 미디어 등의 부상과 변화된 독자의 성향에 대응하는 전략과 혁신을 도모했지만, 이 언론사의 내부에는 '오래된' 뉴스 만들기의 관행과 '새로움'으로 상징되는 온라인 저널리즘과 디지털로의 변환이 혼재되어 있었으며, 양 측면 간에 생성되는 혼선과 진통도 만만치 않았다. 예를 들면, 웹과 디지털 보도로의 변환이라는 핵심 의제의 형성 과정에서, 이 언론사의 내부자들은 순응과 구체화를 위한 적지 않은 동요와 불안 및 불확실성을 겪게 된다. 또한 디지털화 이전에 형성된 내부자들의 고착된 습관과 이들이 친숙한 기사 생산 방식이 스러지지 않고 여전히 남아서, 그런 부적응이나 이견과 마찰과 연계되는 현실도 그는 땀땀이 관찰한 바 있다. 특히 그가 시도한 작업은 추상적 수준이 아닌 광의의 경제 보도 관련 데스크와 관련 기자들의 행태, 그리고 이들에게 영향을 끼치는 경영진이나 상층 구성원들의 결정과 선택이 형성한 반응에 주목한다. 이 측면과 관련해, 이 연구를 실행하면서 그는 방대한 인터뷰 작업 외에, 3명의 기자를 '밀착 취재shadowing'하기도 했다.

특히 어셔는 디지털 시대에 강한 압박을 주는 "신속 보도로의 압박the ASAP pressure"이 이 언론사의 자원과 경영 전략 그리고 노동 방식에 현격한 영향과 도전 및 불안을 주는 측면을 세밀하게 그려 낸다. 그가 제공한 관찰에 따르면, 단적으로 디지털 뉴스 생산으로 방향을 설정한 경영진과 기사를 구성하는 언론인들 사이에 상당한 인식의 차이와 뉴스의 중요도에 관한 팽팽한 이견도 부상한다. 또한 관련 이슈는 종이 신문이 관행적으로 주력하는 차별성과 권위를 생성하는 편집권에도 변화를 가져온 측면을 조명한다. 한편 그는 온라인 뉴스로의 기사 생산 압박을 받게 되면서 내부의 주체들이 그때그때 '즉흥적인' 방식improvisation으로 뉴스를 생산하는 부분도 관찰한 바 있다. 어셔(134)는 끊임없는 속보로의 몰입과 멀티미디어의 확장된 활용이 주는 단단한 압박 속에, 내부 언론인들의 피로도가 증가하며, 종종 '기사의 출고를 위한 기능적인 측면publishing for publishing's sake'에 이들이 몰두하게 되는 현실도 짚어 낸다. 그는 저널리즘의 책무와 규범을 성찰하면서, 경영진이 주도하는 디지털로의 변환에 비판적 논점을 제기하기도 한다.

이 지금의 기준으로도 '예외적인' 노력을 들인 기획은 외부에서 인지하거나 충분히 평가하기 쉽지 않은 언론사 내부 조직이 새롭게 추구되는 가치와 조직 재구성이 발산하는 크고 작은 영향을 매우 근접해서 조명했다는 점에서 상당한 신선함과 함께 통찰을 제시한다. 예컨대 어셔의 접근법은 그가 마주치고 분석했던 매우 많은 사례를 내부에서 길게 관찰한 경험과 그런 시선과 결합이 된 귀납적인 진단, 그리고 자신이 주목한 '뉴스룸의 사회학'이나 저널리즘 이론을 적용한 추론으로 재현한 작업이다. 물론 어셔의 책에서, 그가 미디어 기술 중심의 시각이나 디지털 플랫폼화의 영향과 함의를 생생하게 포착했지만, 기존의 미디어 사회학이나 정치 커뮤니케이션과 관련된 주요 쟁점을 충분히 추구하지 못한 측면은 아쉬우며, 비판이 제기되는 부분이다. 요컨대 지명도가 매우 높은 언론사이지만, 〈뉴욕 타임스〉에서 국제 뉴스나 '글로벌한' 사건의 보도와 관련된 시각을 두고 어떤 가치와 관점들이 관행과 전략 측면에서 강한 영향을 주며, '선택과 집중'이나 '강조와 누락'의 단면을 생성하는가를 그가 세밀하게 돌아보지 못한 부분은 비판과 논쟁의 대상이 되기도 한다. 그의 작업은 이 영향력이 상당한 언론사가 국제적으로 쟁점이 발생한 특정 사안이나 '비서구'를 대상으로 어떤 이념적인 그리고 해석적인 시각을 채용하는지에 관한 상당히 유의미한 진단과 비판을 모색하지는 않는다. 앞서 제기한 쟁점을 조명하는 연구가 힘 있게 이루어졌더라면, 저널리즘의 역할을 비교의 사례로 꼼꼼하게 검증하는 계기가 등장할 수 있었기 때문이다.

한편 어셔가 현장 연구를 실제로 시도한 시기는 2010년이었으며, 이 언론사가 주창한 '디지털 퍼스트digital first' 전략이 구체적으로 모색된 시기 직전까지의 내부에 구축된 상황과 언론인들이 대면했던 혼란스러운 제작의 여건과 집합적인 진통에 그가 주목했던 측면을 보여 주기도 한다. 즉 그의 연구에서 지난 10여 년간 큰 폭으로 부상한 유튜브나 소셜 미디어 등에서 구현되는 저널리즘 관련 활동과 〈뉴욕 타임스〉와의 관계성이나 전자가 집합적으로 제기하는 뉴스 생산을 둘러싼 증폭된 영향에 관한 분석은 이 책에서 충분히 조명받고 있지 못했다. 이런 점을 고려할 때, 어셔의 뉴스 민속지학은 전통적으로 운영되던 미디어가 '디지털화'로의 보다 거센 영향과 마주하던 과도기적 상황에 관한 현장 연구라는 함의를 제공한다.

하지만 그가 기울인 노력 속에 강단의 연구자가 지식 생산을 추구하는 과정에서 자신이 알고자 하는 언론인과 문화생산자의 환경과 이들의 행동 및 가치가 투여된 특정 관행의 구성이 어떻게 형성되는지를 파악하기 위한 동적이고 조직적인 모색이 명백히 반영되고 있다. 특히 이 책에서 논하는 생산연구의 추진에서, 앞서 거론한 민속지학의 추구를 광의의 언론이나 문화산업의 환경에 연동하며, '변용'하는 노력이 종종 이루어지기도 한다. 이는 앞서 언급한 터크먼이나 기틀린과 어셔의 작업 등이 일정한 단서와 후속 탐구를 위한 핵심 방향성을 마련한 계기나 생산적인 자극과도 밀접하게 연계된다. 즉 뉴스에서 탐사 콘텐츠 등을 포괄하면서, 언론이 주요 정보와 관점을 녹여 낸 생산물의 진단과 함께, 그런 전문적인 동시에 마찰과 중재 및 갈등도 포함하는 내부 대상의 활동과 단면을 찬찬히 돌아보는 방향으로, 일군의 학자들이 '생산연구'를 매개로 삼는 관심을 점차 추구하게 된 것이다.

3. 생산연구의 핵심 요건
: 중층적 문제의식, 두꺼운 서술과 교차 진단의 필요성

예컨대, 그간에 생산연구라는 거시적 명칭이나 분류법을 중심으로, PD와 기자, 작가와 제작 인력, 캐스터, 문화 큐레이터, 그리고 텔레비전과 문화산업 영역에서 일하는 다양한 '문화매개자cultural intermediary' 등의 주체를 핵심적 분석의 대상으로 설정한 연구들이 적지 않게 등장한 바 있다. 동시에 앞서 거론한 특정 행위자나 전문가 중심의 분석 외에, 이들이 특정한 단위나 조직 혹은 세력 등을 구현하면서 발휘하는 활동과 가치 등을 좀 더 확장하거나, 그런 움직임을 교차하는 방안으로의 연구도 일부 시도된 바 있다. 생산연구의 기획과 관련해 많은 시도를 한 임영호(2015a: 9)는 이런 사례들을 중심으로, 생산연구의 모색에서 "연구자의 관심사나 접근 방식에 따라 연구 대상은 조직 단위가 될 수도 있고, 종사자 집단, 나아가 산업 전체 단위가 될 수도 있다. 과거 생산자라는 단어는 행위의 주체라는 의미를 함축했지만, 이 단위는 단순히 개인의 특성뿐 아니라 조직, 산업, 체제 등 다양한 세력이 교차하면서 영향을 미치는 장으로 파악해야 마땅하기 때문"이라는 중요한 관찰점을 제기한다. 그런 논의를 보강하면서, 이 접근의 핵심 특징을 그(2020)는 다음과 같이 짚어 내기도 한다. "국내 생산(자) 연구는 행위자 중심의 접근과 의미의 탐구라는 문화연구의 문제의식에서 출발해, 다양한 사회적 구조적 세력들의 영향과 행위자의 주관성이 교차하는 과정의 복합적 특성을 '진한 기술thick description'로 정리하려 한다." 생산연구의 외연을 확장하고, 동시에 관련 연구를 여러 차례 주도한 인물로 임영호가 제기한 제언은 이 접근과 관련해 숙고할 단서를 제공한다.

이 대목에서 그가 앞서 인용한 문장에서 '주관성'과 '진한 기술'이라는 특정 표현을 강조한 이유도 주목할 필요성이 크다. 먼저 그런 용어와 개념은 넓은 의미의 '질적 연구qualitative research'와 민속지학 등에서 각별한 주목을 받아 오면서, 연구 과정에서 상당한 비중으로 모색된다. 요컨대 이 연구의 전통에서 문화 현상이나 인간이라는 행위자가 생성하는 동태적 의미 구현과 해석에 크게 주목하기에, 특정 주제에 관한 개방적이면서 다원화된 관점과 다각적인 이해 및 진단으로의 집중력 있는 추구가 요구된다. 이를테면 질적 탐구에서 '객관성의 추구'는 오히려 상당한 도전과 사려 깊은 해체의 대상이라 논할 수 있다. 관련 연구자들은 이를 '객관성의 신화'로 대응하며, 공고하지만 동시에 문제적인 통념으로도 설정하면서, 대안적인 개념화와 해석적인 노력으로 쟁점을 제기하기도 한다. 동시에 임영호가 강조한 주관은 기존의 '객관'에 평면적으로 대응하거나 대립하는 개념이기보다는, 특정 미디어 콘텐츠가 발휘하는 의미와 가치의 선정 및 상징의 힘을 연구자가 더 유연하고 포용적으로 해독하고 진단하는 역량과 능동적 대응을 일컫는다. 이 과정을 저널리즘의 관련 사례를 중심으로 풀어보면, 언론이 제공하는 기사와 논설에서 갈무리된 팩트가 반영되지만, 일군의 사건과 사고를 압축해서 전달하는 기사 외에 다양한 저널리즘의 콘텐츠에서 특정하게 선정된 뉴스의 가치와 이념적 정파성 혹은 핵심 프레임 등이 명백히 반영된다.

예컨대 일간지의 지면이나 방송 뉴스에 등장하는 보도의 제목과 투영되는 관점은 내부 주체들이 나름의 중요성과 선호도 그리고 재현의 사회경제적 효과를 고려한 결과물이라 할 수 있다. 또한 사설이나 기고문 등으로 사례를 옮기면, 과도한 정파성이 제기하는 쟁점이나 특정 주장과 관점의 강조나 혹은 치우침은 더 커진다. 단적으로 논해, 앞서 터크먼이 주창하듯이 뉴스는 현실을 '있는 그대로' 혹은 '중립적'으로 포착해 내는 객관적인 구성물이라기보다는, 내부자들의 관점과 전문적·이념적·정치적 고려가 복잡하게 반영된 — 동시에 상당한 논쟁과 차이를 견인하는 — 사회적 산물로 정의할 수 있는 것이다. 동시에 대응적 문제의식으로서 그런 주관성의 변용은, 가까이는 현실에서 보수와 진보를 표방하는 언론사들이 같은 사안과 쟁점을 두고 매우 다른 관점을 능동적으로 제기하는 면모와도 직결된다. 조항제(2019; 2020) 등이 조명하듯이, 한국 언론에서 과도한 정파성 partisanship이나 세력화가 주도하는 현실은 정치적 공세의 일환으로 언론이 종종 '노골적'으로 투사하는 이해관계와 가치의 쏠림을 시사해 주기도 한다(이정환 외, 2022). 물론 언론이 실행하는 주관성이 문제적인 방향으로만 — 즉 부정성이나 특정 측면으로 크게 치우친 방향으로만 — 작용하는 것은 아니다. 예를 들면, '주관적' 판단과 이를 응축해서 풀어내는 서사화와 유려한 해석의 작업이 상당히 생산적이거나, 오히려 좀 더 선이 굵게 요구되는 측면도 존재한다. 이 지점에서 '내러티브 저널리즘narrative journalism'의 사례를 논하면, 상당한 현장성이 느껴지는 동시에 유연하고 생동감 있는 서사화의 노력을 보여 주는 이 저널리즘의 동향은, 기존의 관행이나 인식을 넘어서, 다양한 사회 내 주체들의 삶과 사회경제적 조건에 주목한다(안수찬, 2013; 안수찬 외, 2010; 이문영, 2020).[21] 예컨대 내러티브 저널리즘은 다양한 현장에 잠입하고 밀도 있는 관찰과 접촉을 수행한 언론인이 주체적으로 풀어내는 이야기의 구성과 주관성을 녹여 낸 스토리텔링의 힘이 오히려 이들이 천착하는 주제를 선명하고 울림이 있게 엮어 내는 역량을 함축해 준다. 이런 독특한 방식은 민속지학을 사용하는 연구자들의 작업과 비교할 때, 생산물의 구성이나 투여된 관점과 주목도 측면에서 상당히 유사하다.[22]

또한 이 접근법은 기성의 보도에서 간과되거나 중요성이 때로는 약한 소수자와 서민들이 대면하는 일련의 문제점을 — 빈민의 삶, 재개발의 이면, 노동자가 직면하는 과도한 노동과 위험의 노출, 복지의 사각에 존재하는 이들의 삶과 병리적인 상태의 사회적 측면 등 — 직시하고, 관련 사안을 밀도 있게 반영하는 기능도 수행한다. 이런 노력은 기성의 '출입처 중심'의

21 이문영(2020)의 《노랑의 미로》는 밀도 있게 내러티브 저널리즘과 공적 이슈를 조합한 책이다. '가난의 경로'를 핵심 주제로 삼았던 연작 기사에 기반을 둔 이 책은 1년여에 걸쳐 기자들이 추적한 가난과 이주의 재생산을 담담하게 동시에 매우 심층적이고 예시적인 방식으로 풀어낸 탐사 작업의 결과물이다. 용산구 동자동 9–20의 쪽방촌을 무대로 한 이 기획 속에는 45개 방의 입주민이었던, '가난의 덫과 길'에서 벗어나지 못한 그리고 찌그러진 '깡통과도 같은' 26명의 사연과 퇴적된 행적이 진하게 서술된다. 이 텍스트는 개발의 이면 속에 부유해 온 이들의 신산한 삶과, 순환되는 강제 퇴거와 어쩔 수 없는 이주의 단면들, 그리고 종종 타인들에 의해 이용당하고, 권력이 지우고자 했지만 '스러지지 않는' 이들의 애환과 굴곡진 행적이 교직으로 짜인 '진드기 같은 가난의 풍경'을 선명하게 구현해 낸다. 언론의 지면에서 통상적으로 보기 쉽지 않은 이 연작물은 가난이라는 문제와 '닦아도 닦이지 않는 얼룩처럼' 도시의 주변부에서 살아가는 이들의 삶을 반향이 큰 서사로 풀어낸다. 이 책은 영상과 사진 이미지 그리고 핵심적인 정보를 담아낸 도표 등을 조합시켜 가며 매우 다면적으로 가난과 관련 주체들의 초상을 그려 낸다.

22 트루먼 카포티(1966/2006)의 《인 콜드 블러드*In Cold Blood*》는 1959년 미국 캔자스에서 발생한 엽기적인 범죄 사건을 둘러싼 특징과 전개 과정을 밀도 있는 소설의 작법과 저자가 범인과 시도한 방대한 인터뷰를 녹여 낸 작업이다. 이 텍스트는 내러티브 저널리즘과 관련된 주요 고전으로서도 선명한 위상을 차지한다. 한편 내러티브 저널리즘의 모색을 '민속지학적 저널리즘'으로 규정하고 풀어내는 시선도 존재한다(Iorio, 2004; 이기형, 2010).

저널리즘이나 전문가를 대상으로 한 취재의 관행에서는 파악하거나 확보하기 쉽지 않은 자료와 '앎'을 구현하는 데 필수적이다. 즉 특정 현장에서 상당한 시간 동안 취재의 대상과 끈끈한 상호 작용을 모색하면서, 관련 언론인들은 통상적인 보도가 전달하기 어려운 현실의 재구성에서 관련 사회적 쟁점을 예리하게 반영하는 기획을 제공하기 때문이다. 이 과정에서 언론인은 자신이 구성하게 된 주관적 판단과 쟁점의 우선순위나 관련 의제의 긴요함을 선별해 내며, 이를 유려한 서사와 화법으로 제시한다. 이런 활동은 다양한 '사회적 타자'와의 접촉과 이들과의 관계성이 녹아든 기사와 연작으로 모색되기도 한다. 앞서 거론한 양상을 돌아볼 때, 주관성의 추구를 비판의 대상이나 주로 문제적인 현상으로만 정의하는 것은 현실에서 언론이 무관심했거나 방기한 역할을 복합적으로 수렴하고 성찰하는 측면을 놓치는 결과를 가져올 수 있다. 요컨대 언론인들이 채용하는 주관성이나 특정 문제의식이 나름의 집합적인 전문성의 고안이자 해당 조직의 내부 문화를 통해서 조형된 함의가 상당한 모색이라는 점을 인지하면서, 그런 기획의 고유한 가치와 필요성을 생산적으로 평가할 필요가 있는 것이다.

조금 다르게, 생산연구가 나름의 일관된 관심을 투사하는 미디어의 생산자들이 구성한 독특한 가치의 체계나 성향 및 역량 등과 관련해서, 이를 광의의 '문화적'으로 형성된 요인으로 설정하는 시각은 국내에서 생산연구를 주도한 문화연구자들의 관점이 직간접적으로 준 영향력으로 판단하게도 된다(임영호, 2015a; 2020). 이런 특징은 과거에 간과되기도 한 이념과 '사회적 상상social imaginary' 및 정체성의 핵심적인 구성적 질료로 문화가 발휘하는 '생산적' 기능에 주목한 결과로도 생각된다. 주지하다시피 가까운 과거에 범언론학 분야에서 문화는 경제나 정치적 요인에 비교해 부차적인 중요성 정도를 가진 대상으로 다뤄진 바 있다. 하지만 문화연구자들이 생산연구의 필요성과 기획을 시행하면서, 이들에게 고유한 분석적 자원인 문화적 요인을 구체적으로 생산연구의 추진 과정에 반영하는 방식이 이후 확장된 영향을 준 것으로 판단된다.[23] 특히 대중문화 산업의 사례를 돌아보면, 허구적 서사와 판타지 관련 장르 문법의 변용에서, 현실에서 접하는 새로운 트렌드와 주목을 받는 문화 스타일을 관련 생산자들이 포착하고 자신들이 만드는 콘텐츠로 변환하는 능력은 필수적이며 종종 장려된다. 한편 언론 영역으로 눈을 돌리면, 조직 내부에서 벌어지는 상호 작용과 관행의 제도화를 둘러싼 특징과 쟁점을 파악하는데, 해당 사례가 특화한 조직 문화와 선호하는 — 혹은 반대로 억압하거나 주변화하는 — 가치들에 관한 '문화론적인' 접근의 유용성도 제기할 수 있다. 예컨대 그런 사례에서, 다양한 문화 관련 요인들이 차지하는 비중이 비록 절대적이지는 않다고 해도, 상당히 큰 지분과 간과할 수 없는 위상을 차지한다. 이런 이유로 다수의 생산연구에서 문화를 긴요한 분석과 해독의 자원으로 변주하는 기획들이 꾸준히 이어지고도 있다. 여기서 문화는 다소 협소하게 규정되는 특정한 사회적 가치들이나 이념과 지식 및 심미적 요소 등만을 뜻하기보다, 내부 구성원이 체계화한 인식과 직업적 정체성에서 이들이 실행하는 의례와 전문화된 역할 등에 다차원으로 작용하는 행동 양식과 습속, 상징의 체계 그리고 내부의 감정과 분위기를 포괄한다. 이는 그런 주제를 집중적으로 탐구해 온 문화연구자들이 생산연구를 추진할 때, 문화적 요인에 관한 상당한 지적 훈련과 개방적 이해도를 관련 기획에 적용하는 데 적합한 측면을 환기해 주기도 한다.

23 이런 측면은 향후 '지식사회학'적인 분석과 범주가 넓은 검증을 요구하기도 하지만, 여전히 흥미로운 단서를 제공한다. 요컨대 한국의 언론학 영역에서, 문화연구자들이 생산연구에 관한 관심과 관련 사례를 상당히 집중적으로 실천한 현실이 존재한다. 이런 특징은 이들이 문화로 설정되는 일련의 주제가 — 이념, 가치, 정서, 의례, 문화적 상상 등 — 구성하는 효과와 이를 좀 더 거시적 담론과 제도적 결합으로 구현한 기획들로 표상된다. 즉 이런 특화된 전공이 주는 지적 훈련과 관심 그리고 평소에 문화 관련 진단을 꾸준히 적용해 온 추진력이 생산연구로 지향성을 반영하는 데 큰 도움과 동력이 되었다는 점을 관찰할 수 있다.

이제 임영호가 강조한 '두꺼운 기술'에 관해서도, 관련 특징과 주안점을 좀 더 살펴볼 필요가 있다. 주지하다시피 이 개념은 미국의 인류학자 클리포드 기어츠Clifford Geertz(1973/2009)가 《문화의 해석*Interpretations of Culture*》에서 강조한 표현으로, 이후 국내외적으로 매우 큰 영향력과 변용 및 시사점을 준 핵심 개념이기도 하다. 기어츠는 인류학자가 다양한 현장에서 전개하는 민속지학적 활동의 요체로 '의사소통'과 의미의 '간주관적인inter-subjective' 구성이 제공하는 함의에 주력한다. 특히 그는 연구의 대상으로 만난 '상대방'이 발현하는 의례나 특화된 문화적 실천을 관찰하고, 관련 특이점을 조명하는 방식으로 두꺼운 기술 혹은 서술의 필요성을 강조한 바 있다. 그는 이런 접근법이 '해석적'으로 문화이론과 주요 개념을 보다 정련된 방식으로 육화하는 방안이며, 특히 연구자 중심의 분석적 초점을 연구의 대상과의 진중한 관계성과 촘촘한 상호 작용으로 '다초점화multi-focalization'시키는 실천이라는 점도 상술한다. 요컨대 그가 설파한 두껍고 다층적인 서술은 문학에서 접하는 다양한 서사적 구성과 몽타주나 콜라주 등을 포함한 글쓰기의 진중한 실험, 은유와 제유 등 상징적 장치의 감각적인 반영, 그리고 기성의 전문가 집단이 채용하는 건조하고 단선적인 서사를 급진적으로 변환하고 도전하는 기획 등을 적용하는 꽤 창의적 행위이기도 하다. 기어츠는 이런 복안으로 그가 인도네시아에서 현장연구를 진행했을 때, 수렴하게 된 현지인의 습속과 문화를 역동적이고 입체적인 서사로 변환하기도 했다. 특히 그는 외부에서 진입한 연구자로 그가 발리섬의 마을과 거리에서 관찰했으며, 숱한 대화와 점차 진전된 이해를 공유하게 된 현지 주민의 삶과 행태를 한 편의 밀도 있는 문학 텍스트의 수준으로 격상하는 기획도 주도한 바 있다.

이런 도전적 실험과 스토리텔링의 급진화와 다원화는 이후 영미의 인류학과 문화연구가 주력한 — 동시에 민속지학적 실천을 중심으로 부상한 — '재현의 시학과 정치성the poetics and politics of representation'으로도 확장된다. 이 대목에서 시학이라는 상징어는 연구자가 형성한 분석의 주요 과정과 결과물을 유려하면서도 촘촘하게 엮어 내는 행위와 그런 구성의 특징을 짚어 내는 표현이다. 이런 함의는 사회과학에서 주도적으로 활용되는 여러모로 건조하고 연구 주체의 존재감이 삭제된 글쓰기의 구현과는 매우 다른 인식과 지향성을 담아낸다. 한편 재현의 정치성이라는 표현은 좁게 정의된 정치적 사안이나 주제를 말하기보다, 연구라는 지식 실행이 포괄하는 권위의 구현과 전문성의 명암에서, 분석의 대상과 연구자 간의 불균등한 관계성이나 연구의 사회적 함의에 관한 숙고를 품어 내는 주제어다. 일군의 관련 연구자들(Geertz et al., 2010)은 글쓰기의 실험이 단순한 기능적 혁신이나 개별 연구자의 뛰어난 역량만을 의미하지는 않으며, 다양한 조직과 인물 대상의 연구가 본원적으로 특정 재현의 초점과 권력 효과를 포함한다는 점을 지적한 바 있다. 즉 기어츠와 관련 연구자들의 역할이 큰 주목을 받으면서, 특히 문화연구 분야에서 다양한 인간 주체와 인종적·사회적 타자와 주변인을 연구하며, 기존의 상대적으로 단선적이고 평면적인 글쓰기와 연구자의 활동이 '은폐' 혹은 '소거'되는 글쓰기에 관한 자성과 대응도 확산된 바 있다. 이런 집합적 문제의식은 사회문화적 '타자'에 대한 관찰과 재현의 과정에서, 연구자가 고심할 성찰성reflexivity과 그(녀)의 학문적 성과나 권위의 추구에 작동하는 권력 작용에 관한 진전된 이해와 대응을 촉구하기도 했다.

이후 기어츠가 시도한 작업은 인류학이 전통적으로 주력했던 '비서구인'의 삶과 상황을 재현하던 관성을 넘어서, 현대 사회에서 복잡한 조직과 구성의 특징을 보이는 다양한 주체에게도 적용되는 계기를 마련하게도 되었다(ho, 2009/2013; Paterson & Domingo, 2008; Ybema et al., 2009). 아래에서 소개하겠지만, 문화연구자들이나 특히 생산연구를 실천하게 된 국내외의 연구자들이 기어츠의 해석적 모델을 일정하게 수용한 측면도 확연하게 관찰된다.

4. 생산연구의 기반 조성과 문화연구자들의 역할

지난 십수 년간 미디어와 문화산업 속의 변화하는 주요 이슈와 쟁점을 다루는 미디어 문화연구가 밟아온 거시적인 여정 속에서, 생산연구는 상당한 수준의 구체적인 결실을 축적한 바 있다. 그런 동시에 언론학 분야에서 그러한 성취의 의의나 존재감이 충분히 공인되거나, 관심을 끌어내고 있지 못한 측면과 위상이 관찰되기도 한다. 관련 성과를 예시하자면, 학술 관련 데이터베이스를 검색했을 때, 광의의 언론학 영역에서 지금까지 수십여 편의 생산연구가 수행되어 왔으며, 이 중 다수의 작업이 특히 문화연구자들에 의해 모색된 측면을 어렵지 않게 파악할 수 있다. 돌아보면, 기존의 텍스트 분석에서 수용자 연구나 담론 분석 등에 상당히 주력하던 문화연구자들이, 그런 상대적으로 낯익은 접근법 외에 미디어와 문화산업이 만들어 내는 조직적인 관행의 환경적 특성과 이면, 그리고 문화적 구성물을 기획하는 주체들의 성향 체계와 이들이 관여하는 노동 양식의 변화 등을 탐구한 현실이 경험적으로도 적지 않게 관찰되는 것이다. 그럼에도 어떤 문제의식과 방향성을 추구하게 되면서, 또한 성취와 더불어 난점과 도전을 겪어 가면서 광의의 '비판적 생산연구critical production studies'를 지향하는 일련의 모색들이 장기간에 걸쳐서 형성되었는지를 상세하게 풀어내는 분석은 대면하기가 쉽지 않다.

이제 다양한 미디어에 주목하며, 2000년대 중반 이후 문화연구자들이 모색한 생산연구의 주요 방향성과 함의를 정리해 보자. 생산연구는 미디어 종사자들의 활동과 노동에 직간접적 영향을 발휘하는 주요 관행과 내부에서 응축되는 복합적인 성향 체계habitus와 특화된 내부의 문화insider culture에 조직적인 진단과 다원적인 해석을 위한 노력을 투사한다. 조금 달리 표현하면, 관련 연구를 수행한 학자들은 기존의 연구 논문이나 보고서가 채용하는 상대적으로 건조한 문체와 표현을 넘어서, 언론의 전문가들과의 대화 내용과 관찰된 내용을 좀 더 진중하고 생동감 있는 서술로 풀어내는 측면에도 상당한 고심을 투영한다. 동시에 그런 측면에 심대한 영향을 끼치는 물질적인·기술적인 변화와 조직 내부의 특화된 가치와 이해관계의 분석을 조합하면서, 다양한 이론 작업과 경험 분석을 꾸준히 제공해 온 바 있다. 비교하면 이 접근법은 기존의 미디어 콘텐츠 중심의 분석이나 거시적인 미디어 관련 정책과 산업적인 특성을 조명하는 방안과는 상당한 차별성을 보인다. 앞서 짚은 내용 중 전자의 경우, 언론이 생산하는 기사와 뉴스나 특정 프로그램을 분석 대상으로 삼아, 이런 생산물이 채용하는 문법과 장르적 특징 혹은 구현된 주제를 상세한 내용 분석과 사례 분석이나 장르와 텍스트 중심의 분석 등으로 탐구해 왔다. 한편 언론의 역할과 미디어의 활동을 거시적으로 진단하는 접근의 경우, 이 주제에 연동하는 정책적·산업적인 측면과 관련된 지표와 통계 자료들이 드러내는 집합적인 변화의 추세나, 재원과 지배 구조를 둘러싼 사회경제적 특성과 함의 등에 주목하는 연구를 다수 제공해 왔다(임영호, 2015a; 2015b; 2021; 조항제, 2017; 2020). 관련 연구자들은 제도 연구와 정책 분석 그리고 정치경제학적 관점 등을 선별적으로 활용해 온 바 있다. 이 두 접근 방식이 학술적인 동시에 공적인 측면에서, 많은 성과와 더불어 유의미한 지식 자원을 제공한 사례와 학문적인 기여를 돌아볼 수 있다.

동시에 해외에서 축적되고 국내에도 큰 영향을 끼친 '대안적인' 접근으로, 앞서 소개한 미디어 생산연구의 차별적 의의와 필요성을 강조할 수 있다. 다소 단적으로 논하면, 생산연구는 미디어들이 제공하는 산물 혹은 구성물이 — 기사와 특집, 뉴스, 다큐멘터리, 교양과 지식 콘텐츠, 드라마, 오락 프로그램 등 — 기획·생산되는 구체적인 과정적 특징과 외부에서 흔히 관찰하기 쉽지 않은 내부에서 체화embody하는 핵심적인 가치와 전문화된 노동 및 조직 문화로 분석적인 초점과 비중을 상당 부분 이동한다. 여기서 '체화'한다는 의미는 생산을 전담하는 이들이 해당 직군으로 입문하면서, 상당히 체계적인 훈련과 관리를 받으며, — 또한 적응의 어려움을 겪기도 하면서 — '재사회화' 과정을 진득하게 체험하는 측면과 진통이 깃든 과정을 포함한다. 즉 그런 방식의 경험을 통해, 미디어의 내부자들은 독특한 직업 정체성과 가치를 추구하게 된다(김미숙 · 홍지아, 2017; 김예란, 2009; 방희경 외, 2018; 이동후 · 이설희, 2017; 이설희 · 홍남희, 2020; 정재철, 2009; 홍지아, 2016).

이 지점에서 드라마 생산 과정으로 전개된 연구의 함의를 예시하면, 김미숙과 홍지아(2017)의 연구는 텔레비전 드라마의 기획과 제작의 전반적인 과정에서 감독과 작가, 배우, 기획자, 제작사 등이 공조와 함께 생성되는 갈등적 상황을 어떻게 해결하며, 대응하는지를 관련 주체들과의 인터뷰와 사례 분석으로 상세하게 풀어내는 작업이다. 이 연구는 작가 출신의 연구자와 젠더 연구자의 협업으로 구현된 기획이며, 전자가 보유하는 인적 관계망을 활용하면서, 그간에 진단이 드물었던 드라마 관련 생산연구를 제공한다. 이들은 드라마가 최종적으로 제작이 종료되고 방영이 되기까지의 녹록지 않은 과정을 다음과 같이 풀어낸다(8).

> TV 드라마는 스토리 구상에서부터 편성, 배우 캐스팅, 촬영 및 편집, 송출 등 장기간에 걸쳐 기획, 제작되며 각 시기마다 중요한 역할을 담당하는 주체가 달라진다. 다시 말하면 스토리 구상 단계에서는 작가의 창의력과 제작사의 지원이, 편성 과정에서는 채널을 가진 방송사의 결정이, 촬영과 편집 단계에서는 감독의 역할과 비중이 상대적으로 커지며 이에 따라 제작의 각 단계마다 중요한 결정을 내리는 주체가 변화하는 것이다. 누구 하나가 일방적인 주도권을 갖는 것이 아니라 비슷비슷한 영향력을 가진 다양한 주체들의 협업을 통해 만들어지는 드라마 제작 과정에서 생산자들의 주도권 싸움, 혹은 영역 다툼이나 권력 싸움은 피할 수 없으며 생산자들의 갈등을 연구한다는 것은 문화연구 영역 내에서 생산 구조를 살피고 구조적 결과물로서 생산물의 의미를 확장한다는 측면에서 매우 중요하다.

이들은 앞서 표출된 문제의식을 중심으로, 드라마 생산의 특정 단계에서 동적으로 변화하는 주도권과 역할을 둘러싼 관련 주체들 간의 갈등과 중재 및 상존하는 권력 효과의 명암을 심층적으로 조명한다. 이 연구는 드라마 생산에 관여하는 주체들의 차별화된 역할에서 이들이 표출하는 가치의 차이, 그리고 드라마의 완성도와 관행을 둘러싼 상호 경쟁과 견제의 움직임을 세밀한 진단으로 연계해 낸 작업이다. 특히 이들의 연구는 외부의 학자나 수용자들이 충분히 인지하지 못하는 드라마 제작 과정에서 형성되는 이견과 마찰의 중재와 영역 다툼과 협의의 다각적인 진단을 중심으로 이 동적인 과정을 폭넓게 그려 낸다. 예컨대 두 연구자는 주목할 요건으로 "작가와 PD 사이에서 창의적 노동에 대한 자부심과 철학을 둘러싸고 벌어지는 갈등과 방송사가 주도하는 편성이나 드라마 제작 시스템의 변화에 따른 갈등"에 주력하면서(36), 관련 양상을 둘러싼 밀도 있는 진단을 제기한다. 생산연구에 대한 확장된 관심이 시사하듯이, 관련 기획들은 미디어가 생산하는 콘텐츠에 관여하는 주요 상업적·공적 가치들의 반영과 관리의 방식 및 노동의 특징, 그리고 내부의 반응을 유기적으로 결합하면서, 분석과 함의를 촘촘하게 모색하는 차별성과 집중력을 보인다. 즉 이런 지적인 관심은 가까운 과거에는 크게 시도되지 않았던 새로운 주제 영역을 설정하고, 관련 학술 연구를 능동적으로 제시함으로써, 미시적인 콘텐츠의 조명과 거시적 미디어 정책에 대한 분석 사이에 상당히 간과되기도 했던 '중간 영역the middle ground'을 새롭게 탐구하는 기능과 의의를 발휘해 왔다. 예시하면, 일련의 협의와 중재 및 갈등이 공존하는 언론사 내부 조직의 고유한 문화와 이면을 현장 연구와 참여 관찰이나 심층 인터뷰 등을 통해서 상세하게 탐구하는 사례나, 생산을 주도하는 언론인이나 PD와 문화기획자와의 협업으로, 주요 미디어의 특정 단위에서 이루어지는 기획의 특징과 명암을 가까이서 진단한 사례들이 꾸준히 등장하고 있다.

한편 연구자들은 방법론의 측면에서는 앞서 소개한 민속지학 외에,

다양한 생산자 집단과의 심층 인터뷰와 포커스 그룹 연구를 활용하며, 문헌 연구와 담론 분석에서 사례 분석 등을 연구 속에서 조합하기도 한다. 이들은 또한 미디어 생산자 중 일부가 제공하는 자기기술지auto-biographical tales[24]나 전문가 답변서, 회의 자료와 일기, 스크립트, 내부의 문서, 노조의 발간물 등의 자료를 발굴하여 사용하기도 한다. 부연하면, 앞서 언급한 문제의식을 전개할 때, 질적인 탐구의 전통에서 구현된 일련의 방법론이 상대적으로 진전된 설명력과 지식의 질료로서의 가치를 제공하는 측면도 돌아볼 필요가 크다. 여기에 더해 저널리즘 전공자나 미디어 효과와 산업의 역할에 주목하는 연구자들의 관련 연구를 추가할 수 있다. 돌아보면 기존의 텍스트 분석이나 수용자 연구와 담론 분석 등에 상당히 주력하던 문화연구자들이, 그런 상대적으로 낯익은 접근 방식 외에, 미디어가 드러내는 조직적 관행과 환경적 특성, 그리고 콘텐츠를 생산하는 주체들의 성향 체계와 이들이 전담하는 노동 양식의 변화가 주는 효과 등을 탐구한 현실이 경험적인 사례로도 적지 않게 파악되는 것이다.

다음 장에서는 어떤 각별한 사유와 자성이 깃든 문제의식을 기반으로, 문화연구자들이 다양한 미디어와 문화산업 내부의 동향과 생산자 집단 그리고 이들이 구축한 세계로의 연구로 시선을 돌리게 되었는지를 상세하게 논한다. 특히 일군의 문화연구자들이 서로 간에 공명과 앎을 형성하면서, 어떤 유형과 갈래의 주목할 시도들이 생산연구라는 집합적인 지향을 통해서 부상했는지를 풀어내고자 한다.

24 자기기술지는 분석 대상이 연구진이 제공한 질문서에 꼼꼼히 답변을 주거나, 상대적으로 자유로운 화법으로 자신의 업무와 기획 관련 논의를 소개하는 텍스트다. 이는 심층 인터뷰에서 누락이 되었거나, 다루었지만 보완이 필요한 측면을 엮어 내는 역할을 발휘한다.

2장

미디어 생산연구와 문화연구와의 만남

: 생산연구로의 전환

이 장에서는 문화연구가 생산연구와 만나고, 그런 측면으로의 대안 추구와 집합적 노력을 도모하게 된 전환점과 관련 문제의식 전개를 상세하게 소개하고자 한다. 이런 논의를 본격적으로 제기하기 전에, 먼저 문화연구를 전공하는 이들이 광의의 언론학 영역에서 어떤 유형의 연구에 주력해 왔는지를 짧게 돌아보고 정리할 필요가 있다. 그런 정지 작업을 압축하여 제시한 후에, 문화연구자들이 어떤 공유되는 문제의식으로 생산연구의 필요성과 실천을 추진하게 되었는지를 상술하고자 한다.

1. 문화연구의 주요 주제들: 텍스트, 담론, 수용자로의 관심

분석의 핵심 단위이자 출발점으로서 텍스트와 텍스트 분석

통상적으로 미디어 문화연구는 다음의 분석과 이론 측면의 초점을 집합적으로 모색해 왔다. 첫째, 드라마나 리얼리티 프로그램, 연예 오락물, 다큐멘터리 등의 특정 미디어 프로그램이나 영상 텍스트에 대한 세밀한 장르 분석과 텍스트 혹은 기호 분석을 매개로 분석의 대상이 되는 텍스트가 발휘하는 특정한 의미 작용에 주력하는 방식을 거론할 수 있다(홍석경 외, 2022). 이런 분석은 '재현representation'이라는 선별적 의미화의 과정에 녹아든 공적 가치나 지배 이데올로기와 통념을 비판적으로 해독하는 데 주력한 바 있다. 재현의 영어 표현은 먼저 포착되는 특정 현상이나 메시지와 가치를 재차 보여 준다는 의미를 담아낸다. 나아가서 이는 단순하거나 평면적이기보다, 동적인 과정이며, 동시에 단일하지 않은 선택과 집중력을 발산하는 전략에서, 특정한 공적·상업적·정치적 이해를 직간접적으로 담아내는 실행이기도 하다.

돌아보면, 일상에서 우리가 무수하게 접하는 광고는 특정 상품의 선택과 연계된 정보와 특히 그를 넘어서 소비의 욕망을 감각적으로 풀어내고자 한다. 예컨대 광고는 직간접적으로 특정 상품의 차별성과 상징성이나 효용을 소비자에게 제시하는 동시에, 다양한 메시지와 설득 효과를 의미화한다. 예시하면 광고라는 텍스트는 젊음과 사회적 위상, 계급적 특징, 문화적 세련성, 그리고 유행과 부상하는 트렌드 등을 조합하면서, 이를 특정 상품의 정체성이자 구매를 위한 동기로 연계해 낸다. 이 같은 과정에서 선별적인 의미의 구성은 매우 주목할 만한 효과를 생성한다. 반면에 이런 의미화를 상업주의나 자본을 위한 전술적인 기호 작용이자 '신화 작용'으로 설정하고 관련 텍스트 분석을 적용한 사례들이 꽤 존재한다. 부연하면, 재현은 의미 작용과 종종 동의어로 취급되며, 사회 내에서 가시적인 특정 현상이나 중요한 이슈를 특정 방향과 함의로 '전략적'으로 구현하는 다양한 텍스트의 역할과 의미화의 핵심이다. 예시하면, 젠더나 인종, 세대, 민족 등의 주제를 콘텐츠로 제시하면서 특정한 정의와 의미들이 구현된다. 예컨대 문화연구는 앞서 제기한 측면을 촘촘하게 탐구하면서, 사회 내에서 어떻게 특정 사안과 쟁점을 두고 동태적인 의미들의 경쟁과 대립, 연대 및 확장된 효과가 생성되는지에 주목한다. 이런 전통적인 관심은 문화연구가 한국 사회에서도 크게 확장된 대중문화의 영역과 '문화적 전환the cultural turn'에 주목하면서 구현하게 된 집합적 특성이라 할 수 있다.

그런 관심을 중심으로, 문화연구자들은 텍스트 분석을 연구의 기본적인 접근법으로 다양하게 사용하고 변주해 왔다. 이 접근법을 소개하면, 텍스트 분석은 질적인 연구에서 자주 채용되는 방안으로, 이 방법론은 대중문화나 영상 문화 혹은 저널리즘 영역 내 다양한 콘텐츠가 발휘하는 의미 작용signifying process의 특성과 주요 사회 가치의 반영이나 특정 이데올로기 효과 등을 밀도 있게 파악하는 연구에서 종종 활용된다(곽영신 · 류웅재, 2022; 나은희 · 김영찬, 2022; 옥민혜 · 박동숙, 2010; 이기형 외, 2020; 이서라, 2020; 주창윤, 2019; 한송희, 2020). 예를 들면, 특정 주제를 다루는 영화나 드라마와 교양 콘텐츠 등을 대상으로, 텍스트 분석은 분석 대상이 된 콘텐츠가 주제와 핵심 서사 및 등장인물을 어떻게 구성하며, 그런 과정에서 특히 어떤 주목할 공적 의미나 특정한 이념적 효과를 '선별적'으로 제기하는지를 밀도 있게 탐구하고자 한다. 텍스트 분석과 관련하여, 특정 문화 콘텐츠가 구성하는 역사와 인물의 재현을 진단하는 탐구에서, 가족 제도나 결혼을 둘러싼 문화적 변동과 마찰상, 젠더와 세대, 인종과 계급 관련 정체성의 구현과 이를 의미화하는 특정 방식과 결부되는 사회적 의미와 함의를 조명하는 사례들이 존재한다. 달리 표현하면, 텍스트 분석은 방송과 대중문화 콘텐츠가 발휘하는 차별적 의미 작용을 특정 맥락 속에 위치시켜 탐구하면서, 사회문화적 층위의 변화와 윤리적·정서적 쟁점에 관한 인식이 그런 대중문화물을 통해 어떻게 변주되며, 어떤 사회적 의의와 상징 효과를 발휘하는지를 파악하는 데 상당히 적합하다.

주지하듯이 텍스트 분석은 생산의 주체들이 채용하는 특정한 장르 문법의 적용에서 상업적·공적 가치를 둘러싼 재현 전략의 특징과 강조점에 성찰적이고 비판적인 관심을 투사한다(김남일·백선기, 2008; 김민승·류웅재, 2022; 박지훈 외, 2016; 주창윤, 2021; 한국방송학회, 2020; 한달호, 2009). 또한 그런 과정에서 분석 대상이 되는 영화나 드라마가 시각적 스타일과 미장센의 구성에서, 앞서 논한 문제의식과 연동하는 관점의 구성을 어떻게 구현하는가에 대해서도 보완적인 분석을 병행한다. 한편 주목하는 측면과 관련해, 텍스트 분석은 서사 분석에서 기호학적 분석, 이데올로기 분석, 인종이 재현되는 방식에 관한 해독, 그리고 젠더와 '성정치학'과 연계하는 분석 등으로 '분화'되기도 한다(김미선·이가영, 2016; 김숙현, 2020; 김숙현·이효민, 2018; 민혜영 외, 2017; 서재철, 2019; 오은혜·김수정, 2016; 우정화·이오현, 2020; 황경아, 2017). 스튜어트 홀 등이 주창했듯이, 텍스트 분석은 '재현'이라는 여러모로 영향력이 큰 문화적 실천과 고도의 상징성과 쟁점을 발현하는 현상에 주목하면서, 사회 내에서 쟁점화되는 '의미들의 투쟁과 치열한 경쟁struggles over meaning production'의 효과와 함의를 특정 문화 콘텐츠의 사례를 중심으로 밀도 있게 탐구하려는 노력을 기울인다(Hall et al., 2013).

이 지점에서 문화연구자들이 특히 저널리즘 영역에서 적용해 온 텍스트 분석의 특징과 명암을 잠시 논할 필요가 있다. 광의의 언론을 대상으로 활용되는 텍스트 분석은, 주요 현안이나 공적 이슈를 재현하며, 이러한 실행 속에서 특정한 '공론화'와 '의제화,' 그리고 '세력화'를 도모하는 언론이 생산한 주요 기사들의 장르적 갈래, 서사적인 특성, 발현되는 특정한 논리나 관점과 이념, 그리고 사회적 상징성의 함의와 '신화 작용' 등을 비판적으로 탐구한다(Lindlof & Taylor, 2010; McKee, 2003). 다소 단적으로 표현하면, 미디어와 저널리즘의 실천을 탐구하는 텍스트 분석은, 언론이 주요 행위자로 종종 적극적으로 매개하는 사회 내에서 이루어지는 특정 사안의 재현을 둘러싼 의미들의 대립과 각축의 단면들, 미디어들이 모색하는 특정 이슈의 의미화를 둘러싼 차별성과 설득력, 그리고 의제의 생산을 상호 비교하는 데 유용하다. 이 접근법은 생산연구를 도모할 때, 분석 대상이 발휘하는 의미 효과를 진단하는 용도로 선별적으로 채용되기도 한다.

담론으로의 확장과 담론 분석의 함의

둘째, 특정한 사회정치적인 이슈들에 대해 언론이 생산하는 기사나 네티즌과 수용자의 반응을 주로 '담론 분석discourse analysis' 등의 방식으로 접근하며, 관련 쟁점을 복합적으로 탐구하는 방식도 상당히 활성화된 바 있다. 이 접근은 앞서 소개한 특정 콘텐츠나 텍스트 진단의 수준을 넘어서, 일련의 관련성이 큰 텍스트들이 연계되어 발휘하는 집합적 의미와 특정 이념 또는 가치의 공적 효과에 좀 더 주력한다. 이를테면, 한국 사회에서 이른바 '신세대'나 '헬조선 현상,' 'MZ세대'가 발현하는 차별성이나 특징을 논하는 일군의 기사와 보도, 방송 콘텐츠와 저작들이 존재한다(김선기, 2016; 2017; 김수정 · 조명아 · 이정윤, 2022; 김은준, 2022; 류동협 · 홍성일, 2020). 이와 함께, 상당한 대립과 경쟁이 공적으로 확장되는 사례로, 복지와 사회적 약자에 관한 지원책이나 부동산과 세금 관련 담론이 생성하는 일련의 확장된 효과를 돌아볼 수도 있다. 예시하면, 정파성과 이해관계를 달리하는 언론이나 정치 집단은 복지 정책에 대한 지지와 비판을 각기 표출하며, 특정한 논리와 설명으로 자신들이 제기하는 비판의 정당성을 집약적으로 설파한다. 또한 특정 사안에 대해 협치와 조율이 이루어지기도 하지만, 그런 담론의 능동적 고안과 정당화는, 관련 세력들의 전략적 연대와 대립을 불러오면서, 만만치 않은 갈등과 투쟁을 불러온다. 앞서 거론한 주제를 특정 논리와 주장을 체계적으로 조합하며 설파하는 담론은 종종 정책의 기획이나 제도적 대응으로도 실현된다. 즉 담론은 의미와 재현 차원을 넘어서 사회 내 특정 이슈와 행동을 활성화한다.

사회과학과 문화연구의 영역에서 그간에 주기적인 주목을 받은 대표적 담론의 유형을 언급하면, 신자유주의, 세계화, 국가주의, 민족주의, 인종주의 등의 거시적인 대상에서, 최근에 상당한 주목을 받아온 양극화, 다문화주의, 신자유주의 통치 체제나 자기 계발 등의 사회 내에서 크게 주목받으며 심대한 효과와 치열한 이견을 생성하는 일련의 '담론적 구성물'들을 거론할 수 있을 것이다.[25] 또한 지식 영역과 공공 영역에서도 긴요한 사회정치적 주제와 쟁점 또는 갈등을 다루거나 증폭시키는 담론의 경합과 활용 그리고 연합과 대립 등의 양상을 관습적으로 접할 수 있다.[26] 특정한 사회

25 예컨대 세계화는 탈지역적으로 유포 또는 확장되는 거대 담론이면서, 다수의 사회적 주체들의 삶을 변화시키며 불균등하게 체감되는 리얼리티lived reality이기도 하다는 복합적인 단면을 드러낸다(류웅재, 2009). 류웅재는 '이데올로기의 종언'과 같은 한때 풍미하던 신보수의 담론을 진단하면서, 이 특정 담론이 "자본주의의 사회주의에 대한 완벽하고 되돌릴 수 없는 항구적인 승리라는 선언적 주장으로 정당화함은 향후 전개될 현실을 객관적으로 분석하는 과학적 언어라기보다, 이러한 믿음과 진실 레짐regime of truth, 그리고 연관된 담론구성체에 의해 현실적 이익을 극대화하고자 한 특정 국가와 자본, 그리고 계급의 정치경제학적 이해관계를 반영"하는 '정치적인' 동시에 이해관계가 개입된 구성물임을 지적한 바 있다.

26 이러한 담론의 가변성과 다면적인 역할을 논하면서, 문화연구자인 홀(1997) 등은 담론이라

정치적인 이슈를 풀어내는 담론을 수용한다는 것은 이 담론에 직간접적 지지와 인준 혹은 인정이나 관용을 표출하는 측면을 포함하게 된다. 동시에 이러한 담론에 반대하거나 이의나 이견을 제기함으로써, 대항 담론이나 대안적인 측면의 담론들이 생성되며, 이러한 교차하는 담론들의 흐름과 굴절을 통해서 종종 치열한 대립과 공방, 힘겨루기, 그리고 담론 영역과 담론 질서의 재편 등이 구현되기도 한다. 또한 담론은 명시적이거나 외면적으로 설득과 진단 또는 해설 등을 포함하지만, 집합적 감정의 분출이나 여론의 변화 등을 생성하면서 갈등과 이견 그리고 대립과 저항을 사회적으로 더 증폭시키기도 한다. 즉 다소 단적으로 정의할 때, 담론 분석의 지향점은 특정 사회 현상의 집약적 서술이나 설명을 넘어서서, 확장된 문제의식과 범주의 설정, 선명한 평가evaluation, 그리고 현실로 접맥되는 진단과 대항적인 실천을 두루 포함한다. 담론은 사회·정치적 이슈와 쟁점 혹은 대상이 특정한 방식으로 — 즉 일련의 이해관계들에 의해 — 강력하게 구현되며, 이런 과정에서 생성되는 정당화와 세력화 그리고 재현과 제도적인 개입이 복합적으로 조합된 측면들에 정제된 '문제 제기problematization'를 투사한다(김성해·김란희, 2021; 김수미, 2014; 2016; 이광석, 2020b; 이기형, 2006; 이범준, 2010; 이상길, 2018; 2020; 이오현, 2017; 전규찬, 2014; 조영한, 2012; 2014; 홍성현·류웅재, 2013; 황인성, 2007).

예컨대 세대와 관련된 특정한 관찰점과 경험적 진단이나 주장 등이 발현된 기사와 연작, 기고문 등의 자료들은 당대 세대를 바라보는 관점들이나, 이 측면과 관련된 경쟁과 차별성에서 집합적 의미 효과를 생성한다. 담론 분석은 앞서 언급한 측면에 녹아든 특정 관점이나 이데올로기적 요인의 특징과 정치적 함의 등을 진단하는 데 상당히 긴요한 역할을 발휘한다. 이 분석 방식은 특히 언론과 전문가가 발현하는 담론 생산의 중추적인

는 용어 자체의 쓰임은 어떤 조건과 상황에서 사용되느냐에 따라 유연하게 혹은 역동적인 방식으로 변화한다는 점을 짚어 낸 바 있다.

역할에 주목하면서, 선이 굵게 관련 논점과 쟁점을 조명한 바 있다. 이와 함께, '4대강' 등의 대형 사업이나 '복지,' '민생,' '포퓰리즘,' '팬데믹' 등의 핵심 표제어를 대상으로 맹렬하게 지지와 반대의 의사를 결집해 내면서 여론의 향방을 특정한 방향으로 돌리고자 하는 언론의 활동상도 친숙하다(박진우, 2021; 신진욱, 2011; 이기형 · 김은정 · 황경아, 2022; 이병욱 · 김성해, 2013; 이영주 · 류웅재, 2017). 이는 언론이 관련 담론의 핵심 생산자이자 주창자로 현실 속 의제에 적극적으로 관여하는 측면을 드러낸다. 앞서 언급한 주제에 관한 담론 분석은 종종 정파성이 차별되는 두 개 이상의 미디어를 선정해서, 이들이 지면에서 구성하는 핵심 관점과 주장, 주요 예시와 통계 수치, 등장하는 (유사) 논리와 상대방에 관한 대항 방식, 그리고 특정 인용원의 선별적 배치 등을 진단한다. 이런 유형의 담론 분석은 언론이 전개하는 정치적 기획이나 여론을 움직이려는 노력을 간파하고, 대항적인 논점을 제기하기도 한다. 조금 다른 적용의 방안으로, 대중문화 속 특정 주제나 장르가 매개한 다양한 문화적 담론이나 사회적 이슈화를 언론과 전문가 집단이 표출하는 관점과 비평 그리고 공적으로 확장된 관련 의미들의 네트워크와 효과를 대상으로 탐구하는 담론 분석도 존재한다. 요컨대 정치적 공방이나 갈등이 아닌 주제로도, 사회 내 영향력이 큰 의미와 상징성의 전개에서 대립이 부상하는 이슈에 관한 공인과 주목 및 비판 등에 주목하는 다양한 담론 분석이 등장하고도 있다. 예를 들면, '한류'가 표출하는 문화적 혼종성의 함의나 한류 현상과 교차하며 때로는 공적인 논쟁과 파열음을 생성하기도 하는 민족주의적 시각의 분석에서 탈지역화 관련 이슈의 점검이 이런 담론 분석에서 꽤 활발하게 다루어지고 있다(김수정 · 양은경, 2006; 김수철, 2015; 박소정, 2016; 방희경 · 원용진 · 김진영, 2018; 윤선희, 2003; 2008; 이설희 · 이동후, 2022; 홍석경 · 박대민 · 박소정, 2017).

특히 앞서 논한 텍스트 분석과 비교할 때, 담론 분석은 개별 기사나 특정 연작의 범주를 넘어서 일련의 기사와 사설 등이 '집합적'으로 구성하는 확장된 의미의 구성과 효과를 분석하는 데 꽤 효과적이다. 이를테면, 담론 분석에서 언론이 집중적으로 실행하는 복지와 부동산, 재정, 공적 지원 관련 주요 정책을 둘러싼 일련의 지지나 반대 등으로 설파되는 관점의 함의나 이와 결부되는 특정한 사회·경제적 이해관계를 추적하는 작업들이 그간에 적지 않게 등장한 바 있다. 또한 담론 분석은 개별 기사를 넘어서서 어떤 핵심적인 프레임과 이념적 요인들이 강하게 결합하면서, 언론이 강조하는 의제의 형성과 상대 진영에 대한 비판과 날이 선 공세를 전개하는지를 비교적 긴 기간과 계열화된 사례들을 중심으로 분석하는 데 유용하다. 언론과 저널리즘 영역으로 한정해도, 적지 않은 문화연구자들이 담론 분석을 채용한 연구를 꾸준히 모색해 왔다(김성해·김란희, 2021; 신예원·마동훈, 2019; 이기형·이동후, 2019; 이오현, 2017). 나아가 생산연구를 도모하는 이들에게, 담론 분석은 거시적인 정책과 사회적 추세를 정제된 관점으로 분석하며, 이를 연구자가 생산연구로 연계하는 데 상당한 기반과 도움이 되기도 한다. 예컨대 플랫폼의 부상과 강화된 역할에 관한 기술과 노동 관련 담론들의 탐구는, 해당 주제를 탐구하는 주체가 사용할 수 있는 중요한 지적 자원이 된다. 즉 연구자는 특정 생산연구의 사례 분석을 통해, 그런 이론과 담론적 논의를 세밀하게 적용하고 변환하면서 양자 간에 관계론적인 연결점과 시사점을 모색하게 되기 때문이다.

수용자에 관한 관심의 부상과 수용자 연구로의 모색

셋째, 특정 프로그램의 수용자들이나 팬들이 형성하는 다양한 해독 행위와 텍스트의 사회문화적인 활용을 심층 인터뷰와 포커스 그룹 연구나 혹은 온라인 게시판에서 관찰되는 참여 문화participatory culture의 분석에서 소셜 미디어의 댓글 구성 등을 질적인 분석법으로 접근하는 '수용자 연구audience research'가 문화연구의 지형 속에 등장한 바 있다(고우람·이오현, 2011; 김소영, 2022; 김수정, 2010; 김수정·김수아, 2018; 김수정·김은준, 2016; 김창남, 2020; 나미수,

2012; 2016; 윤경원 · 나미수, 2005; 원용진, 2018; 이상규 · 홍석경, 2014; 홍석경, 2020; 홍석경 외, 2022). 한편 수용자 연구가 국내 언론학 분야에서 부상하면서, 초기에는 텔레비전 드라마나 로맨스 장르를 주요 대상으로 삼는 분석들이 구현되었다. 이후 그런 범주화를 넘어서 대중문화 영역에서 확장된 존재감과 더불어 활성화된 관심을 발현하게 된 팬덤과 하위문화와 온라인 공동체 관련 연구들로 이 연구 방식의 적용과 변형이 대거 이루어지기도 했다.

특히 수용자 연구는 대중문화물의 문화적 사용과 함의를 매개로 한 촘촘하고 미시적인 탐구에 주력하면서, 기존의 미디어와 메시지 중심의 접근과는 매우 다른 결의 분석과 대안적 시각이 반영된 접근을 추구한 바 있다. 또한 그런 관심을 전개하면서 관련 학자들은 일상에서 빈번하게 재연되는 드라마 콘텐츠의 소비와 수용이 담아내는 일군의 차별성에서 젠더적 관계성의 반영 그리고 경험적 실재를 상세하게 조명하고, 관련 맥락의 복합성을 성찰하는 시도도 모색해 왔다. 이와 함께, 특히 '한류' 드라마의 약진 속에, 분석의 장소와 시선을 해외로 돌리고 다국적 수용자들이나 팬층이 한국산 드라마나 예능 프로그램의 소비를 어떻게 구현하는지에 관한 문화연구자들의 기획도 속속 부상했다. 나아가서, 한국 내부로 유입된 외국산 드라마의 소비와 관련된 수용자 연구나 관련 팬 활동에 관한 탐구도 이루어지고 있다. 관련 분석들은 확장되고 있는 탈지역적인 '문화정경mediascape'의 맥락이나 혼종성과 국적성이 다양하게 조합되고 변주되는 드라마의 활용 방식과 취향의 변화에서 수용자와 팬들이 능동적으로 추구하는 '즐거움의 경제'에 이르기까지 상당히 다양한 분석을 모색한다(강명구 외, 2013; 김수정 · 양은경, 2006; 김영찬, 2008; 박소정 외, 2021; 정수영, 2011; 홍석경 외, 2017).

부연하면, 수용자 연구는 과거에 텍스트나 콘텐츠의 분석에 치우치기도 했던 문화연구의 방향성을 전환하며, 간과되기도 했던 수용자들이 특정 콘텐츠를 대상으로 표방하는 일련의 스펙트럼이 넓은 정서적 반응과 이들이 표출하는 관점과 담화에 주력하는 방식이다. 이 접근법은 전문가나 학자가 주도하는 대중문화물의 비평과 진단 방식을 일정하게 벗어나서, 다양한 배경을 지닌 수용자들이 자신의 체험과 기억, 욕망을 소비의 과정에서 다층적으로 표출하는 현실에 주목한다. 또한 그런 시도 속에 연구자들은 수용자 집단을 직접 만나고, 이들과의 교섭을 매개로 미디어 콘텐츠와 장르의 소비와 관련 면모가 어떻게 구체적으로 구현되는지를 직접 조사·탐구하기도 한다. 특히 수용자 연구는 이들이 '수동적'이지 않으며, 나름의 콘텐츠 관련 축적된 지식과 소비의 필요성을 반영해 내는 대안적 반응과 감정의 투사 및 능동성을 보이는 주체로서의 측면에 분석의 방향성을 적용한 바 있다. 이런 관점은 기성의 지식 담론이 적용하던 미디어의 효과에 주력하거나 '이용과 충족'으로의 집중을 넘어서는 일련의 새로운 주제와 분석을 위한 접근법의 모색을 가져왔다. 대표적으로 드라마의 수용은 먼저 해당 텍스트에 관한 수용자 각자의 차별적인 해독을 통한 '다의미성polysemy'의 구성을 포함한다. 이는 드라마 텍스트가 재현하는 특정 주인공이나, 주제와 서사 구조나 핵심 문화적 코드에 관한 상세한 인지와 주목도가 높은 참여를 통해서 이루어진다. 동시에 그런 과정은 폭넓은 감정이입과 텍스트 내부로 깊이 이입하는 수용 행위를 기반으로 상당히 다변화된 의미와 열지 않은 감정의 공유를 가져온다.

예시하자면, 텔레비전 드라마의 수용은 앞서 언급한 과정을 통해 일상의 고단함이나 무료함을 벗어나서 구현된 서사의 세계로 해당 주체들이 몰입하며, 다양한 감정이입과 사유 및 즐거움을 추구하는 변화된 실천을 포함한다. 예를 들면, 가정 내에서 다양한 노동과 챙김의 주체인 여성들에게 드라마의 시청에서 온라인이나 팬덤 공동체의 참여와 같은 활동은 이들이 체화하고 인내하는 일상의 노동과 부담을 일정하게 상쇄하는 방안이자, 나름의 노력이 깃든 행위이기도 하다. 그간 문화연구자들이 탐구한 수용자 연구는 그런 측면을 '정서적 리얼리즘emotional realism'으로 개념화하기도 한다(박지영, 2007; 이기형·이동후, 2019). 이 개념은 과거에 주목을 크게 받지 못했던 수용자들의 취향과 판단 및 감정이 드라마와 같은 텍스트와 밀도 있게 교섭 혹은 상호 작용하면서 발휘하는 복합적인 효과를 지칭한다. 이런 측면은 드라마가 일견 과장되거나 극적이고 허구적인 내용을 다루기도 하지만, 소통과 감응의 텍스트로서 형성하는 '상상의 세계'가 수용자들에게 상당한 문화적 쓰임새와 준거에서 열정 및 심정적 투사가 가능한 주요 매개물로 작용하는 측면을 보여 주기도 한다. 즉 판타지가 현실의 리얼리티와 조합된 양상을 발현하면서, 이런 드라마가 펼쳐내는 서사와 장르의 구성 측면을 간파하는 수용자 집단은, 다양한 사유와 추론 그리고 예민한 해독을 적용하면서 그런 과정에서 상당한 정서적 쾌감과 애착, 희열 및 감정적 투사 등을 경험하게도 된다. 또한 이런 수용의 과정은 드라마와 같은 텍스트와 현실의 특정 맥락에 위치하는 수용자 간에 다양한 유형의 대응과 주목도가 큰 관여를 매개하기도 한다.

이와 관련하여, 심홍진과 김세은(2009: 170)은 문화연구자들이 일군의 수용자 중심의 분석을 도모하면서 "미디어 소비 영역에서 텍스트가 제시하는 지배적인 의미 규칙에 저항하고 그 의미를 재구성하는 수용자의 문화적 자본, 수용의 상황, 텍스트 해독의 차이를 규명하는 연구들이 수행되었다"라는 평가를 준 바 있다. 그간에 등장한 수용자 연구들에 따르면, 가부장제를 주제로 한 드라마를 대상으로 여성 수용자들은 그런 드라마가 담아내는 가부장제와 같은 지배적 가치나 상징성에 대한 일련의 비판과 해체적 해독에서 자신이 축적한 체험을 표출하고 연계하는 방식으로 상당히 흡인력 있는 반응을 보인다. 이는 자신들의 삶에서 남성적 질서 속에 억눌리거나 응축된 혹은 타협해야 했던 체험과 문화적 기억을 드라마 수용 속에 반추하고, 연결해 내는 반응으로 부상하기도 한다. 주지하다시피 초기 수용자 연구에서 이런 양상은 "지배적 해독과 저항적 해독 그리고 협의된 해독" 등의 개념화로 논의된 바도 있다(김수정 · 김수아, 2018; 김수정, 2010; 나미수, 2016; 박지영, 2007). 물론 현재의 관점에서 보면, 앞서 논한 비판적인 혹은 '전복적인transgressive' 해독과 관련 의미화가 마땅히 관심을 받을 필요가 있지만, 이런 인식만이 수용자 연구가 구현한 핵심은 아니다. 예컨대 사회문화적 환경 변화 속에, 과거에 흔히 접하던 남성적 지배 질서와 가치가 강하거나 경직성이 큰 드라마는 퇴조하고, 대신에 좀 더 자신의 욕망이나 존재감을 부각하는 여성 주인공들이 적지 않게 드라마가 재현하는 공간에 등장하고 있다. 이와 함께 여성적 가치나 인식을 일정하게 수렴하며 이를 드라마의 상업적 기획에 연동하는 작품들도 모습을 드러내고 있다. 이는 앞서 짚은 저항적 해독과 관련 반응에서 그런 저항성의 요체나 범주가 무엇인지에 관해, 더 정련되고 분화된 진단을 요구한다. 즉 수용자들의 변화하는 취향과 감각을 예리하게 고려한 동시에 여성의 증가한 사회 진출이나 그런 역할과 욕구에 조응하는 주제와 캐릭터들이 등장하는 드라마들이 속속 나오면서, 상업적 기획의 맥락과 흐름이 저항적 해독과 젠더화된 상징적 질서의 '위반'을 흡수하거나 조율하는 양상이 수용자 연구에도 반영이 되는 것이다.

앞서 논한 사례들을 통해서, 문화연구는 다양한 장르의 영상 텍스트와 미디어 프로그램들이 제공하는 의미들의 생산과 특징을 깊이 있게 조명하고 관련 사회적 함의를 '맥락화'하는 데 공헌한 바 있다. 최근 이십여 년간 수행된 연구들은 텍스트와 의미 중심의 시각에서 벗어나서, 미디어 수용자들이 그들의 일상에서 구체적으로 형성하는 수용 행위와 대안적 문화 실천의 특성과 결textures을 세밀하게 포착하고, 수용자가 형성하는 의미와 즐거움의 추구 그리고 이들의 활동이 제공하는 다양한 문화적 실천과 함의를 세심하게 탐색해 왔다. 이는 인문학이나 예술학 등의 영역에서 드물게 사용되는 문화 콘텐츠의 소비와 수용의 주체에 분석의 초점을 제기한 작업이면서, 앞서 논한 텍스트나 장르 중심의 분석이 놓친 측면에 집중하며, 새로운 지적 의제와 결과물을 제공하기도 했다. 동시에 지금까지 짧게 정리한 문화연구가 전개해 온 지향성에서 일정한 변화를 추구하며,

미디어 영역의 생산 주체로 관심을 기울이는 전환과 각성도 부상하게 된다. 이제 어떤 측면에서 그런 성찰에 기반한 생산연구로의 모색이 집합적으로 이루어졌는지를 논하고자 한다.

2. 국내 문화연구의 대안 모색과 생산연구

기존에 텍스트와 장르 중심의 혹은 담론과 수용자들의 의미 형성과 미디어의 활용을 주요한 분석의 대상으로 삼아온 미디어 문화연구는 만만치 않은 쟁점이나 한계와도 대면하게 되었다. 이 책의 핵심 주제인 생산연구와 관련해, 단적으로 2000년대 초중반까지 미디어 제도 내의 언론인과 PD, 작가 집단, 편성 인력, 그리고 그 외의 플랫폼 노동자들과 같은 생산자나 문화매개자 집단이 수행하는 활동의 특성에 관한 관심을 문화연구자들이 충분히 활성화되지 못한 면모를 보였기 때문이다. 나아가서 관련 연구자들은 이들이 어떠한 가치나 전문성 그리고 특정한 정체성과 조직 문화의 가치들을 체화하면서, 자신들의 독특한 직업 문화와 복수의 제도적인 이해관계의 영향 아래서 미디어 생산물을 생산하게 되는지의 과정을 세밀하게 분석하는 작업에도 상대적으로 소극적이었다(김미숙, 2018; 연정모·김영찬, 2008; 이기형, 2009; 이석호·이오현, 2019; 이오현, 2005; 이오현·김철원, 2021; 이오현·이석호, 2019). 즉 거론한 시점까지 이들은 주로 미디어가 생산한 결과물 자체에 대한 분석이나 특정한 결과물이 수용·활용되는 과정에 분석적 관심을 투사해 왔다. 동시에 문화연구자들은 미디어 생산물이 만들어지는 과정적 특징과 그러한 과정에 개입하는 복수의 제도적인 영향력이나 관련 주체들이 적용하는 특정한 가치들을 대상으로 삼는 관심과 집중력 있는 탐색은 크게 모색하지 못했다.

지금까지의 논점을 돌아보면, 생산연구는 1990년대 이후 장기간에 걸쳐 문화연구가 천착해 온 주요 방향성이나 전개해 온 탐구 방식과 상당한 차이와 대비를 발현한다. 이 지점에서 왜 그리고 어떤 사유로 그런 변화가 모색되었는지에 관해 관련 연구자들이 대안을 모색한 사유와 각성을 조금 더 논할 필요가 있다. 먼저 문화연구가 부상하던 초기부터 강조되던 문화 유물론의 새로운 적용과 전략화로 관련 변화의 이유를 풀어낼 수 있어 보인다. 레이먼드 윌리엄스Raymond Williams(1974)가 정초한 이 개념은 일견 "삶의 방식a whole way of life"이라는 문화에 관한 포괄적인 정의를 기반으로 삼지만, 이를 넘어 일상에서 문화가 발휘하는 물질성과 기술이 결합하여 생성한 공고화된 리듬이나 분화된 사회적 효과와 정치적 함의를 파악하기 위한 핵심 개념이다. 이 입장은 기실 동태적인 방식으로 문화라는 영역과 상징적 질료를 기반으로 벌어지는 무수한 경쟁과 도전 그리고 갈등에 주목하는 지적 구성물이기도 하다. 그는 전통적으로 문화를 전통적 가치나 이념의 매개체나 혹은 심미적인 대상만으로 협소하게 정의하는 방식을 비판한 바 있다. 윌리엄스는 문화가 그런 속성을 포함하지만, 지배와 훈육에 다양하게 활용되는 측면이나 이에 대항하는 민주적 지향을 발휘하는 원동력으로 평가한다. 동시에 그는 이런 문화의 역동성을 소비와 지배적 질서가 형성되는 일련의 과정을 땀땀이 조명하면서, 변혁과 대안의 구심점으로 문화의 역량을 강조하기도 한다.

이와 함께 생산연구에 고심한 제언을 준 사례로 그(1974)가 제공했던 텔레비전 연구의 특징을 짧게 언급할 필요도 있다. 그는 텔레비전을 특정 장르 문법과 의미의 생산을 반영하는 존재로 보던 당시의 시각을 떠나서, 당대 소비의 지형을 재구성한 제도적인 구성체로서의 특성에 주목했기 때문이다. 예를 들면, 그는 텔레비전이 수용자들을 몸에 밴 리듬과 서사적 효과로 견인하면서, 광고와 소비 관련 욕구를 구조화하는 측면이나, 개별 단위를 넘어 더 큰 '흐름flow'으로 텔레비전의 프로그램들이 상업적 이익과 소비의 욕망을 구조화하는 양상을 짚어 낸 바 있다. 이런 작업은 이후

'유동적 사사화mobile privatization' 등의 개념으로 텔레비전이 일상에서 조율하고 영향을 주는 측면으로 진전된 연구가 등장하는 데 이바지했다.[27] 임종수와 최세경(2016: 10)은 그런 윌리엄스가 발휘한 성과를 다음과 같이 압축하여 짚어 낸다.

> 텔레비전 고유의 유동성의 사사화mobile privatization와 흐름flow은 사회적 삶의 탈장소적 동시성에 기여했다(Williams, 1974). 텔레비전은 시간의 흐름에 따라 프로그램을 전송·재현함으로써 복잡다기한 사회현실을 사유화할 수 있게 했다. 즉, 텔레비전은 현실 세계의 증대된 유동성을 요약하고 정리함으로써 제각각으로 분화된 개인(가족)이 공동체와 연결될 수 있게 했다.

이와 함께, 범주를 넓혀 가던 대중문화와 문화산업에 새로운 대응 방식을 모색하면서, 문화연구자들은 특정 문화 콘텐츠들이 어떤 경로와 이해관계 그리고 조직적인 문법을 통해서 등장하는지에 대한 집합적인 관심도 점차 투사하게 된다. 특히 2000년대 중후반 이후 미디어 생산자들의 활동이나 직업 문화를 질적인 방법론을 매개로 가까이서 관찰하고, 앞서 언급한 이슈들을 중심으로 다양한 미디어 콘텐츠들이 만들어지는 과정 속으로 연구의 '방점'을 이동시키는 기획들이 점차 등장한 바 있다. 이러한 대안적인 연구 방향성의 추구는 부가적으로 기자나 언론인 혹은 PD들과 같은 생산자 집단의 일원과 연구자들 간의 교섭과 관점의 교류를 가져오기도 했다.

요컨대 2000년대 중반 이후 문화연구자들이 주도하는 생산연구가 속

27 유동적 사사화는 텔레비전이 사회 내에서 문화 수용과 소비의 주요 매개체로 '교외화'와 대량 소비의 사회적·지리적 추세 변화와 연동한 역사적 측면을 윌리엄스가 독창적으로 고안한 개념이다. 그가 생산연구에 제공한 영향과 단서에 관해서는 3장의 관련 내용을 참고하라.

속 부상하면서, 일련의 기획과 지속적인 방향성을 구현하는 탐색의 가시적인 흐름을 형성하게 된다. 먼저 이오현(2005: 119)은 생산연구가 요구하는 핵심 문제의식으로 "매체 생산 과정을 둘러싼 [광의의] 문화와 권력의 문제, 특히 미디어의 생산 과정에 개입하는 힘들, 그리고 이들 간의 [불균등한] 상호 작용을 밝히는" 측면을 강조한 바 있다. 이와 함께, 그는 미디어의 역할과 관련 주체들의 활동상을 보다 '통합적인holistic' 분석의 틀과 관점으로 밝히는 과정에서, 이 접근법이 공헌할 수 있는 의의와 잠재성이 상당하다는 점을 주창한다. 그가 제시한 관점을 풀어보면, 생산연구의 핵심 문제의식이 명백히 드러난다. 예컨대, 이 접근법은 미디어의 내부에서 생성되는 다양한 권력 작용과 분화된 효과에 주목하는 시선을 발현한다. 이는 위계화된 조직의 구성과 관계성이 기사나 콘텐츠를 제작하는데, 내부의 행위자들에게 어떤 직간접적인 영향을 끼치며, 그로 인해 가시적이거나 은밀한 방식으로 관행과 순응의 효과가 작용하는지에 주목한다. 이런 문제의식은 미디어가 제공한 결과물에 주력하는 연구의 관성을 벗어나서, 어떤 내부의 구조화된 기제와 인식이 그런 생산물의 구성으로 이어지는가에 대한 새로운 지적-비판적 관심을 점화하는 계기가 되기도 했다. 특히 이오현은 미디어 생산자들이 상당한 권위를 외부로 집합적으로 발휘하는 이들이지만, 동시에 내부로 눈을 돌리면, 이들이 맺고 있는 위계와 권력이 발휘되는 다양한 양상을 자신이 직접 추구한 연구로 복합적으로 구현하기도 했다. 특히 그런 효과는 기사나 특집 등의 특정 콘텐츠의 방향성이나 채용하는 주요 관점에 긴밀한 영향을 발휘한다. 또한 특정 결과물의 생산은 입장과 가치가 직접적으로 혹은 은밀하게 충돌하며, 상당한 중재와 협의가 발생하는 과정도 포함한다.

조금 다르게, 생산연구에 큰 영향을 준 영국의 문화연구자 데이비드 헤스먼달치David Hesmondhalgh(2010)는 단적으로 생산연구를 "미디어 산업 내의 (특권적인) "생산자가 커뮤니케이션 생산물을 제작 유포하는 과정에서 자신들에게 주어진 상대적인 권력을 어떤 방식으로 실행하는지"(146)의 과정을 살펴보는 작업"이라고 정의한 바 있다(박진우, 2020: 12에서 재인용). 그가 표방한 문제의식에서도 특정 직능에서 우월한 위상을 점유하는 이들이 발휘하는 사회경제적 권위나 이점과 내부의 단층화된stratified 위계와 권위의 특정한 작동 방식이 만들어 내는 복합적인 효과를 생산연구가 유념해야 한다는 관점이 표방되고 있다. 관련 사례를 들면, 미디어 내에서 직군별로 자신들의 분화된 관점과 콘텐츠 제작에 관한 인식 차이나 역할 분담은 미시적 측면에서 단순한 위계의 반영이나 절대적인 순응과는 다른 좀 더 복잡한 관계망과 특정 방향으로의 선택과 경쟁 및 배제를 둘러싼 이견과 조율 등을 포함한다. 이는 소통과 협의에서 균열의 봉합 등 최종 의사결정에 이르기까지 일련의 권력 작용과 대립을 해소하기 위한 다양한 조정 과정을 발현한다. 조금 다르게, 적정 업무의 분담과 보상책의 구현 등에서도 단순하지 않은 상호 간 마찰과 전략적 대응, 협의, 양보, 순응, 도전 등의 행동 방식이 부상하기도 한다. 이 측면은 국내에서 추구된 일군의 생산연구에서도 적용되고 있으며, 생산연구의 실행이 단순히 새로운 주제의 선정과 분석 영역의 확장에만 있는 것은 아니라는 점을 새삼 파악하게 해준다. 이와 함께, 이런 문제화의 모색에, 문화연구가 성장하면서 주요 지적 자원으로 수용된 미셸 푸코Michel Foucault 등의 권력에 관한 대안적 개념화와 진단이 적지 않은 영향을 준 측면도 거론할 필요가 있다(류동협·홍성일, 2020; 류웅재, 2009; 2010; 성민규, 2022; 신동일, 2018; 윤선희, 2003; 2008; 이기형, 2006; 황인성, 2007). 예컨대 미디어 조직 내에서 특정 주체들이 전략적인 대응으로 실행하며, 지배와 피지배나 관리와 순응 등의 이분법적 구성이 아닌 보다 복잡한 방안으로의 권력의 다기한 작용과 발현은 생산연구가 주목한 내부의 체계와 행동을 관장하는 규칙을 세밀하게 진단하는 사례들에서 그 영향을 감지할 수 있다.

나아가 이오현의 풀이와 크게 다르지 않은 방식으로, 임영호(2015a: 16)

또한 텔레비전 영역의 생산연구에 대한 메타분석을 실행하면서, 생산연구를 "[언론이나 미디어 관련] 조직 내외부의 구조적 맥락, 종사자의 직업 특성, 생산 과정의 특성이나 작업 관행, 종사자 집단의 직업 문화나 가치 등 다양한 세력과 요인들이 생산 현장에 작용해 어떻게 특정한 산물이 만들어지는지에 관한 탐구라고" 정의한 바 있다. 임영호가 제공한 논의에서도, 언론 종사자가 일상적으로 실천하며 동시에 이들의 활동에 관여하는 조직의 특정한 문법과 지배적으로 적용되는 가치 등에 주력하는 생산연구의 방향성이 선명하게 드러나고 있다. 부연하면, 그는 언론인이라는 직업과 관련 환경적 요인이 불균등하게 상호 작용하면서, 장기적인 효과를 발휘하며, 공고한 '구조'로도 작용하는 내부의 관리 체제와 규범적 요인들을 둘러싼 현실을 상당히 조직적으로 짚어 내기 때문이다. 특히 그가 거론한 일련의 과정은 기존에 미디어 연구자들이나 특히 정치경제학을 전담하는 이들이 강조한 거시적 구조나 정책으로의 집중적인 탐구와는 일정하게 성격과 구성을 달리하기도 한다. 요컨대 임영호는 거시적인 차원의 — 즉 소유 구조나 상층 경영진이 발휘하는 의사 결정 등의 구조적 행위 외에 — 해당 조직의 중간 단위나 하부 단위를 이어 내는 좀 더 분화된 내부 구조의 기능과 효과에 주목할 필요성을 제기한 바 있다. 이를 좀 더 상술하면, 미디어에서 기자나 PD 혹은 문화기획자와 큐레이터 등이 담당하는 역할은 일정한 자율성과 독자적인 특징을 발휘한다. 예시하면 이들은 특정한 아이디어나 복안을 직접 구상하며, 관련 콘텐츠의 기획과 생산에서 — 일정한 협의나 간섭과 지침을 받기는 하지만 — 수동적인 역할을 넘어서는 역량을 발휘한다.

한편 미디어 생산연구는 기존에 문화연구자들이 주력했던 방송 및 문화 콘텐츠가 매개하는 재현 작용의 특징이나 지배적 가치와 이데올로기 효과에 관한 비판적 해독과 공적인 함의에 관한 집중적인 관심을 넘어서려는 대안적인 문제의식을 드러낸다. 즉 이 작업은 어떤 환경적인 특성이나 내부의 기제들이 생성하는 복합적인 효과들 속에서 특정 콘텐츠가 생산되는지의 과정적 특성과, '배후'에서 벌어지는 부단한 대립과 조율의 함의, 그리고 구성원들이 표방하는 특정한 성향 체계의 특성을 자세히 추적하려는 관심을 투사한다(김미숙 · 홍지아, 2017; 남궁찬 · 김예란, 2016; 남재일 · 오대영, 2018; 이기형, 2010; 이오현, 2015; 최문호 · 박승관, 2018; 최선영 · 한희정, 2015). 그런 한편, 생산연구는 기획과 생산 과정에 참여하는 다양한 집단의 행위자들에 관한 보다 증폭된 관심을 투사한다. 예컨대 생산을 담당하는 인력들은 상당히 창의적인 지식의 기획과 감정 노동을 수행하는 행위자이면서, 성취로 수렴되는 제도적·인적 압박에서 협조와 마찰을 일상적으로 경험하기도 한다. 한편 비정규직이나 기간제로 일하는 주체들의 경우, 위상과 고용 측면에서 심각한 취약성이나 구조화된 불안을 대면하게 되는 이들이기도 하다(김예란, 2007; 박진우, 2012; 연정모 · 김영찬, 2008; 이상길 외, 2013; 임영호 · 김정아, 2011).

3. 국내 언론학 분야에서 부상한 생산연구의 주요 동향

이제 앞서 거론한 이오현과 임영호가 설파한 시각이 문화연구의 영역에서 어떤 방식으로 생산연구를 지향하는 노력으로 변화했는지를 관련 주요 사례들을 돌아보면서 논하고자 한다. 먼저 현재까지 등장한 생산연구의 숙고할 특성과 방향성을 정리하면서, 앞서 기술했듯이 생산연구라는 핵심 문제의식이 표방된 표제어와 관련 실행을 주도한 문화연구 관련 사례들을 이 지면에서 집중적으로 조명할 것이다.[28] 또한 미디어나 플랫폼과 관련된 주요 사례나 분화된 주제 측면의 중요도를 반영한 함축적인 정리

28 문화연구 외부에서 생산연구를 조직적으로 구현하거나 그에 상응하는 기획을 추진한 이들도 있다. 생산연구의 부상과 궤적을 조명하면서, 관련 연구서가 아직 상당히 희소하기에, 이 책에는 문화연구의 렌즈로 생산 과정과 관련 함의에 주목한 사례를 중심으로 논점을 제기하고자 한다.

와 평가를 제공하고자 한다. 이런 구성과 함께, 미디어와의 연관성을 벗어나서, 광의의 '문화적 기획'과 창의성 담론들과 결부된 변형된 사례들도 그런 분류에 포함할 것이다.

레거시 미디어와 문화산업 영역에 주목한 생산연구의 특징과 함의

서문에서 소개했듯이, 이오현은 국내에서 생산연구의 필요성과 이론적 구체화 및 문제의식의 실천을 선도한 인물이다. 그(2007; 2005)는 KBS 〈인물현대사〉의 생산자들에 대한 질적인 접근을 매개로, 이 텔레비전 다큐멘터리가 발현하는 기획의 주요 양상과 이 프로그램에 등장하는 인물들의 선정 과정에 작동하는 관점과 역사 재현의 함의들을 비교적 세밀하게 탐색하는 연구를 수행했다. 2000년대 중반에 실행된 이 연구는 지금의 기준으로도 상당히 촘촘하게 분석의 다각적 구현과 연구자가 수행하는 역할을 고심한 시도라고 판단하게 된다. 그는 근대사 속의 주요한 역사적 인물군을 다루는 TV 다큐멘터리의 생산의 핵인 PD와 작가들과의 심층 면접과 기획 회의 등의 — 연구자들이 접근하기 어려웠던 — 현장에 대한 참여 관찰을 통해서 다큐멘터리 텍스트의 생산에서 유념할 특이성과 쟁점을 인지하게 해 주는 구체적인 사례를 제공했다. 특히 그는 '논쟁적인' 인물들을 선정하고, 역사 관련 기획의 '해석자'로서 PD들이 이 다큐멘터리를 제작하는 과정에서 자신들의 성향 체계를 적용하는 방식을 과정적으로 상세하게 탐색한 바 있다. 나아가서 이오현은 생산 과정에 개입하는 일련의 제도적 개입과 갈등적인 이해관계 그리고 규범 차원의 실행들이 어떤 방식으로 맞물리면서 상호 작용하는지를 추적한다. 예컨대 그는 이 프로그램이 등장하면서, 당시 보수 진영으로부터 강한 공격과 과도한 문제 제기가 부상한 상황에 주목한다. 달리 논하면, 이오현의 연구는 개별 다큐멘터리 텍스트 중심의 분석을 넘어서, 과거보다 개방적으로 역사적 인물을 다루는 다큐멘터리 프로그램이 동적으로 생성한 사회 내 다양한 비평 담론과 비평을 끈기 있게 수렴하는 방식으로 연구의 외연을 확장한다. 우리가 판단하건대 이 기획은 '미디어 민속지학'을 구체적으로 시도한 분석적인 심도와 발품을 파는 노작, 그리고 현장 연구를 통한 얕지 않은 교섭과 관점의 교환을 매개로 상당히 입체적인 분석을 제공했다. 그런 결과 이 작업은 미디어 생산연구의 가능성을 상당 부분 체화한 주요한 참고 사례이자, 동료 연구자들에게는 매우 유용한 지적 자원으로 충분히 인정받을 만한 노력이 녹아든 성과라 할 수 있다.

이오현이 제시한 사례와 함께, 이 지점에서 언론학의 '외부'에서 인류학자 김현미(2005)가 제기한 생산연구도 다시 거론할 필요가 있다. 그는 특히 '젠더'라는 요인을 중심으로, 작가이자 여성으로 직무 외에 돌봄 노동의 부담을 떠맡은 드라마 작가들을 대상으로 앞서 언급한 요인의 영향을 질적으로 상세하게 탐구하는 작업을 수행한 바 있다. 이 연구는 성차별적인 인식과 습속이 당시 확연하게 존재하던 방송 산업 내에서 일군의 여성 작가들이 체험한 불평등과 불안의 요인에 주력하면서, 생산연구가 주목할 성차별이나 관련 노동의 조건과 직결된 의제를 제공한다. 김현미의 영향력이 상당한 연구는 이후 파견직과 계약직 노동자와 프리랜서 등이 대면하는 불안정한 노동 환경과 취약한 위상과 교차하는 젠더와 세대 문제에 주력한 연구들로 문제의식의 구체화와 확장을 보이게 된다(김숙현, 2018; 김숙현 · 이효민, 2018; 김애라, 2016; 윤보라 · 이오현, 2017; 이동후 외, 2019; 2021; 이상길 외, 2013; 이선민, 2020; 이설희 · 홍남희, 2020; 채석진, 2016a; 2016b; 2018; 2021; 한선, 2020; 2021).

논의의 방향을 돌려, 김영찬(2007)은 드라마의 대중적인 확산 과정에서 일련의 '미국산' 콘텐츠들을 선정하고 배치하는 케이블 방송의 편성 및 구매 담당자들과 만나며 면대면 인터뷰를 매개로, 이런 유형의 드라마 확산에 상당한 영향력을 끼치는 관련 인물들의 관심과 역할을 조명했다. 이 기획에서 연구자는 지상파 TV와 케이블 TV 각 3사에서 미국 드라마의 구입과 편성을 담당하는 6명과 만난 바 있다. 그는 국내 수용자들에게도 커다란 관심의 대상인 미국산 드라마의 붐 혹은 '미드'라는 특정한 영상 콘텐츠가 유통·매개되는 장에 대한 미시적인 수준의 분석과 특히 외국산 프로그램을 선별하는 집단과의 심층 면접을 시도했다. 그는 이런 접근을 통해서, 문화 수용의 '탈지역화'가 빠르게 부상하던 당시 맥락에서 새로운 유형의 대중문화의 흐름을 '간파하는' 전문가이자, 일종의 문화 간 교섭 과정의 간과된 '대화자'로서 관련 인력이 수행한 구체적인 실천의 함의와 이들의 활동에 영향을 끼치는 주요 상업적·문화적인 요인들을 탐구한 바 있다. 조금 다르게, 이 시기에 점차 '한류 현상'이나 특히 초국적으로 수용되는 드라마와 대중음악에 관한 관심이 상당히 능동적으로 추구되기도 했다. 동시에 국내 상황에서도, 2000년대 이후 과거와 비교하기 어려울 정도로 다양한 지역에서 만들어진 외국산 드라마들에 관한 수용 행위와 취향의 다변화도 이루어진 바 있다. 김영찬의 기획이 그런 새로운 소비 행위와 연관된 방송산업 내 전문 인력의 분화된 '감식안'과 상업적 전략을 적용하는 '게이트키퍼'로서의 역할을 새롭게 조명한 측면은 상당히 신선했다고 평가할 수 있다. 예시하면 "이들은 통상 방영 1년 전부터 로컬의 문화에 들어맞는 어떤 미드를 언제 어떤 방식으로 가공해 틀 것인지 등의 의사 결정에 관해 적극적으로 개입하고 있었으며, 항상 시장에서의 기대 효과를 염두에 둔, 상업적이면서 동시에 문화적인 기획을 일상적으로 수행"한다(58~59). 그는 미드 유통의 특징과 특정 국면에서 영향력을 발휘하는 미국산 드라마의 구매와 편성 담당자들이 발휘하는 실천적 행위들의 의미를 해당 미디어 환경의 구성적 요인과 편성 전략 등과 조합하는 방안으로 조명한 바 있다. 이 연구는 저자 자신이 밝히고 있듯이, 생산연구가 가지는 잠재력과 논점을 충실하게 구현했다기보다는, 외국산 대중문화를 평가하며 일종의 문화적 교량 역할을 담당하는 새로운 '문화매개자'로서 편성 담당자들이 담당하는 역할을 '그들의 시각과 관점'을 중심으로 상세하게 제시·기술하는 선에서 작업이 주로 수행되었다. 이 같은 탐색적인 시도는 이후 생산연구로 연계될 수 있는 유의미한 '접점'을 제시한 바 있다. 즉 이 연구는 당시 큰 주목을 받지 못했던 문화매개자의 역할에 주목하면서, 관련 분석이 이루어질 수 있는 유의미한 기반을 만드는 데 공헌했다고 판단된다.

한편 이기형(2007)의 작업은 과거와는 상당한 차별화된 장르적 변화상을 제시한 사극을 주요한 분석과 논의의 대상으로 삼아, 특히 스타일과 역사 해석의 관점에서 매우 창의적이고 도발적인 방식을 취했다는 평가를 받았던 두 편의 사극 텍스트를 제작한 생산자 일부와의 심층 인터뷰를 수행한다. 그의 연구는 〈별순검〉과 〈한성별곡〉을 만든 PD들과의 심층 인터뷰와 이 두 사극 텍스트의 함의를 논하는 기사 분석과 비평 담론을 연구의 주요한 질료로 삼았다. 두 작품은 각각 기성 사극의 전형과 크게 벗어나는 주제와 창의적이라 불릴 만한 재현의 방식을 지향한다. 〈별순검〉은 이른바 '조선판 CSI'로도 불리며, 사극의 공간 속으로 수사관들이 추적하는 범죄물의 문법과 시각적으로 완성도 높은 미장센mise-en-scène을 구성한 독특한 텍스트다. 또한 〈한성별곡〉은 당대의 대중이 주목하기도 하는 정조와 같은 '혁명적 인물'의 고뇌와 역사적 함의를 밀도 있게 '환기'하는 작업이다. 이 연구는 먼저 종래의 사극 만들기의 규범과 전형성을 의도적으로 '이탈'하는 특징을 보인 두 편의 텍스트에 대한 분석을 제공하며, 이를 넘어, 드라마의 핵심 생산자와의 대화를 분석 과정에 반영한다. 요컨대 그는 텔레비전 사극의 진화하는 형식과 장르적인 변주와 실험genre-bending을 둘러싼 흥미로운 기획을 시도한 — 즉 차별적인 비전과 실험 정신을 소유한 — '작가auteur'로서 두 명의 PD가 표출하는 시각을 분석하고, 동시에 이들이 채용한 서사 전략과 영상 기법을 상세하게 탐색하는 방식을 채용한 바 있다. 그는 이 두 상당히 혁신적인 방식으로 사극을 둘러싼 장르 변용과 정제된 서사를 구사한 기획의 주체와 만나, 그런 실험적 시도의 동기와 복안 그리고 강조점을 수렴하는 연구를 진행했다. 한편 이 연구는 미디어 생산연구를 체계적으로 시도하기보다는, 사극의 장르적인 그리고 문법상의 변화상을 담은 문헌 연구와 비평문을 포함한 관련 기사들에 대한 텍스트 분석을 한 축으로, 그리고 두 명의 PD와의 탐색적인 대담을 연구의 또 다른 중심 축으로 삼은 일종의 '절충적인' 방식을 시도한다. 동시에 이 연구는 실제 제작 현장에 대한 방문이나 기획 회의, PD 외에 작가나 다른 제작진과의 만남을 매개로 좀 더 포괄적인 차원의 프로그램 구성 과정에 대한 세밀한 관찰과 해석 작업을 시도하지는 못하는 한계를 드러내기도 한다.

이기형의 또 다른 연구(2009)는 기민한 풍자와 정치적인 환기 효과로 큰 대중적인 관심을 끌었던 YTN의 〈돌발영상〉 팀의 활동을 일련의 인터뷰와 이 프로그램 생산에 참여한 핵심 인력들이 제공한 '자기기술지'로 접근한 작업이다. 그는 생산연구에서 크게 활용하는 인터뷰 자료의 보강과 제기된 쟁점에 관한 내부자의 구체적인 응답을 끌어내는 기제로, 그가 만난 제작진으로부터 상당히 상세한 답변서를 받는 식으로 자료 수집의 대안적 구성을 도모했다. 〈돌발영상〉은 뉴스의 제도적인 형식성과 전형성을 해체하고 '낯설게defamiliarize'하며, 조율된 비판 정신과 풍자성을 드러내는 새로운 양식의 미디어 텍스트로, 정치인의 행동과 정치 현실을 상당히 경쾌하고 해학과 비평이 깃든 방식으로 수용자들에게 전달한 바 있다. 이런 신선한 도전이 많은 관심과 화제를 낳으며 〈돌발영상〉은 YTN의 간판 프로그램으로 인지되기도 했다. 이 콘텐츠는 자투리 뉴스 영상을 유머러스한 말풍선과 풍자적 메시지가 담긴 자막 등의 효과로 재활용하여 기성의 뉴스가 관행적으로 보여 주지 않거나 주목하지 않는 정치인들의 발화와 현장의 분위기를 생동감 있게 전달한다. 예를 들면, 이 독특한 기획은 "때로는 날카롭게 사안을 잡아내는 일종의 만평 기능을 수행하기도 하고, 권력과 공적 담론의 중심부에 있는 엘리트들의 구태의연하거나 적나라한 모습을 작정하고 보여 주는 [유형의], 흥미와 더불어 날카로운 잽이 들어간 블랙 코미디를" 수용자층에게 제공한다(92). 또한 이 프로그램은 의외로 허술하거나 인간적인 면모를 내비치는 정치인들의 언행을 포착하기도 한다.

그런 측면에서 〈돌발영상〉은 뉴스의 전형성과 차별적인 구성을 발현하며, 짧지만 효과적인 패러디와 더불어 날렵한 정치적 환기 효과를 생성한다. 이 연구는 제작진과의 대담과 답변서 및 이 프로그램 관련 기사들의 분석을 통해 진단의 복합성을 추구하고, 이런 구성에 〈돌발영상〉의 주요 에피소드에 관한 텍스트 분석을 조합하기도 한다. 나아가 이 연구는 특히 YTN의 '낙하산 사장'의 임용과 이후 전개된 사내 안팎의 갈등 사안을 확장된 분석의 맥락으로 삼아서 정치 비평을 시도하는 〈돌발영상〉의 의의와 위상, 그리고 이 프로그램에 가해지는 압박에 관해 조명하기도 한다. 이런 방식은 생산연구가 주목하는 콘텐츠의 공적 함의와 사회적으로 돌출한 갈등적인 맥락을 상호 연계하면서 상당한 시사점을 제공한다.

백미숙, 강명구, 이성민의 연구(2008)는 생산연구의 방향성을 과거로 돌리며, 1960년대 초반 "서울텔레비전KBS－TV"에서 구현된 당시 방송 제작 시스템의 특징과 조직 문화의 형성 과정을 탐구한 작업이다. 이 연구는 특히 그 시기 텔레비전 방송의 시작이 군사 정부의 '정치적 치적'으로 담론화되며, 서둘러 출범한 역사적·정치적 맥락과 조건을 찬찬히 파고든다. 연구진은 당시 이 국영 방송의 개국에 참여했던 핵심 인사들의 진술과 기억을 통해 서울텔레비전이 위치한 공적 함의와 위상의 특성을 풀어낸다. 아울러 연구진은 당시 정부의 역할과 '규율적' 행태에서, 이 텔레비전의 부상이 포함했던 독특한 직능과 제작 체계의 특징에 주목하기도 한다. 연구진은 개국의 실질적 총책임자와 전문 방송인으로 당시의 상황과 조직에 관한 체험과 이해도가 높은 4인을 '구술자'로 섭외하고, 이들과 여러 차례 만나며 회고와 진술을 진득하게 수렴하고 분석했으며, 당시 사회·정치적·문화적 맥락과 연계된 자료의 해석도 병행한 바 있다. 이들은 특히 기존의 공식적 기록과 경전적인 자료에서 충분히 반영되지 못한 과거 속 특정 주체들의 '사적 기억'과 이들의 목소리가 재현하는 관점과 경험을 구술사와 미시사의 렌즈로 풍부하게 수렴했다.

특히 당시 국영 방송의 제도적 구성에서 큰 역할을 담당한 이들의 진술과 기억을 재구성하면서, 연구진은 기존에 언론학 분야에서 소홀했던 새로운 방법론의 적용과 '대안적 방송사 쓰기'를 추진했다. 이런 지향은 "'국가가 기록한 방송사'에서 일화로만 다루어졌던 초기 방송 제작 인력의 시선을 복원하고, 이를 통해 '다른 이야기' 즉 대안적 방송사를 찾아내기 위한 작업"의 의미를 구현한다(194). 이 같은 시도는 공식화된 기록에서 접하기 어려운 "역사적 사건의 '결'을 드러내는" 유의미한 대응이라 판단된다(220). 이들이 모색한 연구는 방송 프로그램의 구성이나 편성과 역할론에 관한 명확한 계획이 없이 군사 정부가 정치적 상징으로 구현한 서울텔레비전의 초기 제도화 과정의 단면을, 중추적인 역할을 담당했던 인사들의 회고담과 이들이 겪었던 난항과 혼란 및 도전을 엮어 내며 구체적으로 복기해 낸다. 특히 이들의 작업은 이 방송사의 제도적 구성을 돌아보면서, "군 출신 관료와 공무원, 방송 제작 전문 인력 간의 복합적 권력관계"의 제 양상을 추적하고, 정부의 개입 속에 부상한 관료화된 방송 조직의 체계 속에 "제작 현장이 종속되는" 과정과 효과를 진단해 내기도 한다. 이 장에서 소개한 일군의 생산연구 속에 방송의 역사적 궤적과 충분히 발굴되지 못한 이면을 끈기 있게 탐구한 연구는 매우 적다. 그런 측면을 고려할 때, 이 연구가 상당한 노작으로 보여 준 초기 텔레비전 방송의 역사적 복원과 그런 사례에 작용한 힘들에 관한 감지력이 상당한 진단 방식은 관련 연구를 위한 긴요한 초석이 된다.

한편 임영호, 홍찬이, 김은진(2008)의 연구는 문화산업의 '주변부'에서 활동하는 B급 에로물 감독과의 긴밀한 상호 작용을 매개로, 분석 대상이 문화산업의 거시적 동향 변화라는 구조적인 과정에서 에로 영화 감독으로의 특정한 선택을 내리게 된 주요 사유와 향후 전개된 이력의 변화life trajectories, 그리고 문화판에서 축적한 체험을 '구술생애사'의 방식으로 접근한다. 달리 말하면, 이 연구는 기존의 인터뷰 방식이 보이는 관성이나 한계를 넘어서, 소수의 인물을 대상으로 매우 밀도 있는 대화와 해당 인물의 사적 궤적까지도 수렴하려는 노력을 기울인 것이다. 특히 이런 구상은 연구 대상과 연구자 간에 조성되는 끈끈하고 개방적인 관계를 요구하며, 연구진이 짧지 않은 시간을 들여 해당 대상으로부터 동의와 협조를 성공적으로 끌어낸 결과이기도 하다. 연구진은 분석 대상과의 진전된 관계성을 기반으로, 미디어 영역에서 좀 더 위상이 높은 전문 인력을 희망했지만, 그런 성취를 하지 못했던 주체가 경험한 시도와 좌절 및 대안의 모색 과정을 땀땀이 풀어낸 바 있다. 이 연구는 특히 역사학이나 인류학에서 주로 채택되고 있지만, 언론학과 대중문화연구의 분야에서는 크게 활성화되고 있지 못한 '구술생애사'의 활용을 통해서, 한 문화생산자의 삶에 깊게 반영된 미디어 환경과 특정 영상 양식 및 장르의 사회적 변화상을 심도 있게 추적한 기획이다(김병희 · 윤태일, 2010; 김세은, 2013; 마동훈, 2004; 백미숙, 2009; 손병우, 2006). 특히 이들의 연구는 제도나 정책 위주의 접근에서는 파악하기 어렵거나 주변화되는 한 개인의 문화생산자로서의 생존과 그가 체험한 환경 변화에 대한 해당 주체의 '전술적' 대응을 분석 대상 자신이 직접 풀어내는 이야기와 그가 시도한 '선택'을 중심으로 두껍게 묘사해 낸다. 이런 성과로 연구진은 구술생애사가 문화산업의 종사자들을 대상으로 한 생산연구의 분야에서도 적용될 만한 가능성과 시발점을 유연하게 제시한다. 이 작업은 특히 양적 접근에서는 시도하기 어려운 단일한 연구의 대상과의 긴밀한 소통과 접점을 구현하면서, 영상 산업과 연계된 특정 개인의 행보가 상징적으로 구축하는 산업적인 변화의 양상을 미시적인 사례이지만 진득하게 관련 사안을 조명하는 성취를 보인다. 나아가서 이 연구는 하단에서 제시할 문화산업이나 미디어의 '주류'가 아닌 비주류나 특히 '불안 노동'에 노출된 대상에 주목하는 일련의 연구 수행자들에게 참고할 방법론적 단서와 대안적 상상을 제시하기도 한다.

2000년대 중반 이후 '본격적'으로 시도된 생산연구의 계열에서, 특히 방송과 문화 콘텐츠의 제작 '현장'과 관련 특성을 밀도 있게 탐구한 기획들도 등장한 바 있다. 이 중에서 연정모와 김영찬(2008)의 연구는 특히 분석 과정의 완성도 높은 짜임새와 다면적인 모색이라는 측면에서 상당히 이채로운 작업이다. 두 연구자의 협업으로 구현된 이 기획은 대표적인 지상파 텔레비전 연예 및 정보 프로그램인 〈연예가 중계〉의 생산자와의 심층 인터뷰와 현장 조사 그리고 참여 관찰을 중심으로, 연예와 오락 그리고 대중문화 관련 이슈와 트렌드를 소개하는 이 프로그램이 생산되는 구체적인 과정과 그 속에 포함되는 미디어 생산자의 실천과 활동에 주목한다. 이러한 연구를 통해서 저자들은 현장에서 형성되고 작업에 반영되는 구체적인 이해관계와 힘의 동학을 — 특히 구성원 간의 유대와 일정한 대립, 경쟁과 긴장 관계, 그리고 일에 대한 역할의 정의와 정체성의 형성을 — 기반으로, 이 프로그램이 구체적으로 만들어지는 과정을 상당히 세밀하게 탐색하는 노력을 성취한 바 있다. 특히 연구자 중 1인이 VJ로 현장에서 직접 6개월여 일했으며, 기획 회의 등의 공식적 모임과 비공식적 만남에 참여할 수 있는 흔치 않은 기회를 적극적으로 이용함으로써, 이 연구는 프로그램의 생산과 관련된 제반 요소들을 매우 밀착된 방식으로 포착한다. 이 작업을 진행하면서, 현장 관찰과 함께 연구진은 이 프로그램의 전체 생산자를 — 15명(연인원 20명) — 인터뷰했으며, 핵심 정보 제공자인 PD와 작가 각 2인 그리고 VJ 1인과는 지속해서 소통한 바 있다.

다른 생산연구와 비교할 때, 이들의 작업에서 현장을 중심으로 한 밀도 있는 참여 관찰의 방식이 유의미한 수준에서 성취된 측면은 상당히 신선하다고 평가할 수 있다. 부연하면 이 연구는 현장에서의 경험과 참여 관찰을 기반으로 한 민속지학적인 방법론의 숙성된 적용을 도모하면서, 일선 PD, 관리직 PD, (보조) 작가들, FD와 VJ 등이 수행하는 역할과 이들이 주어진 제작과 관리의 규범과 전문성의 구조 속에서 어떠한 활동과 관계 맺기 그리고 조율된 협조와 경쟁을 벌이는지를 구체적으로 조명하는 흔치 않은 연구의 사례를 제공한다. 즉 이 연구는 공저자 1인이 연예 프로그램의 제작 과정에 비교적 장기간 참여할 수 있었기에, 다른 생산연구 관련 작업과 비교할 때, 텔레비전 프로그램 작업 현장 속에 형성된 권력관계와 협업의 특성 그리고 생산자들이 드러내는 인식과 경험을 비교적 소상하고 명료한 서술로 제시하는 강점을 발현한다. 즉 두 연구자는 분석 반경 내로 제작 현장의 생생한 체험과 구조화된 리듬 그리고 내부 인력이 표출하는 관심과 입장을 '진하게' 반영한 바 있다. 특히 이런 성격의 기획이 아쉽게도 지금까지 간헐적으로나 추구되기에, 이 연구가 밀도 있게 보여 준 '민속지학적 의의'는 상당하다. 정리하면, 이들의 작업은 현장과 연구자를 연계하는 효과적인 전략과 현장성에 관한 예리한 관심을 투입한 성과로, 후발 연구자들에게 그런 방향으로 생산연구의 필요성과 동력을 계승하는 기획의 의미가 여전히 크다는 점을 함축해 준다.

한편 이영주와 김진혁(2009)의 작업은, 짧지만 상당한 공명을 주는 EBS의 〈지식e〉에 대한 분석을 실행한 공동 작업이다. 두 연구자는 새로운 유형의 지식 프로그램으로서 이 텍스트가 제기한 문제의식과 한국 사회에서 정의와 경계가 당시 생소했던 "지식과 교양 저널리즘"의 새로운 가능성에 관해서 상당이 유용한 탐구를 실행한 바 있다. 특히 학계의 연구자와 PD와의 개방적인 협업을 매개로, 연구진은 이 프로그램의 제작진 4인을 징검다리 식으로 만났고, 개별 인터뷰 외에 이를 보강하는 서면 인터뷰도 실행했다. 특히 연구진 중 한 명이 이 콘텐츠의 제작에 4년간 관여한 측면에 주목하여 "다른 제작진을 따로 인터뷰해, 그가 스스로 자신의 작업에 대해 거리를 두고 성찰할 수 있는" 기회를 마련하기도 했다(56). 두 연구자는 이 프로그램이 응축하고 있는 "역사와 사람, 사회에 대한 비판적 앎의 계기를 제공"하는 관점을 폭이 넓게 수렴했다. 또 이들은 이 과정에서 중용되는 관점으로서의 "휴머니즘 코드"에 대해 천착한 바 있다. 나아가서 연구진은 질적으로 우수한 교양 프로그램이 제시할 수 있는 공공적인 역할에 대한 심도 있고 도발적인 주장을 제시하기도 했다. 이 연구는 〈지식e〉와 같은 신종 교양 프로그램의 구성적 특성과 창의성을 중심으로 새롭게 제기될 수 있는 다매체 시대 영상 텍스트의 혁신성이 제시하는 주목할 단서와 함의를 상술한 바 있다. 동시에 이 연구는 대안적인 미디어 미학과 실천의 차원에서 구체적으로 그런 지식 저널리즘을 선이 굵게 제시하거나 모형화하는 측면에서는 일정한 한계를 드러낸다.

기존에 연구자들이 섭외하기 어려웠던 연예와 오락 부문의 생산자를 대상으로 한 연구도 병행된 바 있다. 특히 심홍진과 김세은(2009)은 방송의 예능 프로그램을 분석 대상으로 새롭게 설정하면서, 해당 직군에서 PD들이 담당한 기획과 관련된 역할과 요구되는 자질 그리고 제작과 결부된 동기와 쟁점의 특징을 복합적으로 진단한다. 연구진은 다양한 오락과 예능 장르를 거쳐온 이력을 가진 5명의 지상파 예능국 소속 PD와의 면대면 인터뷰를 가졌다. 이 연구는 이오현(2005)의 문제 제기를 이어 가며, PD 집단이 조직의 위계나 구조에 크게 '순응'하기보다 자율성과 '자기 결정권'을 조율하면서 예능 콘텐츠를 구성하는 과정을 파악한다. 연구진은 이들이 시청률을 "프로그램 제작 동기를 유발하는 심리적" 기제로 삼으면서, 대중이 프로그램에 표출하는 관심을 다양하게 수용·해석하는 측면을 당사자들의 인식이 담긴 진술로 풀어낸다. 예시하면, 프로그램의 완결과 성취는 일종의 "자기 생성 피드백"으로 작용하면서 이들의 활동을 활성화하고, 투여한 노동과 피로에 상당한 치유의 힘과 애착심과 같은 영향을 발휘한다. 반면에 시청률은 "타인 주도 피드백"으로도 작용하면서, PD들에게 자신들이 생산한 콘텐츠의 "질과 완성도"를 가늠하는 잣대로 인지된다(185~188). 한편 이 연구에 따르면 인터뷰 대상들은 높은 시청률을 보이는 콘텐츠에 관해, "안전과 도전"이라는 — 기존 방식의 유지와 새로운 포맷의 개발 사이에서 — 엇갈리는 욕구로 인해 딜레마를 겪기도 한다. 이와 함께 이들은 시청률이 "표적 수용자" 설정을 위한 "좌표"이자 동시에

"선정성"을 가늠하는 "여과기"로서의 기능을 한다는 측면도 밝힌 바 있다(194~196). 앞서 압축적으로 소개했지만, 두 연구자는 시청률이 발휘하는 "다층적 기능"을 인터뷰 대상과의 담화와 관련 개념들의 적용으로 상세하게 조명한다. 나아가서 이 연구는 'PD는 무엇으로 사는가'라는 포괄적인 질문을 중심으로, 제작의 전반적인 과정과 역할을 둘러싸고 이들이 발현하는 동기와 자질 및 관점의 특징을 복합적으로 탐색해 낸다. 이 연구는 연예 프로그램의 PD들이 "자기 리더십과 다재다능함, 엔터테이너적 정체성"을 주요 이슈로 삼아 축적한 인식과 특히 시청률이 발휘하는 다면적인 효과에 관한 이들이 보이는 대응의 전모를 매우 꼼꼼하게 서술해 낸다. 이 작업은 생산연구에서 상대적으로 적은 지분을 가진 연예와 오락 프로그램의 전문 인력을 대상으로 그런 지향성을 모색하는 연구의 가능성과 의의를 시사해 준 바 있다.

박지훈과 류경화(2010)는 방송 부문으로 관심을 투사하면서, 특히 한국 외부의 정치적 변화와 사회경제적 이슈에 주력하는 시사 콘텐츠를 대상으로 삼는 생산연구를 했다. 이들은 국제 시사 프로그램인 MBC 〈W〉의 책임 프로듀서와 6명의 제작진과의 인터뷰 자료의 분석과 해당 프로그램에 대한 내용 분석을 조합한 바 있다. 이 작업은 한국 외부의 삶을 돌아보는 시사 프로그램이 구현되는 과정적 특성과 제도적 조건에 대해서 상당한 통찰을 제공하는 연구를 수행했다. 특히 이 연구는 제작진에 대한 인터뷰와 제공된 콘텐츠에 대한 내용 분석을 기반으로, 짧은 출장 기간과 인력 부족 등으로 인해 이 프로그램이 기존의 '발전한 서구'와 '혼란스럽고 후발적인 비서구'라는 문제시되는 이분법을 재생산하는 관성과 문제점을 비판적으로 지적했다. 방법론 측면에서 이 연구는 양적 연구자들이 사용하는 내용 분석으로 〈W〉가 제공한 세부 주제와 관련 유목을 상세하게 진단하면서, 이 기획이 다룬 사례의 유형과 특징을 풀어낸다. 나아가 이들은 앞서 거론한 측면을 넘어서 제작진이 국제적 이슈와 사건을 다루는 프로그램에서 활용하는 지배적인 관점과 이들이 대면하는 난점을 파악하는 생산 인력과의 인터뷰를 병행한 바 있다. 이들의 접근은 기성의 언론학 연구에서 접하기 어려운 국제적인 사안을 진단하는 내부자들의 고충과 관행에 관한 시사적인 비판점을 도출한 주목할 성과라 할 수 있다. 이 같은 구성은 생산연구를 적용하면서 이들이 채용한 '절충적인' 접근법이며, 인터뷰 중심의 분석을 보완하는 또 다른 유용한 설정으로 판단하게 된다. 이 작업은 또한 〈W〉의 주요한 축을 구성하는 PD들이 표출하는 집합적 가치나, 협업과 지원 체계의 특성 및 한계를 선명하게 논하고, 개선을 위한 제언을 일부 제공한 바 있다. 하지만 이 연구 역시 탐색의 수준을 넘어서 보다 확장적인 생산자 내부의 위계나 가치의 작동과 같은 요인들을 상세하게 조명하지는 못했으며, 국제 딤사 보도의 실천 관행에 대한 성찰적 비판 이상의 고심할 대안을 제시하는 측면에서는 일정한 한계를 보인다.

강진숙과 이광우(2012)는 공적으로 소비되는 텔레비전 교양 관련 문화콘텐츠의 기획 과정에서 과거에는 명료한 분석의 대상으로 설정되지 못했던 내부 행위자들의 특화된 역할과 대응에 주목한 바 있다. 이 연구는 EBS 〈문화공감〉의 생산과 편집 현장을 여섯 차례 직접 동행하고 참여 관찰을 실시했으며, 편집자와 캐스터 그리고 홍보 담당자 6명과 인터뷰를 진행했다. 특히 연구진은 이들이 "양가적"으로 직면하는 "자율적 행위자로서의 가능성과 [구조에 취약한 (하위) 주체로서 직면하는] 문제점"이나, 역할 분담과 협력 및 경쟁 관계 속에서 관찰되는 관련 주체들 간의 마찰과 힘겨루기 등의 양상을 경험 분석과 이론 작업으로 접근한 바 있다. 이들은 참여 관찰과 민속지학을 조합하면서, 공영 방송의 〈문화공감〉과 같은 교양 프로그램을 구현하는 촬영 감독과 문화 캐스터 등의 주체들이 어떤 유형의 제도적인 (반)독립성과 함께, 확립된 관행에 의한 종속과 같은 은밀한 제약을 받는 동시에, 이 같은 '이중적 상황'을 타개하려는 대응과 타협을 어떻게 내부에서 전술적으로 고안하는지를 상세하게 규명했다. 이런 내부 주체들이 대면하는 상시적인 도전과 압박의 과정은 종종 상업적인 성공이나 공적 역할에 대한 고민과 강박에서, 미디어 생산물을 둘러싼 사회적 평판과 전문성의 표출, 그리고 재원의 선택적 활용 등의 일련의 간과하기 어려운 효과들과 불균등하게 연동된다. 나아가 이 연구에 따르면, 생산자들은 '양질의' 콘텐츠를 구현하기 위한 상당한 노력과 소명 의식을 표출하며, 대중의 주목도나 기존 인적 구성에서 우월한 지위에 있는 PD와의 편집권을 둘러싼 이견과 상호 작용을 감내한다. 동시에 이들은 변화를 추구하며 상당한 대응력과 능동성을 보이기도 한다. 필진의 판단으로 두 연구자는 문화와 예술 관련 콘텐츠의 구성과 관련된 관행의 변화와 상황적 변수에 대한 내부자들의 대응을 조직적으로 조명하면서, 자신들의 작업이 기존에 "미디어 생산자에게 지워졌던 종속적이고 고정적인 시각에 의문"을 제기하는 유형의 대안적인 기획임을 선명하게 드러낸다(강진숙 · 이광우, 2012: 362). 이 연구는 생산연구가 주력하는 현장에 관한 접근과 관련 인력이 발현하는 관계성을 파악하는 데 상당한 역량과 노력을 투사한 바 있다.

영역을 바꾸어 분석의 방향성을 텔레비전 드라마 작가들로 집중력 있게 탐구하며 차별성을 도모한 생산연구의 사례들도 그간 등장했다. 먼저 이런 지적 모색이 관련 연구의 성과가 매우 적은 상황에서 부상했다는 점에서, 관련 연구의 의의를 논할 수 있다. 김미숙과 이기형(2013)의 연구는 미디어 영역에서 드라마 작가들의 활동과 애환을 조명하는 데 주력한 작업이다. 전직 작가 출신의 연구자와 문화연구자가 공조한 이 기획은, 드라마 분야에서 이미 상당한 입지를 확보한 작가들을 섭외하고, 이들이 대중적 성공을 구축하게 된 주요 행로와 과정적인 특징 그리고 이들이 축적한 경험을 수렴한 분석이다. 이 연구는 관련 분야를 소상하게 파악하는 연구자의 노력을 기반으로, '동업자'로서 섭외의 어려움을 벗어나서 당시 공고한 위상을 가진 4명의 작가가 체득한 복수의 경험과 이들이 축적한 이력을 – 긴 "견습 생활과 기약이 없는 준비 과정"에서 산업 내부의 생존기에 이르는 행적을 — 중심으로 이들이 모색한 활동과 위상을 땀땀이 재구성한 바 있다. 예컨대, 이 연구는 작가들이 어떤 계기와 노력으로 드라마 영역에서 공인과 주목을 받게 되었으며, 나아가 성취 압박과 더불어, 드라마 기획자들과의 이견과 중재를 전략적으로 도모했는지를 상세하게 풀어낸다. 예컨대 드라마 작가들은 언론 영역의 기자나 PD 등 타 전문가들과 비교할 때, 제도적인 인정과 보상을 얻기 위해 "보다 치열한 생존과 적응의 게임을 펼쳐야 하는" 주체들이다(53). 이들은 자신들이 고안한 스토리텔링이 수용자의 큰 관심과 반응을 생성할 때 상당한 '희열'과 '성취'를 느끼지만, '정년이 불확실'한 위상과 불규칙한 노동의 리듬은 이들에게 심대한 압박감과 고통을 제기한다. 또한 방송사가 편성을 기조로 발휘하는 결정과 직간접적인 힘의 행사도 이들에게 상당한 영향을 끼치는 제도화된 요인이다. 이 연구는 드라마 작가와 관련된 체계적인 분석이 드물었던 시기에 등장해서, 외부 연구자들이 파악하기 어려웠던 당사자들의 활동과 내면을 들여다볼 수 있는 유용한 기회을 제공한 바 있다. 동시에 이 연구는 이미 상당한 위상과 인지도를 확보한 드라마 작가로 분석 대상을 한정함으로써, 본격적인 수준의 드라마 작가의 생산연구로서는 한계를 드러낸다. 예컨대 이들의 작업은 후발 연구를 위한 기반 조성에 주력한 '탐색적인' 연구로서의 의의를 자리매김해 낸다.

이와 함께, 김미숙과 홍지아(2016)가 실행한 연구는 텔레비전 드라마 작가들의 역할과 활동을 드라마 편성기획자와 제작자, 연예기획사 및 배우들과의 상호 작용의 측면을 상세하게 파고든다. 특히 이 연구는 앞서 거론한 주체들 간에 형성되는 일련의 공조와 갈등의 양상을 꼼꼼하게 진단하면서, 이런 복합적인 관계를 통해 파악할 수 있는 방송 드라마 관련 구조화된 체계의 특징과 명암을 긴 호흡으로 탐구한다. 이 연구는 질적인 접근에서도 통상적으로 접하기 어려운 30여 명에 이르는 많은 연구 대상과 만나, 드라마 작가와 다른 행위자들이 — 감독, 배우, 제작자, PD, 편성 담당자 등이 — 맺는 복합적인 동시에 불균등한 관계성과 드라마 생산 시스템 내부의 대립과 압박 및 조율의 전모를 세밀하게 조명한다(김미숙, 2018). 두 연구자는 "단일직종을 넘어 드라마 생산자들 사이에 일어나는 갈등과 타협에 주목하고 드라마 제작 과정에서 이해를 달리하는 각 직업군의 상호 관계를 전체 생산 시스템 안에서 살펴"보는 방식으로 분석의 관심을 확장한다. 예컨대 이들은 작가들의 위상이나 드라마의 생산 단계에 따라 상호 간에 긴밀하게 형성되는 갈등과 중재 및 협의 등의 권력 작용과 이해의 조정이 구현하는 추세를 끈기 있고 동태적인 분석으로 대응한 바 있다. 또한 두 연구자는 드라마 산업 내 민감한 이슈인 계약 관행의 문제점이나 공동 집필 시스템에 관한 후속 연구의 필요성도 제언한다. 앞서 언급했지만, 이 작업은 드라마 작가의 위치와 상황에 친숙한 연구자의 각별한 노력에 통상적인 심층 인터뷰에서 섭외하기 어려운 다양한 관련 주체들의 시각을 끈질기게 수렴한 연구로, 그런 예외적인 노력과 집중력을 기반으로 드라마 생산의 전모를 이해하는 데 상당히 긴요한 전범을 제공한다.

한편 주재원(2014)이 시도한 연구는 공영 방송의 기자들이 '다문화적 가치'의 반영과 관련된 뉴스 기획에서 담당하는 '게이트키핑'의 역할과 쟁점에 주력한 작업이다. 그는 공영 방송의 해당 구성원에게 부과된 사회적 책무성이나 관련 규범성이 뉴스 생산의 현실에서 어떻게 적용되는지를 중심으로, 인종적·문화적 타자의 재현 양상을 비판적으로 조명한다. 이 연구는 KBS 소속으로 서울과 다른 지역에서 활동하는 10명의 기자를 섭외하여 심층 인터뷰를 추진한 작업이다. 그는 공영 방송의 기자들이 "'우리'와 '타자'를 구별하기 위해 선택, 편집, 제작의 과정에서 어떻게 특정한 담론을 확대 재생산"하는지를 핵심 질문으로 선정한다(477). 그는 특히 '귀납적인' 접근법을 채용하면서 기자들의 다문화주의와 타자들에 관한 경험적 사례와 발화에 담긴 가치의 선택을 이 연구를 위한 이론적 자원으로 삼는다. 그는 섭외된 기자들과의 대화를 통해 수렴한 인터뷰 자료들이 이들의 "견해와 미디어 제작 과정을 기록할 뿐만 아니라, 의사 결정을 주도하는 제약들과 지침들을 기록하는 [생생한] 도구"라는 측면에 주력하면서 분석한다. 주재원은 이들과의 대화를 통해 타자에 관한 뉴스가 스테레오타입이나 개인적 판단에 기초해 다분히 '정형화'되는 관행에서, 뉴스라는 서사에서 이주민을 대상으로 한 편견과 이중성이 내재화되는 측면을 구체적으로 짚어 내기도 한다. 또한 이 기획은 전술한 재현의 문제점과 연동되는 뉴스 생산의 '관례화'와 이들이 위치한 현실의 조건을 교차하는 방안으로 연구의 주제를 비판적으로 조명한다. 예시하면, 그가 만난 기자 중 상당수는 백인을 '선호'하는 시각을 표출했으며, 타 인종에 관해서는 주로 거리감과 자민족 중심주의 등의 고정관념으로 응대하는 면모를 드러내기도 한다. 그런 측면과 관련해, 그가 만났던 기자들은 인종과 이주민을 대상으로 한 지식의 축적과 훈련이 부족한 측면을 솔직하게 인정한다. 이와 함께, 섭외된 기자들은 이주민 가정에 대해 구체적이기보다는 "막연한 연민"과 추상화된 긍정성 및 단선적인 이해를 표명한다. 주재원이 모색한 진단은 주류 저널리즘 분야에서 논의가 활발하지 않은 인종과 타자성에 관한 기자 집단의 인식과 가치의 체계를 집약적으로 탐구한 성과로, 그런 시도가 상대적으로 적은 상황에서, 상당한 학술적 보완과 경험적 질료를 제공한다. 요컨대 다문화주의와 관련된 상당히 많은 학술 연구와 보고서들이 그간에 등장했지만, 공영 방송이라는 주요 행위자가 이 주제와 관련해 제공하는 의미 효과와 프레임에 대한 체계적인 분석은 드물다. 그런 측면에서 이 작업은 미디어 비평과 '문화정치적인' 질문을 유연하게 결합하면서, 후속 연구들이 주목할 만한 방송 내부자의 성향과 관행을 성찰적으로 검토한다.[29] 그런 노력과 함께, 이 연구는 문화적 다양성이나 이주민과 인

29 인종이 저널리즘의 보도를 통해 재현되는 방안은 이 개념에 대한 선택적 의미 작용과 지배적인 프레임의 적용을 통해 이루어지기에, 상당한 쟁점과 명암을 포함한다. 이는 특히 인종을 둘

종 관련 진전된 제도적 성찰성의 필요성을 제언한다.

남궁찬과 김예란(2016)은 탈북 이주민을 대상으로 이들이 한국에 정착한 후에 겪는 경험과 북한에서의 삶을 논하는 종편 프로그램에 관한 생산 연구를 시행한다. 이 작업은 "제작자 5명(PD 2, 작가 3), 탈북민 출연자 5명, 수용자 12명(남한 출신 6, 북한 출신 6) 등 총 22명"을 섭외하여 상당히 조직적인 심층 인터뷰와 수용자 분석을 적용한 바 있다. 두 연구자는 생산에서 수용에 이르는 과정을 깊숙이 탐구하면서, 여성 탈북인과 제작의 주체들이 맺는 특정한 도덕적인 관계와 특히 "가부장적이고 자본주의적인 재현 논리를 자발적인 선의"로 응대하는 방식과 그런 과정에서 생성되는 감정과 은밀하게 녹아든 이념의 사회적 효과를 해독한다. 이 기획은 종편 콘텐츠에서 탈북민의 '타자화'나 편향과 문제점을 제기한 선행 연구들의 비판을 수렴하면서, 탈북민이 해당 콘텐츠에서 표출하는 서사가 "실제 어떠한 미디어 제작 환경에의 참여 및 행위자들의 상호 작용을 통해 자발적·비자발적으로 형성되고 실행되며, 시청자들의 수용 단계에서 어떠한 해독 및 의미 작용을 낳는지"에 주목한 바 있다(112). 이렇듯 이들의 연구는 "이주와 섹슈얼리티 그리고 정동"을 주요 화두로, "여성 탈북민의 사회적 의미 작용의 회로를 생산으로부터 수용에 이르는 과정으로 입체적"으로 탐구하려는 시도를 담아낸다(107).

이 연구는 제작진이 콘텐츠 기획을 위해 여성 탈북민을 "새롭고 저렴한 문화상품"으로 고려하며, 탈북 여성들은 남한 사회에 적응하면서 관련 프로그램의 출연이 가져오는 사회경제적인 의의나 문화적 기반과 연계된 기회로 인지한다는 점을 풀어낸다. 또한 이들 간의 관계는 상호 호혜적이기보다, '가부장적 온정주의'와 자본주의 논리가 침윤된 독특한 '도덕 경

러싼 문화적 이슈와 차별, 이해와 편견, 관성과 자성 등의 쟁점을 포함한다는 측면에서 문화정치라는 문제의식과 직결된다.

제'의 양상을 드러낸다. 그런 과정에 일정한 선의와 신뢰가 반영되지만, 여성 탈북인은 "성적 대상으로 상품화되고, 자본주의적 여성으로 주체화되도록 독려하고 개조하는 작업이 정교하고 광범하게" 이루어지기도 한다. 주목할 측면으로 이 연구는 프로그램에 출연하는 탈북인들이 "오히려 상호적으로 발휘되는 자발적인 선의와 망에 기대어, [자신들을] 타자화하고 상품화하는 논리를 자발적으로 수용하고 적극적으로 수행"하는 측면을 조명한다(142). 나아가서 해당 콘텐츠는 젊은 층 여성 탈북인을 과거의 가난하고 낙후된 남한의 기억과 관련 향수를 소환하는 매개체로 '탈역사화'하기도 한다. 한편 이 연구가 창의적으로 조합한 남북한 출신 시청자들에 대한 수용자 분석의 경우, 이들이 콘텐츠의 재현 방식에 관해 "교섭적, 저항적" 해독을 제기하는 측면을 조명한다. 연구에 따르면 이들은 공통적으로 해당 콘텐츠의 '자극성'을 비판했으며, 젠더에 따른 차별화된 대응도 표출한다. 요컨대 남한에서 섭외된 남성 수용자가 "성적 욕망과 정치적 비판이 결합이 된 교섭적 해독 양상을 보이는 데에 비해, 남한 여성 수용자들은 젠더 문제에 관해 그리고 남·여 탈북민 수용자들은 정치적 비판과 젠더 관계에 대해 저항적 해독의 위치"를 드러낸다(143). 두 연구자의 작업은 촘촘한 구성과 풍부한 해독을 제공하면서, 학술적 관심이 상대적으로 적은 탈북인 여성 주체의 재현을 둘러싼 특이점과 감정 및 이념적 이해관계를 체계적으로 엮어 낸다. 또한 생산과 수용을 분리하지 않고, 접합하는 방안을 모색하면서 후발 생산연구가 주목할 만한 대안적인 구성의 가능성을 구체적으로 제공한다.

한편 김세은(2017c)은 '특종의 사회학'이라는 선명한 표제어와 관련된 연구를 진행하면서, 언론인 집단과 소속 언론 조직에 강한 동기 부여와 성취를 표상하는 특종의 가치와 상징성의 명암을 다차원적으로 진단하는 탐구를 제공한 바 있다. 이 연구는 특종의 생산에 관한 언론 내부자들의 '지위status' 경쟁과 조직의 문법에 따른 유사성과 규범화의 기제로서 '동형화isomorphism'라는 조직사회학적인 개념을 중용한 기획이다. 이 작업은 특히 "'의미 없는 속보'와 '단독'이 주를 이루는 디지털 환경에서도 여전히 견실하게 공유되고 있는 특종에 대한 기자들의 신념과 추구에 주목하고, 그 맥락과 함께 특종으로 대표되는 정통 저널리즘의 유의성"에 분석의 역량을 투사한 작업이기도 하다(17). 김세은은 이 연구에서 언론의 디지털적 전환과 연동되는 빠른 속보 경쟁 속에, 특종을 둘러싼 규범성과 실제 수행 간의 괴리와 차이를 밀도 있게 진단하는 문제의식을 반영하기도 한다. 그런 과정에서 그는 방송과 신문 및 인터넷 언론에서 활동하는 — 동시에 상당한 경력을 보유한 — 기자와 기획자 23명과의 심층 인터뷰 자료를 기반으로, 자신이 설정한 문제의식과 연계된 문헌 작업과 풍부한 해석으로 주제를 탐구해 낸다.

그는 특종에 관한 내부 행위자의 평가와 자각에서, 언론사가 제공하는 보상 체계와 경쟁의 단면들, 수용자의 관심에서 유리된 특종의 생산과 제공 방식 등의 관련 쟁점을 땀땀이 분석한다. 김세은은 특히 포털의 위세와 뉴스 제공의 가속화 및 변화된 수용자의 욕구를 배경으로 삼아, 주요 언론사들에서 특종의 위상이 상당한 도전과 난항을 겪고 있으며, 이 구성물에 관한 기자 집단의 평가와 인식이 균열이 되는 양상을 조밀하게 풀어낸다. 예시하면, 기존 특종의 가치가 하락하는 단면을 그는 확장된 속보로의 압박과 '어뷰징'이나 폭로성 기사의 생산과 경쟁, 그리고 '단독' 기사의 남발 등의 주요 사례를 중심으로 상술해 낸다. 이와 함께 그는 비용과 시간 및 노력이 많이 드는 탐사 보도의 모색이 미디어 환경 변화 속에 점차 중요성을 잃거나 정체되는 현실도 지적한다. 그런 한편, 그는 이 기획에서 디지털 전환과 맞물리며 뉴스의 형식이 변화되는 측면이 기자들에게 제기하는 전문성 및 역량의 강화나 부담과 관련된 내부자들의 인식도 반영한다. 정리하면, 이 연구는 "속보와 '단독' 경쟁에 매몰된 한국 언론의 특종주의로 대표되는 뉴스 생산 관행에 대해" 설득력 있게 문제의 핵심과 구조적 요인을 조명한 바 있다. 특히 이 연구는 언론의 생태와 조직 문화에 밝은 중견 언론인들을 대거 만나고, 저널리즘 현장의 특성과 '정통 저널리즘의 가치'와 관련된 내부 주체들의 인식과 이들이 겪고 있는 제도적 격변의 함의를 치밀하게 탐구한 작업으로, 시사점이 상당히 크다고 판단된다.[30]

한편 최문호와 박승관(2018)이 제시한 작업은 독립 탐사 조직인 〈뉴스타파〉에 관한 참여 관찰과 민속지학을 장기간에 걸쳐 활용하면서, 탐사 저널리즘의 주체들이 체화하는 소명감과 역할론에 대한 복합적인 진단을 도모한 바 있다. 문화연구자들이 탐구한 작업은 아니지만, 이 연구는 생산연구와 적지 않은 관련성 및 함의를 주기도 한다. 이 연구는 생산자 집단이 '책임 윤리'와 '신념 윤리' 사이에서 어떤 유형의 긴장과 고민을 상황적으로 조율하며, 동시에 자기 정당화의 기제를 도모하는지를 예외적으로 긴 관찰 기간을 들여가며 진단한 작업이다. 연구진은 통상적인 미디어 관련 생산자에 대한 언론학자들의 분석이 확보하기 어려운 내부로의 접근성과 구성원과의 밀도 있는 상호 작용을 직접 구현하면서, 국내에서 지난 몇 년간 이루어진 생산연구의 사례들이 탐구한 수준을 보완하는 진단과 추론을 제공한다. 이들은 사회·고발성 프로그램의 내부자들이 발현하는 독특한 가치를 탐색하면서 때로는 '신념 과잉'으로 해독할 수 있는 언론인들의 활동과 자의식을 비판적으로 조명한다. 이 연구는 또한 취재 과정에서 갈무리한 팩트가 과장 혹은 왜곡되는 측면이나, 관점의 치우침이 생성하는 효과들, 그리고 취재 대상에 대한 공격적인 취재 등의 탐사 보도 콘텐

30 김세은의 연구는 기존의 질적 분석이나 생산연구에서 통상적으로 채용하는 인터뷰 대상자의 수를 크게 넘어선다. 인정컨대 이런 방안은 만만치 않은 노력과 시간을 투여한 설정이며, 그 자체로도 의미하는 바가 적지 않다. 예컨대 현장 연구로의 진입이 까다로운 한국의 상황에서, 이런 수준으로 연구 참여자를 넓히면서, 조직사회학적인 개념화를 적용한 작업은 접하기 어렵기 때문이다. 또한 이 기획은 기존의 저널리즘 연구가 참고할 만한 기자들의 현실을 다면적으로 조명하고 보완하는 역할도 발휘한다.

츠 생산의 이면에서 벌어지는 문제점을 간파하려는 진단도 병행한다. 반면에 두 연구자는 이 기획에서 기존의 비슷한 문제의식과 활동상을 보인 생산연구와의 유의미한 접점이나 공유할 만한 논쟁을 모색하지는 않는다. 또한 이 연구에서 〈뉴스타파〉와 같은 '독립' 탐사 조직이 공적으로 수행한 주목할 역할과 관련 정치적 함의가 다면적으로 조명되지는 못하는 양상도 관찰된다. 관련 논의와 서술에서 그런 관점이 생산적으로 반영되지 못한 측면은 이 연구가 드러낸 한계로 판단된다.

이석호와 이오현(2019) 그리고 이오현과 이석호(2019)가 협업으로 구성한 두 연구는 청년층 기자들이 이른바 치열한 '언론고시'를 통과하여 기자로 일하게 되어도, 막상 몇 해를 넘기지 못하고 퇴직과 이직을 하는 추세에 주목하였다. 이들은 그간에 변화한 사회적 인식이나 미디어 기술의 변화에도 불구하고, 젊은 기자들이 적응하기 어려웠던 내부의 억압적인 성향 체계와 경직된 분위기가 그런 행동으로 강한 영향을 끼친 측면을 탐구한다. 연구진은 심층 인터뷰를 통해 분석 대상들이 발화한 언론사 내부 조직의 개방적이지 못하고, 자성하지 않는 관성을 구체적으로 짚어 낸다. 두 연구자는 그런 폐쇄적인 동시에 성찰과 체계성이 크게 부족한 요인을 파고들면서, 이를 '자본 종속적인 문화,' '전문성 배양 억제 문화,' '소통 부재 문화,' '협력 부재 문화' 등으로 유형화한다. 이들은 '언론의 위기' 담론에서 거론되는 디지털 기술의 구현과 적응의 모색이 핵심 사안이라기보다, 내부의 위계화되고 변화와 혁신에 둔감하며 적절한 대안도 찾지 못하는 조직 문화를 핵심 쟁점으로 지목한다. 이와 함께 이 연구는 기사 생산에 반영되는 상업성과 정파성 논리의 추구에서 조직의 운영 원리에 이르기까지 앞서 논한 문제들이 상호 작용하면서, 저널리즘의 소명과 질에 부정적인 영향을 주는 현실을 명료하게 짚어 낸다. 이들이 추진한 협업은 복수의 기획으로, 저널리즘 조직에 진입한 이들이 겪게 되는 — 동시에 외부자들이 인지하기 쉽지 않은 — 고착된 문제점에서 필요한 변화에도 예민하지 못한 언론사 조직의 행태와 관련 효과들을 땀땀이 조명한다. 또한, 이 작업은 주로 전문 연구자나 언론사 상층부의 인사들이 일부 담론화하는 미디어 비평이나 직무와 역할 관련 설문 조사로 충분히 파악하기 어려운 언론 내부의 상황과 이면을, 이런 쟁점에 대해 발화한 당사자들의 시각과 체험으로 풀어낸다. 즉 이런 성격의 연구는 저널리즘의 문제점을 아래로부터 곱씹을 수 있는 유용한 자원과 비판을 위한 주요 자료를 축적하는 방향으로 상당히 공헌한다. 특히 이오현이 참여하고 주도한 일군의 연구는 중앙일간지에서 지역지의 조직문화와 위계, 보도 관행에 미치는 경제적 요인들, 그리고 언론인들의 역할을 둘러싼 명암과 괴리를 다양한 인터뷰 자료와 깊이 있는 관찰로 탐구하면서, 일련의 통찰이 깃든 시사점을 제공해 왔다.[31]

이소은과 박찬경(2022)의 연구는 '데이터 저널리즘'으로의 상당한 관심과 압박에 노출된 언론인들의 반응과 경험을 조직적으로 탐색하는 기획이다. 이들은 주요 일간지와 방송사 및 경제지에서 일하는 기자 14명과 기획자 1명을 섭외하면서, 특히 이들이 뉴스의 생산 인력이자 '데이터 기술'의 실제 사용자라는 측면에 착안한 연구다. 연구진은 섭외된 이들과의 면담을 통해 기사 작성의 방식과 변화에서 통합 CMS(Contents Management System)의 사용과 인식, 그리고 온라인화된 작업에서 고려하는 뉴스 가치에 관한 관점과 경험 및 난점을 구체적으로 수렴한 바 있다. 이 연구는 언론사에서 시행되는 상당한 데이터화의 전개 속에, 기자들의 기사 생산이 그런 추세와 여러 단면에서 적응과 충돌 및 괴리를 보이는 현실을 동적으로

31 이오현은 지금까지 방송사와 언론사 조직을 분석하는 생산연구를 가장 많이 제공해 왔으며, 지역 대학에서 가르치는 위상을 자신의 연구에도 투영하는 성찰과 맥락적 연계를 실행하기도 했다. 예시하면, 그는 지역 언론이 직면하는 위기나 문제점과 내부의 현황을 진단하는 일련의 분석을 제시한 바 있다. 그가 꾸준히 시도해 온 기획은 생산연구와 저널리즘의 관계를 경험 분석과 개념화로 추진하면서, 상당한 성과를 달성했다. 생산연구의 영역에서, 그가 축적한 분석의 함의가 적지 않은 것이다.

풀어낸다. 예컨대 이 연구는 기자들이 체화하고 있는 종이 신문의 기사 생산 관행이나 개별적 습속이 뉴스 데이터의 흐름과 매끄럽게 연동되지 못하며, 이들이 체득한 가치와 그런 새로운 추세 사이에 상당한 상충과 마찰이 존재하는 양상을 포착해 낸다. 두 연구자는 이른바 뉴스 데이터로의 집합적인 구성이 명확한 구심점이나 함축적인 의미화를 제대로 구현하지 못하면서, "[이 개념]의 의미에 대한 구성원들 간의 동상이몽 속에서 뉴스 데이터화의 수많은 가능성과 잠재력은 온라인과 모바일에서의 속도 높이기와 조회 수 올리기라는 가시적 목표로 축약"되는 측면도 조명한다(43).

이들은 이런 귀결로 인해 언론인의 정체성에 관한 의문과 혼란이 내부 조직에서 관찰되는 측면에서, 전통적인 저널리즘 시각으로 추구되는 뉴스 전략과 데이터화로의 변화에서 강조되는 콘텐츠와 서비스 관점의 뉴스 전략 간 제대로 된 조율과 조정 기능이 이루어지지 못하는 현실도 파악해 낸다. 나아가서 연구진은 현시점에서 '정보의 최적화와 상품화'나 '트랜스미디어 전략'의 활용을 두고, 내부자들 속에 상당한 이견과 관점의 분산 그리고 일관된 지향성이 부족한 측면도 상세하게 풀어낸다. 이들의 작업은 공적으로 강조되는 디지털 뉴스 생산과 데이터의 확장된 활용이라는 현안을 탐구하면서, 내부 언론인 집단이 드러내는 개별적인 대응과 흔들리는 관행 및 가치 사슬에 대한 이견이 배인 당사자들의 관점을 연계한 기획이라는 점에서, 상당한 의의를 제공한다. 이는 디지털화로의 지향이 생성하는 일련의 작용과 반작용에서 혼란과 실행의 구체적인 결절점과 난점을 조직적으로 조명함으로써, 관련 주제를 다루는 생산연구에 큰 공헌을 한 작업으로 판단할 만하다.

마지막으로 미디어 생산자로 일하면서 학업을 도모해 온 주체가 자신의 직업적 정체성과 체험을 밀도 있게 반영하며, 이런 '자전적인' 측면을 대안적인 방법론으로 적용한 독특한 연구도 — 아직 드물긴 하지만 — 그간에 부상한 바 있다. 안진(2015)이 시도한 연구는 방송사에서 일하며 학술 연구도 도모하는 주체가 '자기민속지학auto-ethnography'을 활용하면서, 특히 자신이 제작했던 텔레비전 프로그램에 반영된 '인종적 상상력'을 탐구하는 이채로운 기획이다. 이 연구는 자신이 관여했던 콘텐츠에서 외국인 출연자를 섭외하고 등장하게 하는 과정에서, 어떤 관성과 '왜곡이나 편견의 고착화'가 있었는지를 꼼꼼하게 돌아보면서 성찰적 시각을 반영한 작업이다. 그는 자신이 축적한 경험 및 시사와 교양 프로그램을 담당하는 동료 제작진과의 심층 인터뷰를 통해서, '백인 우호적인' 시각이 체득되고 반복적인 학습과 노동으로 콘텐츠의 제작 과정에 강화된 방식으로 녹아든 측면을 파고든다. 이 작업은 이런 논점과 비판을 구성하면서, 연구자 자신의 인종 관련 개인사적 측면과 기억에서 특히 인종을 은연중에 '서열화'하는 사회상의 영향과 축적된 인식을 자전적인 시선을 반영하며 '해부'해 내기도 한다. 이 연구는 미디어에서 인종을 재현하는 기제들을 밀도 있게 진단하기 위해서, 제작 과정이라는 구조화된 체계 속에 반영된 인종 관련 생산자가 도모한 가치와 인식을 분석의 주안점으로 삼는다. 이와 함께, 이 연구는 자성과 성찰이 깃든 건조하지 않은 글쓰기도 구사한다. 관련 연구가 매우 드문 현실에서, 안진이 실행한 자기민속지학은 생산연구를 차별화하고자 하는 연구자들에게 상당한 단서와 더불어 외부의 연구자들이 쉽게 파악하기 어려웠던 유형의 통찰성을 제공한다.[32]

32 '자기민속지학'을 이론이나 개념 측면을 넘어 꾸준히 적용한 사례로 주형일의 연구를 거론할 필요가 있다. 언론학자이자 문화연구자인 주형일(2014)의 글 "왜 나는 스파이더맨을 좋아하는가: 자기민속지학의 모색"은 제목에서부터 풍기듯이 논문 쓰기의 관행성과 연구자의 역할에 대하여 기존의 '관성'을 벗어나서 신선하고 대안적인 조명을 시도하는 작업이다. 그의 글은 연구자 자신이 유소년기에 경험했던 '스파이더맨'과 같은 미국산 대중문화의 영웅super heroes에 대한 저자 자신의 기억과 이러한 문화적인 아이콘이 자신의 취향 형성에 작용한 측면들을 상세하게 짚어 내고 '복기'하는 작업이다. 또한 그의 작업은 우리가 흔히 일상과 문화 수용의 영역에서 생성된 근대적인 문화적인 삶의 (재)형성이라는 특정 주제와 관련하여, 외부로부터 유입된 미국산 대중문화의 영향과 어린 시절의 기억을 소환하고 엮어 내는 일종의 자전적인 진단과 진중한 문화

비판적 시선과 방향성을 미디어로부터 돌려서, 연구자들이 일상에서 대화와 대면 접촉을 통해서 인지하는 대학인의 홍보 활동이나 기업과의 협력 등에 분석의 초점을 제기한 생산연구도 그간에 부상하고 있다. 특히 이 계열의 연구는 지난 십여 년 동안 신자유주의적 가치의 부상 속에 부쩍 강화된 자기관리와 성취의 축적으로 내몰리는 청년들의 현황을 밀도 있게 파고들면서, 이들이 지향하는 기업 논리나 '기업가적 자아'의 내재화와 관련 쟁점을 조명한 바 있다. 이런 접근은 생산연구의 관심을 그간에 진단이 부족했던 주제로 옮기면서, 특히 대외 활동이나 공모전 참여와 '창의 노동'을 수행하며 '스펙' 관리에 몰입하지 않을 수 없는 당대 청년층에 관한 새로운 유형의 '참여 지향적인' 분석을 실행한다.

먼저 홍성현과 류웅재(2013)의 연구는 앞에서 거론한 사회적 추세를 비판적 담론 분석으로 풀어내면서, 관련 연구들이 채용한 이론적 배경과 개념을 정초해 낸다. 이 연구는 신자유주의 통치성 체제 내의 특화된 용례로서 '글로벌 인재 담론'이 미디어와 대학, 기업 그리고 정부를 잇는 '글로벌한 인재'라는 '가상성'을 지배적인 담론 효과로 형성하는 추세의 함의를 선이 굵게 진단한다. 이들의 작업은 "글로벌 경영이라는 기업가적 윤리에 의해 끊임없이 자기를 계발하고 훈육해 나가는 새로운 주체의 탄생"을 이러한 재현 작용을 수행하는 언론의 관련 논조와 공적 담론에 관한 조

적인 분석을 결합하여 새롭게 제시하는 실험적인 기획이기도 하다. 주형일은 이러한 자전적인 논의들과 함께, 그가 유년기에 만났던 스파이더맨이라는 미국산 만화 캐릭터와의 미디어를 매개로 한 접촉, 그가 느꼈던 이 대상에 관한 심리적인 동일시와 열광의 진단, 스파이더맨에 대한 수용의 양상들에 관한 문화이론의 적용, 그리고 이 집합적인 수용과 취향의 함의들을 '키덜트 문화'의 틀을 통한 해석 등을 조합하면서 상세하게 조명한다(이기형, 2013). 그의 작업은 자전적인 기억과 체험의 결들을 활용하지만, 동시에 이론적인 점검과 사유를 상당 부분 조합하여 풀어내기도 하는 것이다. 안진도 이 작업이 그가 시도한 분석에 큰 영향을 주었다는 점을 논한 바 있다.

밀한 분석으로 해독한다(48). 특히 이 연구는 이 강력한 담론이 사회경제적인 불안과 양극화, 그리고 심화된 실업의 문제를 정부와 기업과 같은 사회적 행위자들의 몫에서 개인적인 동시에 미시적인 차원의 책임으로 '전가'하는 담론 전략의 문제점과 편향성, 그리고 허구성을 날카롭게 짚어 낸다. 이들의 연구는 이른바 '글로벌 스탠더드'에 연동되는 전문성과 창의성, 기업가 정신을 갖춘 주체의 배양, 기획력과 생존력, 그리고 융합적 지식의 유연한 추구 등이 기존의 '성장 제일주의'나 시장적 자유주의와 전략적으로 연동하면서, 한국 사회 내 청년 주체들에게 "크고 작은 영향력을 행사하는 일상적 담론으로 작동"하게 된 효과를 상세하게 복기한다. 이와 함께, 문화연구 분야에서 김선기(2016; 2017), 김숙현(2020), 김수정 외(2022), 김민승·류웅재(2022), 송동욱과 이기형(2017), 이기형 외(2015) 등의 연구도 한국 사회에서 청년층이 대면하는 사회경제적 불안과 강화되는 상업적 논리와 자기관리의 주요 징후를 담론 분석으로 규명한 바 있다. 이런 계열의 연구는 청년들의 '스펙 문화'나 경쟁성의 배양과 관련 쟁점이 어떻게 구현되고 있는지에 관한 다양한 경험 분석과 이론적 조망을 축적하면서, 이 주제를 변주하는 생산연구로의 문제의식과 맞물린다.

나아가서 이 주제를 탐구한 연구자들은 생산연구의 지향성을 청년 연구와의 조합으로 추진하면서, 이들이 기업에서 일하기 전에도 어떤 유형의 경영과 조직 관리의 측면을 미리 파악하고 체화하면서, 자신을 경쟁력이 있는 주체로 만들고자 하는지에 주목한다. 돌아볼 주요 사례 분석으로, 한선(2013)은 대학생들의 '공모전 참여' 경험을 중심으로 대학생들에게 긍정적으로 인식되는 '열정,' '도전,' '인간관계,' '우정' 등의 가치들이 '경제적인 것 the economical sphere'으로 — 즉 이윤 추구와 가시적인 경쟁력의 배양과 같은 차원에서 경제적인 '자원' 혹은 '증표'로 — 환원되는 단면을 조밀하게 포착하는 연구를 모색한 바 있다. 이 연구는 대학에서 청년들이 도모하는 봉사와 공모전 등의 사례를 대상으로, 한국 사회에서 발휘되는 '신자유주의 통치술'의 미시적인 동시에 구체적인 작동 양상과 이 과정에서 배태되는 '문화적 논리'의 이면을 상세하게 짚어 내려는 노력을 추구한다. 한선은 공모전을 준비하는 대학인과의 만남을 기반으로, 점차 관계망을 확장하여 총 13명의 연구 참여자와 만났다. 특히 학생들의 공모전 준비 과정을 긴 시간을 들여 지켜보면서 그는 일회적이지 않은 방안으로 이들과 대화를 나누고 상당히 밀도 있는 진단과 관찰을 축적하게 되었다. 예컨대 방법론의 적용에서 그는 공모전에 대응하는 학생들의 활동과 시각에 관한 참여 관찰과 이들과의 심층 인터뷰 그리고 이들의 준비 과정에 관련이 큰 다양한 문서들에 관한 분석도 모색한 바 있다. 그는 이런 접근으로 특히 대학 내 청년 주체들 다수가 참여하며 집약적인 관심을 투여하는 공모전이나 대외 활동 등으로 상징되는 '참여 문화'와 그런 '네트워크화된' 노동이 일견 주체 중심의 '자율적인 선택'과 책임성을 강조하지만, 그 이면에서는 기업이 주도하는 특정한 방향성의 사회적 커뮤니케이션과 특히 이윤 창출의 논리에 '포섭'되는 과정임을 예리하게 진단한 바 있다. 한선이 시행한 기획은 생산연구가 주목하는 특정 플랫폼이나 미디어와 연관된 사례에 집중하지는 않는다. 동시에 학생들이 취업을 위한 준비 작업으로 도모하는 일련의 활동과 관련 인식 및 이면을 짜임새 있게 탐구하면서, 그는 최근 십여 년간 생산연구가 새롭게 주목해 온 노동과 청년들이 교차하는 '문제적인' 지점을 탐구하는 데 상당히 도움이 되는 분석의 틀을 제공한다.

앞서 소개한 주제와 연관된 또 다른 분석을 시도하는 이희은(2014)의 연구는 9명의 대학인과의 심층 면접과 이들과 나눈 대화에 관한 미시적 담화 분석을 활용하면서, 적지 않은 대학인들이 참여하는 대외 활동 경험의 실상과 함의를 집중적으로 조명한다. 이 작업은 "실제 대외 활동의 현장에 참여했던 학생들과의 인터뷰를 통해, 그들의 자기 계발 의지와 자본의 노동 포섭 과정이 어떠한 역학 관계 속에서 이루어지는지"에 주력한다(235). 그는 노동 시장으로의 진입을 준비하는 청년들이 대외 활동 경험을 사회 활동을 위한 일종의 고도로 집약적인 '시뮬레이션'으로, 그리고 활동을 함께 도모하는 동료를 '인맥'의 대상화된 관리 대상으로 정의하면서, 축적하게 되는 문화적인 테크놀로지의 사회적 활용과 경험적 실행의 단면들을 '징후적symptomatically'으로 풀어낸다. 예시하면, 그가 교섭한 대학인들은 "대외 활동의 가장 큰 성과로 '직무 경험,' '사람과의 만남,' '자발적 참여,' '협업의 경험' 등을 꼽았다. 그러나 실제 인터뷰 내용으로 볼 때 이들의 대외 활동은 직무 경험보다는 '시뮬레이션,' 사람과의 만남보다는 '인맥,' 자발적 참여보다는 '일방적 지시,' 협업의 경험보다는 '기업의 사회성 습득'에 더 가까워 보였다"(235). 또한 이들은 기업이 요구하는 '인재상'에 조응하는 자기소개서나 포트폴리오를 만들며 '응대'하기도 한다. 아울러 이들은 대외 활동에 참여하며 "기업이 요구하는 과도한 노동, 낮은 수준의 임금, 무리한 요구, 그리고 자기 경영과 자기 계발이라는 이데올로기까지도 별 거부감 없이 받아들이는 경향"을 드러내기도 한다(235). 이런 분석적 시선으로, 이 연구는 청년들이 자발적으로 기업이 요구하는 인재상에 부합하도록 자신의 정체성을 스스로 '주조molding'하거나 조율하는 일련의 노력이 결과적으로 기업의 이윤 추구에 적극적으로 '협력'하며, 상당 부분 순응하는 주체가 되는 과정임을 진중하게 파악한다. 이희은의 기획은 촘촘한 진단으로 청년 당사자들에게 창의적이고 자발적인 실천으로 표상되는 대외 활동이 결국은 '착취적인' 디지털 노동 구조 속에서 발현되는 특화된 — 즉 사물화되는 — 노동 행위이자, '소진되는' 자기 연마의 귀결점이라는 측면을 성찰적으로 조명한다. 이 연구 또한 미디어를 대상으로 하는 디지털 노동이나 불안 노동의 사례를 직접 모색하지는 않았지만, 취업의 준비와 가시적인 문화자본을 축적하는 방향으로, 청년층이 기업의 담론을 내재화하며, 관련 노동과 인식을 상세하게 조명했다는 측면에서 현재 활성화되기 시작한 '주변부' 생산연구나 이와 교차하는 청년 연구에 꽤 유의미한 작업이라 판단된다.

류웅재와 박진우(2012)는 방송 콘텐츠에서 특히 '서바이벌'과 '경쟁'을 핵심 주제로 삼으며 관련 인식이 사회적으로 어떤 재현의 방점과 지배적인 인식을 드러내는지를 진단한다. 이 작업은 앞에서 거론한 청년층이 발현하는 생존 방식과 연동하는 방송 콘텐츠의 분석을 도모한다. 즉 이들의 연구는 대중적 관심이 큰 '서바이벌 포맷' 관련 프로그램을 생산에 관여한 KBS와 SBS의 전·현직 PD 집단 5명과의 면대면 접촉과 특히 자기관리 및 성공의 추구라는 주제와 공적으로 밀접한 관계성을 드러내는 '신자유주의 담론'의 분석을 적용한 기획이다. 두 연구자는 내부의 주체들이 특히 민감한 주제인 시청률 요인과 압박, 제작 환경을 둘러싼 특징과 난점, 그리고 수용자의 욕구에 대응하는 인식과 전략을 중심으로 연구를 구현한다. 이들은 제작진이 토로한 프로그램의 호소력이나 외부의 비판을 방어하기 위한 전술의 고안도 꼼꼼하게 짚어 낸다. 이들은 도출된 연구 결과로 "서바이벌 포맷 프로그램은 경쟁의 부정적 모습을 조명하기보다, 이를 미화하거나 정당화하여 수용자들로 하여금 신자유주의 이데올로기하의 경쟁 체제를 내면화하는 기제로 작용한다고"는 진단을 제기한다(2012: 139). 이 연구의 특성으로 한국 사회에서 다양한 영역에서 강조되고 위세를 떨치는 신자유주의 담론의 효과를 방송의 관찰 예능 영역으로 불러들이고, 제작의 주체들이 그런 사회적 측면과 환기 효과를 어떻게 이들이 주력한 서사와 이미지 재현에 전술적으로 적용하는지를 탐색한 성과를 들 수 있다. 이 연구는 특정한 사례 분석을 도모하되, 사회적으로 상당한 영향과 진통을 생성하는 주제로 그런 분석의 방향성을 확장하는 시도를 보여 준다. 특히 지배 담론으로 신자유주의가 위로부터 강제되는 대상이기보다, 사회 내 다양한 주체들의 수용과 자발적 내재화나 자기 경영 등으로 작동하는 측면을 연구진은 상세하게 조명한다.

한편 이상길 등(2013)이 구현한 연구는 방송사 내부에서 활동하는 정규 인력 외에, 특히 파견직 FD(floor director) 집단이나 외주 제작사 소속 조

연출 등과 같은 비정규직 노동자들이 직면하는 상황과 난점을 세밀하게 포착하고, 관련 쟁점을 이들의 경험과 애환을 — 즉 이들의 '행위자성'을 중심으로 — 선명하게 제기하는 작업이다. 연구진은 7명의 1년 이상 현직과 업무 관련 경험이 있으며 "이후에도 방송 일을 '어떤 식으로든' (즉, 비정규직 노동 시장에 남아서라도) 계속해 나가려는 의지를 가진 이들"을 분석의 대상으로 선정했다(171). 이 기획은 방송 부분에 반영된 노동의 '유연화 체제'가 실제로 가져온 여파를 진중하게 살펴보면서, 특히 청년층 미디어 노동자들이 대면하는 "불안정 노동의 경험 축적"이 그런 체제에 상당히 조응하는 '주체성'의 발현으로 이어지는 단면을 조명한다. 이 연구는 아웃소싱 업체를 통해 방송 영역으로 진입한 이들의 동기와 기대가 현장에서 마주친 과도한 노동과 잡무 및 보상의 미비함 속에 균열이 되며, 그런 가운데 상당한 혼란과 좌절을 경험하는 과정에 주목한다. 예시하면 이들은 계약 조건과는 달리 "시도 때도 없는 호출과 유동적 근무 시간"에 시달리며, 업무와 무관한 다양한 잡일도 떠맡게 된다. 하지만 그런 광범위한 요구나 이를 당연시하는 조직의 관성 속에 이들에게 물질적·상징적 보상도 제대로 주어지지 않는다.

부연하면 이 연구는 어떤 계기와 기대로 청년 주체들이 해당 조직으로 처음에 입문하게 되었으며, 현장에서 이들이 차별적이고 불평등한 경험을 직접 겪어 가며, 어떻게 노동과 업무에 관한 '현실적인' 인식을 형성하게 되었는지를 세밀하게 복원해 낸다. 요컨대 청년층 FD들은 자신들의 노동이 '심미적'이며 상당한 창의적 성과를 맺기를 기대하고 현장에 들어오지만, 그런 예상과 매우 다른 현실 속에 고뇌하게 된다. 동시에 그런 열악한 상황에서 이들은 자신들의 체험을 정당화하는 인식도 점차 표출하게 된다. 연구진은 "특히 FD들이 착취의 현실을 일정하게 '간파'하면서도 그 부조리를 다시 합리화하고 또 정당화하는 '제약'에 놓이는 상황을 복합적"으로 포착해 낸다(157). 특히 이 연구는 그간에 전문가나 정규직 중심으로 운용되어 온 생산연구와 궤를 달리하면서, 조직의 하단에서 일하며 불이익과 과도한 노동 및 공정하지 못한 대우를 감내해야 하는 상황을 예리하게 풀어낸다. 그런 시선과 함께, 이 연구는 관련 비정규직 노동자들이 어떤 전략과 인식으로 조직 내부의 문제점에 대응하고자 하며, 자기합리화 등의 심리적인 방어의 기제를 사용하는지도 주목한다. 이 연구는 당대 청년층이 노동의 과정에서 맞닥뜨리는 구조화된 차별이라는 생생한 현안과 사회적 냉대를 방송 산업의 사례 속에서 세밀하게 탐색한 연구로 — 청년 연구의 모색과 공유하는 긴요한 문제의식을 드러내면서 — 상당한 공적 의의를 발휘한다.

김예란(2015)이 시행한 학술 연구는 당대 청년들의 노동과 열정이 신자유주의 체제가 강조하는 개인의 역량 축적과 자율적인 덕성의 강조 속에서, 어떤 방식으로 이른바 '디지털 창의 노동'으로 호명되고, 편입되는지를 인터뷰 자료들의 해석과 세밀한 개념화로 대응한 기획이다. 이 연구 또한 미디어 테크놀로지를 활용하는 직업군의 청년층이 겪게 되는 불안정하고 보상이 부족한 노동 조건과 관련 문화적 함의에 주목하는 작업이다. 그는 소비주의와 문화화의 교차 지점으로 관련 주제를 촘촘하게 조명했으며, "자유와 자율 및 자발을 추구하는 에토스와 문화적 창의성과 참여를 지향하는 실천들이 디지털 네트워크를 매개로 왕성하게" 생성하며, 동시에 이들이 다양한 방식으로 권력 효과와 연계되면서 구현한 "노동문화"의 특징을 진단한다. 이 기획은 신자유주의와 정보자본주의의 체계에서 강하게 설파되는 자기 관리나 '자기 통치성'의 복합적인 양상과 귀결을 세밀한 해독과 정제된 이론적인 보강으로 풀어낸다. 즉 그는 서울 거주 10명의 대학인과의 담화를 사례로, 디지털 노동의 함의와 '창의성' 담론이 미치는 양극화된 면모와 주요 명암을 감각적으로 상술해 낸다. 부연하면, 이 연구는 청년층이 제공하는 범주가 다양한 디지털 노동 관련 경험과 서사, 이들이 체감한 쟁점들, 그리고 절망과 기대가 교차하는 '잔혹한 낙관주의'

를 밀도 있게 엮어 내기도 한다. 김예란이 제기한 분석은 생산연구가 확장한 디지털 기술과 청년들이 관여하는 노동의 중첩된 주제 영역을 밀도 있게 파고들면서, 어떤 고심할 쟁점과 공적인 문제 제기가 필요한지를 꼼꼼하게 정리한다.

나아가 채석진(2016a; 2016b)이 모색한 연구는 청년층 여성들이 체험하는 불안한 삶의 양식을 다양한 각도로 진단하면서, 이들이 영위하는 삶과 노동의 현실이 디지털 미디어의 활용과도 어떤 관련성을 맺는지를, 분석 대상과 형성한 관계와 상호 작용을 여러모로 고찰하면서 구현한 성과이다. 그는 2007~2008년에 걸쳐 '현장 조사'를 수행하면서, 다양한 장소에서, 불안정 고용 상황에 있는 10대 후반에서 30대 중반의 여성들을 만났으며, 그 외에도 관련 인물들 20명과 만나 인터뷰를 가진 바 있다. 또한 자료를 수집하고 분석하면서, 그는 참여 관찰과 긴 대화에서 그룹 인터뷰 등을 조합하는 방식으로 다양한 변화를 도모하기도 했다. 특히 이 연구는 연구자 자신이 스스로 민속지학을 활용하면서 체감한 고민과 방법론의 수정 및 관련 함의를 진득하게 제기한다. 예컨대 그는 타자를 대상으로 근접해서 이루어지는 민속지학이 제기하는 쟁점과 윤리적 난점이나, 관련 연구자들이 충분히 풀어내지 못한 단면을 자신의 구체적인 경험과 일종의 '자가 진단'으로 엮어 낸다. 이런 성찰적인 측면을 구체적으로 활성화하면서 그는 생산연구의 추구에서도 유념할 필요가 있는 '친밀한 민속지학intimate ethnography'의 지적 의미와 돌파할 쟁점을 낱낱이 지목한다.[33] 채

33 고려할 주요 논점으로 채석진이 호명한 '친밀한 민속지학'은 중층적인 함의를 포함한다. 먼저 앞서 논했듯이 민속지학은 문화연구의 현장 작업이나 생산연구에서 '변주된' 방식으로 종종 활용된다. 또한 그 자신이 고심했듯이, 기존의 관련 연구가 충분히 이루지 못하는 분석의 대상과의 밀접한 상호 작용과 연구 추진 과정에서 맞닥뜨린 실행의 난점과 윤리적 이슈를 숙고하는 작업은 상당히 유용하다. 동시에 이 방법론은 문화연구가 지속해서 만나고 주목해 온 사회적 타자들과 맺게 되는 관계의 중층적인 함의와 분석에서 주의할 측면을 환기하기 위해 '친근한 민속지

석진의 작업은 생산연구에서 통상적으로 큰 쓰임새를 보이는 심층 인터뷰의 채용을 넘어서, 연구의 대상과 연구자 간의 다양한 관계성을 숙고하고, 그런 과정에서 곱씹을 윤리적·이론적 논점을 구체화한다. 특히 그가 사회적 타자와 젠더 그리고 디지털 기술의 활용과 불안 노동이라는 긴요한 주제를 유기적으로 연계하면서, '민속지학적 상상력'으로 관련 기획을 꾸준히 추진해 왔다는 점에서, 채석진이 제공한 분석 사례는 상당히 생산적이라 할 수 있다. 이 연구는 특히 생산연구에서 실행하기 까다로운 접근법인 민속지학의 변주와 깊이 고심할 측면을 두고 관련 기획에 관심이 큰 이들에게 매우 풍부한 제언과 성찰의 함의를 제공한다.

이광석(2017)은 다양한 유형의 '아르바이트(알바)' 관련 노동을 도모하는 청년층이 그런 과정에서 미디어 기술을 통해 훈육과 감시의 대상이 되는 간과된 측면을 연구의 주요 의제로 설정한다. 이 연구는 모바일 기술이 청년의 온라인 잉여력의 수취나 감정 노동의 강화를 위한 [일종의] 스마트 '유리 감옥'으로 활용되는 현실을 비판적으로 진단한다. 그는 현황 파악을 위한 온라인 설문 조사에서 포커스 그룹 연구, 그리고 자신이 도모한 참여관찰을 조합하면서, 모바일 기기의 이용과 비정규직 청년들이 노동 현장에서 직면하는 상황이 맞물린 일련의 문제점을 다면적으로 분석한다. 그는 이런 혼합적인 접근으로 수렴한 결과가 "일종의 우울한 청년 관찰기"이긴 하지만, "가장 정확한 절망의 현실 파악"을 통한 "다른 자유의 가능성을 모색할 수 있는 우회로"라는(160) 점도 강조한다. 예시하면 이 연구 방식은 온라인 조사를 통한 현황 파악 이후, 청년 노동 활동가를 포함한 각 3명씩 세 개의 그룹과의 심층 인터뷰와 토론 그리고 5명의 알바 관련 활

학'이라는 표현으로 구사된다. 예컨대 이 표현은 연구를 달성하기 위해, 연구자 중 일부가 채용하는 '우애'나 '관심'의 포장faking friendship에서, 투여된 활동을 크게 넘어서는 과도한 상징성이나 윤색의 반영을 연구자 자신이 부단히 경계하고 성찰해야 한다는 제언을 녹여 낸다.

동을 도모하는 청년들에 대한 연구자의 참여 관찰 기록과 후속 인터뷰 내용을 조합하는 특징을 보인다. 그는 관련 사례들의 진단과 자신이 접촉한 청년들의 이야기를 기반으로, 모바일 테크놀로지가 기존의 정보와 즐거움의 소구나 표출 외에, 비공식적으로 노동의 관리와 통제의 기제로 작동하는 단면을 상세하게 짚어 낸다. 나아가 그는 이런 상황이 당사자들에게 내재화된 기제로 깊게 각인되는 효과도 비판적으로 파고든다. 정리하면 이 작업은 "'알바' 노동에 있어서 스마트폰 등 모바일 미디어의 매개적 역할에 대한 관찰을 통해서, 노동과 활동, 놀이와 노동, 물질계와 비물질계, 오프라인과 온라인 등의 경계들이 해체되고 어떻게 이것들이 시장의 가치로 거칠게 통합되고" 있는지를 다층적으로 보여 준다(157). 이광석의 연구는 디지털 기술을 통한 노동하는 주체를 대상으로 신체의 감시와 상세한 훈육 효과에 주목하는 방향성을 유념할 의제로 모색하면서, 관련 문제의식이 추구될 윤리적 당위성과 구체적인 분석의 방안을 제공한다. 요컨대 이 기획은 '테크노미디어'라는 좀 더 복합적인 범주를 설정하고, 비판적 기술 연구와 생산연구의 접점을 사려 깊게 고안하면서, 언론학 외부의 실천들과 맞물리는 진단을 풀어낸다.

이광석이 수행한 또 다른 연구(2018)는 "도쿄와 서울을 잇는 청년들의 위태로운 삶"을 주제로 설정하면서, 생산연구가 방송과 문화산업의 범주를 넘어서 지향하기 시작한 청년 문제와 이들이 영위하는 노동의 복합적인 함의를 추적한 작업이다. 특히 이 기획은 당대 사회경제적으로 열악한 위상을 지닌 청년들이 — "거대한 일상의 노동군으로 존재하며" — 비정규직 노동을 하면서 대면하는 '취약성'의 구조와 이에 따른 극심한 정서적인 '위태로움'에서 디지털 테크놀로지를 매개로 한 불안정 노동이 이들에게 미치는 일련의 담론적·사회적 효과를 탐구한 작업이다. 이 작업에서 심층 인터뷰는 서울과 도쿄 두 지역에서 각각 사전 예비 설문과 그룹 인터뷰로 진행되었으며, 전자는 인구통계학적 정보와 비정규직 체험 및 미디어 사용에 관한 정보를 수렴했고, 후자의 경우는 이들이 체험한 테크노노동의 상세한 양상에 대한 인터뷰에 주력했다. 일본 사례에서는 두 차례로 나뉘어 총 8명의 "프리터 그룹"과의 1차 인터뷰와 총 10명의 시간제로 일하며 취업 준비 중인 이들과의 인터뷰를 가졌다. 한편 서울에서는 다양한 알바 경험을 가진 20대 청년 3인으로 구현된 두 개의 그룹 6명과 인터뷰를 진행했다. 그는 이렇듯 비교 사례와 확장된 함의를 도출하는 방안으로, 두 도시에 거주하며 '프리터'와 '알바' 등의 비정규직 직종에서 청년 노동자로서의 빈곤함과 불안정성 등, 관련 주체들이 맞닥뜨리는 구체적인 상황과 난점을 자료들의 수집과 이론적 논의로 조망한다.

그는 "'열정'과 '청춘'으로 무장한 알바 대학생과 인턴 청년들을 조직의 때에 절어 있지 않은 자유로운 예비 노동자로 바라보던 시각"이 한때 부상했었지만, 그런 낙관론이 서울과 도쿄에서 관찰되는 다수 청년의 그늘진 현실을 고려할 때, 설득력이 떨어진다는 점을 자신이 만났던 청년들의 사례로 대응해 낸다(142). 이 연구는 언론과 방송 등의 미디어를 분석의 핵심으로 삼는 일군의 학술 연구와는 달리, '테크노노동'과 같은 조어가 함축하는 새로운 주제와 이면을 집중력 있게 탐구하는 유형의 분석이기도 하다. 이광석은 앞서 논한 질적 접근과 해독을 기반으로 "문헌과 통계에서 드러내는 것만큼이나 두 도시 위태로운 청년들의 노동하는 삶의 목소리를 직접 드러내는" 구성에 힘을 기울인다(145). 또한 이 연구는 한국을 넘어 일본에서도 관찰되는 불안 노동과 탈출구를 찾기 어려운 빈곤의 구조화라는 물질과 생존적인 측면을 연계하며, 이를 두 지역의 청년층이 공유하는 병리적 징후인 정서적 위태로움과도 접합한다. 이렇듯 그는 "쓰고 버려지는 '일회용' 청년 노동문화"의 단면과 징후를 끈질기게 감별하면서, 생산연구의 외연과 비판적 기능을 청년층을 대상으로 삼는 연구와의 조합을 통해 명료하게 확장해 낸다.

영역을 바꾸어서 박지영과 김예란 그리고 김은미(2017)의 연구는 문화예술 분야로 관심을 옮기며 이 주제 관련 정책적 함의와 현실 간의 상호관계성에 주목한다. 세 연구자는 창의 산업 계열에서 특히 미술계에서 일하는 기획자 6인과 문화예술 관련 전문가 2인과의 심층 인터뷰와 특히 '문화 정치경제학' 관련 문헌들의 진단을 교차하며, 이 주제를 탐구한 바 있다. 특히 이론적 활용에서 이들은 창의 산업이 "오늘날의 경제 혹은 산업의 영역을 지칭하는 듯이 보이지만, 실상은 현실을 묘사하는 것이 아니라 특정 집단(들)의 작동에 의해 그 의미가 끊임없이 구성되고 실천되는 가상적 담론체[로] (……) 그 의미는 고정적이거나 실체적이지 않으며, 오히려 끊임없이 갈등 안에서 경합과 조합을 통해 지속적으로 규정되고 정당화되어야 할 문화적·정치적 구성체"라는 문제의식을 견고하게 설정한다(82). 부연하면, 연구진은 문화 혹은 창의 산업의 구조적 특징과 변화상을 유물론적 시각에서 접근하던 기존의 정치경제학에, 기호학적 탐구와 담론을 조합한 문화정치경제학의 관점을 이 연구에서 채용한다. 이들은 그런 시각으로 문화예술계의 기획자들이 해당 정책의 변화 속에 "자신들의 예술 실천을 조율·타협하기 위해 구사하는 전략"과 대응의 주요 면모 및 실천과 생존 방식의 다면적 함의를 풀어낸다. 분석의 결과, 기획자들은 새로운 문화·예술적 가치와 다양성 및 창의성을 주창하는 창의 산업 담론이 한국에 들어온 지도 꽤 되지만, 관 주도의 발전주의와 성과 우선주의 및 정치적 당파성의 고착된 영향 속에, 상당한 훈육 효과와 갈등 및 긴장을 겪고 있는 현실을 소상하게 밝힌다.

동시에 이들은 거시적인 정책을 '선택적으로 변용'하거나, 구성된 조건을 독자적으로 활용하는 기획에서 '거리두기'나 로컬의 '신생 공간'의 구현과 비참여 등의 다양한 전략으로 그런 상황에 대응하는 면모도 보인다. 이런 구성으로 연구진은 "[창의 산업 관련] 정책이 가진 표면적 의미나 정책 입안자의 의도가 예술계의 현장에서 굴절·왜곡·변형"되는 사안을 짚어 낸다(108). 그런 한편 기획자들은 정책의 경직성으로 인해 예술의 추구가 난항을 겪고 위험에 처하는 상황에서도 “정치성과 미학이라는 예술 고유의 문제의식을 놓지 않는” 식의 “조건 특정적인” 대응과 “새로운 삶의 모습과 관계 맺음의 방식으로” 응전을 모색하기도 한다(108~109). 즉 연구자들은 문화기획자들이 “일방적인 통제나 순응 또는 저항 같은 단순한 관계에 있지 않으며, 구체적인 맥락과 상황에 따라 유연하고 역동적으로 타협 또는 경합하는 관계”를 구현하는 양상을 이들의 발화를 중심으로 조명해 낸다(108~109). 이 연구는 기존의 레거시 미디어와 플랫폼 영역을 과감하게 벗어나서, 생산연구가 문화예술 부문에서 활용될 만한 대안과 경험적 사례를 상술한다. 특히 창의성 담론이 그동안 국내에서 주로 정책적 정당화나 추진의 논리로 구현된 추세나, 관련 합리화와 비판에 주력한 연구들은 적지 않다. 이런 낯익은 흐름에서 벗어나서, “정책의 논리, 자본의 논리, 예술가들의 실천들”이 경합하고 굴절되며 접합하기도 하는 주요 양상과 풍경을 세밀하게 포착한 연구진의 시도는 생산연구의 새로운 방향성을 일깨워준다.

김숙현(2018)의 연구는 언론학 분야에서 상대적으로 관심이 적은 영화 산업에서 특히 ‘비가시적인’ 주체로 ‘불평등한 구분 짓기’로 압축할 만한 제도 관행이나 구조화된 ‘유리 천장’ 또는 ‘셀룰로이드 천장’과 씨름하는 여성 감독들의 활동과 정체성을 조명한다. 이 작업은 특히 남성적 가치와 관련 상징자본의 지배력이 매우 큰 영화 장에서, 이들이 겪는 일련의 행보에서 소외와 배제 및 불평등의 단면을 조밀하게 진단한다. 그는 관련 주체들이 감독으로서의 위상과 정체성을 구현하는 과정에서 체험한 개별적 함의와 내적인 경험의 분석과 그런 역할 수행을 둘러싸고 대면했던 외적·제도적인 요인들의 역할과 영향을 조합하는 방식으로 진단을 전개한다. 이 연구는 17명의 다양한 장르의 영화를 담당해 온, 동시에 세대별 차이를 지닌 여성 감독들과의 심층 인터뷰를 활용한다. 그는 방대한 자료를 해석하면서, 영화 장으로 진입하게 된 관련 주체들을 둘러싼 개인적 열정의 특징과 가정적 배경의 관계성, 교육 과정을 통해 조형되는 정체성과 영화 노동과 관련된 경제적 논리와 젠더적 가치의 영향, 그리고 영화 제작 현장에 대한 다면적인 체험을 연계된 주제로 상술해 낸다. 이 기획은 특히 피에르 부르디외Pierre Bourdieu의 장이론과 성향 체계 개념을 그가 관찰한 여성 영화감독들의 행로 속에 이들이 선택하는 대응 전략과 접합하면서, 문제의식이 명확한 분석을 제공한다. 김숙현이 고찰한 주요 관찰점은 다음과 같이 정리된다. "영화 장의 조건과 규칙을 내면화하는 진입의 과정에서부터 젠더의 중층적 결합과 교차를 통해 갈등과 모순을 겪으며 여성 영화감독들은 무/의식에 침잠한 현재의 위치 감각과 미래의 실천 감각을 만들어 내는 것이다"(127). 이 기획은 남성적 가치의 규범과 질서가 강한 영화산업 분야에서, 그런 지배적인 상징자본의 효과와 대면하는 여성 감독들이 젠더 자본과 경험을 녹여 내면서 다양한 위치 경쟁과 가시성을 얻기 위한 노력을 전개하는 양상을 정제된 조명과 서술로 제기한다.

송용한·이종임·오현주(2019)는 방송 부문에 반영된 '유연화'와 "네트워크 중심의 위계화된 체제"의 영향 속에 확산하기 시작한 비정규직 노동과 위상의 불안을 다양한 각도로 진단하는 기획을 제공한다. 이들은 방송산업의 내부 구조에 영향을 끼치기 시작한 유연 체계가 내부 구성원들에게 제기하는 쟁점과 압박 및 이들의 대응을 수렴하는 방안으로 10명의 노동자와 전문가를 섭외한 바 있다. 관련 대상들은 방송 콘텐츠 제작에 참여하는 외주 제작 PD와 시사·교양 분야의 작가에서 조명과 카메라를 담당하는 기술 인력, 그리고 그런 작업에 직접 참여하지는 않지만, 현장에서 야기되는 문제점과 갈등에 관심이 큰 활동가다. 이 연구는 섭외된 이들이 방송 현장으로 진입하게 된 경로와 노동 환경 및 대우의 현격한 차이, 업무 관련 인식의 차이와 정체성 구성, 그리고 이들이 현장에서 겪은 생생한 경험을 중심으로 상당히 고착된 불평등과 불안정성의 단면을 꼼꼼하게 수렴한다. 특히 인터뷰 대상들은 문화산업의 '상징성'이나 가능성을 보고 업계로 진입했지만, 수행하는 업무의 불규칙성과 과도한 윗선의 요구 및 차별을 통해서, 정규직과의 차별적 지위와 내적 노동 환경이 '열악'하다는 점을 확연하게 체감하게 되었다고 말한다. 또한 현장에서 담당하는 업무는 정규직의 활동과 비견되는 유형이지만, 처우와 보상은 크게 차별적인 측면을 깨달으며 자신들의 일이 "예술적, 창의적 활동이 아니라 노동"이라는 점을 자각하게도 된다(219). 그런 쟁점과 함께, 이들은 노동 조건이나 근로 계약과 관련해 이견과 불만을 표출하는 것이 자신들의 일자리를 잃을 수 있는 위험성으로 인해, 집단적인 대응이나 변화의 요구를 제기하는 데 주저하게 된다는 시각도 표출한다.

이들 다수는 불안한 계약 관계로 유지되는 비정규직 노동에 종사하지만, "자신들을 프리랜서라 지칭하며 프리랜서 노동을 자발적으로 선택한 것으로 인지한다. 이러한 방식이 자신들의 생존 전략이라고 인식하면서 심리적인 만족감으로 같은 공간에서 근무하는 정규직과의 차별된 처우에서 오는 현실에서의 박탈감을 채우는" 대응도 보인다(224). 이와 함께, 이들은 비정규직이 생성하는 위상과 처우의 불안을 "구조의 문제보다는 개인이 해결해 나가야 하는 능력의 문제"로 정의하기도 한다(227). 그런 한편 연구진이 만났던 이들 중 상당수는 '노동권의 인정'이나 관련 제도적 장치의 구현이 중요한 이슈라는 점을 자각하며, 관련 방향으로 과거보다 구체적인 문제의식과 필요성을 인식하고도 있었다. 이 기획은 연구자들이 만났던 주체들의 진술을 기반으로, 방송 산업 내에서 협업이라는 노동과 관련 업무의 불확실한 구분이나 한정된 시간의 압박 속에 결과를 무리하게 생산하는 관행이 재연되면서, 이들의 노동권이 안정적인 보장을 받지 못하며 제도적 대응도 따르지 못하는 측면을 낱낱이 풀어낸다. 이 연구는 기존의 문화산업 내부의 실태 조사나 현황 파악의 수준을 크게 넘어서, 노동 연구와 노동 사회학적인 분석과 교차하는 구체성이 깃든 성과를 제공한다.

1인 미디어와 유튜브 영역에 주목한 생산연구의 시사점

지난 몇 해 간 기성의 미디어나 언론 조직을 벗어나서, '비주류'라 할 수 있는 공동체 미디어나 1인 미디어와 유튜브 등의 플랫폼을 대상으로 삼는 기획들도 생산연구의 분야에서 모색되고 있다. 특히 1인 미디어나 유튜브 등의 청년층이 주목하며, 관련 작업을 수행하는 사례들도 상당히 확장된 바 있다. 이런 추세와 관련하여, 김영찬(2006)의 연구는 '이주민'들의 권익과 활동을 대변하는 대안 미디어인 "MWTV"의 역할을 분석한 작업이다. 당시 "MWTV는 이주노동자들이 스스로 프로그램을 기획/제작/진행하고" 있었다는 측면에서(47), 이들이 대안적 미디어의 구성을 '주체적'으로 구현한 중요 사례였으며, 소출력 라디오 등의 방식을 벗어남으로써 적지 않은 파급 효과를 발휘하기도 했다. 이 방송은 제작진과의 인터뷰에서 표방되듯이, 2002년과 2004년의 "이주노동자 농성 과정을 거치면서, 한국 미디어 운동가들과 이주노동자들이 한국 주류 미디어 속의 자신들의 문제에 대한 뉴스 보도의 부재와 왜곡에 문제의식을 품게 되었고, 자신들을 드러낼 수 있는 공적 영역"을 구현한 성과이기도 했다(45).

또한 범언론학 분야에서 그와 같은 특정한 주제와 타자에 관한 관심이 매우 드물었던 상황에서, 이 연구는 그런 간과된 주제를 풀어 가면서, 주류 미디어가 아닌 '주변부'로 문제의식을 의욕적으로 제기한 기획이다. 그는 이 작업을 실행하면서 한국 사회에서 이주노동자와 국제결혼이나 이산diaspora의 상황이 크게 늘었지만, 미디어 연구자들의 이런 추세와 연계된 기획이 부족한 측면에 대응하는 관점을 명료하게 설파한다. 동시에 그는 당시 주류 텔레비전이 인종적 타자를 재현하는 측면의 문제점이나 함의를 고민하면서, 이 연구가 "한국 사회를 관통하고 있는 인종주의적 시각과 우리 사회의 주류 미디어가 구성하고 유포하는 소수자 담론을 짚어볼" 만한 질료이자 시금석으로 작용하는 방안으로 노력을 기울인다(41). 즉 그런 비판적 대응의 모색으로, 김영찬은 텍스트 수준에서 인종주의나 다문화주의와 연계된 콘텐츠의 비판적 분석 대신에, 이주노동자들 자신이 능동적으로 주도하는 대안 미디어로의 생산연구를 도모한 바 있다. 이 작업은 "MWTV"에 관여하는 4인의 전문가와의 — 각각 두 명의 한국인 미디어 운동가와 이주노동자 출신으로 이 텔레비전에서 프로그램의 제작자와 진행자로 일하는 이들과의 — 심층 인터뷰를 진행했다. 이와 함께, 관련 대상들의 기획과 현황을 더 파악하는 방안으로 이 텔레비전이 제공하는 〈이주노동자 세상〉과 〈다국어 이주노동자 뉴스〉에 대한 내용 분석을 활용하기도 했다.

이 연구는 분석의 초점으로 이주노동자들이 "대안적인 미디어를 만들어 가는 구체적인 과정"과 이를 기반으로 이들이 속한 "공동체 소식과 한국 생활에 필요한 정보를 교환하는 공적 소통 공간을 구축"한 방안, 그리고 "인종과 민족성에 관한 한국 사회의 지배적 담론에 저항하고 협상해 나가기 위해 사회적·정치적 장"으로 이 미디어를 이용하는 측면을 연계하여 진단한다(46). 예시하면, MWTV는 이주민들이 민감해하는 이주 노동 관련 정부 정책의 변화와 법령 등의 사안을 수용자들에게 소개하며, 특히 관련 정보의 창구가 극히 부족한 상황에서 이들이 오류나 잘못된 정보와 루머 등의 영향을 받는 측면에 관한 대응을 발휘한다. 또한 이 방송은 임금 체불이나, 강제 단속, 재해, 노동 허가 등 광의의 '노동권'과 관련된 정보를 제공하기도 한다. 이외에 한국의 정치 상황이나 이주노동자들의 의료와 자녀 교육에서 개별 국가 상황에 관한 소식도 다룬다. 한편 심층 토론을 반영한 〈이주노동자 세상〉은 짧은 뉴스 형식이나 "중립적인 뉴스의 전달이 아닌, 제작자·출연자의 시각을 명징하게 드러냄으로써, 단순한 정보 교환에서 더 나아가 이주노동자들이 자신들을 사회적·정치적 주체로서 인식할 수 있는 장을 마련하는" 기능도 제공한다(52). 이 프로그램은 특히 "이주노동자들을 국적에 의해 구분하지 않고, '노동자'로서의 동질적 정체성을 강조"하며(53), 인터뷰에서 관련 제작진은 내부 주체들의 활동을 상당히 구체적으로 논한다.

이와 함께, 이들은 이주노동자들이 대면하는 노동 과정의 재해와 사망에서 주기적으로 부상하는 강제 단속과 추방 등의 사안을 사회적 이슈로 인식하는 관점도 풀어낸다. 또한 한국 정부가 채용하기 시작한 다문화주의를 의식하며, 이들이 점차 '다문화를 강조하는 재현 전략'에 관한 이해와 활용을 자신들의 문화를 소개·체험하는 프로그램의 구성 등에 반영하는 측면도 이 연구에서 다뤄지고 있다. 이렇듯 인터뷰 대상들은 자신들이 "타국을 부유하는 탈정치화된 존재"가 아닌 능동적 주체로서의 경험과 시각을 논하기도 한다. 김영찬은 이 방송이 기존에 한국인 참여자나 활동가 주축이 아닌 방식으로, 파급력이 상대적으로 큰 텔레비전 포맷과 8개 다국어와 영어로 구성된 프로그램을 이주노동자 중심으로 꾸려 가기에 그러한 대안의 모색과 공동체성의 발휘가 상당히 관찰된다는 평가를 준다. 부연하면, 그는 관련 사례들을 복기하면서, MWTV의 역할이 "이주노동자들이 직접 자신들의 삶과 노동 조건, 생활 환경을 이야기하고 소통할 수 있는 대안적인 공간"의 형성(44)에 상당히 부합하는 측면을 내부자와의 대화 내용을 반영하면서 제시한다. 김영찬이 시도한 연구는 한국의 미디어 정책에서 심대하게 배제되고, 주류 미디어나 언론학 연구자들도 간헐적으로나 관심을 표방하던 이주 노동의 현실과 쟁점 그리고 관련 주체들의 미디어 실천을 상세하게 발굴해 낸다. 이런 한국에 온 인종적 타자의 현황과 활동을 독립적인 미디어 노동으로 연계하는 사례에 관한 집약적인 방향성의 설정은 생산연구가 유의할 또 하나의 공적 의제를 모색한 측면으로 높게 평가할 만하다.

반명진과 김영찬(2016)의 연구는 지역의 거주민들이 자체적으로 구현한 공동체 미디어의 역할과 관련 맥락을 탐구한 작업이다. 이 기획은 "마포FM"을 사례로 공동체 라디오의 운영에 참여하는 이들이 형성한 특정한 '지역성locality'의 구현과 문화적 정체성의 구성 그리고 사회적 유대의 함의를 상세하게 조명한다. 특히 이 작업은 기존의 미디어 테크놀로지와 콘텐츠 중심의 분석을 벗어나서, '참여형 제작 과정'에 관여하게 된 구성원들의 활동과 상호 작용 및 관련 쟁점에 주목하는 성격의 연구이다. 또한 두 연구자는 "규범적 차원에서 공동체 라디오의 필요성이 제기되었음에도 외국의 사례처럼 한국 사회에서 공동체 라디오가 활성화되지 못한" 측면에 대응하는 방안을 핵심 문제의식으로 설정한다(110). 이 작업은 6명의 이 공동체 라디오에서 활동한 이들과 해당 지역의 참여자와의 심층 인터뷰를 기반으로, 이들이 활동을 수행하면서 체득한 관계망과 정체성의 재구성에서, 관련 활동을 둘러싼 제약의 요인들과 내부자들이 축적한 평가를 정리·진단한다. 이 연구는 서울시의 지원 정책이 일부 존재하지만, 사회적 차원으로 확장되는 정책적 고려나 구체적인 의제 제기의 부족으로 인해 '공동체적 삶이 묻어나는' 미디어가 직면하는 난점을 우직하게 풀어낸다. 나아가 두 연구자는 기존의 "행정 구획 중심이 아니라 인문지리학적으로 유기적으로 긴밀한 소규모 지역 밀착형 공동체 라디오에 관한 후속 연구"의 필요성도 개진한다(111). 그런 논점을 제기하면서, 이들은 그간에 시민 미디어나 대안 미디어 관련 연구가 일종의 '유행'을 타면서 관심과 부침을 겪은 단면에 대한 비판적 제언도 제시한다. 이러한 측면은 채영길 등(2016)의 작업과도 일정하게 교차하는 시사점을 드러낸다.

이와 함께, 김영찬과 반명진(2018)은 지역에 기반을 둔 공동체 라디오의 역할과 특성을 상당 수준의 참여 관찰과 관련 대상과의 심층 인터뷰를 녹여 낸 현장 연구로 구현한 바 있다. 이 기획은 "창신동 라디오 덤"을 사례로, 이 미디어를 통한 관련 주체들의 활동이 '공통 감각'과 '공동체적 감수성'을 어떻게 형성했으며, 그런 미시적 공론장의 특징과 명암을 밀도 있게 조명한다. 즉 이 작업은 기존의 미디어 중심적인 시각이나 정책적 초점을 탈피하면서, 공동체 미디어의 작동 방식과 존재성을 폭이 넓게 조망한다. 특히 연구진은 고찰한 지역의 특이성에 주목하며, "지역 사회의 문제와 이를 해결하기 위해 등장한 '개체'로서 '공동체 미디어'"의 역할과 지역 주민들의 참여 활성화를 둘러싼 쟁점을 세밀하게 풀어낸다(284). 연구진은 창신동 덤에서 활동한 10명의 미디어 활동가를 인터뷰했으며, 해당 지역에서 개최된 문화 행사나 공개 방송과 현지 도서관에서 열린 세미나에 참여하면서 현장 관찰과 연구의 대상과 유대의 고리를 강화하기도 했다. 이 작업은 또한 연구의 대상인 덤과 각별한 관계성을 지닌 해당 지역의 보육 조직인 '해송아기둥지'와 연구자 중 1인이 상당한 유대 관계를 오랜 기간 맺어온 측면과 현장 연구를 시행한 다른 연구자와의 협업으로 이루어진 바 있다.

이런 특성을 반영하면서, 이 연구는 일회적인 연구나 제한된 방문이 아닌 방식으로 생산연구의 현장성과 수집된 자료에 관한 '두꺼운 서술'이 가능한 방식으로 구현되기도 했다. 연구진은 지역 주민의 삶과 유기성을 드러내는 콘텐츠의 제작과 외적인 참여가 덤이 매개하는 공동체적 위상과 결연을 꾸준히 환기하며, 이를 통해 관련자들이 지역적 이슈의 — 봉제산업이 지역에 미치는 영향에서 '마을살이'와 관련된 문화 활동과 다른 경험적 사안 등의 — 공유와 그런 공동체적인 정서가 보강된다는 점을 확인한다. 또한 두 연구자는 공동체에 기반을 둔 미디어의 '생존'이나 '지속가능성'에 관한 관련 활동가들과 지역 주민들의 고민을 수렴하면서, 이들이 오프라인에서 맺는 관계성의 특성을 조명하기도 한다. 그런 분석을 기반으로 이들은 "공동체 미디어 실천의 방식과 내용은 오프라인과의 관계 속에서, 즉 연합 환경-공동체와의 관계 속에서 가변적으로" 전개되고 있음을 다양한 사례와 진단으로 제기한다. 이 연구는 진득한 현장으로의 참여를 도모하면서, '보편적'으로 공동체 미디어의 유형이나 역할을 그려 내는 대신에, 이런 마을과 지역성 중심의 대안 미디어 활동이 외부에서 파악하기 쉽지 않은 다양한 관계성과 정체성 그리고 스펙트럼으로 연계·구현되는 양상을 밀도 있게 포착한다.

주제를 바꾸어서, 최현경과 강진숙(2022)이 도모한 작업은 언론학 분야에서 소수 등장한 장애인 관련 주제를 생산연구의 렌즈로 대응한다. 두 연구자는 대상화의 존재로 종종 조명되는 장애인들이 그런 관성적인 인식을 벗어나서, 기획과 제작의 주체로 유튜브 콘텐츠의 생산을 직접 주도한 사례를 탐구한다. 이 연구는 "장애인들이 영상 제작을 하면서 체험하는 정동의 요소와 여전히 풀리지 않는 장애인을 둘러싼 사회적 양식과 유튜브 영상 제작을 통한 역설적 사회적 실천"을 파악하는 접근으로 사례분석과 12명을 대상으로 한 복수의 인터뷰를 시행한 바 있다(46). 이 기획은 연구의 대상과의 개방적인 소통을 기반으로 유튜브 콘텐츠의 제작 동기와 그런 과정에서 이들이 겪은 배제와 차별에서 이들이 진하게 표출한 기쁨, 슬픔과 욕망 등의 주요 정동 작용에 각별하게 주목한다. 즉 연구진은 장애인들이 — 기존 연구에서 간과된 — '정서의 변이'이자 자신들이 전략적으로 자원화한 '정동affect'이라는 운동성으로 대안적인 콘텐츠를 자립적으로 변용해 내며, 그런 과정에서 어떻게 자생적인 관점으로 자신들의 '생애사적' 경험과 새로운 '저항적 주체화'의 가능성을 모색하는지를 진단한다. 또한 이 연구는 그런 노력을 통해 기성의 사회적으로 고착된 상식이나 통념doxa에 대한 '역설'의 구성과 자기 주도적인 실천의 의미를 '소수자'의 위상에 주력하는 스피노자와 들뢰즈 그리고 가타리의 철학 담론과 교차하면서 논점을 부각해 낸다. 두 연구자는 장애인의 유튜브 제작 경험과 이와 결부된 정동의 효과가 정보 구현 및 놀이적 요인의 생성에서, '정체성 형성-소통-인식 개선-공감' 등의 주요 요소를 포괄하는 측면을 중심으로 기존 연구와의 차별성을 시도한다. 나아가 그런 연구 결과를 통해서 이들은 장애인 대상 지원책과 미디어 교육의 확장된 제공을 제언하기도 한다. 이 연구는 주류의 미디어가 장애인을 보호나 결핍의 대상 정도로 재현하는 타자화의 관성에서 반영하지 못한 이면을 새롭게 탐구한다.

한편 이동후와 이설희(2017)의 연구는 레거시 미디어 영역 외에, 당대 청년층이 큰 활용도와 관심을 표하는 '인터넷 개인 방송'인 '아프리카TV'

를 사례로, 내부 BJ의 활동과 이들이 대면하는 쟁점을 심층 인터뷰 방식으로 조명한 작업이다. 특히 이들은 핵심 문제의식으로 “디지털 미디어 이용이 갖는 참여와 무임 노동의 구조적 양가성”에 주목한 바 있다. 연구진은 섭외된 14명의 대상이 밝힌 체험과 제작의 동기를 분석하면서, 플랫폼에서 형성되는 수용자들과의 관계에 관한 내부자들의 이해도와 상상의 방식 그리고 이들이 발휘하는 “인지적·소통적·공동체적 노동”의 면모를 분석한다. 또한, 이 연구는 ‘별풍선’을 기반으로 하는 보상과 노동 가치의 증식 과정에서 BJ들이 경쟁이 치열하고 불안정한 영역에서 “자기 브랜드화의 메커니즘”을 어떻게 구현하려 하며, 그런 새로운 미디어 ‘기술적 특이성과 상업주의가 큰 영향을 주는’ 과정에서 이들이 대면하는 압박과 무임 노동의 현실을 진단한다. 이 작업 또한 유튜브 등 기존의 범주를 탈피한 관련 기획들이 점차 부상하는 측면에서, 후속 연구들이 활용할 수 있는 긴요한 자원을 제공한다. 앞서 소개한 김예란과 이상길 등의 사례가 예시하듯이, 성취와 노동의 ‘양가성’과 압박에 주목하는 생산연구는 명확히 시대상의 특징과 미디어 생태학적 특성이 교차하는 주요 주제를 조명하면서, 기성의 커뮤니케이션학 연구에서 간과된 측면을 탐구한다는 측면에서 상당한 의의를 제공한다.

박진선(2020)의 작업은 1인 미디어 기획자와 크리에이터들로 주제를 확장하면서, 노동의 과정과 선택되는 ‘가치 선정의 다양한 결’에 주목한 연구다. 그는 기존의 UCC 생산연구의 맥을 이어 내면서, 19명의 다양한 주제를 기획하는 배경과 연령대가 다양한 이들과의 심층 인터뷰를 통해, 이들이 풀어내는 콘텐츠의 제작 동기에서 보상 체계 및 노동의 성격에 관한 분화된 탐구를 시도한 바 있다. 이 작업은 특히 창작의 당사자로 그가 만난 크리에이터들이 표출하는 창의적인 노동의 즐거움과 함께, 플랫폼과 MCN의 통제가 생성하는 불안정성이 교차하는 현실에 분석의 초점을 적용한다. 나아가서 그는 이들이 나름의 전술적 고려와 보상에 대한 열정과 기대를 투사하는 과정에서 상당 부분 무임 노동의 필요성과 요구를 자발적으로 수용하며, "자기 통제가 강화된 형태의 디지털 노동"을 수행하는 측면을 상세하게 조명한다. 즉 앞서 논한 측면을 진단하면서, 그는 이런 공유되는 현실에서 개별 주체들의 창의적 열정과 자본의 통제 기제가 결합하고 있으며, 그런 상황에서 이들이 전개하는 활동에 상당히 조밀한 '자기 통치'와 관리의 노력이 동반되는 효과를 탐구한다. 특히 이 연구는 앞서 거론한 현실에서 모순적이고 '양가적인' 해당 주체들의 인식과 활동이 구현되는 측면을 다음과 같이 엮어 낸다. "[연구가 관찰한 특징으로] 굉장히 불안정한 수익과 과잉 노동을 유지하면서도 그러한 노동 과정을 그들 스스로 조절하고 자유롭게 결정할 수 있다는 것이 큰 즐거움으로 나타난다는 점이다. [또한] 유튜브의 수익 구조 속에서 이들의 결과물들이 지속적으로 통제되고 소외와 더불어 착취로 이루어지고 있음에도 불구하고 노동 과정의 즐거움으로 인해 플랫폼의 권한이 묵인되기도 한다"(99). 이 연구는 비슷한 주제를 다루는 연구들과 궤를 같이하면서, 1인 미디어 창작자들의 노동이 일정한 자율성을 발현하지만, 종종 플랫폼의 관리 기제로 '포섭'되며, 다양한 압박과 회유, 좌절 및 불평등한 대우에 노출되는 단면을 세밀한 관찰과 개념화로 풀어낸다.

이런 사례와 상당히 연동되는 이설희와 홍남희(2020)의 연구는 영상 콘텐츠 관련 분야에서 주변부 노동자로 — 즉 프리랜서, 파견직, 계약직 등으로 — 활동하는 20~30대 청년 9명을 대상으로 추진된 생산연구다. 이 연구는 미디어 콘텐츠 시장에서 감지되는 정규직과 비정규직이 처한 조건과 내부 주체들의 대응 방식을 집약적으로 탐구한 기획이다. 이들은 비정규직으로 일하는 주체들과의 만남과 심층 면접 자료의 해석을 기조로, 이들이 열악한 노동의 조건과 미래가 불확실한 상황에서 어떤 방식으로 순응과 대응, 자기 정당화, 경쟁, 그리고 대안적 출구를 찾는지를 규명하려는 노력을 기울인다. 요컨대 두 연구자는 '노동 유연화'가 생성하는 복합적인 측면과 쟁점을, 서동진(2012)과 박진우(2011), 김동원(2009), 김예란(2015), 테라노바(Terranova, 2000; 2004) 등이 제기한 '혁신'과 '자기 주도성'의 추구에서 심대한 분열과 불안정성precariousness에 이르기까지 신자유주의의 주체화 효과와 노동의 유연화 과정이 형성하는 주목할 실태와 복합적인 문제점을 파고든다. 특히 이 연구는 '주변부 생산과 노동'을 선명한 주제로 삼는 기획으로, 문화연구 영역에서 그런 지향성을 공고화하는 주요 시도 중 하나다. 부연하면, 이 연구는 주류 언론학이나 콘텐츠 분석에서 소외되거나 상대적인 무관심의 대상인 주제를 꼼꼼한 이론적 논의와 사례 분석을 조합하면서 설득력 있게 조명한다. 이런 과정으로 당대 청년 담론과 젠더의 차별적인 위상을 반영하면서, 연구진은 청년층 미디어 노동자들이 영상 산업의 하층부에서 일하면서 겪는 구조적 조건과 이로 인한 좌절과 균열 및 '유동성'으로 집약되는 현실, 그리고 생존을 위한 전략의 모색을 진단한다. 청년과 세대, 젠더 그리고 미디어 생산의 간과된 측면을 체계적으로 조명한 작업으로, 이 연구는 생산연구가 민감하게 지향할 사회경제적 조건과 열악한 위상을 점유하는 주체들에 관한 관심과 진전된 분석의 필요성을 주창한다.[34]

34 관련 연구들이 주목하듯이, 당대 청년들 다수가 몰두하는 '자기 계발하는 주체'의 핵심적인 특징은 특정한 분세 상황에서 자신의 노력을 끊임없이 문제시하고, 조정·관리하는 방식으로 자신이 처한 상황을 타개해 나가고자 하는 측면이다. 특히 이들은 주요 미디어 조직을 포함한 기업이 원하는 '역량competence'과 자기 주도적인 관리와 조율의 노력을 스스로 세밀하게 배양하려는 데 있다. 동시에 그런 '자발적인' 노력의 과정에서, 청년들은 낙오와 불안 및 두려움을 대면하면서, 자기 최적화를 위한 무수한 노력을 기울이기는 하지만, 이러한 자기 계발의 주체는 동시에 "실패에 대한 두려움을 쫓아낼" 수 없으며, "상승에 대한 희망과 하락에 대한 두려움, 역량 강화와 낙담, 도취와 절망 사이의 객관적 모순을 주관적으로 균형 맞추는 것 말고는" 다른 선택이나 대안의 추구를 찾기가 매우 어려워지는 역설과 한계적 상황을 대면하게도 된다(Bröckling, 2009/2014: 11). 본문에서 살펴보았듯이, 다수의 청년층과 연계된 생산연구는 이들이 발현하는 성과 주체의 불안한 내면과 부담에 주목한다.

한선(2021)이 모색한 생산연구는 디지털 플랫폼의 역할과 위력이 큰 환경에서 지역 방송이 시도한 유튜브 채널의 관리와 운용의 단면에 주목한 기획이다. 그는 광주 지역에서 지상파 3사가 개설한 유튜브 채널 관계자 6명과의 심층 인터뷰 작업을 기반으로, 이들이 이 신생 플랫폼의 전략적인 활용과 관련해 어떤 대응과 혁신을 선택하는지를 조명한다. 그가 만났던 관련자들은 '지역성'의 새로운 재정비와 수용자 관련 노출도의 확장을 시도하며, 양질의 콘텐츠 제공을 위한 다양한 기획을 모색한다. 예시하면, 그가 만났던 내부 구성원은 "유튜브 알고리즘 작동 원리를 학습"하고, "여세를 몰아 아카이빙 작업을 토대로 디지털 오리지널 콘텐츠"를 제작하여, 해당 채널이 안정적으로 소구되는 결실을 낳았다. 예컨대 연구의 대상들은 '아카이빙'과 '크로스 미디어' 전략을 구사하면서, 일종의 '종자' 데이터인 지상파 콘텐츠를 재활용하거나 유튜브 플랫폼에 적절한 신규 콘텐츠의 제작을 주도하기도 한다.

이 연구는 또한 당사자들이 정부가 제시하는 뉴 미디어 지원 정책에 관해 어떤 이견과 비판 및 대안을 제기하는가도 반영하면서, 이들이 '혼종화된' 미디어 생태계에서 어떤 고민과 대응을 표출하는지도 수렴한다. 이와 함께 관련 주체들은 자신들이 속한 회사의 플랫폼 관련 경영 정책이 드러내는 한계나 주목의 부족을 비판하며, 인력 배치와 지원책에 관한 구체적인 논점을 풀어낸다. 해당 주체들은 인력의 재배치에서 더 효율적인 아카이빙 데이터의 구축 방식이나, 회사가 저작권 문제 해결에 좀 더 능동적으로 관여할 필요성도 제기한다. 한선이 실행한 기획은 지역 방송의 유튜브 기획이 가시적 영향력의 확대나 증가한 인지도에 기반한 수익의 창출에서도 상당한 성과를 조성한 단면을 정제된 논의로 제공한다. 동시에 이 연구는 내부에 그런 변화를 둘러싼 이해의 부족이나 관성적인 인식이 존재하는 측면도 밝혀낸다. 이 연구는 서울을 벗어나서 지상파 채널이 변화하는 지역성의 개념과 신규 채널의 운용과 관리를 주제로 상당히 복합적인 동시에 곱씹을 분석 결과를 제공한다. 나아가서 그는 분석 사례를 중심으로 디지털 생산문화로의 전환와 협업 관련 일련의 조직적인 제언도 제시한다.

방향을 바꾸어서 이동후·홍남희·이설희(2021)는 게임 스트리밍 플랫폼에서 활동하는 여성 주체들을 대상으로 생산연구를 추진하면서, 이들이 게임 산업 내 '능력주의'의 서사와 남성 중심적 문화 속에서 어떤 경험과 행위자로서의 대응 전략을 펴나가는지를 탐구한다. 이 작업은 주요 스트리밍 플랫폼이라 할 수 있는 트위치와 아프리카TV에서 게임과 관련된 활동을 벌이는 12명의 20대 중·후반 여성 게임 스트리머들을 심층 인터뷰로 접근한 작업이다. 특히 이 연구는 해당 주체들이 "어떻게 [그런] 기술의 잠재력과 효과를 의식하고 적응하며, 자신의 커뮤니케이션 실천을 특정 방식으로 구성해 가는지"에 분석적 주안점을 두면서, 이 문제의식을 젠더화된 관점으로도 반영한다(56). 연구진은 연구의 대상들이 이 직종에 들어온 동기와 이력에서, 습득한 경험, 스트리밍 수행 과정을 둘러싼 보람과 난점 그리고, 스트리머의 직업적 전망 등의 사안을 풀어낸다. 즉 이 연구는 이들의 인식과 체험을 수렴하면서, 게임 플랫폼이 발현하는 "사회·기술적 맥락과 젠더 문화, 그리고 스트리머 수행성과의 상호적 관계"를 추적한다(57). 분석 결과 이들은 놀이 문화의 참여를 통해 스트리머로서의 역량의 구현과 행로를 밟게 되었으며, 그런 과정에서 수용자의 관심을 끄는 "사회적 자아"의 수행이나 연출과 자신의 '가시성'을 '브랜드화'하는 노력에도 큰 관심을 기울이게 된다. 동시에 '여성' 스트리머가 상대적으로 적으며 주목도를 생성하는 환경에서, 이들은 플랫폼 내부에서 발현되는 젠더 관련 고정관념이나 남성적 시선을 경험하며, 그런 측면에 관한 전술적인 대응도 도모한다.

예시하면 이는 수용자가 선호하는 여성적 이미지 연출에서 다양한 시각적 기법을 반영한 전략이나 '방송 스킬'의 고안으로도 모색된다. 동시에 이들은 이 영역에서 긴요한 '신체 자본'으로 외모와 여성적 매력의 필요성을 간파하지만, 성적 대상화나 정형화된 그런 이미지에 순응만 하지는 않으며 "저항이나 전복, 의도적 은폐, 탈주" 등의 대응도 일정하게 실행한다(64). 또한 여성 스트리머들은 수용자들이 끊임없이 제기하는 관심이나 그런 "현존의 형태"로 제시되는 제언을 수렴하면서, 이들과 공감과 '친밀성'의 유지를 위한 각별한 노력도 투사한다. 특히 상호 작용 과정에서 남성 수용자들의 '권능의 행사'나 집요한 스트리머에 대한 평가와 '맨스플레인 mansplain'과 같은 요구와 압박에 대처하는 방안도 — '피함의 정서' — 고심한다(67). 한편 이들은 스트리머로의 역할을 담당하면서, "캠을 켜는 순간부터" 시간 관리와 자신의 '경쟁력'을 배양하고, '경제적 보상의 메커니즘'을 간파하면서 일련의 대응을 구현한다. 즉 이런 방식은 주 수용자층인 남성들의 요구에 관한 다양한 레퍼토리의 구현과 대응을 포함하지만, 이들은 나름의 기준을 적용하기도 한다. 하지만 불안정한 게임 스트리밍 플랫폼에서의 성공이나 보상이 불균등하기에, 이들 중 상당수는 불안한 정동 노동의 현실 속에 이른바 '멘탈 관리'가 필요한 경험을 풀어내기도 한다.

연구진이 설파하듯이 "웹캠의 시각 중심성과 외모 중심의 여성성이 만나면서 젠더 정체성에 기반한 친밀성 수행이 나타나고, 이 과정은 '여성'을 향한 [플랫폼 내부의] '독성 문화'와의 관계 속에서 여성 게임 스트리머를 취약하게" 만든다(78). 그런 동시에 이들은 제한적이긴 하지만 자신의 자율성과 정체성을 실험하며 일정한 행위자로서의 역량을 발휘하기도 한다. 이 연구는 탐구의 대상과 맥락을 신종 플랫폼에서 활동하는 여성 스트리머로 옮기면서, 이들이 실행하는 특정한 노동과 보상 및 인지도를 얻기 위한 과정에 교차하는 미디어 기술과 경제적 요인들을 꼼꼼하게 검토한다. 특히 관련 주체들의 현실과 이들이 표방하는 '자율성'에 관여하는 제한 요인이나, 일과 관련된 '자기 정당화'의 특징과 문제점을 조망한 작업으로, 이 기획은 특히 상당한 소비 활동이 이루어지지만, 분석이 활발하지 못한 게임 스트리밍 플랫폼 대상 생산연구의 기반을 다진다.

나아가 이종명(2021)이 모색한 연구는 한국 사회에서 가시적인 역할과 함께, 정치적 논란을 빚고 있는 이른바 '극우' 유튜버 집단의 활동을 매우 가까이서 관찰하고 진단한 독특한 기획이다. 이 작업은 주로 연예와 오락적인 측면의 유튜브 콘텐츠 제작자나 크리에이터에 주력한 연구와 상당히 결이 다른 동시에 정치적인 쟁점과 파장과 결부된 생산 주체들의 활동을 다룬다. 그는 '태극기집회' 등으로 상징되는 광장에서 특정 정치적 주장과 시위 참여자들의 행동을 전달하는 유튜버들을 대상으로 진득한 교섭과 더불어 참여 관찰을 시도한 바 있다. 이런 방식으로 그는 언론 보도에서 밀도 있는 주목을 받지 못하는 이들을 직접 만나고, 이들과의 지속적인 대화를 통해서 해당 인물들이 표출하는 기성 미디어와 진보 세력에 관한 '대항적' 입장과 사유를 구체적으로 수렴한다. 또한 그는 '광장 정치와 미디어 의례, 소셜 미디어의 정치적 매개'를 규명하는 문제의식으로 자신이 체득한 관찰점과 연구 대상의 활동과 성향에 관한 다면적인 분석을 접합한다. 이 연구는 특히 5개월여 동안 매주 토요일에 서울역 광장에서 등장한 집회에서 활동한 20명의 유튜버를 직접 섭외하고, 상당히 장기간에 걸쳐 이들과의 대화를 꾸준하게 이어 가는 고단한 방안을 실천했다.

이종명은 이들이 밝힌 활동과 연계되는 동기와 인식, 가치 체계, 특정 정당과의 관련성, 대항 주체로서의 정체성 등을 세밀하게 풀어낸다. 그는 이들이 표출하는 기성 미디어에 관한 불신과 분노에서, 자신들의 플랫폼 노동을 통한 정체성의 강화와 권력 효과에 이르기까지 상당히 함축적인 진단을 제시한다. 관련 연구가 매우 적은 현실에서, 이 작업은 생산연구의 통상적인 요건을 넘어서는 수준의 노동과 상세한 관찰이 조합된 유형의 결과를 도출한다. 조금 다르게, 이 연구는 기존 생산연구에서 관행화된 심층 인터뷰를 활용하지만, 이를 생생한 참여 관찰과 연구 대상과의 폭이 넓은 담화로 확장하면서, 끈기 있게 방법론적 적용과 폭이 넓은 진단을 모색한 바 있다. 이런 시도는 '유튜브 저널리즘'이나 관련 정치적 의제의 경험적 관찰을 활성화하는 작업과 관련해서, 적지 않은 단서와 모색이 필요한 사유를 명확하게 풀어낸다. 특히 현시점에서 갈등과 '확증 편향'의 주요 매개체이기도 한 유튜브 기반 정치 콘텐츠의 생산에 가담하는 이들을 끈질긴 노력으로 직접 만나고 교섭하며, 주요 언론이나 연구자들이 충분히 파악하지 못했던 관련 주체들의 시각을 발굴한 점은 매우 유의미하다(정금희, 2021).

이종명이 제공한 또 다른 연구(2022)는 현역 기자들을 대상으로 이른바 '유튜브 저널리즘'이 이들에게 미치는 영향과 기자들이 파급력이 큰 플랫폼 기반 정치적 활동과 논쟁적인 시사 콘텐츠에 제기한 판단에 주목한 작업이다. 주지하다시피 유튜브 저널리즘이라는 주제어 자체는 종종 과도한 정파성이나 사실 확인과 공적 책무감이 부족한 양상을 드러내면서 상당한 이견과 쟁점을 유발한다. 반면에 이 주제로 수렴되는 활동이 기성 미디어가 다루지 못하는 쟁점적인 이슈나, 주요 사회적 이슈에 관해 선명한 풀이와 상세한 주장을 제시하며 상당한 호응을 불러오기도 한다. 한편 유튜브 저널리즘과 관련해, 연구자에 따라서 결이 다른 정의와 긍정에서 부정을 오가는 평가와 차별화된 대응을 표출하는 측면도 관찰된다(마정미, 2020; 양선희, 2020; 유용민, 2019). 예컨대 이 용어에 관한 "개념적 모호성"이나 언론으로서의 요건과 역할에 관한 상당히 이질적인 판단과 대응이 구축되고도 있다. 이종명의 연구는 유튜브와 연계된 언론학 연구는 속속 등장하고 있지만, 관련 주제에 대한 전통적 미디어 영역 기자들의 인식에 관한 연구가 매우 희소한 데 착안한 기획이다. 그는 "한국 사회 정치 지형의 극단화 속에, 유튜브를 통한 정치적 담론 유통이 맹위를 떨치는" 현 상황에서(51), 기자 집단이 이 현상에 관해 어떤 반응과 비판을 제기하는가를 핵심 질문으로 삼는다. 특히 그는 "보수 스피커들의 유튜브 진출"과 태극기집회로 상징되는 "광장의 정치"가 맞물리고, 수용자들의 관심이 정치와 시사 관련 유튜브 콘텐츠로 향하는 현실에 주목한다. 그런 상당한 위세와 파장을 제기하는 유튜브 정치 콘텐츠가 발현하는 현실을 주요 맥락으로 삼으면서, 이 연구는 공적인 함의와 갈등이 중첩된 중요한 저널리즘 관련 주제를 다룬다.

그는 기성 미디어에서 활동하는 기자들의 앞서 제기한 측면에 관한 상세한 입장과 비판점을 찾아내는 방안으로, 종합 일간지와 경제지 및 방송사 소속 12명의 언론인과 심층 인터뷰를 가진 바 있다. 이 연구가 밝혀낸 주요 사안을 정리하면, 섭외된 기자 중 상당수는 유튜브 콘텐츠가 발현하는 정치적·시사적 측면을 '새로운 움직임'이나 '인상적인 사회적 현상' 등으로 정의했지만(68), 관련 콘텐츠의 구성적 요건과 질이 저널리즘의 제도화된 기준이나 역할에 못 미치며 부족하다는 인식을 드러냈다. 특히 단단한 취재나 현상 삭업과 팩트의 검증이라는 측면에서 인터뷰 대상자들이 상당한 비판을 제기했다. 그럼에도 이들은 수용자층의 반응을 인지하며, "전통적 뉴스 미디어의 미진한 부분과 유튜브 채널의 강점이 맞물리는" 측면에 관해서는 상당한 관심을 표명하기도 했다(70~71). 하지만 특히 연장자들을 중심으로 기자들은 유튜브 저널리즘을 제도화된 실체로 인정하지 않거나, 역할에 관한 비판론을 적지 않게 개진했다. 동시에 상대적으로 젊은 기자들의 경우, 비판점을 논했지만 "일단 유튜브에서의 저널리즘적 역할 수행에 대해서 어느 정도 인식하고 반응하는" 답변을 제시하기도 했다(72).

정리하면 이들은 "저널리즘의 실천, 신뢰를 위한 언론의 사회적 역할이라는 가치 추구가 모호해지는 작금의 상황에서, 유튜브의 득세를 시니어 연차에서는 받아들이지 않거나, 주니어 연차에서는 체감하기에 당면과제를 처리하는 데도 급급한 상황으로 인해 인지되지 못하는 삼중고를" 겪기도 한다(76). 이 연구는 그러한 측면을 끈기 있게 조명하면서, 특히 유튜브의 정치·시사 관련 활성화가 레거시 미디어 영역에서 크게 구축된 '저널리즘의 위기'와 다양하게 연동하는 분석을 전개해 낸다. 즉 이종명의 연구는 기자들이 유튜브의 약진을 "거스를 수 없는 시대적 현상"으로 상당 부분 인지하며, 이를 전통적인 저널리즘이 대면하는 문제점과 위기감으로 연계하는 측면에 대한 쟁점을 절제된 방식으로 꼼꼼하게 진단해 낸다. 요컨대 연구자가 만났던 기자들은 자신들의 역할이 심대한 도전을 받고, 저널리즘의 원칙과 소명이 상당히 흔들리는 와중에, 그런 상황 속에서 '위치하기positioning'에 관한 적지 않은 혼란과 '전문직주의'와 관련된 내밀한 동요를 보였다. 아울러 이들은 이런 인식을 중심으로 유튜브가 전개하는 '주장형 저널리즘'에 관해서는 강한 문제 제기에서 비판적 대응을 중심으로 복잡한 심경을 토로했다. 특히 적지 않은 수용자들이 기성 언론에 대한 비난과 더불어 유튜브 정치·시사 콘텐츠에 상당한 호응이나 저널리즘의 대안적 역할을 기대하는 현 상황과 관련해, 기자들은 '괴리'와 이를 경원시하는 시선을 표출하기도 했다. 이와 함께, 자신들도 '객관성의 신화'가 균열이 되고 정파성에 관한 언론 외부의 비판과 공박이 거세진 상황을 체감하면서, 이들 다수는 "유튜브의 (유사) 저널리즘적 실천과는 차별화된 저널리즘의 가치"를 두고 자기방어적인 태도와 냉소적 차별화를 포함한 반응과 함께, '내부'로 시선을 제기하는 유형의 논점을 개진하기도 했다. 예컨대 연구자가 만났던 일군의 기자들은 "유튜브 콘텐츠를 저널리즘이라 부르는 행위에 불쾌감"을 표명했으며, "정파성이 극도로 표출되는 사회 분위기 속에서 유튜브와 일견 유사한 맥락들이 [제도 언론에서] 드러날 수 있으나, 어디까지나 관행과 진실 추구를 위한 원칙"을 기준으로 그런 유사성을 걸러낼 필요가 있다는 관점을 밝히기도 한다(91).

관련 대목에서, 이종명의 연구는 레거시 언론 내부의 동요와 좌절, 무력감 및 복잡한 이면을 탐구하는 차원을 넘어서, 기자들의 저널리즘 실천과 소명에 관한 질문도 풀어냈다. 특히 유튜브 정치·시사 콘텐츠나 온라인 공동체에서 분출되는 기존 기자 집단을 이익에 협소하게 민감한 '엘리트'이자 '기레기'로 냉소적으로 호명·반발하는 가시적인 흐름에 대해, 이들은 이를 전적으로 수긍하지는 않았지만, 언론이 처한 시대적 변화와 제도의 위기 속에 일정한 대응과 고민 및 인정을 드러냈다. 예컨대 주니어급 기자들은 그런 비난에 '억울함'을 표명했지만, 언론이 보이는 과잉 정치성이나 정파적 이익의 추구에 관해 시니어급 기자는 간접적으로 정파성의 영향과 자기 검열의 문제가 언론 조직 내부에서 작동하는 측면과 문제점을 엮어 내기도 했다.

그런데도 기자들의 전문성이나 외부에서 비판하는 문제점에 관한 이들의 답변이 상당히 개방적이거나 성찰적이라 하기 어려운 측면도 노출한다. 예시하면 연구자는 이들과 공유한 대화에서 "기자 전문성에 대한 비판, 전문직주의에 대한 비난은 모두 이른바 "기-승-전-'정파성'에 빨려 들어간다"는 관찰점을 제기하기도 한다(91). 한편 언론 내부의 현실 인식에 대해 시니어급 기자들이 상대적으로 '열은' 문제의식을 드러냈다면, 젊은 층의 기자들은 강화된 노동 강도나 언론사가 도모하는 수익 창출 등 상업적 기획에 관해 비교적 솔직하고 우려가 깃든 반응을 드러내기도 했다. 정리하면, 이종명의 연구는 기존의 설문과 인식 조사 등으로 비교적 느슨하게 짚어 내던 기자들의 현황과 언론 관련 쟁점에 관한 내부자들의 반응을 상당히 다면적으로 그리고 촘촘하게 풀어낸다. 동시에 이채로운 시사점으로 이 연구는 관련 주체들의 발화가 담아내는 미묘한 뉘앙스와 이들의 이해관계와 '방어적 회피'가 실린 대응의 결을 보여 주기도 한다. 이 연구는 특히 유튜브 기반 정치적 콘텐츠와 기성 언론에 대한 외부의 비판을 논의의 연계된 자원으로 삼아, 이를 현직 기자들과 공유하면서, 상당히 다양한 내부자들의 관점과 내밀한 의견이 녹아든 시각을 수렴한다. 이런 측면은 실증 연구나 빅 데이터 분석의 적용으로만 파악하기 쉽지 않은 언론 조직의 구성원이 겪는 쟁점과 동요를 주의 깊게 고려하며, 저널리즘 연구에 기여할 만한 생산연구의 역할과 역량을 상기해 준다.

미디어 생산연구의 성취와 한계

이제 지금까지 소개한 사례들의 특징과 숙고할 측면을 정리해 보자. 일단 문화연구자들이 2000년대 중반을 기점으로 언론학 분야에서 생산연구로의 지향을 새롭게 전개하면서, 전공 지식과 범주의 측면에서 상대적으로 친숙한 방송과 문화산업 부문을 중심으로 생산연구로의 '시동'을 걸고, 그런 기획을 점차 조직화해 온 경향이 선명하게 관찰된다. 탐구한 주제 측면에서는, 앞서 소개한 다양한 사례들이 함축하듯이, 언론과 방송에서 대중문화나 지식·교양 콘텐츠를 기획·생산하는 주체들의 활동과 이들이 발현하는 관행의 명암에 관한 상세한 진단이 큰 주목을 받았음을 파악할 수 있다. 이런 지배적인 추세와 함께, 4장에서 따로 다루겠지만, 시사와 탐사보도 및 비판 저널리즘과 연계된 진단도 — 보다 큰 집합적인 추진력을 발휘하는 수준으로까지 성사되지는 못했지만 — 공적 의의가 상당한 주제를 중심으로 모색된 바 있다.

또한 연구자들은 점차 기성 언론을 벗어나서, 1인 미디어와 대안 미디어 그리고 유튜브 플랫폼 등으로도 진단의 영역을 꾸준히 확장해 왔다. 특히 기성 연구자들 외에 젊은 층의 학자들이 생산연구로 참여하면서, 자신들이 익숙한 디지털 콘텐츠와 플랫폼으로 상당한 관심을 기울이는 측면이 관찰된다. 플랫폼 산업은 현재 다양한 웹툰과 드라마, 오락물, 관찰예능, 영화, 숏폼 콘텐츠를 제공하면서 청·중년층에게 친숙하고 일상적 쓰임새가 매우 큰 행위자로 작용한다(문영은 외, 2017; 임영빈·김수정, 2018; 홍석경·박소정, 2016). 또한 관련 계열의 연구에서 '먹방'과 여행, 연예·오락과 소비 관련 주제를 중심으로 청년층이 활발히 수용하며 일상적으로 '위안'과 '힐링'에서 '퇴행적' 쾌락과 정서적 몰입을 복잡하게 발산하는 유튜브 콘텐츠로의 탐색적인 생산연구로 전개된 사례들이 등장하고도 있다. 한편 플랫폼은 청년 구직자들이 크게 선호하며, 외적으로 상당한 매력과 상징적 지명도를 구가한다. 반면에 플랫폼 내부의 업무와 노동 속에 비합리적이거나 치열한 성과로의 압박 속에 위상의 불안함을 겪는 주체들도 존재한다.

특히 주목할 측면으로 생산연구에서 과거에 밀도 있게 탐구되지 못했던 '노동'과 '주체화'의 복합적인 명암이라는 주제와 관련해, 내부자들이 치열하게 경험하는 불평등한 구조와 복잡한 감정적인 요인들에 주목한 연구들이 적지 않게 등장하고도 있다.[35] 요컨대 일군의 소장 연구자들은 한국 사회에서 집합적으로 관찰되는 노동과 보상의 양극화나, 방송과 플랫폼 영역에서 접할 수 있는 창의 노동과 불안 노동의 교차하는 전모와 비정규직화의 공적 함의를 집중력 있게 추적해 왔다. 한편 관련 연구에서 좀 더 명료하게 젠더적 관점이나 세대론적인 의미, 인종적 타자로의 관심 그리고 청년의 불안정한 위상 등에 주목하는 특화된 연구의 사례들도 부상한 바 있다. 3장과 6장에서 더 다루겠지만, 지난 몇 해 동안 과거보다 집중적으로 생산연구의 렌즈가 적용된 대상은 미디어 산업의 하단이나 주변부에서 일하며, 위상과 보상이 취약한 청년층 생산자들이다. 요컨대 이런 생산연구의 모색은 주류 언론과 사회 내 지배적 담론이 주창하고 당연시하는 '경제적 효율성의 논리'나 정보와 플랫폼 및 문화산업이 발휘하는 네트워크 경제 효과를 통한 가치 생산과 이윤 추구의 '혁신성'이 가리고 이슈화하지 않는 현안과 쟁점을 부각해 낸다. 아울러 주류의 미디어 연구에서도 플랫폼 관련 작업에서 시장과 경제적 합리성 중심의 관점과 산업적·정책적인 차원으로의 관심이 두드러지면서, 앞서 논한 이면에 관한 조명은 능동적으로 탐구되지 못한다.

즉 생산연구가 수렴한 핵심 기획은 불안 노동과 젠더적·세대적 이슈

35 여기서 주체화는 특히 미디어와 플랫폼에 진입한 이들이 특정한 직업적 기술과 역량이나 내부의 가치 체계와 기대에 조응하는 인물로 조련되며, 관련 요건을 숙지하고 내재화하는 과정을 일컫는다. 이런 과정은 조직 내에서 상당히 촘촘한 교육과 재사회화 및 훈육의 기제가 발휘하는 영향과도 맞물린다. 물론 그런 영향력과 압박이 크지만, 동시에 앞서 시사한 상황과 과정에서 상당한 균열과 좌절에서 비순응과 대안 찾기 등도 구현된다.

가 선명하게 반영된 — 혹은 이들 간 불균등하게 중첩하는 — 복합적인 사례들의 끈끈한 조명을 지향한다. 문화연구자들이 그런 쟁점이 복합적으로 미치는 사회경제적 영향과 귀결점을 밀도 있게 조명한 측면은 생산연구가 공적으로 활용할 만한 지식의 구성과 차별과 모순에 관한 공적 의제에 '예민하게' 문제의식을 투영한 측면을 보여 준다. 크리스 패터슨Chris Paterson 등이 강조했듯이, 생산연구의 실행에서 미디어가 제도적으로 발휘하는 권력 효과와 사회적 정의social justice 및 불평등에 관한 문제의식과 탐구는 이 접근법의 핵심이기도 하다(Paterson et al., 2016: 10). 즉 한국에서 모색된 생산연구에서도 그와 같은 문제의식을 변주하고, 특정 주제에 밀착된 경험 분석이 명확하게 구현된 측면이 어느 정도 관찰되는 것이다. 나아가서 이 같은 집합적인 추구는 현재 관찰되는 사회과학과 인문학 영역의 청년 연구나 세대와 지역의 문제를 탐구하는 타 사회과학 분야의 성과들과의 상당한 연결성과 공유하는 문제의식을 표출하기도 한다.

그간에 제공된 연구 사례들을 들여다볼 때, 다양한 플랫폼의 내부 주체들이 표출하는 인식과 이들이 제공한 자가 진단이나 평가를 통해 업무를 둘러싼 내부 관행과 제도적인 쟁점에서 노동의 여러 조건과 관리 방식을 상세하게 파악하고, 그런 연계된 맥락들을 대상으로 집합적인 대응과 비판적 검증을 모색한 점은 상당히 가치 있는 노력이었다고 판단하게 된다. 이와 함께, 이들은 내부 구성원과의 심층 면접을 주요 접근법으로 설정하지만, 여기에 자기기술지나 답변서에서, 온라인 설문 조사, 비평 자료와 언론의 기사 및 관련 문헌, 그리고 비교 사례 등을 적용하면서, 분석의 힘과 설득력을 강화하는 노력을 기울였다. 또한 일군의 연구에서 핵심 접근 방식인 심층 인터뷰나 포커스 그룹 연구를 방법론적으로 보완하는 내용 분석과 텍스트 분석, 담론 분석, 현장 연구, 수용자 연구, 구술생애사 등을 활용하기도 한다. 그런 노력을 기울이면서, 연구자들은 내부에 구축된 체계의 특성과 생산자의 주체성에 작용하는 일련의 담론 효과와 구조화된 요인들의 영향을 조명하는 방안을 탐색한 바 있다. 즉 이런 주제를 '주류'의 방식이 아닌 접근으로 공략하는 대안적인 경험 분석이나 현황에 관한 촘촘한 질적·문화적 진단이 상대적으로 드물었던 과거의 상황을 고려할 때, 앞서 서술한 시도들은 생산연구에 노동 연구의 관점이나 비판 사회학적 분석을 일부 적용한 방식으로도 평가된다. 예컨대 1인 미디어와 유튜브 콘텐츠에 대해 이 신종 플랫폼의 상업적 특성과 매개 효과나 이용 동기와 전파력 등에 주력하는 주류의 연구는 크게 늘었지만, 관련 플랫폼과 수용자 간의 문화적 교섭과 플랫폼 노동이 발산하는 사회적 함의에 주력한 작업은 상당히 적은 상황이다. 그런 측면에서 주류적 연구에서 '비가시적'인 영역으로 치부되던 주제를 탐구하며, 사회적 쟁점에 주목한 생산연구의 의의와 기여를 논할 수 있는 것이다.

마지막으로 특정 플랫폼 영역의 현안이나 부상하는 주제에 주력하는 연구들이 늘어나면서, 해당 사례에서 생산자의 사회경제적 위상 변화나 갈등의 다층성을 땀땀이 추적하거나, 내부의 젠더와 세대 정체성의 위상과 관련된 농익은 교차적인 연구 등의 비교론적 관점의 추구는 상당 부분 능동적으로 추구되지 못한 한계도 드러낸다. 첨언을 하면, 개별 연구가 추구한 핵심 문제의식과 선정된 범주의 진단 필요성을 인정할 수 있지만, 생산연구의 모색을 앞서 언급한 주제 영역에 관한 장기적인 탐구의 방식이나 학자들 간의 공고한 협업으로 변환한 작업은 충분할 정도로 축적되고 있지 못하다. 이를테면 연구자가 천착한 특정 주제와 분석의 대상을 재차 방문하고 숙고하면서, 생산자 집단의 동향과 변화를 긴 호흡으로 조망한 작업은 여전히 소수에 머물고 있다.

조금 다르게, 학술 논문으로의 구성과 이에 연동하는 분석 외에, 더 많은 연구자가 참여하는 독립 저작과 풍부한 분석과 문제 틀을 담아내는 선집은 그런 가치와 필요성이 상당함에도 아직 크게 진척되고 있지 못하다. 앞서 논한 비판적 제언 외에, 생산연구의 추진에서 간과된 다른 측면도 고심할 이유가 크다. 특히 생산연구의 활성화에 있어 긴요한 지지대인 현장으로의 진입과 현장의 고유한 박동을 수렴할 만한 접근성의 추구는 늘 어려우며 고단한 작업이다. 이런 측면과 함께, 연구자가 미디어와 플랫폼 조직에 관해 품을 수 있는 예단과 선입견의 극복에서, 연구 참여자와의 피상적이지 않은 신뢰감rapport의 구성, 특정 대상들의 발화와 진술의 중요성을 선별하고, 관련 쟁점의 진득한 확인을 시행하는 노동은 생산연구를 활용하는 이들에게 만만치 않은 난점과 과업을 제기한다. 이와 함께, 필진은 그런 문제점에 관한 연구자들의 '좌충우돌기'나 시행착오와 생생한 경험 및 특히 '실패담'을 담은 학술 작업의 필요성도 이 대목에서 강조하게 된다(김세은, 2013; 이현서 · 박선웅, 2018; 주형일, 2014). 언론학을 포함해 연구 과정 중에 학자가 맞닥뜨리는 예기치 않은 문제점이나 준비의 부족을 진중하게 성찰하고 상세하게 엮어 내는 작업이 매우 드물기에, 그런 기획의 필요성도 강조하게 된다. 특히 생산연구가 사람과 조직에 관한 탐구를 지향한다는 측면에서 이 제언을 제기하게도 된다.

4. 생산연구를 통해 문화연구자들이 숙고한 쟁점들

앞선 논의들이 시사하듯이, 국내에서 축적된 생산연구는 위계적인 체계 속에서, 다양한 미디어와 문화산업 내부의 행위자들이 실행하는 활동상이 불균등하고 중층적인 방식으로 구현되고, 훈육되며, 또한 제어되기도 하는 일련의 단면과 쟁점에 주력해 왔다. 관련 연구자들은 사안에 따라서 내부의 주체들이 영위하는 역할이나 노동 과정 속에 생성된 난점과 압박을 어떤 방식으로 타협하며, 자신들의 이해관계를 위해 동태적인 대응과 전략을 어떻게 추구하는지를 파악하는 데 힘을 기울인다. 관련 분석을 살펴보면, 문화산업과 저널리즘 부문의 생산자들이 자신들이 만드는 산물의 효용성과 특성을 숙련된 복안과 구성으로 기획하며, 외부로 자신들의 입장이나 주력하는 가치를 종종 능동적으로 표출하며 '방어'하기도 하는 전문가 집단이라는 측면에 주목한 연구 사례들이 적지 않게 구현되고도 있다(김미숙 · 홍지아, 2016; 김예란, 2009; 2015; 김지현 · 이상길, 2011; 나미수, 2011; 안진, 2015; 이강형 · 남재일, 2019; 이상길 등, 2013; 이종임, 2018; 임영호, 2013; 주재원, 2014; 최선영 · 한희정, 2015; 한선 · 이오현, 2012).

조금 다르게, 이 대목에서 생산연구가 지향하는 작업이 과거에는 정치경제학 분야에 속하는 연구자들이 수행했던 연구 영역과 밀접한 관계성을 갖지만, 국내 연구 환경의 경우, 이 전공을 특화하는 연구자들의 활동이 눈에 띄게 축소 · 정체되면서, 관련 주제 영역이 충분히 탐구되지 못한 채 '공백'이자 미완의 영역으로 남겨졌던 언론학 내부의 현실을 돌아볼 필요성도 적지 않다(이기형 · 이상길 · 박진우, 2022).[36] 지난 십수 년간 문화연구자들은 다변화된 문제의식과 안목으로, 특정 대중문화물이나 방송과 언론이 생산한 콘텐츠와 특정 장르의 구성에 개입하는 요인들을 탐구 · 추적하는 분석을 도모해 왔다. 특히 그러한 텍스트의 의미 구성을 넘어, 생산연구를 실행한 주체들은 노동 분업이나 조직화와 권력의 작동 등을 포함하는 제도적 체계가 관련 구성물의 생산에 미치는 영향을 근거리에서 조망해 내는 일련의 사례 분석을 추진해 왔다. 이들은 특히 역량이 상당히 위축된 정치경제학적인 접근이 충분히 탐구하지 못한 조직 내 구성원들이 추구하는 일련의 활동상과 전술적인 대응의 함의와 역량에도 분석의 렌

36 임영호(2015b: 10)도 "정치경제학의 필요성은 증가하는데도 불구하고, 국내 언론학계에서는 연구 경향이 점차 미시화, 파편화하면서 거시적인 접근은 오히려 퇴보하는 추세다. 전통적인 미디어 정치경제학적 접근 역시 [플랫폼들이 주도하는] 환경 변화에 걸맞은 이론적 틀을 발굴하고 지적 의제 설정에서 영향력을 확대하지 못했다"라는 비판을 제기한 바 있다. 물론 언론학 분야에서 정치경제학의 퇴조는 관련 연구자들의 확연한 축소나 제도적 무관심 등과 결부된 이슈이기도 하다.

즈를 적용하는 대안을 도모해 왔다(강진숙, 2008; 박지영 · 김예란 · 손병우, 2014; 박진우, 2011; 2012; 이기형 · 김세은 · 김경희, 2016; 이영주, 2016; 임영호, 2015b; 2021; Havens, Lotz, & Tinic, 2009; Paterson, Lee, Saha, & Zoellner, 2016).

한편 비교 사안으로, 기성의 정치경제학적 관점이나 산업과 제도 분석의 경우, 미디어 조직 구성원의 내부 문화와 성향 체계 및 활동의 이면과 중첩된 갈등 등의 요인에 집중력 있는 진단을 추구하는 역할에는 상대적으로 관심과 추진 동력이 적었다고 볼 수 있다. 또한, 생산자와 조직을 연계하는 다면적인 분석이 적기에, 이런 과정에서 도출된 결과물을 핵심적인 쟁점으로 의제화하는 데도 크게 능동적이지 못했다고 판단하게 된다. 다소 단적으로 논할 때, 미디어 관련 정치경제학의 경우 주요 미디어 관련 정책의 방향성이나 '정치병행성,' 소유와 지배 구조 및 재원 분배의 문제점, 보수 언론의 '편향적 블록화,' 커뮤니케이션 산업의 탈규제화 등의 제도 · 정책적인 기제들이 발휘하는 거시적인 영향이나 공적 효과와 명암에 주력하는 지향성을 보인다(임영호, 2019; 조항제, 2008; 2017; 2020). 물론 앞서 언급한 주제나 미디어의 위상과 직결된 문제의식이 불필요하거나, 함의가 적다는 뜻은 아니다. 그런데도 주로 거시적인 쟁점과 공적 이슈로 편재된 연구와 공적 의제화로 집중된 측면이 놓치는 또 다른 주제들이 제기될 수 있는 점도 성찰할 필요성이 제기된다.[37] 부연하면 정치경제학에서 산업 중

37 달리 말하면, 미디어 생산연구는 기존의 정치경제학적인 접근법이나 제도 분석 혹은 정책연구 등의 주로 '위로부터' 추구되는 거시적인 연구 방식이 놓치거나, 충분한 관심을 투사하지 못하는 프로그램의 기획과 구성, 제작의 주요 방향성이나 체화되는 관점, 그리고 생산 과정에서 발휘되는 규범과 제도적인 압박 등에 주목한다. 특히 생산연구는 다양한 창의성과 기획으로 또한 제도적 관행과 압박을 때로는 거스르면서 콘텐츠와 활동을 꾸려 가는 인간 주체들의 역할에 보다 큰 관심을 적용하기도 한다. 그런 복합적인 요인들에 관한 상세한 관찰과 진단을 시도함으로써, 생산연구는 기존의 관행적인 접근 방식들이 간과하는 생산 주체들 내부의 이해관계와 직능적인 관행의 구성과 차이들, 그리고 추구되는 노동의 주요 특징들을 세밀하게 파악하고자 하는 것이다(김상균 · 한희정, 2014; 박지훈, 2013; 박지훈 · 이진, 2012; 박진우, 2011; 연정모 · 김영찬,

심의 연구가 특정 콘텐츠의 생산에 개입하는 위계와 상징적 권위의 문제나, 인적·제도적인 결합 속에서 구현되는 크고 작은 쟁론과 마찰이나, 이를 '봉합'하기도 하는 내부의 메커니즘에 세밀하게 주목하는 작업이 부족했다는 비평도 제시할 수 있다. 즉 진득한 사례 연구나 민속지학 등을 기반으로 — 연구자의 투신과 참여를 기조로 구체성과 현장성 및 분화된 맥락을 고심하면서 — 탐색하는 데는 앞서 지목한 연구들이 필요한 분석의 역량과 의지를 충분할 정도로 투사하지 못했다고 평가하게 된다.

이제 지금까지 정리한 생산연구들이 함축하는 주요 특징과 문제의식의 적용에 관해 논해 보자. 광의의 미디어 생산연구는 기존에 문화연구나 관련 미디어 분석이 통상적으로 주목하는 방송과 언론 영역의 주요 양식 popular forms들이 발휘하는 지배적인 의미 작용과 구성적인 특징들 그리고 재현의 문화적 차별성에만 주목하지 않는다. 생산연구는 특정한 방송과 영상 텍스트 혹은 기사 등을 기획하고 생산하는 일련의 제작진과 행위자들이 발현하는 다양한 활동상과 의례화된 관행의 함의와 이면, 그리고 내부에서 구축된 성향 및 조직화된 위계와 노동의 조건이나 특성에 지적-분석적인 역량을 집중한다(Beck, 2003; Caldwell, 2008; Mayer et al., 2009; Usher, 2014). 즉 미디어 생산연구는 언론과 문화산업 영역에서 발현되는 제도적인 구조화의 효과를 특정한 방송 장르의 주요 양식들이나 문화적인 텍스트를 생산하는 전문가 집단의 노동과 관행, 그리고 이들이 표명하는 가치의 체계와 유기적으로 결합하는 방식의 확장된 탐구와 분석을 수행한다. 이러한 작업이 부각이 되고 또한 요구되는 이유로는 먼저 다음의 측면을 들 수 있다. 앞서 언급한 주요한 미디어 텍스트들의 역할에 관한 진단과 분석

2008; 윤익한·김균, 2011). 이러한 기존의 연구 경향에 대한 대안적인 요구와 비판적인 성찰을 기반으로 미디어 생산연구가 집합적으로 시도되고 있으며, 지난 십수 년간 국내 학계에서도 분석의 사례들이 꾸준히 축적되고 있다.

의 함의가 가볍지 않지만, 이러한 관행화된 분석이나 주도적으로 활용되는 접근들이 – 예컨대 장르 분석이나, 코드 분석, 혹은 이데올로기 비평 등을 포함하는 광의의 텍스트 분석이 – 놓치고 있거나 충분히 조명하지 못하는 측면을 탐구하고 활성화하기 위한 대안적인 문제의식의 추구와 구체적인 모색에 있다.

주지하다시피 언론 제도와 문화산업 내 생산자들은 상당한 전문성과 역량 그리고 내부의 특정한 가치와 성향을 체화하는 – 동시에 훈련되고 위계화된 집단적인 정체성을 발현하는 – 사회적인 영향력이 상당한 전문가 집단이라고 할 수 있다. 기존의 언론학 내 실증 연구나 제도 분석이 지향하는 정책 중심의 탐구와 의식 조사 등의 작업을 통해서, 앞서 언급한 제도적, 인적, 그리고 문화적 요인들이 발휘하는 주요 효과와 단면들을 일정 부분 파악할 수 있다. 그런데도 이러한 기존의 접근들이 충분히 밝혀내기 어려운 측면들이 분명히 존재한다. 즉, 생산연구는 언론과 문화산업 영역에서 제도 내부의 다양한 주체들이 실천하는 주요 활동상이나 이들이 수행하는 생산과 노동의 조건과 과정들을 상세하게 파악하고자 하며, 또한 내부에서 생성되는 동학과 관계성의 특성과 이면에 주목하기도 한다.

조금 다르게 풀어보면, 생산연구는 관련 주체들이 대면하는 제도적인 실행 속에서 생성되는 일련의 대응과 순응, 마찰과 협의, 압박과 돌파, 자기 정당화와 이해관계의 추구 등 핵심적이고도 과정적인 단면들을 심화시켜 탐색함으로써 생산 과정과 산출되는 양식의 특징과 전모를 조명하고자 하며, 기획과 생산의 주체들이 수행하는 작업에 관한 입체적인 진단과 함의들을 풀어내는 데 분석적인 초점과 문제의식을 집중시키는 것이다. 미디어 생산연구는 이러한 기존 텍스트 중심의 연구들이 노출하는 공백gap이나 연구의 필요성에도 불구하고 충분히 진척되지 못한 '학문적인 맹점'과 분석적인 대안의 필요성에 적극적으로 대응하고, 일련의 복안과 고민을 숙고하기 위한 문제의식으로부터 출발하게 된 것이다(임영호, 2015; Allan, 2010;

Caldwell, 2008; Gray & Johnson, 2013; Hartley, 2005; Hesmondhalgh & Baker, 2010; Holt & Perren, 2009; Mayer, 2011).

한편 앞서 소개한 미디어 문화연구의 영역을 중심으로 한동안 활발하게 추구되었으며 뚜렷한 방향성을 구축하게 된 수용자 연구reception studies의 경우, 텍스트와 의미 중심의 해독이 지닌 한계나 치우침을 보완할 수 있는 지적인 작업과 보완적인 분석을 제시하는 데 상당히 공헌한 바 있다(고우람 · 이오현, 2011; 김수정, 2010; 원용진, 2014). 특히 미디어 텍스트나 문화생산물에 내장되는 지배적인 코드와 가치들이나 혹은 의미들이 생활 세계 속의 다양한 수용자 집단과 만나면서 일정한 '굴절'과 대응 및 차별적인 수용 등을 겪게 되는 측면을 동태적으로 그리고 세밀하게 풀어냄으로써, 수용자 연구는 기존 전문가 중심의 해석력과 이론 틀의 활용에 주로 기대는 텍스트 분석이나 외부에서 주로 제기되는 관찰과 인상 비평의 관성과 한계를 넘어서고자 하는 대안을 매개한 바 있다. 동시에 다양한 수용자 연구가 활기를 보이면서, 사회적으로 회람되고 소비되는 의미들의 생산과 가치 작용을 지속해서 제공하는 문화산업이나 미디어의 역량과 힘을 충분히 고려하지 못하거나, 이러한 측면을 보다 다층적인 해독의 방식으로 풀어내지 못하는 문제점에 대한 지적과 비판 또한 부상하게 되었다. 예컨대 수용자 연구라는 이름으로 '다성성polyphony'과 '다의성polysemy' 혹은 '저항적인 해독'과 수용자들이 표출하는 즐거움의 추구와 이 과정에서 발현되는 정치성에 대한 과도한 평가나 연구자들이 제기하는 정치적인 해석이 부분적으로는 혹은 과잉되게 투사된 사례들도 일부 존재하기 때문이다. 또한 수용자들의 '능동적인' 해독 능력과 이들이 수행하는 전략이나 복합적인 수용의 실천에 주목하는 지적인 관심이 분명히 필요하기는 했지만, 제도적인 영향력과 구조화의 효과를 주변화하면서 지나치게 미시적인 수용과 미디어 활용의 단면에 주로 주목하는 — 즉 수용자들의 해독이나 감정 구조에만 집중적으로 분석의 초점이 투사되는 — 수용자 연구의 문제점을 비판적으로 지적하는 목소리들이 부상한 바 있다(나미수, 2005; 이기형, 2011; 이오현, 2005; Bird, 2009; Mayer & Banks, 2015).

이러한 미디어 관련 문화연구 영역 내 축적된 일군의 경향성과 관행에 일정한 비판과 성찰을 제기하면서 등장한 생산연구는 대중적으로 선호되며 일상적으로 소비되는 다양한 방송의 텍스트들이나 주요 대중문화물의 기획과 제작 과정에서 핵심적인 역할을 담당하는 생산자 집단의 활동상을 다면적으로 파악하려 하며, 이들이 현업에 종사하게 되면서 겪게 되는 제도화 과정의 궤적과 영향들이 불균등하게 생성하는 일련의 효과들을 진중하게 탐구하는 작업을 추구한다. 부연하자면 생산연구의 관심은 광의의 저널리즘에서 문화산업 영역 내부의 기자와 PD, 작가와 FD, 그리고 보조 인력 등 복수의 주체들이 구현하는 전문성과 분업화된 노동의 단면들, 내부에서 형성되는 가치와 문화의 특질에 대한 조명, 이들의 작업에 직간접적인 영향과 훈육을 발휘하는 제도적인 조건과 이해관계들의 진단, 그리고 관련 주체들이 특화된 환경에 대응하며 모색하는 실행의 전술들을 복수의 관점으로 접근하고자 하는 것이다(김건우 · 김균, 2013; 김경희 · 윤영민, 2008; 김영찬, 2007; 심홍진 · 김세은, 2009; 이기형, 2011; 이상길 외, 2013; 임영호 외, 2008; 2009; 한선 · 이오현, 2013; 2010; 허진아 · 이오현, 2009).

또한 '저널리즘 연구' 영역에서 이미 상당한 기간을 두고 뉴스나 보도 부문의 생산자들이 대면하는 조직 문화와 의사 결정의 특성이나, 이들 내부에 존재하는 직능과 역할을 둘러싼 재사회화의 단면들, 그리고 이들 측면에 미치는 제도적 · 물적 영향을 '조직 이론'이나 조직의 위계화, 전문직 가치 등의 개념을 적용하는 사례 연구의 방식들도 등장한 바 있다(김경희 · 윤영민, 2008; 김사승, 2012a; 2012b; 박재영 외, 2016; 유건식 · 문상현, 2014; 육서영 · 윤석민, 2013; 윤익한 · 김균, 2011; 장용호 · 노동렬, 2010; 허철 외, 2009; 홍지아, 2016). 예시하면 관련 연구자들은 양적 · 질적 방법론으로 언론인이나 방송의 제작진을 대상으로, 이들이 속한 조직에서 구현된 주요 가치와 생산물에 관한 내부자들의 판단이나 가치 평가에서 이들이 노출되는 위상과 전문성의 불안이나 부담 등을 탐구한 바 있다. 주로 문화연구자들이 중심 역할을 맡아 온 미디어 생산연구는 이러한 저널리즘 영역의 작업이나 움직임과 공유되거나 교차하는 분석의 지점을 '일정하게' 형성하고 있으며, 나아가서 언론학 내부에 완강하게 구축된 '영역주의'와 지적인 노동 분업의 한계를 부분적으로라도 넘어서려는 하나의 활성화된 대안이자, 보다 결집이 된 지적인 방향성을 추구하고 있다(임영호, 2015; 2020).

그간에 미디어 생산연구가 상당한 호응을 얻게 되면서, 좁게 설정된 문화적인 해독과 진단을 넘어서서, 특정한 방송과 오락 콘텐츠나 기사 등을 만드는 과정에 관여하는 제도적인 관행과 이해관계나 통제와 압박을 둘러싼 요인들의 조명, 그리고 내부의 주체들에게 상당한 영향을 발휘하는 인적 관계망과 담론적인 효과들이 부문별로 탐구되고 있다. 특히 이런 과정에서, 박진우(2011)의 표현을 빌리면, 생산연구라는 문제의식을 공유하는 학자들이 생산의 주체들이 실천하고 대면하는 '전문성,' '창의성,' '유연성,' 구조적 '불안정성'의 복합적인 단면과 이면을 상세하게 탐구하고자 하며, 이들 실천과 제도적인 요인들 간 (불균등한) 상호 작용의 효과들을 본격적인 분석의 대상으로 설정하기 시작한 것이다. 이러한 집합적인 지적인 관심을 좁은 의미의 문화적인 분석을 넘어서려는 확장된 "관계론적인" 분석이나 "구성주의적인" 관점의 적용으로 보아도 무방하리라고 판단한다(이광석 외, 2016).[38] 즉 생산연구는 기사나 방송물과 같은 문화 양식과 이를 만드는 데 큰 역할을 하는 특정한 가치와 관점, 그리고 노동과 생산에 관

38 이광석(2016)은 과학기술학이나 담론 분석에서 구현한 '구성주의constructivism'라는 문제틀이 과거에 분리되어 분석되던, 테크놀로지와 인간 주체들의 활동, 문화적, 경제적, 사회적 요인들에서 이들이 활동하는 특정 분야의 관행 등을 통합하면서 이들 간의 응축된 결합으로 특정 생산물이나 현상을 진단하는 방안임을 제기한 바 있다.

여하는 제도적인 규범과 이해관계들이 복합적으로 — 그리고 특히 '불균등'하게 — 결합이 된 행위로서 생산자 집단의 활동상과 이들이 제공하는 생산물을 조밀하게 조명하고자 한다. 동시에 생산연구는 이러한 제도 언론 내 구축되는 현실에 밀접하게 착종이 된 탐구와 구체적인 분석의 필요성을 지식 생산의 장에서 '가시화'하고, '이슈화'하(려)는 — 그럼으로써 정당화하려는 — 목적과 문제의식을 강하게 제기한다.

한편 미디어 생산연구가 현재까지 선호하거나 주도적으로 활용하는 방법론으로는 제작 인력이나 문화생산자 집단의 일부를 대상으로 하는 심층 인터뷰가 주종을 이루고 있으며, 이 외에 집담회나 포커스 그룹, 구술사와 생애사, 자기기술지와 자전적인 접근, '하비투스habitus' 혹은 성향 체계와 장이론의 적용, 그리고 (자기)민속지학과 현장 연구 등이 활용되고 있다(김세은, 2012; 김호영 · 윤태진, 2012; 류웅재 · 박진우, 2012; 박진우 · 송현주, 2012; 안진, 2015; 이상길 외, 2013; 이오현, 2007; 지영서 · 김영찬, 2010). 또한 기존의 텍스트 분석, 비평문과 관련 기사들을 포함하는 문헌 분석과 담론 분석, 설문 조사, 내용 분석, 그리고 제도에 주력하는 유형의 분석 등이 보완적으로 조합되기도 한다.

5. 생산연구의 수행에서 유념할 덕목들

이제 지금까지의 논의를 정리해 보자. 앞서 거론한 미디어 생산연구의 요소와 방향성을 채용한 연구들이 주는 논점과 함의는 다음과 같다. 첫째, 기존 대중문화 관련 분석이나 수용자 연구 등의 영역에서 주로 활용해 온 심층 인터뷰와 포커스 그룹이나 혹은 참여 관찰 등의 질적 방법론을 제도화된 방송과 문화 생산 영역 내 다양한 전문직 생산자들에게 적용함으로써, 생산연구가 전문성과 분석 영역의 확장을 의욕적으로 도모한 측면은 꽤 유용했다고 볼 수 있다. 이는 문화연구가 주목해 온 기존의 주제 영역을 벗어난 새로운 돌파구의 모색이자, 지식 생산이 대응할 '공공성'에도 관심을 기울인 유용한 시도라고 할 수 있다. 무엇보다도 문화연구자들이 그간 언론 제도 내부로의 접근이나 분화된 연구 자체를 많이 시도하지 못했던 광의의 미디어 산업 내 생산의 주체들이 구축한 특정한 조직 문화와 관행, 이들이 지향하는 가치와 관점들, 그리고 관련 행위자들이 대면하는 작업 환경과 압박을 가늠하게 해 주는 일련의 사례와 집중된 분석의 틀을 축적한 측면은 적지 않은 지적-사회적인 성취라고 판단할 수 있다(이오현, 2015). 이런 측면은 문화연구자들이 상대적으로 익숙한 미디어 비평이나 저널리즘 콘텐츠에 관한 비판적 해석을 좀 더 명료한 경험 연구와 통찰로 보강하는 방안으로 추진된 바 있다. 앞서 설파했듯이, 생산연구의 성과는 기존 방법론과 문제 틀의 일정한 변화와 집중력이 깃든 모색을 일군의 문화연구자들이 저널리즘에서 문화산업으로 편재되는 영역을 중심으로 새롭게 추진한 결과를 반영한다.

특히 임영호 외(2009; 2008), 연정모와 김영찬(2008), 이상길 외(2013), 이오현(2005), 한선과 이오현(2011; 2013) 등의 연구는 미디어 생산의 주체들이 구성하게 되는 전문직 직업화의 주요 단면들과 쟁점들, 차별화된 커리어와 정체성의 형성과 더불어 생산 과정과 현장에 개입하는 복수의 심리적, 상징적, 제도적인 기제와 영향의 요인들을 상세하게 조명한 바 있다. 또한 이들의 작업은 일정한 편차를 보이지만, 특정 생산물이 구현되기까지 그러한 복잡한 과정에 작용하는 다양한 힘과 권력의 역학을 구체적으로 탐색하는 작업을 제시함으로써, 생산연구의 함의와 역량을 심화시키는 데 상당히 공헌한 바 있다. 이런 상당한 결집과 공감이 반영된 기획들이 다수 성사되면서, 관련 연구자 간에 경험적 사례 분석의 축적과 후속 연구를 위한 지적 연장과 앎을 수렴하게 된 점은 명백히 상당한 의의와 진전된 결실이었다고 판단하게 된다.

동시에 임영호(2020)가 강조하듯이, 기존의 생산연구가 과거에 접하기 어려운 범주의 확장과 축적된 연구의 흐름을 적지 않게 형성했지만, 미디어나 플랫폼 조직 내부에서 이루어지는 다양한 '권력 작용'과 내부의 주체들이 연루된 가변적인 대응을 방법론적 측면에서 좀 더 동태적으로 '정교하게' 탐구하지 못한 한계도 지적할 수 있다. 앞서 살펴본 관련 연구들이 상징하듯이, 생산연구를 시행한 이들은 주로 내부의 대상과의 심층 인터뷰를 선택했으며, 현장의 다양한 리듬이나 특화된 노동과 협업을 밀도 있게 조명하지는 못한 연구들도 등장했기 때문이다. 이런 문제점은 언론과 문화산업 내 주체들이 연구자들에게 드러내는 '폐쇄적인' 인식이나 생산연구에 관한 이해 부족이 그런 귀결을 만드는 데 일조하기도 한다. 이는 현장 연구를 '시도한' 연구자들이 이 측면과 관련된 큰 어려움이나 직면했던 무관심을 토로하는 일군의 발화로 예시되기도 한다. 또한 현실적으로 내부 구성원과 밀도 있게 교섭하는 유형의 탐구는 단일 연구가 정교하게 반영하기 어려운 과업이라 할 만하다.[39] 그럼에도 내부 행위자의 반응에서 이들의 활동과 담화를 좀 더 근접하고 관계론적으로 파고든 연구가 드문 측면도 성찰할 필요가 있다. 이 같은 측면은 생산연구의 질적 도약과 다면적인 접근의 구성을 위한 '도전'으로 여전히 자리매김하게 된다.

둘째, 범언론학의 영역에서 그간에 생산연구가 확연하게 학문적인 가시성을 획득하고, 상당한 수준의 특화된 사례 분석과 숙련된 진단을 가져

39 이를테면 생산연구는 소수의 연구자가 기존의 사례 분석이나 텍스트와 담론 중심의 분석에 전념하는 방식과 차별화하면서, 미디어와 플랫폼 내부의 구성원을 만날 필요가 크다. 동시에 우리의 경험으로도, 그런 시도가 성과를 생성하는 사례도 있지만, 종종 무관심과 침묵에서 '완강한' 거절을 겪게 되는 경우도 상당하다. 즉 내부의 주체들과 만나기 위해서는, 연구의 의의를 이해시킬 수 있는 소통의 필요성과 활성화된 인적 교류와 연결망을 미리 준비하는 기획이 요구된다. 한편 임영호(2015) 등이 주창한 생산의 구조와 내부 구성원의 활동을 '동적으로' 포착하려는 연구는 상당한 시행착오와 대면하게 되는 난점 자체를 연구의 필연적이면서 과정적인 요인으로 자각할 필요도 있다.

왔지만, 분석되는 내용과 방향성 그리고 심도 등에 있어 일정한 한계나 충분히 탐구되지 못한 측면들 또한 노출되고 있다. 즉 지금까지 제시된 상당수의 생산연구 계열의 연구들 속에서, 진단되는 '미시적' 사례에 직간접적으로 관여하는 거시적인 맥락성과 주요 영향을 동태적으로 탐구하는 작업이 '끈질기게' 추구되지 못했다는 비판도 그간에 등장한 바 있다(임영호, 2015). 부연하면, 미디어 생산 주체들의 직능적인 특성이나 관행과 외부에서 파악하기 어려운 이면과 갈등을 사안별로 상세하게 — 혹은 때로는 '평면적'으로 — 관찰·기술하는 작업의 관성을 넘어서서, 생산 과정의 구조적인 환경 변화와 내부 주체들의 '행위자'적인 대응이나 성향 체계의 구성과 (자기) 정당화의 제 측면을 정교한 방식으로 풀어내는 비판적 진단의 필요성이 제기되는 것이다. 이는 개별적인 혹은 고립된 사례에 집중된 진단이나 설정된 연구의 미시적인 범주를 넘어서, '국면적인' 측면에서 해당 사례에 발휘되는 크고 작은 맥락들의 교차적인 효과들을 다양한 경로를 통해서 진중하게 탐색하는 방식으로의 전환과 더불어 만만치 않은 집중력을 요구하게 된다.

예시하면, 현시점에서 레거시 언론 내부의 구성원이 직면하는 위상의 추락이나 신뢰도의 하락과 관련해서, 생산연구를 추구한 이들이 그런 현실에 장기적인 효과를 제기하는 제도와 정책적 요인에 관한 문헌과 실증조사나 언론 내부의 상황을 반영하는 특집 기사와 자체 보고서 등을 활용할 필요성도 크다. 이런 대응으로 분석된 연구의 사례가 함축하는 확장된 진단이 가능할 수 있으리라 생각된다. 박진우와 송현주(2012) 그리고 박진우(2015)는 "경제적 이해, 사회적 폐쇄, 국가 권력과의 규제 협상적인" 관계 등을 주요 요인으로 삼아, 언론인의 위상과 직업 정체성이 복합적으로 도전받으며, 저널리즘의 실천에 부정적 영향을 주는 현실을 탐구한 바 있다. 또한 관련 방법론적 접근 차원에서는 일회적인 현장의 탐방이나 인상주의적인 진단의 제기 혹은 내부 주체들의 담화와 진술을 '단순하게' 반영하는 작업 이상의 치밀한 분석이 발현되는 탐구의 다면성이 요구되기도 한다. 즉 추구되는 작업 전반에 관한 동적인 해독 및 교차 분석과 재귀적인 비판성의 반영 등이 진전된 생산연구의 필요성으로 강조되는 것이다. 기존의 생산연구가 탐색적인 단계를 넘어서, 일정한 결실과 의의 그리고 공명을 낳기 위해서는, 임영호(2015: 12)의 표현을 빌릴 때, "방송 관련 직업의 구조적 환경과 행위자의 차원을 아우르면서 양자 간의 (불균등한) 상호작용이 이루어지는 방식을 분석하는 입체적인" 그리고 "내실화하는" 진단의 사례들이 향후 모색될 후속 연구들에서 더 폭이 넓고 다층적으로 시도될 필요성이 큰 것이다.

셋째, 언론과 문화산업에 종사하는 기자와 PD, 작가 등의 생산자 중 일부는 학자들이 종종 자신들이 활동하고 대면하는 현실에서 벗어난 논의를 제기하거나 상당 부분 관성적인 '아카데미즘'에 몰입된 '탈맥락적인' 연구 혹은 제작의 현실에서 일정 부분 유리된 해독과 진단을 제공한다는 반박이나 비판을 — 혹은 사안별로는 직설적인 '불만'을 — 제기하기도 한다. 즉 이들은 기사와 뉴스 혹은 드라마나 시사 프로그램 등의 제작을 둘러싼 생산 과정 속에 존재하는 구체적인 관행과 난점들, 그리고 자신들의 활동에 관여하는 복수의 내외부에 구축된 이해관계에 관한 학계 연구자들의 상대적인 무관심이나 인식과 경험의 부족함을 지적하기도 한다. 첨언을 하자면, 학술적인 논의와 개념을 정제된 진단이 부족한 채, 무리하게 특정 생산물의 분석에 '외삽extrapolate'하는 등의 제작과 기획의 현실에 제대로 접맥되지 못하는 연구의 경향성이 존재해 온 측면을 생산연구를 도모하는 이들이 경계할 필요가 제기되는 것이다.

생산연구는 이러한 적지 않은 생각할 논점들을 불러일으키는 저널리즘과 문화산업의 구성원들로부터 제기되는 '이유 있는' 이견과 비판에 대한 개방적인 이해와 함께, 이런 측면을 분석의 고리로 삼아 현실적인 대안을 고민한다는 측면에서, 기존의 연구 방식을 넘어서는 대응과 동태적인 함의를 발휘할 수 있다. 즉, 생산자 집단과의 진중한 의견과 관점의 교환이나 현업과 학계 사이의 경계를 가로지르는 상호 작용을 구체적으로 도모함으로써, 생산연구는 양자 사이에 공유되는 문제의식과 지식의 확장된 구성에 공헌할 수 있는 대안적인 '교량'의 역할을 활성화하며 후속 연구를 위한 구체적인 단서와 기반을 제공하는 것이다. 물론 그러한 대화와 소통을 좀 더 활성화하는 생산자들과의 만남이나 '포럼'의 구성도 좀 더 적극적으로 구현할 필요가 제기된다.

넷째, 미디어 생산연구가 지향·발휘하는 대안과 확장성 그리고 역량을 구체적으로 실현하기 위해서는 기존의 분석 방식이나 관성을 벗어나려는 노력과 더불어, 생산자 집단과의 상호 작용을 끌어낼 수 있는 준비된 복안과 구체적인 문제의식, 도전적인 발상, 그리고 연구의 대상들이 공감을 발할 수 있는 기획을 고안하려는 지속적인 노력이 요구된다. 이는 무엇보다도 정제된 생산연구가 구현되기 위해서는 분석의 대상이자 '협업'의 파트너 역할 등을 기대할 수 있는 생산 주체들의 협력과 인식의 확장이 명백히 긴요하게 요구되기 때문이다. 그런데도 연구진의 경험으로는 막상 연구자가 생산연구를 진행하기 위해서 사전 모임과 인터뷰 그리고 작업 현장 속으로의 방문이나 기획 회의의 관찰 등의 협조를 요청했을 때 호의적인 반응과 협력을 얻게 되는 사례들도 있지만, 무관심에서 완곡한 거절이나 까다로운 응대 등을 대면하게 되는 경우들도 적지 않게 존재한다(이기형, 2010; 이기형·황경아, 2016; 2019; 임영호, 2015). 상당한 작업의 압박과 기한에 쫓기며, 학계와 비교할 때 외부의 연구자들에게 크게 개방적이라 간주하기 어려운 언론사나 문화산업 내부의 인식을 고려하면, 이러한 생산자들의 반응은 일견 어느 정도 예상되기도 한다.

단적으로 논하면, 생산연구의 성패는 상호 작용이 심화된 방식으로 형성되는 수준의 심층 면접과 담화를 형성하며, 일정 기간에 걸친 제작 현장이나 기획 회의 등을 참관할 수 있는 현장 방문과 참여 관찰이 가능한 수준으로 문제의식을 공감하고 네트워크를 형성하는 데에 달려 있다고도 할 수 있을 것이다. 특히 생산연구를 수행하기 위한 사전 작업이 인적 관계망의 형성이나, 섭외된 내부의 정보원이나 지인들을 매개로 한 지속적인 교섭, 혹은 기획된 연구의 취지를 공감하는 이들과의 교감의 형태로 일정 부분 활성화되지 않으면, 생산연구의 실행은 적지 않은 난점과 더불어 종종 방어적인 회피나 무관심 등에 부딪히게도 되기 때문이다. 앞서 언급한 종종 예견되는 난점이나 기획에서 실행에 이르는 과정적인 어려움에도 불구하고, 생산연구는 기존의 미디어 콘텐츠에 대한 텍스트와 수용자 중심의 접근에서는 충분히 다루어지지 않는 주제와 영역을 탐구하려는 방향성과 진전된 대안을 추구한다.

예컨대 이러한 의지가 담긴 시도는 기존의 제도·정책 중심의 분석과 텍스트 분석 사이의 중간 지대에 존재하는 미디어 콘텐츠의 기획과 생산의 주요 단면들, 특히 방송과 문화산업 내부에서 활동하는 전문직 종사자들의 분화된 노동과 핵심적인 (이해) 관심사들, 이들이 표출하는 전문직 정체성과 '자기 정당화', 확립된 가치 체계와 습속, 그리고 이들의 활동에 직간접적인 영향을 발하는 제도적인 압박의 내면화 등의 핵심 요인을 밀착해서 포착하려 한다는 측면에서 주시할 가치와 의의를 발휘한다. 부연하자면, 생산연구는 단순히 새로운 '소재주의'의 확장이거나 생산자들의 관점과 현황을 주로 일방적으로 수용만 한다는 '오해'와 '예단'을 주체적으로 넘어서기 위한 정치한 대응을 요구한다. 즉 생산연구는 체계적이고 심도 있는 진단의 방식과 완성도가 높은 결과물을 제시할 수 있어야 한다는 요구와도 대면하고 있다(강진숙 · 이광우, 2012; 박지훈, 2013; 이오현, 2015). 이와 관련하여, 지금까지 모색된 탐색적인 시도나 단속적으로 진행된 연구들 외에, 특정 주제 영역을 — 예시하면 뉴스룸의 역할이나 기자나 PD 집단의 사회화 과정 등에 관한 다면적인 해독 혹은 공적 갈등을 다루는 광의의 시사 프로그램 내부의 동학에 대한 치밀하고 호흡이 긴 진단 등 — 일련의 연계된 흐름으로 분석의 밀도와 두꺼운 관찰을 성취하는 복수의 연구들이 활성화될 필요성이 적지 않은 것이다.

앞에서 제기한 측면을 고려하면서, 임영호(2015: 5)는 "생산 과정에서 [인적·제도적 측면 등] 다양한 요인들의 교차 방식을 '진하게 묘사'하고 (복합적으로) 개념화"하려는 진중한 노력과 함께, 생산연구가 개별 사례의 진단을 넘어서는 다층적인 탐구와 이론화에 좀 더 정련된 관심과 노력을 투사할 필요가 있다고 제언하기도 한다. 즉 탐구 과정에서 활용되는 연구 전략과 관련하여 "가능하면 광범위한 유형의 자료를 활용하고, 오랜 관찰을 통해 연구 대상에서 폭넓은 요인들이 작용하는 양상을 읽어 내는 끈기 있고 세심한 자세"와 "현장을 바라보면서도 미시적이고 비가시적인 부분의 역할에도 주목하는 세심한 관찰력과 분석력"이 요구되는 것이다(임영호, 2015: 17). 그가 설파한 분석과 보완의 과정을 조금 다르게 논하면, 흔히 비유적으로 '삼각 측량triangulation'이라고 정의하기도 하는 생산연구에서 추구된 진단의 세밀한 복기와 타당성이 발현되는 추론의 실행이 거듭 요청된다. 즉 생산 과정의 '외부'에 위치하며 내부의 관행과 문화를 충분히 파악하기 어려운 — 동시에 조직 내부의 이견과 마찰 그리고 은밀한 통제 요인의 전모를 파악하는 데 상당한 어려움을 대면하는 — 연구자의 시각에서, 분석의 대상과 긴밀하게 연계되는 일련의 담론적인 그리고 특히 맥락과 결부된 주요 자원들을 교차시켜 활용하면서 치밀하게 해독하는 작업의 필요성이 제기되는 것이다.

요컨대 삼각 측량이나 정제된 비교 분석의 실천은 생산연구가 주목하는 내부자의 행태가 어떻게 사회·역사적으로 구현됐는지를 파악할 만한 관련 자료들의 진득한 탐구와 선행 연구의 통찰을 긴요하게 활용하는 측면을 중심으로 구현할 필요가 있다. 예시하면, 기존에 존재하는 저널리즘 연구나 미디어 사회학의 렌즈로 갈무리한 미디어 구성원의 직업 문화의 특징이나 이들이 직면하는 쟁점을 전술적으로 활용하는 방안이 필수적으로 요구되는 것이다. 이와 함께, 미디어 관련 공공 기관에서 이루어진 사례 분석이나 직무와 위상 관련 실태 조사와 공신력이 있는 보고서 등의 보완적인 자료를 생산연구의 탐구를 위한 자원으로 이용하는 방식도 마땅히 포함할 수 있다. 즉 이러한 생산연구의 진전을 위한 범용의 대안을 더 고려해 보면, 단기적이지 않은 방안으로 생산 주체들의 고민과 내부에서 모색되는 전술적인 해결책, 그리고 내외부의 다층적인 이해관계가 발산하는 영향력과 타협의 단면들을 끈기 있게 조명하고 설득력 있게 '추정'하는 작업이 긴히 요구된다고 할 수 있다.

정리하면, 이런 보완책은 또한 외부에 발표되는 지표나 생산자나 경영진들이 구사하는 정당화와 합리화의 담론을 넘어서는 수준의 끈질긴 논점의 모색과 상세한 문제 제기, 그리고 대안적인 해독을 요구한다(임영호, 2015; 최선영 · 한희정, 2015).[40] 특히 시사 프로그램의 생산자들이 대면하는 제도적 · 미시적인 개입의 측면이나 내부의 분위기를 복수의 해석적인 입장에서 파악하기 위해서는 구성원들의 증언과 판단, 그리고 외부의 미디어 전문가들의 진단과 비평 텍스트들의 결합을 통한 상당한 근거와 설득력이 발휘되는 탐구와 확인 작업이 요구된다. 부연하면, 개별 사례를 넘어서는 동향이나 전모의 파악이 생산연구의 모색에서 명백히 보강과 보완이 필요한 진단의 영역으로 제기되는 것이다. 이제 방향을 돌려서, 국내 연구자들에게 큰 영향과 고려할 주요 전범을 제공한 영미 학계의 생산연구로 논점을 바꾸고자 한다.

40 예를 들면, 미디어와 문화산업의 동향과 특징 기획을 파악하는 데 필수적인 내부자들의 섭외가 이루어졌다 해도, 이들이 발화하고 강조하는 관점이나 의견을, 주제와 공유되는 자료를 통해서 재확인하며, 그런 과정에서 과장과 윤색이나 논점의 치우침 등을 세밀하게 파고드는 노력이 요구된다.

3장

해외 생산연구의 특성과 함의

이제 한국의 '외부'에서 이루어진 생산연구와 관련된 주요 추세와 접근법의 특징 그리고 주목할 성과들에 관해 점검해 보고자 한다. 단적으로 논해, 관련 분석들이 국내에서 제시된 생산연구에 발휘한 개념적인 동시에 문제의식 구성 측면에서 제기한 영향이 상당히 유의미하며 긴요하기 때문이다. 한편 이 책에서 짧지 않은 지면을 활용하면서, 주로 '영어권 학계'에서 문화연구와 접맥되면서 축적된 생산연구의 주요 방향성과 특징을 풀어내는 이유는 다음과 같다. 먼저 필자들이 영어 이외의 언어를 충분히 이해할 수 있는 역량의 부족함과 함께, 영미를 제외한 유럽이나 다른 언어권에서 수행된 생산연구의 동향이나 변주를 제대로 파악하기 어려운 현실적인 조건이 존재한다. 그보다 중요하게, 영미 학계에서 시행된 생산연구는 양적으로 풍부할뿐더러, 국내 범언론학 영역에서 동종의 연구를 수행하는 이들에게 적지 않은 영향과 자극을 준 바 있다. 이와 함께, 한국에서의 문화산업의 재편과 새로운 플랫폼들의 부상 그리고 이 과정에서 관찰되는 유연화된 기획의 명암과 불안 노동의 확산은 영미 학술 영역에서 생산연구가 주목했던 주요 양상과 상당히 근접하고 교차하는 사례들을 생성하고도 있다. 즉 영미 학계에서 축적된 생산연구나 비슷한 지적-비판적 지향들은 단순히 '외생적인' 이론적·분석적 자원 차원을 넘어서, 상당히 공유되는 인식과 숙고할 함의를 제공한다.

이 같은 측면을 고려할 때, 한국 외부에서 이루어진 광의의 생산연구가 발휘하는 개념적·방법론적인 특성의 전술적인 '전유appropriation'나 성찰적인 '지역화'의 노력이 제공할 수 있는 의의와 가치가 명백하게 존재한다. 우리는 그런 인식을 표방하면서 이 장에서 관련 연구의 특징과 성과에 대한 압축적인 정리를 도모하고자 한다. 이는 동시에 지식 생산의 추구에서 영미의 생산연구가 집적한 성과나 방향성만을 중심으로 학술적 유용성과 비중, 그리고 가치의 문제를 재단하려는 것은 아니다. 부연하면, 비슷한 시각을 견지하는 외국의 문화연구자들이 발휘한 생산연구의 영향을 두고,

한국이라는 로컬의 특정한 사회경제적 조건과 관련 학술 연구의 흐름을 — 특히 이를 한정하는 요인들을 '재귀적'으로 고려하면서 — 새롭게 추구될 필요성이 상당하기 때문이다. 이제 영미의 문화연구가 구축한 생산연구로의 모색을 논하기 전에, 이 비판적 지식 생산이 미디어와 사회 현상에 어떤 주목할 대응과 탐구를 독자적으로 모색했는지를 먼저 정리해 본다.

1. 영미 문화연구의 '고전적인' 지향과 특징

생산연구에 직간접적 영향과 기반을 제시한 영국 문화연구의 활동 사례를 영국에서 뿌리를 내린 문화연구의 역사와 활동을 중심으로 파악해 보자. 주지하다시피 영국의 '버밍엄학파the Birmingham School'가 1960년대 중반에서 지금까지 집합적으로 실천해 온 문화연구의 기획은, 매우 선이 굵고 다양한 방식으로 사회·문화적인 변동과 정치적인 동학을 탐구하는 지식의 실행을 추구한 바 있다. 특히 스튜어트 홀(1932~2014)의 단단한 비전과 지적 권위를 중심으로 — 또한 '버밍엄'을 상징적인 구심점으로 삼으며 — 확산이 된 문화연구는 이른바 '가치중립성'을 내세우며 요동치는 현실과 상당한 분석적인 거리를 유지하는 주류 사회과학의 관행과 관성을 급진적으로 넘어서는 차원의 지식 생산을 지속해서 추구해 왔다(순야, 2008; Barker & Jane, 2016; Chen, 2017; Grossberg, 2010; 이기형, 2011; 이상길, 2010a; 2010b). 핵심 사례로 버밍엄대학교의 '현대문화연구소Center for Contemporary Cultural Studies'의 작업으로 상징되는 영국의 대중문화에 관한 진단과 특히 '하위문화' 연구는 민속지학적 접근방법과 다양한 질적인 방법론들을 사용해 전후 산업화와 도시화 그리고 중산층화를 급격히 겪던 영국 사회의 지형에서 세대 간의 갈등과 특히 청년세대가 만들어 내는 다종다기한 의미 생산과 차이들 그리고 스타일에 주목하는 '문화정치학cultural politics'이라는 주제에 천착해 왔다. 폴 윌리스Paul Willis, 딕 헵디지Dick Hebdige, 스튜어트 홀과 토니 제퍼슨Tony Jefferson 등의 작업으로 대표되는 영국의 청년 하위문화 연구는 복수의 하위문화 관련 주체들이 주어진 사회 구조 내에서 경험하는 모순과 갈등을 상징적 층위에서 '저항'하거나 해결하려는 일련의 과정과 노력에 특히 주목했다(Hall & Jefferson, 1976; Hebdige, 1979; McRobbie, 2005; Willis, 1981).

이들은 세련된 이론 중심의 문화를 대상으로 하는 연구가 구조주의의 영향 아래서, 인간 주체를 지배 담론이나 제도가 형성하는 구조물이나 효과 정도로 저평가되는 것을 비판하고, 문화 실천의 행위자이자 의미의 생산자로서의 주체가 지닌 상대적으로 '능동적인' 동시에 현실에 대응하는 역량에 주목했다. 즉 영미권 문화연구자들은 명백히 행위자로서 인간 주체들의 체험과 의지 및 역량을 '문화주의'적인 축선에 속하는 영향력이 큰 일군의 '기획project'으로 탐구했으며, 동시에 부단히 재구성하는 노력을 기울인 바 있다. 예컨대 이와 같은 관심과 지적 노동은 계급의 문제를 경제적인 요인으로만 주로 진단·해석하는 관성을 넘어서, 청년층이나 도시의 주변적 주체들이 표출하는 '자생적인' 문화나 이들이 지배적 가치와 문화에 대항하며 독자적으로 구성한 문화적 실천과 대응에 면밀한 탐구와 문제의식의 착종을 도모하기도 했다.[41] 따라서 이후 이런 시각을 통

41 문화주의는 버밍엄학파의 공고한 영향 속에, 인간 행위자들의 경험과 의지 및 욕망이 어떻게 표출되고 실천되며, 나아가 현실에 접맥된 활동과 대항을 형성하는지에 주목한 바 있다. 영미 문화연구의 전개 과정에서, 구조주의로 이들이 지배적 이데올로기 효과의 영향 속에 놓이는가를 탐구한 이론적 작업이 추구된 바도 있지만, 문화주의는 변용과 재구성을 거치며 문화연구 전통 속에 주요 자원으로 정립되기도 했다. 한편 아래에서 거론하겠지만, 이런 특정 인간 주체들의 활동에 주목하며 이를 경험 분석과 이론적 재구성으로 변환했던 노력은, 생산연구의 전개에서도 관련 영향과 지속적 반향을 관찰할 수 있다. 즉 문화산업에 관여하는 제도·정책적 요인이나 지배 구조 등의 경제적 요인이 주는 과대 결정성을 벗어나서, 문화연구자들은 장구하게 특정 집단이나 하위 주체가 구현한 다양한 문화생산물과 이를 통해 표출되는 복합적 대응을 — 상징적 저

해 변주된 수용자 연구와 하위문화 연구 그리고 팬 연구는 관련 연구 대상이 되는 주체들이 그들의 삶의 경험을 특정 문화 양식을 통해 표현하고, 그들이 일상에서 실행하는 '상징적 창조성symbolic creativity'과 현실을 변화시키고자 하는 다변화된 노력에 상당한 초점을 맞추었다. 주요 예시를 들어보면, 종종 급진적인 '스타일의 정치'를 조명한 기념비적인 작업이자 하위문화 연구의 경전으로 분류되는 폴 윌리스와 딕 헵디지의 연구는 하위문화 내에 속하는 구체적 집단들이 표출하는 문화 실천과 전유의 '전술tactics'들에 대한 현장 연구와 기호학을 경유한 이론화를 통해서 — 범위가 다양한 — 하위문화(들)의 함의와 상징적인 창조성을 조직적으로 해독하고 조감하는 사례들을 이루어 냈다(Hebdige, 1979). 이러한 버밍엄학파의 연구는 일정한 자율성과 특정한 정체성을 발휘하는 하위문화(들)의 존재를 어떤 예단이 된 입장에서 문제시하기보다는 긍정적으로 평가하고, 하위문화들이 주류 사회가 설정한 규범과 가치에 대항하면서 표출하는 일상적이고 상징화된 저항과 의례 및 수행의 복합적인 양태들을 적극적으로 발굴하려는 노력을 기울였다. 부연하면, 버밍엄학파의 문화연구는 루이 알튀세르Louis Althusser로 대표되는 '구조주의적'인 입장을 넘어서, 레이먼드 윌리엄스와 에드워드 톰슨의 문화유물론적인 시각을 변형하고 노동자 계급의 청년 세대들이 주어진 사회 구조와 불평등에 대응하거나 저항하며 표현하는 체화된 삶의 진하고 구체적인 경험lived experience과 그들이 일상생활

항, 협의가 반영된 의미화, 갈등의 재구성과 중재, 대안의 모색 등을 — 자신들의 해석 틀로 녹여낸 바 있다. 이는 동시에 행위자의 의지나 지향하는 가치만을 선호하는 식의 인식을 벗어나서, 거시적인 지배의 동학이나 자본주의와 같은 힘의 영향도 맥락으로 고려하는 방안으로 모색되기도 했다. 그런 문제의식은 미시적이거나 특정한 사례를 다루면서도, 그런 단위에 작동하는 거시적인 권력 효과나 환경과 조직을 변화하는 역사적 힘으로 자본의 논리 등을 수렴하는 전략도 포함했다. 이런 유형의 접근 방식은 문화 외에, 다양한 사회학적 그리고 인문학적 자원의 효용과 '간학문적인' 지식의 구성으로도 모색되었다.

에서 만들어 내는 상징적인 의미들의 함의를 포착하려는 기획을 부단히 추구해 왔다.[42]

이러한 영미 문화연구의 절대적인 영향 속에서 출현한 한국의 문화연구는 여성 수용자, 청소년 혹은 신세대와 같은 새로운 사회적 주체들을 중심으로 형성되는 문화적인 특질, 특히 탈전통적이고 대안적 감정의 표출과 감정 구조structure of feeling의 변화상을 꾸준하게 연구해 왔다(김예란, 2007; 원용진, 2014; 이동연, 2005; 주창윤, 2013). 부연하면 감정 구조라는 개념의 고안은 심리적 변인을 중용하며 이성 중심의 기존 사회과학의 연구에서 상당 부분 간과되었던 분노와 저항감, 정서적 즐거움의 모색과 구성, 기성의 상징질서와 훈육에 대한 위반과 전복적인 대응 등을 고려한 결과라고도 할 수 있다. 특히 문화연구자들은 특정 세대에 속하거나 인종과 젠더적 정체성을 가진 이들이 자신들이 대면하는 훈육과 불평등한 사회경제적 구조에 관해 표출하며, 실천하는 감정의 동학에 관한 상당한 관심과 분석의 필요성을 각인하게 된다. 특히 서구의 '68혁명'에서 다양한 권리의 주창과 차별에 대한 대응이 부상하던 사회적 격변 과정에서, 이들은 특정 집단이 집합적으로 구성한 정체성과 연대의 핵심 자원으로 그런 감정의 분출과 사회적 함의에 주목하게 되었다. 이런 모색과 함께, 특히 수용자 연구가 질적인 미디어 연구 방법의 하위 장르에서 점차 '본류'로 부상하면서, 관련 학자들은 주류 '효과이론'들에 의해 주로 수동적으로 다루어지던 미디어의 수용자들이 전

42 이런 문화유물론적 접근은 생산연구와 문화연구가 만나면서, 유형이 다양한 콘텐츠의 제작 과정에서 교차하며 특화되는 특정 테크놀로지의 구성적 역할, 제작 주체가 투사한 공식적·비공식적 지식과 상상력, 물질적 자원 및 제도화한 관행의 효과 등을 접합하는 방식으로 추구되기도 한다(원용진, 2014; 2005; 임영호·정재철 외, 2013; 이기형, 2011). 문화유물론은 이후 푸코가 주창한 담론 분석을 수용하면서, 의미 중심의 탐구를 과감하게 탈피하고 문화가 다양한 기술 및 제도적인 실행을 통해 현실에 개입하는 역할에 큰 비중을 두는 문제의식을 개척한 바 있다.

개하는 다양한 감정적 대응과 체험에도 주목하게 된다.[43] 앞 장에서 소개했지만, 가정에서 경험하고, 주체적으로 발현해 내는 '정서적 리얼리즘'과 그들이 일상생활에서 멜로 드라마를 위시한 다양한 텔레비전 장르물의 수용 과정에서 생성하는 대안적인 의미와 특정한 감정 구조를 분석하는 경험적인 사례와 이론 연구들이 속속 등장하기 시작했다. 또 다른 한편으로는 대중문화와 대중음악 분야의 수용자와 팬 연구가 활성화되면서, 문화소비자나 팬을 문화산업의 영향 아래서 수동적인 수혜자 정도로 규정하거나, 그들의 스타 추종이나 관계 맺기를 규범에서 이탈하고 문제적인 행동으로 보던 일탈론의 시각으로부터 탈피해서, 팬들의 활동을 대안적으로 접근하는 문화론적인 입장으로 인식의 변화가 이루어지기도 했다. 돌아보면, 문화연구자들이 주도했던 수용자 연구와 팬 연구의 공통분모는 미디어 생산과 분석에서 과거에는 활발하게 조명되지 않았던 수용자들의 활동상과 일상에서의 미디어 활용을 기반으로, 이들이 보여 주는 대안적인 차원의 문화 수용의 함의를 연구 중심에 놓았다는 점이다. 다소 거칠게 표현하자면, 영국 문화연구의 영향을 받은 초기의 수용자 연구, 하위문화 연구와 팬 연구는 크게 보아 두 가지 측면에서 주로 논의되었다.

첫째, 버밍엄이 추구한 하위문화 연구는 주로 상징적 층위에서 표출되는 스타일과 의례를 둘러싼 문화적 실천과 대항적이고 일탈적 의미들의 세밀한 해독을 매개로, 노동계급 출신의 청년들이 사회적 훈육의 기제에 저항하거나 순응하지 않는 과정과 이유를 진득하게 관찰하였다. 둘째, 버밍엄의 영향을 일정하게 벗어나면서 주도적으로 수행된 하위문화와 팬 연

43 '효과론의 전통the effects tradition'은 실증주의 계열의 주류 커뮤니케이션학이 모색한 연구의 주요 특징과 흐름을 집약적으로 논하는 개념이다. 물론 관련 연구자들도 미디어의 영향을 분석하는 과정에서 수용자에 관한 관심을 점차 도모하게 된다. 그런데도 수용자들을 모색한 분석의 주요 대상으로 위치하거나, 특화된 관심을 두게 된 점은 상당한 시일이 지난 후였다.

구는 특정한 하위문화나 팬 공동체가 주체적으로 누리고 형성하는 즐거움이나 감수성과 같은 정서적인 동인들에 주목했다. 전자의 하위문화 연구가 안토니오 그람시Antonio Gramsci의 '헤게모니론'을 활용해서 지배 이데올로기와 사회 구조에 대한 하위문화의 저항과 투쟁의 단면과 동력을 강조했다면, 후자의 입장은 하위문화적인 자본subcultural capital과 지식의 생성 그리고 욕망과 감성의 투사를 통해 팬을 포함한 다양한 '문화 부족cultural tribes'들이 다른 집단과 뚜렷이 구별되는 활동을 추구하고, 집단 내 구성원들과 진한thick 관계성을 맺으면서 '정동적 감수성affective sensibility'을 표출하는 과정에 주목하기도 한다(김성윤, 2014; 2016; 김현정 · 원용진, 2002; 이기형, 2011; 이동연, 2002; 2007).[44] 한편 버밍엄학파의 영향 속에, 문화연구가 전통적으로 대중문화나 하위문화 등의 주제를 중심으로 그런 공간에서 관찰되는 '의미들의 투쟁과 경쟁'의 함의에 주목해 왔지만, 미디어와 문화산업에 관한 분석에서는 좀 더 변화되고 특화된 노력을 표방하고 실천하기도 했다. 이를테면, 그런 주제를 대상으로 문화연구는 사회 내 지배적인 이념적 가치와 담론이 발휘하는 효과를 밀도 있게 진단하며, 대항적 논점과 의제를 모색하는데도 상당한 노력을 반영했기 때문이다. 이런 측면은 국내 문화연구자들에게도 큰 영향을 미친 바 있다(원용진, 2001; 2004; 이기형, 2011; 이상길, 2004; 황인성, 2007). 앞서 거론한 모색에서, 문화연구자들은 비판 커뮤니케이션이나 정치경제학을 지향하는 이들과 상당히 밀도 있는 공조와 경쟁 및 치열한 이견을 교환하기도 했다.

버밍엄학파의 작업으로 돌아와, 장기간에 걸쳐 진전된 경험 및 사례

44 정동은 통상적인 측면의 감정적 효과를 넘어서 응집력과 강도가 큰 특정한 감정과 감성의 활성화나 운동력을 지칭한다. 주지하다시피 이 개념은 젠더 연구나 섹슈얼리티 연구 그리고 문화연구를 통해 특정 주체들이 이성이 아닌 방식으로 집합 행동이나 사회 내 거대 사건에 대응하는 활동과 공유하는 감정의 양상을 탐구하는 데 활용된다(김수아, 2019; 김예란, 2016; 2017; 2022).

분석과 복수의 이론적인 탐구와의 접합을 구현하면서, 홀과 동료들은 기존에 미디어의 의미 작용과 재현의 정치적인 측면에만 진단의 노력을 제한하지 않고, 특정 시기에 지배 세력power bloc이 주도한 대중의 상식과 마음을 파고드는 강력한 이데올로기적인 공세와 정책(담론)들을 조명한 바 있다. 관련 주요 사례를 예시하면 《위기관리*Policing the Crisis*》(1978; 2013)와 같은 중요한 기획을 들 수 있다(이기형 · 이종명, 2019; 조영한, 2012). 특히 학술 논문이 아닌 방대한 저작으로 제시된 《위기관리》는 1970년대 초중반 영국의 사회 상황에서 지배 권력의 헤게모니 작용이 주류 미디어와 상호 작용하면서 어떠한 구체적인 동시에 과거와는 차별화된 움직임들을 생성하게 되었는지를 상세하게 진단한 '노작'으로 꼽힌다. 이 연구는 1970년대 초중반 영국 사회를 중심으로, 유색인 청소년에 의한 범죄 사건이 언론과 지배 세력의 공조와 개입으로, 사회를 뒤흔드는 거대 사건으로 확장된 갈등적인 사안의 전개와 당대 치열한 정치적 함의와 연계된 맥락적인 특성을 다면적으로 조명하는 작업이다. 특히 홀과 동료들은 미디어 연구와 범죄사회학, 지배 이데올로기 비판, 헤게모니 분석, 인종 연구 등의 다양한 접근법과 분석적 자원을 땀땀이 조합해 내는 '국면 분석conjunctural analysis'의 역량과 학제적 지식 생산의 역할을 선명하게 구축한 바 있다(이기형 · 이종명, 2019; 이선민 · 이상길, 2015). 이 기획을 추진하면서, 홀과 동료들은 당시 영국의 지배 세력이 경제적인 난국과 사회적인 불안에 대처하고 새로운 지배의 해법을 추구하는 방편으로 '법과 질서law and order'를 강조하는 전략을 — 즉 새로운 유형의 헤게모니 재구성을 지향하는 조직적인 정치적 공학을 — 어떻게 수행했는지에 주목한 바 있다. 이들은 그런 진중한 모색의 과정에서 주목되는 당대 공적 영역에서 전개되는 정치적 공세와 결집이 된 효과들의 동학을 끈질기게 진단하려는 노력을 기울이기도 했다.

비판 언론학자인 제임스 커런James Curran(2017: 40)은 이 저작이 영국에서 20여 년에 걸쳐 구축된 지배의 성격과 언론의 역할을 숙성된 '문화 좌파the cultural left'의 시각과 예리한 맥락화된 문제의식으로 — 지금의 입장에서는 범주가 방대하고 단단한 담론 분석으로 — '본격적'으로 탐구한 방대한 정치 커뮤니케이션 연구서이기도 하다는 점을 강조하기도 했다. 무엇보다도 《위기관리》의 강점으로, 이 기획이 1970년대 초중반 영국 사회에서 구성된 지배의 위기 상황을 새로운 변곡점의 부상과 사회경제적 맥락의 변화를 주시하면서, 특히 다수 미디어가 주도한 '범죄의 인종화'와 지배 전략의 결합이라는 당대 주류 사회과학의 접근에서 크게 간과된 측면을 맹렬하게 파고드는 대안적 효과를 발휘한 측면을 짚어 낼 수 있는 것이다. 흔히 '정세 분석'으로도 불리는 이들의 기획은, 앞서 서술한 다양한 학문적 지류들을 창의적으로 조합하면서, 동시에 당대 영국이나 미국의 상황에서 구획된 분과 학문의 영역이나 경계를 과감하게 넘어서려는 집약적이면서 '간학제적인' 노력을 구체적으로 드러낸다(Curran, 2017; Grossberg, 2018; Jefferson, 2008; Massey, 2017). 특히 영미의 정치적 상황을 중심으로 미디어의 역할과 공적으로 강력한 이데올로기 효과의 조명을 시도한 일군의 문화연구자들은, 이른바 대처리즘이나 '트럼피즘'의 사례가 보여 주듯이 — '권위적 대중주의authoritarian populism를 표출하며 — '신보수the New Right'가 결집하는 과정에서 구축한 지배 방식의 핵심적 성격, 그리고 정국의 방향을 조율하려는 고도로 계산된 미디어와 지배적 담론을 통한 설득 전략의 특성을 밀도 있게 파악하려는 노력을 추구한 바 있다.

한편 그러한 다층적 분석의 과정에서 미시와 거시적인 수준을 유연하게 오가면서, 연구진은 확장된 방식으로 지배와 개입의 문제, 그리고 사회적인 '동의'의 유발과 대중적인 관심의 형성을 — 즉 동태적으로 발휘되는 '헤게모니' 작용을 — 긴밀하게 탐구했다. 《위기관리》가 시사하듯이 영국의 문화연구는 주요 미디어가 담당하는 지배와 헤게모니 구성의 역할에 긴밀한 관심을 투사하면서, 이후 관련 탐구들이 등장하는 데 크게 공헌했다. 동시에, 고도 소비 사회의 등장과 대중문화 산업의 영역과 영향력이 커지면서, 이 측면에 관한 변화된 이론적 틀과 진단의 방식을 모색하는 일련의 움직임이 점차 구체적으로 형성되기 시작한다. 이는 생산을 핵심적인 주제로 상정하는 지적인 자극intellectual impulse과 새로운 모색을 통해 전모를 드러내게 낸다.

앞서 문화연구가 미디어가 발휘하는 정치적 쟁점이나 사회 내 특정 세력과 맺는 전술적 연대를 조명하는 노력에 주력했던 버밍엄학파의 지적 실행을 짧게 정리했다면, 이제 생산연구로 점차 변화하는 과정에서 상당한 '발상의 전환'을 준 레이먼드 윌리엄스의 텔레비전에 관한 혁신적인 기획을 소개하고자 한다. 그가 문화연구의 기반과 전통을 정초한 핵심 인물이지만, 앞에서 논한 주제에 관한 그의 저작이 발휘한 영향력과 선명한 의제 제기는 생산연구가 구현되는 행로에서 매우 특별한 위상을 지니기 때문이다.

2. 미디어 기술의 사회적 활용에 대한 문화연구의 대응
: 윌리엄스의 텔레비전에 관한 선도적인 작업을 중심으로

레이먼드 윌리엄스(1921~1988)의 저서 《텔레비전: 테크놀로지와 문화 양식 *Television: Technology, and Cultural Form*》(1974)은 문화연구 분야의 '고전'이면서 텔레비전의 역사적 위상과 '기술문화적인' 특징을 연구하는 학자들에게 쓰임새가 상당하고 지금까지도 적지 않은 자극과 영향력을 발휘하는 책이다. 일견 발간 이후 50여 년이 흐른 시점에서, 다양한 플랫폼 환경의 반영과 제시된 텔레비전 관련 분석 측면에서 이 책이 상대적으로 '낡은' 관찰점이 보이거나 현재의 추세와는 상당히 거리가 있는 시사점을 주기도 한다. 즉 이 저작은 미국과 영국에서 1960년대 후반에서 1970년대 초반까지 텔레비전이 구현하던 특정한 사회적·기술적인 활용 방식과 시대적 특징

을 발현한다.[45]

윌리엄스가 관련 작업을 전개하던 시기에, 위성 방송과 케이블 방송 그리고 다매체와 다채널의 풍부한 확산에서, 지리적 경계를 넘어 활발하게 수용되는 초국적인 프로그램들이나 다국적인 텔레비전 콘텐츠의 생산과 협업은 지금과 비교할 때 상당히 비활성화되어 있었다. 예를 들면, 윌리엄스가 연구하던 당시에 북미 시장의 경우 가정에서 통상 약 3~6개 정도의 지상파 채널을 사용했으며, 좀 더 거대한 시장을 겨냥한 케이블 TV는 아직 초기의 모색 단계였다. 이를테면, 소수의 방송사가 중앙 집중적으로 송출하던 프로그램을 거실에서 가족 구성원들이 상대적으로 수동적으로 접하던 수용의 관행이 여전히 공고하던 시기였다. 특히 이 책이 등장할 당시 미디어 환경의 특징으로, 거대 방송사들이 발산하는 시장 지배력이 강한 힘을 발산하던 이른바 "네트워크의 시대the Big Three dominant network era"의 말엽이었던 점도 기억할 필요가 있다(Uricchio, 2010). 또한 리모트 콘트롤 기기(RCD)의 이용이나 방영된 프로그램을 저장하고 수용자가 다시 이용할 수 있는 복제와 재생 기술도 아직 충분히 활성화되지는 않았다.

앞에서 서술한 이유로 윌리엄스의 기획은 지난 반세기 간 텔레비전을 구성하는 디지털 미디어 기술의 놀랄 만한 변화와 콘텐츠 관련 복합적인 구성이나 현재 수용자들이 접하는 이 미디어의 일상적 존재감과는 매우 다른 텔레비전의 위상을 제시한다. 동시에 윌리엄스의 작업은 그런 '과

45 윌리엄스는 문화연구 영역의 주요한 이론가이자, 질적, 역사적, 그리고 해석적인 접근의 기반을 제공한 대표적인 학자이자 교육자로 분류된다. 그는 문학과 예술, 미디어 기술, 마르크스주의, 미디어 분석과 비평, 언론과 문화민주화, 그리고 문화이론 등의 영역에서 다수의 기념비적인 저작과 주요한 해석 틀을 제공한 지성이자 문화비평가였다. 그는 커뮤니케이션학과 문화연구의 지형을 가로지르며, 후발 연구자들이 참고할 수많은 지적 자원을 제공했다. 동시에 윌리엄스는 공공 영역에서 매우 선이 뚜렷하고 큰 영향력을 발휘한 개입을 부단히 시도했던 '공적인 지식인public intellectual'으로 기억할 만한 업적과 위상을 남기기도 했다.

거의 유적'을 반영하긴 하지만, 당시 추구되던 미디어 연구에 매우 창의적인 대응과 혁신적인 사유로 텔레비전의 변화하는 위상과 물질적·기술적인 양상을 숙고하면서 긴요한 대안적 시발점을 제공한 바 있다. 요컨대 이 책에서 윌리엄스는 당시 확립되었던 텔레비전 콘텐츠에 관한 장르와 텍스트 중심의 분석과는 매우 다른 관심을 추구했기 때문이다. 그는 대대적으로 교외suburbia로 뻗어 가며 가정을 집합적 소비의 단위로 삼아 구성된 텔레비전 중심의 커뮤니케이션 수용 방식을 돌아보면서, 텔레비전이 특히 그런 사회적·공간적 변화 과정에서 담당했던 주목할 역할과 조건을 이 책에서 땀땀이 풀어낸다. 예컨대 자동차라는 교통수단으로 지리적 경계를 넘어서는 이동성의 현실이 부상하고, 교외에 대단위로 구현된 미국식 주거생활의 확장과 이와 결부된 파편화된 삶이 구현하는 거시적 맥락 속에, 텔레비전은 공적으로 활용되는 문화와 공유되는 공간성을 구체적으로 매개했다. 윌리엄스는 그런 사회적 변환과 미디어가 가정을 중심으로 발현하는 상호 작용에 주목했으며, 그는 "텔레비전과 같은 새로운 커뮤니케이션 기술은 이동성과 가정이라는 두 대립하는 사회의 경향성을 종합하고, 매개하며, 해소하는 역할"을 통합적으로 조명하려는 관점을 개진한다(홍성일 외, 2017: 320). 이런 협소하게 정의한 미디어의 영역을 넘어서 사회학적인 관점이 선이 굵게 녹아든 그의 지향은 대표적 '문화 양식이자 테크놀로지'의 복합체로서 텔레비전이 당대에 발휘한 다면적인 역할을 새로이 간파하고 급진적으로 이론화한 성취이기도 했다.

관련 사안을 조금 더 상술하면, 이 책에서 윌리엄스는 텔레비전의 특성과 사회적 역할을 제도적 특징과 정책적인 측면을 중심으로 진단하거나, 특정 장르와 프로그램을 대상으로 촘촘하게 해독하는 방식의 기성의 관행과 해석적 틀로만 조명하지 않는다. 즉 그가 구현한 기획은 텔레비전의 변화하는 역할과 정체성을 당시 문화연구 내에서 공인되던 '재현의 정치학'에서 벗어나, 문화의 민주화나 텔레비전이 매개하는 다양한 정치성과 문화적 조류의 진단과 같은 주제로 전환하는 주목할 계기를 정초한 바 있다. 예컨대 그는 좁게 문화의 역할을 규정하고 분석하는 관행에 주력하는 접근법만을 채용하지는 않는다.[46] 또한 이 책은 텔레비전이 행위자로서 발휘하는 역량을 당시 구현된 대중문화나 공적인 담화를 주도하는 기능과 활동 중심으로 — 즉 주로 공시적인 측면에서 텔레비전의 공적 효용이나 역기능 등을 담론의 차원에서 집중적으로 — 포착해 내는 성격의 기획도 아니다. 비교 사례로, 문화연구 영역의 텔레비전과 관련된 대표적 고전으로 평가받는 존 피스크John Fiske의 《텔레비전 문화*Television Culture*》(1987)나 그와 존 하틀리John Hartley가 공저한 《텔레비전 읽기*Reading Television*》(1978)와 비교하면, 윌리엄스가 집중하려고 했던 분석적인 초점과 문제의식의 차별성이 좀 더 선명하게 드러난다. 두 저서는 텔레비전이 제공하는 장르와 서사화 및 수용 행위의 주요 특성에 집중하며, 이 일상 속으로 깊이 들어온 행위자에 관한 미디어 기술적 분석과 제도적 특성에 관한 진단은 상대적으로 주변화한다. 이 두 편의 현재도 미디어 문화연구의 진영에서 대표적인 교과서로 활용되고 있는 작업들과 비교할 때, 윌리엄스의 저작은 텔레비전의 사회적인 역할을 좁은 차원의 프로그램들이 발휘하는 의미 중심의 분석이나 주요 이데올로기적인 기구ideological state apparatus로서 TV가 발휘하는 특정한 정치적 가치들의 효과에만 분석의 시선을 고정하지 않는다. 물론 당시에도 텔레비전이 다양한 사회적 소통과 오락 측면에서 각기 공고한 역할을 발휘하던 특징을 살펴보고 관련 기능을 세밀하게 분석하는 지적 탐구 자체는 꽤 유의미했다고 간주할 수 있다. 전자의 경우, 텔레비전이 정치·사회적 '포럼forum'으로 다양한 가치와 공적·정치적 발화와

46 물론 윌리엄스가 동료 문화연구자들이 전통적으로 천착하는 '재현과 의미의 정치성'을 탐구하는 데 관심을 보이지 않았던 것은 아니며, 이 저작은 관련 주제들에 관한 그의 문제의식을 일부 포함하고 있기도 하다.

담론을 매개했던 측면은 연구의 필요성과 더불어 사회적으로 유념할 주제였다고 할 수 있다. 한편 후자의 경우, 윌리엄스가 이 책을 집필하던 시기에 이미 텔레비전은 영화 산업과 치열하게 경쟁하며, 매우 다양한 콘텐츠 양식과 상업화의 혁신을 주도하면서, 그런 현실과 관련된 수많은 논쟁과 담론들이 풍성하게 등장하기도 했다.

동시에 앞서 언급했지만, 텔레비전이 사적 영역의 강화와 소비문화를 추동하는 기능이나 당대 미디어 기술의 적용성을 효과적으로 접합하는 방식으로 그가 분석의 시선을 선회한 작업은 그 시기 아직 조직적으로 개척되지 못했던 텔레비전 연구 영역의 대안적 개척이자 매우 큰 환기 효과를 가져온 바 있다. 달리 말하면, 윌리엄스는 문화적 양식으로서 텔레비전과 미디어 기술의 총아로서 텔레비전이 상호 간 생산적인 상호 작용을 발휘하는 관계성에 주목했으며, 이를 풍부한 사례를 담은 문화사와 테크놀로지의 역사와의 조합물로 구성해 냈다. 부연하면, 그는 고도의 산업화와 대중적 소비가 숙성된 상황에서, 그런 변화에 조응하는 역사적 과정으로 근대성modernity의 대표적인 매개체로서 텔레비전의 주목할 역할을 이 미디어의 작동과 결부된 사회-기술적인 구성the social shaping of cultural technologies과 다면적인 효과를 수렴하는 동태적인 탐구로 제공한 바 있다. 그런 작업은 텔레비전으로 수렴되는 다양한 사회경제적 이해관계와 제도적인 구성의 역사를 가진 텔레비전이 어떤 행로로 수용자들의 일상적인 리듬과 습속을 '구조화'하게 되었는지에 주력하는 방안이기도 했다.

윌리엄스는 특히 '유동적 혹은 이동적 사사화mobile privatization'를 기반으로 가정이라는 '친밀성의 영역the sphere of intimacy'을 파고든 텔레비전의 중요한 역량이 어떻게 폭넓게 생성되었는지에 주력했다. 김수철(2010: 148)은 이 개념의 핵심이 텔레비전이라는 "특정 미디어나 [미디어] 기술이 사용되는 구체적인 장소와 맥락, 그리고 그러한 미디어나 기술이 다른 종류의 실천들과 어떻게 상호연관성을 맺는지"로 향하고 있다고 논한다. 예컨대 윌리엄스가 대면했던 미국의 상황에서 텔레비전은 외부로부터 특정 콘텐츠를 집안으로 이동하는 동력을 발휘했으며, 이동성과 가정이라는 사적인 활동의 거점을 연계하면서, 사적인 콘텐츠의 소비와 그런 독특한 리듬을 구성하는 핵심적 요인이기도 했다. 즉 텔레비전은 수용자의 시간과 취향 및 소비의 양상을 재조직화하며, 가족 중심으로 구현된 오락과 여가라는 특정한 습속을 형성하는 데 긴밀하게 관여한 바 있다.[47] 또한 가족을 중심으로 여가와 오락을 위한 시간과 공간이 가내에서 텔레비전을 중심으로 구현되기도 한다. 홍성일 등(2017: 321)은 그런 문제의식을 벼려 내면서, 윌리엄스가 "어떻게 사회는 자기충족적 개인 혹은 가정을 사회로 다시 끌어오는가를 포괄하는 입체적 개념"으로 이동적 사사화를 구현했다는 관찰점을 제기한다. 윌리엄스는 유연하지만 말랑말랑하지 않은 사유와 예리한 관찰을 엮어 내면서, 텔레비전이 상업적인 이해관계와 소비의 확장을 맹렬하게 도모하는 핵심 사회적 '장치'로서 현대 사회 속에 구축한 독특한 여정과 함의에 주목한다. 또한 이 과정에서 그는 텔레비전이 일상과 맺게 된 특유의 관계성을 기술적인 요인이나 혁신과 경쟁 및 진화의 서사를 중심으로 풀어내지 않는다. 그런 차별성을 고려할 때, 이 책이 향후 등장할 텔레비전의 변화와 관련 지식 작업에 관해 사려 깊은 '사회문화사적인' 관점도 반영하고, 나아가 예시했다고 평가할 수 있을 것이다(Gripsrud, 2010; Hartley, 1999; Jensen, 1995; Spigel & Olsson, [eds.] 2004; Turner & Tay, 2009).

부연하자면, 이 책에서 윌리엄스는 텔레비전이라는 기술적, 문화적, 그

47 이 측면에 관한 김수철의 좀 더 상세한 설명을 살펴볼 필요도 있다. "이동적 사사화란 이동성과 프라이버시라고 하는 윌리엄스가 보기에 가장 대표적인 두 가지 근대적 체제의 융합을 의미한다. 즉 공적인 것과 사적인 것 사이의 공간적 정의와 구분의 변화를 의미하는 것이다. 즉 과거 전통적 도시의 중심으로부터 점차적으로 멀어지는 집, 사적 가정의 공간적 재배치를 의미한다. 이러한 공간적 재배치는 1950년대 미국 사회에서의 교외화suburbanization 현상과 밀접하게 연관된다"(김수철, 2014: 133에서 인용).

리고 사회적인 실행의 복합적인 구성물ensemble이자 이 장치의 역사적인 구성과 역할을 특정하고 강력한 몇 개의 주목할 정책이나 기술적 요인factor을 중심으로 구현되는 단선적인 서사linear narrative로 풀어내지 않는다. 대신에 그는 전신과 라디오 등의 선행하는 사례와 텔레비전이 밟아온 기술적 조건과 구현을 엮어 내면서, 그런 미디어의 부상이 사회적인 요구나 필요성과 결합하는 측면에도 관심을 기울였다.[48] 즉 이런 폭넓은 시야와 문제의식으로 그는 미디어 기술과 사회문화적인 습속 간의 복잡한 상호 작용과 불균등한 접합의 양상에 주력하는 접근을 채용한다. 이러한 윌리엄스의 관심사는 텔레비전과 미디어 기술의 결합 그리고 주목할 문화적인 양식으로서 텔레비전에 관한 관심과 연계된 문제의식을 전면에 내세운 이 책의 제목에서도 강하게 감지된다. 이소은(2016: 9)은 윌리엄스의 그런 독특한 접근이 "[미디어] 기술의 단순한 산물이 아니라 사회, 제도, 산업, 문화의 접합체의 특수한 한 형태로서 시청의 맥락과 경험을 통해 드러나는 사회적 제도로서의 TV의 모습"이라고 명확하게 설명한 바 있다.

크게 두 부분으로 나눌 때, 이 책에서 윌리엄스가 제시한 초반부는 텔레비전이라는 미디어와 방송의 변화상을 '기술결정론technological determinism'으로 접근하는 관행을 탈피하고, 미디어 기술과 사회·문화적인 요구나 필요성needs의 상호관계성과 이 같은 과정에서 접합되는 일련의 물질적·제도적인 효과들을 고려하면서 대안적인 사유와 감각적인 관찰을 힘 있게 펴낸다. 요컨대 그는 텔레비전의 가정 내로의 진입과 상용화의 추세를 특정한 산업적인 요인의 기능이나 기술적인 '진화'와 '돌파'의 과정으

48 윌리엄스는 이 측면을 다음과 같이 짚어 낸 바 있다. "지금부터 텔레비전 테크놀로지가 어떤 식으로 발전하느냐는 문제는, 우리와 무관한 엔지니어의 조종에 따라 진행되는 자율적 과정의 문제만은 아니다. 그것은 추구되는 목적과 부합하는 사회적, 문화적 정의definition의 문제이기도 한 것이다"(Williams, 1996: 205; 홍성일 외, 2017: 307에서 재인용).

로 간주하는 단선적인 관점을 강하게 비판하면서, 텔레비전의 일상 내 배치와 변화를 일련의 기술적인 전개와 이를 수용했던 사회문화적인 요구와 상업적인 이해관계를 결합하여 조명한다(Berker et al., 2006; Turner & Tay, 2009; Scannell, 2007). 즉 윌리엄스는 텔레비전의 변화하는 궤적을 다층적으로 다루면서, 전신과 신문, 라디오와 영화 등의 선행했던 대표적 미디어의 등장과 사회 내 배치의 양상을 텔레비전의 사회문화적인 용례들과 상호 비교하고, 이 미디어가 구축한 역사적인 특이점과 사회문화적인 요구에 '부응'하는 동력을 면밀하게 상술해 낸다. 한편 이 책의 후반부는 텔레비전이라는 당시 사회를 주도하던 근대적인 문화 양식이 발현하는 의미화와 상업화의 단면에 대응하는 공적인 대안을 정제된 논의로 풀어내면서, 일상에서 발휘되는 텔레비전의 복합적인 정체성과 사용의 함의를 창의적으로 사유하는 방안을 보여 주기도 한다.

여기서 잠시 그가 주목한 텔레비전의 의미심장한 변화와 관련된 중요한 예시를 들어보자. 윌리엄스는 개별 프로그램 자체에 관한 관심을 벗어나, 텔레비전이 채용하는 편성과 이에 기반을 둔 상업성의 함의에 관심을 기울인 바 있다. 예컨대 텔레비전에서 개개의 프로그램 사이에 등장하고, 이어지며 가시적인 동시에 '계획된 흐름planned flow'을 만들어 내는 광고나 예고trailer 등의 방송사 홍보 자료promotional segments의 역할과 이런 구성 요소들이 제시된 스케줄과 장르적 경계를 넘어 '집합적'으로 생성하고 섞이는blending 과정에서 발휘되는 의미와 기대의 효과에 그는 촘촘하게 분석의 시선을 제기한다. 그는 당시 간과되었던 이러한 상업화의 기제가 텔레비전의 거시적인 정체성을 드러내며, 수용자들의 관습 변화에 발휘하는 특정한 영향과 경험의 구성을 예리한 관찰과 특유의 유연한 논점으로 지적해 냈다. 또한 맥락적으로 보자면, 윌리엄스는 영국을 벗어나 조직적으로 텔레비전이라는 매개체의 역할이 (초)상업화의 기제로 작동하고 있는 미국의 사례를 직접 경험하면서, 새로운 문제의식과 지적·비판적 개입의 필요성을 체감하게도 된다. 윌리엄스는 그런 '흐름flow'의 개념을 통해서 그가 대면했던 상업적인 텔레비전의 변화하는 측면들을 대안적으로 진단하고 이론화하려는 노력을 수행했다. 윌리엄스에 따르면 이 개념은 기술이자 동시에 문화적인 양식으로서 방송의 속성과 특징을 정의하기 위한 노력의 일환으로 제시되었다. 그는 자신이 미국의 샌프란시스코와 마이애미 등에서 마주하게 된 텔레비전의 단절감이 없이 끊이지 않는 방영과 매끄러운 흐름seamless flow에 놀랐고, 이러한 기획된 이미지와 서사의 흐름을 복수의 시각에서 읽어 내며 관련 함의를 탐색하는 작업을 누구보다도 앞서서 제기하게 되었다. 특히 공공적인 철학과 방송의 역할이 강조되던 영국의 텔레비전 환경과 비교할 때, 매우 조밀하게 대중적인 주목과 이와 연동된 '시간 관리time management'를 적극적으로 고려한 프로그램들의 상업적인 '극대화'를 도모했던 미국식 '네트워크 텔레비전'과의 만남은 윌리엄스에게 상당히 큰 문화적 충격이었고, 나아가서 대안적인 분석의 시발점을 제공하기도 했다.[49]

49 윌리엄스는 마이애미에서 어느 날 저녁 시간대에 자신이 접했던 텔레비전 시청과 관련해서 일종의 어지럼증과 예기치 않았던 초현실적인 효과surrealistic effects를 느꼈으며 이를 일종의 문화적인 충격culture shock이라고 술회하기도 했다. 그가 접한 미국에서의 텔레비전의 변화상은 이 책이 발간된 뒤 몇 해 뒤에 끊임이 없이 이어지는 24시간 뉴스 네트워크인 CNN과 개별 프로그램 단위의 분절된 구성이나 의미화를 넘어서 방송 채널 자체가 대중음악의 소비를 집합적으로 지향하는 홍보 문화promotional culture의 새로운 구성체로 기획된 MTV의 등장 등을 포함하게도 된다. 한편 TV를 둘러싼 제도적인 환경의 측면에서 접근할 때, 윌리엄스가 마주쳤던 상황은 텔레비전 영역의 지상파 3사의 지배적인 위상이 거의 끝나가던 시기였으며, 이후 연방통신위원회(Federal Communications Commission: FCC)는 케이블 TV의 진입과 위성 서비스를 공적으로 허가하게 된 바 있다. 이러한 탈규제화는 소수의 커뮤니티를 대상으로 활동하던 케이블 TV의 모델이 큰 폭으로 확장되면서 거대 비즈니스 모델로 탈바꿈하는 전기를 마련하기도 했다(Uricchio, 2010). 한편 이 책이 발간된 후 채 십여 년이 지나지 않아서 북미의 경우 상당수의 가정이 리모트 콘트롤과 VCR이라는 강력한 선택과 소비의 수단을 일상적으로 활용하게 된 측면도 기억할 필요성이 있다.

윌리엄스의 관찰점과 개념화의 노력은 다음과 같이 조금 다르게 정리할 수도 있다. 예컨대 텔레비전의 프로그램과 프로그램 사이에 '규칙적으로' 등장하는 광고와 홍보물 그리고 다른 프로그램에 관한 예고는 기획된 프로그램과 프로그램 사이에서 존재감을 드러내며, 방영되는 텍스트의 연속성을 일시적으로 단절하는 효과도 발휘한다. 또한 드라마나 시리즈물과 같은 프로그램들은 개별 에피소드에서 서사적인 종결이 이루어지지 않기에, 다음의 에피소드나 전체 시리즈로 의미와 서사적인 연결성이 '흐르게'도 된다(O'Shaughnessy & Stadler, 2005: 265). 종합하면, 흐름의 활용은 수용자들이 계속해서 텔레비전 시청에 매달리게 되는 핵심적인 조건이자, 이 미디어와 장치가 유튜브나 모바일 기구보다 앞서서 발휘했던 강력한 역량이기도 했다(이희은, 2019b). 조금 다르게, TV의 특정한 프로그램이나 드라마에 등장하는 캐릭터가 광고나 다른 작품 속에 등장하게 됨으로써, 일정한 의미의 연속성textual continuity과 기호적인 연쇄 작용을 발휘하게도 된다. 한편 뉴스와 같은 대표적인 프로그램은 공공 캠페인이나 다른 유형의 텔레비전 콘텐츠 일부와 유사한 양식이나 의미를 부분적으로 발현하기도 한다. 또한 텔레비전에서 일상적으로 접할 수 있는 뉴스 프로그램과 광고 및 홍보 프로그램들은 종종 상당히 비슷한 화법과 발화의 톤을 구사한다. 예컨대 의미와 이미지들의 결합을 중심으로 관찰할 때, 뉴스라는 양식은 일련의 특정 주제와 연관된 '분절된' 텍스트들의 파편을 제공하며, 뉴스의 큰 흐름은 몇 가지 구분이 가능한 — 혹은 수용자의 측면에서 '소화(수용) 가능한' — 주제들로 편재된 일련의 흐름이나 혹은 띠들로 구성된다.[50] 앞

50 방송사 혹은 제작진은 수용자들이 인지하고 주목할 수 있는 특정한 프로그램과 프로그램을 연결하고 묶어 내는, 수용자나 생산의 주체들이 감지할 수 있는 특정한 분절적인segmented 흐름이나 '띠viewing strip'를 만들어 내며, 개별 프로그램 속에서 특정한 의미나 서사적인 장치들을 담은 짧은 시퀀스들이 연결되는 구성 방식을 제공한다. 이러한 결과 개개의 독립적인 텍스트로 분절되어 소비되기보다, 특히 수용자들의 활동과 취향에 따라 텔레비전은 복잡하게 '묶인

에서 예시한 양상을 고려할 때, 텔레비전이라는 복합적인 구성체 속에는 일상적으로 출몰하는 상업적 메시지와 광고들, 판촉용 정보들, 그리고 가상적인 이야기와 픽션에 기반한 드라마와 같은 다수의 프로그램-텍스트들이 공존·혼재하는 복잡한 단면들이 발현되는 것이다.[51] 윌리엄스는 텔레비전이 생산하는 독특한 '흐름의 논리flow logic'에 주목하면서, 텔레비전의 생산자들이 다양한 의도로 제공한 흐름을 개별 프로그램 단위의 내용과 의미의 구현을 넘어서 감별할 수 있는 프로그래밍의 전략으로 더 구체적인 관찰과 진전된 이해가 요구된다는 점을 주창했다.

부연하면, 윌리엄스가 제시한 텔레비전의 흐름이라는 개념은, 이러한 텔레비전의 제도적인 측면에 대한 세밀한 관찰과 새로운 개념화를 위한 매우 획기적인 발상을 기반으로 제시된 것이다. 달리 표현하면 이 개념은 점차 분화되는 수용자들의 기호나 관심과 연동되는 의미들을 생성하는 텍스트성textuality의 진단과 텔레비전의 그런 역량을 유연하게 포착하기 위한 새롭고 '야심적인' 개념이었다는 평가를 받는다. 즉 흐름은 그가 TV의 독특한 제도·기술적인 동시에 텍스트적인 특성을 징후적으로 탐구해 낸 유념할 기획이자, 프로그래밍과 수용의 영역을 창의적으로 가로지르면서 고안한 새로운 통찰이 깃든 개념이기도 했다. 이 개념은 앞서 서술한 간단치 않은 접합의 과정을 그가 대안적인 시선으로 포착하면서 구현한 문화

assembled' 의미와 서사 그리고 이미지들의 덩어리로서, 일종의 흐름으로 수용되는 것이다. 또한 기존 프로그램 간 중단과 끊김disruption 그리고 선택과 결연association은 TV 시청의 주요한 구성 요소이자 수용자들이 수행하는 확립된 습속에 자리 잡게 된 것이다.

51 예컨대 드라마의 서사성은 이 특정한 양식이 발현하는 이어지는 서사의 장치와 다수의 등장인물이 등장하는 속성으로 인해, 완결성과 완료closure가 프로그램의 단일 방영분에서 이루어지기는 어렵다. 즉 드라마의 수용 과정은 하나의 에피소드에서 다음의 에피소드로 중요한 서사적인 질문과 주제들이 옮겨가게 되는 텍스트와 의미의 흐름, 그리고 그런 측면으로의 수용자들의 기대감과 정보의 축적을 포함한다.

적인 "은유metaphor"라고도 할 수 있을 것이다(Cornor, 1995; Gripsrud, 1999).[52] 윌리엄스가 주목했던 텔레비전의 독특한 특징은, 수용자가 수상기의 전원을 넣고 원하는 시간에 생산의 주체들이 기획한 — 동시에 끊이지 않는 — 흐름을 접하는 독특한 미디어 환경적인 특성과 일상에 깊이 위치한 텔레비전의 편재성을 함축해 주기도 한다. 텔레비전의 생산자들은 시청률을 확보하고 수용자들의 부단한 관심을 지속해서 유지하는 방안으로, 특정하게 기획되고 구조화된 일련의 복잡한 흐름을 — 그런 집합적인 '관람의 체계viewing regime'를 — 일상적으로 제공한다. 이는 방송의 콘텐츠를 생산하고 기획하는 주체들이 방송의 개별 프로그램에 대한 세밀한 기획과 함께 집합적인 수용의 방식과 '취향 문화taste culture'의 구성에도 간여하는 활동상을 엿보게도 해 준다. 즉 윌리엄스가 선도한 텔레비전이 발휘한 "일상에 개입하는 힘"에 대한 관점이 확산이 된 이후, "텔레비전 연구는 이제 더 이상 특정 텍스트나 내러티브만을 대상으로 하는 것이 아니라 프로그램 사이의 빈 공간이나 광고 시간들로 이어지는 연결성과 간극을 비판적으로 인식"하는 후발 연구들이 속속 부상하게도 된다(이희은, 2019b: 31).

윌리엄스의 작업 이후에, 텔레비전을 매개로 이루어지는 흐름이라는 현상과 논리에 대한 개념화는 다수의 미디어학자와 문화연구자들의 관심을 받으며 향후 수용자 연구와 생산연구를 중심으로 큰 폭으로 정련되기

52 텔레비전이 방영하는 일련의 콘텐츠는 명시적으로 차별화된 장르적인 분화와 이에 따른 분화된 단위units들 혹은 부분segment들로 구성되기는 하지만, 가시적인 혹은 표면적인 측면의 분화나 차별성을 넘어서서, 이들 간의 명쾌한 차이를 명확하게 나누기 어려울 정도로 개별 프로그램들 간의 복합적인 관계망이나 관계된 측면을 드러내는 '상호텍스트성intertextuality'으로 통칭될 수 있는 공통적인 요소들을 보여 주는 것이다. 윌리엄스는 흐름의 개념을 고안하면서, 개개의 텍스트 단위의 구성과 소비의 과정을 넘어서서 텔레비전의 거시적인 텍스트적인 구현과 구성 그리고 동적인 수용의 과정들을 조합하는 새롭고 대안적 방식의 관찰과 분석의 필요성을 강조하게 된 것이다.

시작한다. 예를 들면, 클라우스 옌센Klaus Jensen(1995)과 같은 연구자는 이러한 프로그래밍이 발현하는 흐름을 보다 세분화시키면서, 다음 세 가지 유형화로 흐름의 구성을 예시한 바 있다. 그는 첫째, 생산자들이 기획하고 제작한 프로그램으로 구현되는 '채널의 흐름channel flow'과 둘째, 수용자가 필요나 관심에 따라 취사선택하는 텔레비전 텍스트의 수용 양상을 지칭하는 '수용자가 참여하면서 형성하는 흐름viewer flow,' 그리고 마지막으로 이러한 요소와 과정을 매개로 복합적으로 생성되는 TV 영역 내 거시적인 흐름을 '초흐름super-flow'으로 정리한 바 있다. 이러한 텔레비전을 매개로 하는 복합적인 흐름(들)의 생산은 텔레비전 프로그램 생산자의 의도와 제도적·경제적인 이해, 그리고 수용자의 일상 속에서 반복적으로 수행되는 미디어 생산물에 대한 소비 활동이 결합이 되어 관습적으로 체험되는 측면을 두루 포괄한다. 정리하면 텔레비전의 미디어적인 특성을 발휘하는 대표적인 구성 요소로서 흐름은 점차 관습화와 표준화를 거쳐서 비서구권으로도 확산이 되면서, 제도적 영향력이 큰 생산의 양식이 되기도 했다. 동시에 이는 상당한 기술적인 성취이자 특정한 — 특히 미국에서 구성된 텔레비전의 배치와 '사회적 조직화'라는 — 거시적 맥락과 영향에 상당 부분 기인하기도 했다.

이런 측면으로의 문제의식이 점차 축적되면서 1990년대 이후에는 문화연구의 진영에서 텔레비전이 제공하는 단일 프로그램 중심의 이데올로기 분석이나 텍스트 분석이 지니는 한계와 관성을 인지하고, 수용 영역과 생산자들의 활동이나 미디어가 연관된 사회문화사적 궤적에 분석의 초점을 상세하게 기울이는 지적인 관심과 방법론적인 전환이 대거 이루어진 바 있다(O'Shaughnessy & Stadler, 2005; Spigel, 2001; 2022; Spigel & Olsson, 2004). 특히 홍성일 등(2017: 323)이 린 스피겔Lynn Spigel의 연구(1992)를 인용하며 짚어 내듯이, 윌리엄스가 실행한 기획에서 "이동적 사사화의 구체적 양태, 수용자의 다양한 미디어 경험 방식, 아래에서 위로의 역사 서술이 충분히 탐구되지"는 못했으며, 이후 관련 성과와 경험적 분석들이 수용자 연구와 미디어의 문화사와 '계보학'을 통해 대응되기도 했다. 나아가 그런 비판과 맥을 이어 내며, 텔레비전이 구성한 이른바 '안방극장'의 젠더적 함의나 텔레비전이 불러들인 소비 리듬의 구조화를 조명하는 기획들도 부상했다.

또한 텔레비전과 인터넷 그리고 다양한 저장 장치와 시각 장치들이 일상에서 훨씬 더 크게 활성화되는 이른바 '미디어 컨버전스'의 시대가 도래하면서, 윌리엄스가 제시했던 흐름의 논리와 개념화는 과거와 비교할 때, 보다 복합적이고 확장된 미디어 정경mediascapes들과 만나며 보다 세밀한 분석과 다층적인 이해 그리고 재구성의 문제를 제기하기도 한다(Couldry & McCarthy, 2004; Kackman et al., 2010; Turner & Tay, 2009). 예컨대 텔레비전은 가정을 벗어나 거리와 교통 공간에서 다양한 쓰임새를 보이며, 앞서 논했던 흐름은 유튜브와 소셜 미디어와 접합되면서 좀 더 다양한 사회경제적 활용과 사적인 소비의 양상을 심화하고도 있다. 이런 추세와 관련해, 이희은(2019b: 10)은 "아날로그에서 디지털로 변화하는 테크놀로지의 차이에도 불구하고, '흐름'으로서의 텔레비전이라는 기술문화적 양식은 사라지는 것이 아니라 재구성"되고 있다는 관찰점을 제기한 바 있다. 미디어의 역할과 변화의 양상을 역사·기술적 조건과 접합시켜 파악하는 — 동시에 유연하고 너른 시야로 조망하는 — 견고한 접근법을 통해서, 윌리엄스는 기존의 텔레비전이라는 미디어에 관한 관습적이고 고착된 인식을 넘어서서, 문화와 습속의 중요한 매개자mediator로서 텔레비전이 발현해 온 단순하지 않은 역할과 역사적 행로를 기민하게 조망했다. 정리하면, 윌리엄스의 작업은 생산연구를 도모하는 학자들에게 텔레비전을 대상으로 다면적인 진단의 가능성과 이와 연계된 '현재적인' 함의를 매개하는 유용한 지적 자원으로서의 위상을 명확하게 드러내는 것이다. 동시에 이 기획은 기술적 변환과 문화적 요인의 결합으로 미디어와 플랫폼 관련 생산연구를 실행하는 이들에게 중요한 교본이 되기도 했다.

3. 영미 학계에서 전개된 생산연구로의 본격적인 모색

관련 논의를 시작하면, 영국과 미국에서 미디어 연구를 수행해 온 연구자들은 1990년대를 기점으로 기존의 콘텐츠 중심의 분석을 넘어서서, 이를 기획·생산하는 주체들을 둘러싼 복합적인 미디어 환경과 생산의 조건 및 관련 주체들의 활동에 관여하는 요인들을 탐구하는 방향으로 연구의 방점이 변화하게 된다. 이런 집합적인 모색 속에, 생산연구라는 명칭이 '공고화'되기 시작했으며, 관련 지향성과 문제의식을 공유하는 연구자들이 크게 부상하게 된다. 앞서 언급한 학술적인 동시에 역사적인 과정에 관여한 영향력이 큰 지적 조류를 돌아보면, 생산연구를 전공하는 학자들은 기존의 문화연구를 중심으로 미디어 대상 정치경제학에서, 비판이론과 미디어 사회학, 일상성 연구, 미디어 생태학, 그리고 공공 커뮤니케이션 관련 연구를 실천해 온 주체들로 구성된다. 즉 문화연구가 상당히 큰 비중과 영향력을 발휘해 왔지만, 생산연구라는 표제어 속에, 지향을 달리하는 접근법과 서로 다른 개념적 자원이나 문제의식을 활용하는 시각들이 상당히 활발하게 교차한다고 볼 수 있다.[53] 또한 이런 과정에 기존의 미디어 관련 학과 구성원 외에, 사회학이나 인류학과 문화경영이나 인문학 등의 분야에서 생산연구로의 지향점을 추구하는 이들도 일부 발견된다.

예시의 사례로, 비키 메이어Vicki Mayer 등(2009)이 제시한 생산연구의 주요 '교본'인 《프로덕션 연구: 미디어 산업 문화연구*Production Studies: Cultural Studies of Media Industries*》와 미란다 뱅크스Miranda Banks 등(2016)이 제공한 이 책의 후속작인 《프로덕션 연구 속편*Production Studies, the Sequel!*》을 들여다보

53 존 콜드웰John Caldwell 등은 명시적으로 생산연구를 문화연구 '내부의 분파a discipline within cultural studies'로 정의하기도 한다(Mayer et al., 2009: 2).

면, 앞서 논한 지적 흐름의 반영을 명확하게 보여 준다.[54] 이 두 텍스트는 영미권 외부에서 진행된 생산연구에서도 활발하게 사용되며, 중요한 발상의 원천이자 문제의식의 다양한 확장으로도 연계된 바 있다. 그런 특징을 고려하여, 이 지면에서 이들이 주창한 생산연구의 핵심 문제의식과 수행된 주제의 분화를 논하고자 한다. 이 두 저서에 참여한 연구자들은 광의의 비판이론과 정치경제학 그리고 특히 문화연구의 해석 틀을 조합하면서, 미디어와 플랫폼이 드러내는 '사회적 조직social organization'으로서의 특성, 관련 산업 내부에 구성된 특정한 '문화'들cultures, 그리고 관련 기획을 도모하며 특정 지식과 역량을 가진 구성원들이 전개하는 다양한 실행에 생산연구가 주목한다는 점을 선명하게 밝혔다. 이들이 표명한 이런 공유되는 강조점과 주목된 전략은, 앞장에서 논했듯이, 문화연구가 장구하게 주력했던 '재현 중심'의 문제의식으로부터 대안적 주제 영역과 이에 연동하는 선이 굵은 지식 기획으로 선회한 움직임을 뚜렷하게 반영한다. 이들은 그런 변화가 필요했던 이유로 거대 미디어와 문화산업이 드러내는 사회적 위세와 대중적 관심의 확장, 경제적 역할과 고용의 신장, 그리고 확장된 정치적 함의를 거론한다. 요컨대 그런 주제 영역의 확산은 기존의 범주를 벗어나서, 다양한 '창의적' 기획과 소비를 위한 문화물의 확산에 주력하며, 또한 그런 트렌드와 문화적 스타일을 '선도'하는 문화산업과 대형 플랫폼들의 변화된 위상과 역할에 주력하는 다양한 연구가 부상하는 동인으로 작용했다.

이런 문제의식이 부상한 측면을 좀 더 설명하면, 관련 연구자들은 문화산업이 특정한 지배적 이데올로기나 가치와 상상을 매개·전파하는 역

54 예컨대 그 자신이 생산연구를 실행한 롯츠(Lotz, 2014)는 이들이 구성한 작업이 생산연구의 '근본을 구현해 낸foundational' 영향력이 매우 큰 텍스트라고 평가하기도 한다. 또한 본문에서 다루는 두 편의 선집은 영미와 그 외 지역에서 비슷한 관점을 투사하는 이들이 광범위하게 사용하고도 있다.

할에서 벗어나, 대중의 욕망과 소비로의 열정을 면밀하게 포착하고, 이를 상업적·전략적인 기획과 정련된 경영 기술로 다변화하는 양상에 관한 분석과 탐구의 필요성을 인지하게도 되었다. 단적으로 논해, 문화산업은 상징적 가치와 매력이 큰 일군의 산물을 소비자에게 제공하면서 이익을 추구한다. 이런 과정에서 내부에서 상업성과 창의성의 추구와 관련된 부단한 혁신과 참여, 생산자들이 형성한 독특한 의례와 관습, 그리고 경쟁과 대응 등도 활발하게 재연된다(Davies & Sigthorsson, 2013; Du Gay, 1997; Du Gay et al., 1997; Flew, 2013). 한편 외부에서 접하는 문화산업의 '화려한' 외양이나 이미지의 이면에는, 다른 산업 분야와 비슷하게 내부 주체들의 활동을 둘러싸고 상당한 진통과 마찰에서 꾸준히 제기되는 불평등이나 훈육 효과도 명백히 존재한다. 예를 들면, 문화산업의 진입 단계나 중간 단위에서 작업하는 이들의 경우, 자율성의 발휘나 이들이 주도하는 기획이 제약되는 상황과 조건을 수시로 체험하며, 경영진을 포함한 위로부터의 개입과 요구에 종종 노출되기도 한다.

특히 생산연구를 정초한 학자들은 문화산업 내부의 핵심 인물들이 다양한 콘텐츠의 기획과 함께, 자신들의 역할을 부단히 정당화하며, 이런 수준을 넘어 '신화화mythologized'하는 역할이나, 이를 뒷받침하는 집약적인 담론 작용에 정련된 분석적 시선을 돌리고, 능동적으로 대응할 필요가 있음을 주창하기도 했다.[55] 앞서 예시한 측면을 중심으로, 생산연구를 시행

55 이 측면과 관련해, 데이비드 헤스먼달치(Hesmondhalgh, 2005/2010)는 범주를 좁혀서 생산연구가 "(특권적인) 생산자가 커뮤니케이션 생산물을 제작 유포하는 과정에서 자신들에게 주어진 상대적인 권력을 어떤 방식으로 실행하는지"(146)의 중층적인 과정에 주력한다는 시각을 표출한다(박진우, 2020: 12에서 재인용). 동시에 데릭 존슨(2014) 등이 설파하듯이, 생산연구의 전개 과정에서 상층 경영진이 아니면서, 콘텐츠의 기획과 내부에서 업무와 인적 관리를 도모하는 중간급 매니저나 관련 전문 인력에 관한 범주가 다양한 연구가 크게 확산이 된 부분에 주목할 필요도 제기된다.

한 연구자들은 새롭게 구현된 문화산업의 특징을 대상으로 조율된 대응과 대항이 이루어지기 위해서는 복수의 접근법과 방편으로 산업 내부 주요 인력의 활동과 이들이 펴내는 담론을 통한 '자기 정당화'와 영향력의 발산을 세밀하게 검증할 필요가 있다는 점을 강조했다. 박진우(2020: 12)는 "미디어 산업이 생산하는 의미의 생산자 및 생산 과정의 일상적인 실천에 개입하는 외적 압력들(권력), 그리고 이에 대한 생산자 스스로의 성찰을 복합적으로 파악하는 포괄적인 연구 영역"에 초점을 맞추는 방향으로, 생산 연구의 지향이 점차 설정되고 변주된 측면을 서술한 바 있다. 이와 함께, 관련 학자들은 문화산업 내에 형성된 특정한 질서와 조직화의 양상이나 전문성의 추구에서 노동을 둘러싼 불안과 동요 등에 이르기까지, 구성원들이 직면하고 노출된 공적 쟁점과 생산자 집단의 '생활 세계'와 일상화된 역할에 관한 상세한 — 동시에 내부의 구체적인 현황을 파악하는 — 접근과 진단의 필요성도 추구하게 된다. 김예란(2015: 71)은 그런 목적을 이론적으로 풀어내면서, 문화산업 구성원들의 활동과 감정이 "기업화된 디지털 자본주의의 자장 안에서 생성되기에 통치 권력과 주체 형성의 모순과 갈등으로부터 [이들이] 결코 자유로울 수 없다. 창의성과 열정, 자기혁신과 성공적인 미래와 같은 긍정적 가치가 강조되는 동시에 이것을 실행하는 경제적 합리성과 자기 경영의 원리가 중시"되는 구조 속에 이들이 살아간다는 시사점을 제기하기도 한다.

이제 앞서 거론한 두 편의 저작이 표출한 핵심적 문제의식으로 돌아가면, 생산과 관리의 제 측면과 박동을 긴밀하게 파악하고자 하는 목적과 관련해, 연구자들은 생산 연구의 역할이 기존에 '외부'로 크게 노출되지 않으며, 정제된 분석 대상이 아니었던 일련의 영역과 활동을 '보이도록visible'하는 데 주력한다는 점을 강조했다. 이런 초점은 다른 미디어 관련 진단과 비교할 때, 생산연구가 더 명료하고 응집력 있게 문화산업 내부의 구조적인 위계와 동향 및 분화된 조직의 문법과 성향을 파악해야 할 함의를 제기하기도 했다. 즉 그런 집합적인 관심은 사이먼 코틀Simon Cottle(2007)이나 존 콜드웰John Caldwell(2008) 등이 강조했던 기존의 문화산업이 구축한 '비가시성의 전복'과 내부 요인과 동력의 자세한 이해를 통한 조직 문화의 특징을 설득력 있게 추론할 만한 기회를 제공한다(박진우, 2020). 이런 장점과 함께, 그런 관심은 외부 연구자들이 활용하는 이론을 경험적 사례들과 땀땀이 교차시켜 검증하며, 생산연구가 채용해 온 이론적 자원과 개념을 보완하고 정련하는 방안으로도 수렴된다.

예시하면, 드라마나 대중음악의 생산에서 과거에는 큰 주목의 대상이 아니었던 기획자와 큐레이터, 외주 인력, 그리고 콘텐츠의 판매와 섭외를 주도하는 문화매개자 등이 담당하는 역할도 생산연구로의 탐구를 통해서 좀 더 가시적인 위상과 분석 대상으로서의 가치를 높이게 된 바 있다. 앞서 짚은 인식으로 연구자들은 문화산업을 거대한 기업적 구성이나 자본의 논리와 같은 거시적인 시각이 아닌, 화려하고 감각적인 표면적 이미지를 넘어서 복잡다단한 일과 성과에 관한 몰입과 관리, 특정 계보로 구현된 제도적 실천의 역사적 특징과 차별성, 그리고 업무와 보상을 둘러싼 경쟁과 쟁점 및 갈등이 산재하는 복합적인 '구성체formation'로 접근한 바 있다. 예시하면, 주요 문화산업의 내부에서 경영진과 노동의 주체들은 협력과 협업을 도모하면서도, 결이 다른 관심과 특정한 이해관계로 충돌하기도 하며, 상징적 권위와 자원의 배분을 둘러싸고, 이점을 차지하기 위한 다양한 '전술적 게임'을 벌인다. 그런 차원에서 초기 생산연구가 부상하면서, 연구자들이 방송과 광고, 출판과 디자인, 애니메이션, 멀티미디어 생산 등의 주요 영역에서 활동하는 주체들이 공유하는 가치 체계와 지배적 규범에서, 이들에게 친숙한 공식적·비공식적 네트워크와 행동 양식 및 특화된 화법 등으로 분화된 주제를 설정한 것은, 어쩌면 당연한 귀결이자 대응이라 할 수 있다. 동시에 이들 중 상당수가 텍스트나 장르 중심의 탐구 방식에서 벗어나는 분석을 시행했지만, 여전히 자신들이 특성화된 훈련을 받고 상당한 지식 자본을 가진 관련 지식과 접근법을 연구에 활용한 바 있다. 예컨대 생산연구의 주요 목적으로 관련 학자들이 미디어와 문화산업 영역에 구축된 특정한 세계와 전략적으로 채용하는 의례 및 규준norm에 관한 다면적인 '문화적 이해the cultural understanding of the inner world'를 중시했고 강조하기도 했기 때문이다.[56]

이 측면은 관련 주체들이 제언하듯이, 생산 과정과 관련 실행의 이면을 파악하는 것이 기존의 문화 텍스트를 해독하는 방안과 범주와 대상에서 명백히 차별적이지만, 여전히 문화연구가 축적한 지적 자원이 '유용'하다는 점을 반영한 대응이기도 했다. 예컨대 생산연구를 실행한 이들은 문화산업이 생산한 특정한 '장르'와 기획 전략에 관한 상세한 지식genre knowledge과 이와 결부된 수용이나 대중성의 특징을 기반으로, 자신들이 섭외한 내부 주체들과 좀 더 밀도 있는 논의와 관점의 교환 및 진전된 관찰을 구현할 수 있었기 때문이다. 이는 또한 연구의 대상들이 상당한 전문성과 경험 및 경력 외에, 나름의 상징자본을 가졌으며, 다양한 문화적 산물을 직접 기획하며 관련 효과를 다차원에서 '헤아리는' 주체라는 점에 주목한 결과이기도 했다. 부연하면, 콜드웰(Caldwell, 2008)과 헤스먼달치 등

56 영미 문화연구 진영에서 주목할 생산연구의 사례와 개념화를 제공한 헤스먼달치와 세라 베이커Sarah Baker(2010)도 그런 지향성을 추구하는 과정에서, '문화의 개념 자체'에 대해 면밀하고 유연한 적용과 탐구가 필요하다는 측면을 강조한다. 물론 이들은 이런 탐구를 문화에 대한 인간 행위자 중심의 의미와 상징 및 표현 등에 '배타적'으로 주력하는 '본질주의'나 협소하게 이 개념을 적용하는 대신, 미디어 테크놀로지와 권력 작용 및 해당 산업 영역의 구조화된 특성과 상호 결합하는 방안을 반영한 바 있다. 조금 다르게, 임영호(2020: 66)는 범주를 좁혀 실용론적 측면에 주력하면서, 생산연구가 재구성하는 현장성에 기존이 문화적 분석의 핵심인 텍스트 분석과의 긴밀한 조합을 제언한다: "[그는] 현장 연구에서 얻은 개념들과 [텍스트 분석을] 결합해 사용하면 유용할 것이라고 제안한다. 이는 사회학적 접근에서처럼 제약, 관행 등의 과정 중심 분석에서 뉴스 텍스트의 '신화적 내러티브,' '집단 기억,' '의미 지도ideograph' 등 문화/의미 파악으로 분석의 초점을 이동하는 것이"라는 시각을 주창한다.

(Hesmondhalgh et al., 2010)의 연구가 함축했듯이, 이들은 광의의 창의적이고 매력적인 문화 콘텐츠를 제작하면서, 자신들이 속한 조직이 관여된 위상과 주요 의제 그리고 도전과 위험에 관한 분화된 '제도적 성찰성institutional reflexivity'을 깊게 인지하는 이들이기도 하다.[57] 한편 메이어 등(Mayer, 2009: 5)은 생산연구를 추구하면서, 역사적으로 분화의 과정을 겪기도 한 "문화연구와 정치경제학적 접근의 생산적이지 못한 '분리divide'를 넘어서move beyond the unproductive segregation of cultural studies and political economy," 두 접근 방식 간에 일정한 접합이나 전략적 연계를 시도할 필요가 있다는 점을 논한 바 있다. 특히 메이어는 마르크스주의에서 유래한 '소외'론이 문화산업에서 명백히 관찰되며, 이 개념을 변화된 산업적 구성과 위상 속에서 변주하며 '창의 노동'이나 '젠너적' 측면과 이 쟁점을 새로운 의제로 삼아 분석할 필요성을 제언했다. 예컨대 표면적으로는 창의성을 표명하지만, 문화산업이 더 큰 이윤과 잉여 가치를 추구하는 과정에서, 상당히 치열하게 그런 노동의 집약성과 강도를 강화하며, 구성원을 헌신과 경쟁을 기조로 한 촘촘한 정당화와 통제의 과정으로 몰기도 한다. 동시에 이와 관련해, 생산연구의 현실에서 충분히 밀도 있는 조합이나 진한 수준의 상호보완성을 구성하는 측면으로까지 다수 연구가 원활하게 모색되었다고 보기는 쉽지 않다. 먼저 기존의 정치경제학 연구자들이 상부구조의 '상대적 자율성'이나 기성의 경직된 인식을 탈피하며 좀 더 유연하게 자본과 문화 생산의 관계성을 설정하는 인식을 보인 점은 주목할 만한 대응이라 할 만하다(이희

57 문화산업에서 관찰되는 제도적 성찰성은 내부에 구성된 관행을 부단히 변형하며, 외부로는 당대에 구현된 취향에서 새롭게 부상하는 유행과 대중적 정서의 변화를 감지하고, 이를 생산물의 기획에 능동적으로 반영하는 작업으로 예시된다. 조금 다르게 이 개념은 구성원들이 전문가로서 그런 감식안과 안목을 배양하고 실제 생산 과정으로 효율적으로 활용하는 덕목과 역량을 강조하게 된다. 즉 그런 이유로 '자유나 자율 혹은 자발성을 추구하는 에토스'가 유의미하게 작용하지만, 동시에 이런 측면은 문화생산자들에게 만만치 않은 부담과 경쟁을 형성해 낸다.

은, 2020). 그런 시도와 함께, 비판적 정치경제학을 표방하는 연구들이 기존의 분석 방식을 탈피해 미디어 내 핵심 구성원의 활동과 물적·경제적 요인까지 포함하며 양 요인 사이를 연계하는 분석을 내밀하게 추구한 사례는 여전히 많다고 보기 어렵다.[58]

예컨대 비판 커뮤니케이션에 기초한 상품론 비판과 '물화론reification thesis'이나 자본주의 소비 확산에 관한 대항적 모델의 상대적 단순성에서, 소비 과정에서 폭넓게 분출된 대중의 욕망과 취향을 — 혹은 현실에서 광의의 문화기획자들이 체화하는 다양한 정체성의 구현과 일정한 자율성 등을 — 보다 유연하고 정제된 이데올로기 분석이나 행위자와 구조를 접합하는 변화된 해석 틀로 밀도 있게 조형하지 못한 측면에 대해 비판을 제기할 수도 있다. 즉 관련 주체들의 연구가 내부의 인물들이 엮어 내는 공조와 주체적 대응, 그리고 모순과 순응 등의 행위나 관련 경험이 깃든 내부자들의 진술과 구체적인 서사에 집중하기보다, 구조적 요인인 산업적 체계의 영향이나 관리 측면의 거시적 쟁점으로 주로 직결된 요인들을 — 경영의 제도적 효과, 인사관리 및 노동 분업의 효과, 상업주의와 수익화 모델이 주는 압박 등 — 강조하는 방향성을 보인다. 이런 관행화된 진단은 미디어 내에서 비가시적으로 작용하며 외부에서 관찰하기 쉽지 않은 구성원 내부의 갈등과 균열에 섬세하게 주목하는 방안으로 필요한 만큼 이어지지는 않는 것으로 판단된다. 즉 제도적 효과와 쟁점에 주목하는 그런 시선이 마땅히 필요하지만, 앞서 짚은 행위자들 수준에서 차별적으로 제기되

58 비교 사례로 한국 언론학계의 경우, 본문에서 서술한 비판 커뮤니케이션의 활동은 연구자들의 격감과 집합적인 활동의 둔화로, 생산 관련 주요 활동과 규범의 수준까지 탐구하는 연구는 매우 적다. 한편 비판 연구나 정치경제학적 접근을 추구하던 이들이 상당 부분 거시적인 물적 토대의 강한 영향력과 반영의 효과, 그리고 시장적 지배와 독점 구조 등에 주력하면서, 일상 속에 전개되는 — 동시에 상업화의 과정에만 전적으로 '포섭'이 되지 않는 — 다양한 문화적 실천과 욕망의 분출을 '주변화'한 측면도 지적할 수 있다(이기형·이상길·박진우, 2022).

는 쟁점은 상당 부분 기능적으로 다루어지거나, 구조의 동학이 빚어내는 문제점의 '징후' 정도로 인식되는 것이다.

이제 방향을 돌려서, 이미지와 서사와 상상력 및 문화 자원의 조합을 생산연구 분야에서 확장했던 문화연구자들이, 보다 밀도 있게 그런 복합성을 발현하는 일련의 콘텐츠 구성에 개입하는 상업적 이해관계와 구조화된 산업적 논리를 풀어내면서, 다양한 층위에서 부상하는 결합과 상호작용을 규명하려고 시도한 바 있다. 하지만 이런 모색이 거시적인 자본의 논리와 정책적 전환에서 생산자 사이에 형성된 동태적이고 불균등한 관계망을 탐구하는 방향보다는, 문화산업 내 기획자와 노동자들이 생산 과정에서 구성하며 경험하는 '주체성 및 주체 되기'의 효과와 이에 관여하는 요인들로 주요 관심사와 실제 분석을 집중한 측면이 적지 않게 관찰되기도 한다.[59] 요컨대 콜드웰(Caldwell, 2008)과 패터슨 등(Paterson et al., 2016)이나 짐 맥기건Jim McGuigan(2010) 등이 강조했듯이, 생산연구가 '문화로서의 생산production as culture'을 중층적이고 확장된 인식으로 삼는 기획을 꾸준히 도모하기는 했지만, 앞서 메이어 등이 명시적으로 설파한 '융합적' 수준과 분석의 강도intensity를 녹여 낸 결과물이 다수를 점한다고 보기는 쉽지 않다. 부연하면, 문화연구 지향의 생산연구를 시도한 이들이 문화산업이나 '창

59 이 주제는 문화사업에서 직무와 노동에 전념하며 이른바 구조와 개인 간에 형성되는 다면적 효과나, 내부에 신념화되고 훈육을 통해 조형·강화되는 특정 주체성의 효과와 이런 강한 담론 작용이 전적으로 복속시키지 못하는 해당 주체나 집단이 발산하는 균열과 저항 그리고 계산된 대응 등을 통합적으로 탐구해야 하는 매우 고된 작업이다. 즉 전통적인 문화연구의 화법으로 논하면, 이는 행위자의 의지와 대응에 주목하는 '문화주의'와 구조화의 효과와 행동 양식conduct의 조성에 관여하는 훈육과 권력 기제를 접합하는 '구조주의'를 적용한 까다로운 작업이기도 하다. 동시에 그런 지향성을 보이는 생산연구가 축적한 일군의 사례에서 종종 후자가 명실상부한 육화되고 밀도 있게 맥락화된 결과를 달성하기보다는, 연구의 배경이나 추구된 분석에서 후 순위 정도의 위상을 드러내기도 한다. 이는 '문화로서의 생산'이 범주와 문제의식을 넓혔지만, 여전히 노출하는 한계라고도 판단된다.

조 산업'의 국면적인 재구성과 지역적 특성화를 주제로, 거시적 관점과 자본과 기술 및 정치적 이해관계 등의 요인을 적용하는 데는 일정한 한계나 좀 더 포괄적인 분석을 제공하지 못한 측면이 노출되는 것이다. 관련 예시를 들면, '유연 축적과 생산'과 같은 자본의 새로운 동향과 산업적 변화는 문화산업 내부의 위계와 분업을 크게 변화시킨다. 이는 매수와 합병 등에 의한 거대 기업의 등장을 불러오기도 하고, 계약직 노동이나 프리랜서 노동자들의 활용을 강화한다. 또한, '세방화glocalization'의 기획이 진전되면서, 기존의 경계를 넘어서 국가 간 문화산업이나 방송 산업의 협업과 위계적인 분업도 등장한다. 이런 추세와 함께, 문화산업과 특정 지리적 거점이 결합하면서, 이를 역사적 유산과 전통을 보다 적극적으로 활용하는 '헤리티지' 산업heritage industry이나 테마파크 등으로 새롭게 구현하는 사례들도 부상한 바 있다.

동시에 앞서 짚었듯이, 정치경제학 계열의 연구자들은 문화산업 내부에서 작동하는 다양한 위계나 잠재적인 대립과 더불어 조율이 필요한 내부의 요구와 성층화된 관계들이 형성하는 '관계의 동학'을 상세하게 탐구하거나, 세밀한 담론 분석을 통해 추적하는 기획을 충분히 모색하지는 않아 왔다. 이 같은 사례는 한국의 언론학 분야에서 특히 감지된다. 앞서 짚은 양상에 주목하면서, 생산연구의 핵심 개념과 주력하는 영역을 데릭 존슨Derek Johnson 등(2014)은 문화산업의 경영이나 구성의 전반적인 방식과 직결되는 '담론과 성향 그리고 전술discourse, disposition, and tactics'로 정의하기도 한다. 첨언을 하면, 이는 기존의 물적·경제적 요인에 주력하는 방안만이 아닌, 노동과 관리를 구획하는 영향이 큰 담론의 효과와 내부에서 상당 시일을 통해 조형되고 내재화된 가치, 그리고 내부 주체들이 각자의 이익과 필요성을 능동적으로 모색하는 전략적인 함의를 숙고할 주제로 소환한다. 이와 함께, 생산연구의 틀과 전범을 제공해 온 해외 학자들은 정치경제학적 접근의 변화와 혁신적 보완이 이 지향 속에 여전히 요구되는 측면을 거론하기도 했다. 요컨대 정치경제학이 기존에 소유 구조와 생산 관계, 미디어의 시장 지배와 이에 연동된 집합적 이데올로기 효과에 주로 진력하며, 내부 구성원들이 조직의 하단이나 중간 고리에서 엮어 내는 다양한 활동과 감정 등을 적절하게 탐구하지 못한 측면을 중심으로, 지향성의 변화를 촉구하기도 했다(Mayer, 2011).[60] 어맨다 롯츠Amanda Lotz(2009)는 앞서 1장에서 소개했던 기틀린의 성과인 산업 내부의 의사 결정과 관련 관계망을 통한 파급력이나 생산문화의 복합성을 밀도 있게 포착한 유형의 작업이 그런 변화된 관점으로 연계될 수 있음을 조명하기도 했다.[61]

한편 뱅크스는 생산연구의 기획에서, 산업 내부의 '젠더화'된 구조와 관련 쟁점이 더 큰 주목을 받아야 하며, 이 문제의식을 통해 표면적으로는 화려하며 부상하는 문화 트렌드를 주도하는 산업 내부에 완강하게 배태된 젠더 차별과 고정된 성 역할 그리고 구조화된 차별을 핵심 의제로 삼을 필요성을 주창한 바 있다. 관련 사례로, 뱅크스나 앤절라 맥로비Angela McRobbie(2016), 루스 헵워스소이어Russ Hepworth-Sawyer 등(2020) 이 도모한 기획은 미디어와 패션, 그리고 음악산업을 중심으로 생산연구와 '성정치학'의 문제의식을 접합하면서, 다양한 후속 연구를 위한 기반과 상세

60 메이어(2011)가 시도한 생산연구는 가시적인 위상과 권위를 갖지 못한 채, 문화산업의 하부 영역에서 일하며 불안정한 위치에 놓인 — "below the line" — 노동자들의 상황에도 분석의 집중력을 제기한 저작이다. 그는 텔레비전을 만드는 조립라인에서 일하는 이들에서, 카메라맨과 관찰 예능의 진행자들, 그리고 주변적 위상을 점유하는 텔레비전 산업의 보조 인력, 기존의 산업 중심의 탐구에서 간과된 노동자들이 어떤 대우와 인식의 대상이 되는가를 풍부한 사례 연구로 풀어낸다. 동시에 그는 통상적으로 큰 주목을 받는 전문직 노동자나 기획자와 비교할 때, 이들이 나름의 노력으로 형성한 전문성과 역량을 보유한다는 점도 주창한 바 있다.

61 동시에 이들은 기틀린이 수행한 방대한 기획이, 여전히 비판적 이데올로기 분석으로 '경도'되는 측면도 일부 있으며, 그가 실천한 인터뷰와 현장 작업에 대한 현실적인 위상을 논하기도 했다. 예컨대, 1장에서 소개한 기틀린 정도의 유명세와 사회적 영향력을 갖지 못한 연구자들의 경우, 종종 현장으로의 제한된 진입이나 주로 내부자들과의 대담을 기반으로 연구를 모색하게 되는 사례들이 많기 때문이다.

한 사례 분석을 제공한다. 이들은 과거보다 다양하고 특화된 역할을 담당하지만, 종종 고정관념의 대상이 되며 순응으로의 압력과 차별을 받는 여성 생산자들의 상황과 이들을 압박하는 내부 관행을 '개입적'으로 조명한다. 이런 보다 분화된 관점의 부상과 함께, 생산연구의 영역에서 '지리학적인' 요인이나 '탈지역성'의 효과와 접맥된 산업적 분화 및 노동의 지역적인 위계와 분담을 조명하는 분석들도 등장한 바 있다. 제인 랜드먼Jane Landman(2009)이나 세라 티닉Serra Tinic(2005) 등은 미국 외부에서 활발하게 구현되는 문화 콘텐츠 관련 협업이 연계된 지역의 기술적·물질적 기반과 경제적 이점 및 효용과 맞물리면서, 탈지역적인 노동 분업이 이루어지는 사례를 미국과 호주나 캐나다에서 전개되는 텔레비전 프로그램의 생산과 지역적 분업을 예시로 삼아 탐구한 바 있다. 이들은 이런 체계가 '종속'과 같은 문제점을 발현하기도 하지만, '할리우드'로 상징되는 문화적 패권이나 경제적 독과점의 흐름을 일정 부분 벗어난 사례라는 점을 논하기도 했다. 이런 인식은 기존의 '중심 대 주변center and periphery'이라는 대립적 구성을 벗어나서, 전개되는 문화 콘텐츠의 초국적 생산과 제도적 유연성의 부상에 주목한 시각이었다.

이제 논의의 방향을 돌려서, 생산연구를 추구한 이들 중 상당수는 집합적으로 생산연구의 역할을 '사회과학의 공공성과 비판성social science as critical practice'의 모색으로 설정하고, 이런 입장을 적극적으로 주창·수용하면서, 관련 범주와 문제 틀을 보다 확장한 바 있다(Banks et al., 2015; Mayer et al., 2009). 이런 지향은 메이어가 강조했던 생산연구로 주요 '사회적 쟁점'과 이를 해명하는 데 필수적인 이론 틀을 도입할 필요가 있다는 상징성이 강한 '구호'로도 요약된다. 그는 생산연구가 명백히 '지배와 피지배'나 자본과 독점적 경제 권력의 부정적 효과와 귀결에 주로 주력하던 과거 비판 커뮤니케이션의 관점을 벗어나려는 '이유 있는' 변화를 도모했지만, 여전히 생산연구의 모색에서 사회적·젠더적 불평등이나, 인종을 특화하는 관성,

그리고 위계화된 구조가 생산자의 일상적 행위를 관통하며 생성하는 문제점을 간과해서는 안 된다는 시각을 제시했다. 즉 그는 미시적 이슈나 특정 사례로 집중되는 진단에 주력하는 사례 연구에서도, 자본과 거대 기업의 장악력이 불평등과 사회문제를 낳게 되는 측면에 관한 비판적 시선을 교차해 가면서 그런 진단에 주력하는 방안이 요구된다는 점을 강하게 제언한다. 그런 측면은 특히 광의의 '비판이론'이나 혹은 '비판적 패러다임'이 역사적으로 지향해 온 현실의 변혁과 '진보적 재구성'이나 미디어와 문화 영역에 관한 젠더적 상상력의 투사, 그리고 '참여-지향적인' 시각을 담아낸다. 이와 함께, 필립 슐레진저Philip Schlesinger(2016) 역시 앞서 강조한 미디어와 문화산업의 구성원이 외부로 발현하는 정당성과 신화화된 역할론과 지배적 담론에 제동을 걸고, 관련 쟁점을 밀도 있게 대응하고 '탈신화'하는 소임이 생산연구의 근본적인 문제의식이라는 점을 설파한 바 있다. 그는 동시에 이런 집합적 노력이 학계 안에서 주로 생산되고 통용되는 수준을 넘어서는 정치한 모색이라는 점도 환기한 바 있다.

물론 다양한 분화가 관찰되는 지금의 관점에서, 지금까지 논한 시각으로 수렴되지 않는 성격의 연구들도 적지 않게 등장한 바 있다. 요컨대 박진우(2020)가 논하듯이, 생산연구를 실행하는 이들 중 상당수가 그러한 문제의식과의 연결점이나 문제의식을 계승하는 면모를 보이기도 하지만, 지식 생산의 분화 속에 생산 영역을 대상으로 일련의 굴절과 단절 및 재구성의 양상도 관찰된다. 즉 문화 경영이나 문화경제학을 설파하며, 창조산업 담론의 진흥과 순기능을 주로 강조하는 학자들도 있으며, 사회적 쟁점을 파악하면서도 진득한 사례 분석보다 인지와 감정 및 정보 양식 등에 주력하는 개념화와 거시적인 문제 틀로 생산과 변화하는 자본주의의 동학을 탐구하는 흐름도 관찰된다(김건우, 2020; 박지훈, 2020). 이런 접근 방식들을 고려하면, 앞서 거론한 지적-비판적 전통에 대다수 연구자 집단이 속한다고 보기는 어려울 수도 있다. 국외와 국내에서 부상한 광의의 생산을 주제로 삼는 연구 중에, 주로 미디어나 플랫폼 내 융복합 현상이나 자본주의 정보 양식성의 변화와 네트워크화 등의 가시적인 현상과 산업적 쟁점을 중심으로 파급 효과와 노동의 위상을 정리·제시하거나, 이런 측면과 직결된 거시적인 현황과 동향 중심의 비판적 진단을 제공하는 데 주로 집중하는 연구들도 꽤 접할 수 있다(권오용, 2022; 김수철, 2015; 김종진, 2020; 박대민, 2019; 박도영, 2015; 양경욱, 2020; 지주형, 2015; 최병두, 2014). 조금 다르게 생산연구를 포함하여 특정 거시적 지식 생산의 '원류'나 계보를 논하는 작업은 상당한 이견이나 차별적인 인식을 필연적으로 포함한다.[62] 그럼에도 탈지역적으로 모색되는 생산연구가 발현하는 의지나 비판적 상상력의 발휘 속에, 문화연구와 같은 '비판적 패러다임'을 이어 내는 학제적인 실행의 영향력과 함의를 관련 영향과 공과를 면밀하게 짚어 내면서 확인할 필요가 있다.

4. 문화연구가 주목한 생산연구의 주요 관심 : 과정, 주체, 권력을 핵심 이슈로

지금까지 논한 현실의 정치·사회적 쟁점을 파고드는 문화연구의 역할이 1990년대 이후 분화되며 새로운 주제로 확장하고 다른 지적 실천들과 상호작용하는 과정에서, 기존의 언론과 정치 담론의 영역에서 벗어나서, 중요성과 확장성이 거대해진 미디어와 특히 문화산업이나 특히 '창의 산업creative industries'에 관한 탐구도 활발하게 부상하게 된다. 관련 역사적 변화를 자세

62 그런 쟁점을 중심으로 박진우(2020)는 특히 생산연구의 '계보' 설정에 관한 예리하고 성찰적인 논점을 특히 저널리즘의 변화를 중심에 두는 긴 호흡의 진단으로 제기한 바 있다. 특히 그가 주창한 관점은 필진들이 풀어낸 시각과 일정한 차별성을 보이기도 한다. 즉 생산연구의 계보와 특정 지식 전통의 역할과 관련하여, 별도의 지식사회학적인 연구가 요청되는 것이다.

하게 조감한 박진우(2020: 13)는 특히 이런 '비판적 산업 분석'과 생산연구의 구체적인 부상에서 공유되는 핵심 주제어들로 '생산 과정, 생산자, 조직(권력)'이라는 세 가지의 주목할 키워드를 거론한다. 그는 특히 이 세 주제어가 상징하는 "다양한 사회적 상호 작용과 여기에 지속적으로 개입하는 내적·외적 권력의 요소들에 대하여 주목한 일체의 연구들을 넓은 의미의 생산연구의 '전통'에 속하는 이론적 자원"으로 설정하기도 한다(13).

이 지점에서 그가 강조한 세 개의 연계된 용어는 생산연구를 여러모로 파악할 수 있는 중요한 분석적 '단서clues'를 제공한다. 먼저 이 주제어들은 명시적으로 '정치적' 쟁론이나 세력화와만 직결되지 않는 새로운 문제 설정의 영역을 환기해 준다. 예컨대 생산연구가 활기를 발산하면서, 고도의 전문화된 역량과 응집력 그리고 독특한 습속을 구현하는 다양한 유형의 문화 생산을 담당한 주체들로 관심과 인식을 넓혀 낸 측면을 고려할 필요가 있다. 부연하면, 전통적으로 문화연구가 주력했던 이데올로기나 헤게모니 중심의 탐구만으로는 문화산업이 작동하는 구조화된 방식과 내부 구성원들이 주도하는 일련의 생산 관련 활동을 파악하는 데 상당한 한계가 발생한다. 요컨대 생산연구로의 지향을 모색하는 과정은, 지적 분석 틀과 연장을 갈무리하며, 변화된 환경에 조응하는 이론적 자원과 경험 분석의 방안을 좀 더 다원화하는 노력을 기반으로 변화해 왔다. 이는 언론의 활동과 작동 방식에 끈질긴 분석의 노력을 영위해 온 과거의 '전범'을 일정하게 탈피하면서, 보다 스펙트럼이 넓은 주제 영역으로 관련 연구자들의 탐구가 활성화된 측면을 시사해 준다. 예를 들면, 영미의 생산연구는 텔레비전과 영화가 포진된 대중문화 분야에서, 대중음악, 디자인과 출판, 애니메이션, 게임, 홍보, 온라인 등으로 속속 대응할 범주와 분석 대상을 확장하게 된다. 이런 측면과 함께, 앞서 언급한 주제 영역에서 주시할 측면으로 이들은 기획과 생산 주체들이 모색하는 상업적인 기획의 변모와 관행화된 관리 및 노동의 체계에서 관련 조직과 산업 내부로 자본주의의 논리가 유연하지만 강한 효과를 발산하는 변모한 현실로 관심을 돌리게도 된다.

이와 같은 측면은 관련 대상들이 형성하는 산업적 특이성이나 핵심 현안의 차별성을 관련 연구자들이 인지한 결과이기도 하다. 국내에서도 서동진(2011; 2012)과 김예란(2015), 강내희(2014; 2015), 주은우(2013) 등은 특히 영미에서 이루어진 관련 연구를 조합하면서, 변화된 문화생산의 영역에서 자본주의 논리의 반영이 '심미적'이고 세련된 호소력과 감성을 적극적으로 변주하면서, 매력적인 대중문화물이라는 상품의 생산에 탄력적으로 적용되는 추세를 짚어 낸다. 즉 다양한 상상과 스타일을 매개하며 부드럽게 소비로의 참여를 설득하고, 세공된 이미지와 기호로 상품의 매력과 잠재적인 구매의 즐거움을 상상하게 하는 문화산업과 광고와 마케팅 등의 활동상도 큰 폭으로 부상한 바 있다. 이는 소비자들의 취향과 욕망을 유연하게 간파하며 속도감 있게 대응하는 문화산업의 보강된 역량이라 간주할 수 있다. 나아가 플랫폼과 미디어의 종사자들은 적잖이 문화 경영이나 문화경제학 관련 담론의 영향 속에 놓이면서 "수월성, 다중 지능, 창의성 같은 개념"이 크게 강조되면서, "노동 능력을 미적인 렌즈를 통해 분절하고 또 장려"받는 환경 속에 놓이게 된다(서동진, 2011: 24). 동시에 그런 영향력이 큰 담론 효과는 상당 부분 문화 노동과 직결되는 노동 강도와 불안, 강박 및 부담이 녹아든 행위를 심미적 요인과 창의적 취향과 발상, 그리고 감각적인 라이프스타일의 기획이나 '자기 주도적인' 생산물로 탈바꿈해 낸다.

관련 측면은 동시에 기존의 '상품 미학'이나 '물신숭배주의commodity fetishism'와 같은 비판이론에서 오래도록 채용해 온 분석을 넘어서서, 다면적인 해석 틀의 적용과 진득한 수용자 분석 등의 사례들을 초대하게도 된다. 요컨대 문화산업이 제공하는 콘텐츠들의 유형별 다변화와 장르적 세련성은 소비자들의 이목을 끌게 되었으며, 이 같은 과정은 상품화된 지배 이데올로기의 '호명 효과interpellation'에 주로 휘둘리고, 수동적으로 구매와 소비에 탐닉하지만 않는 욕망의 주체들이 등장했기 때문이다. 이는 자본주의의 논리가 관철된 상품의 구매가 끼치는 물신화된 소비에 관한 이념 중심의 분석을 넘어서, 소비자라는 행위자들이 전개하는 활동과 소비의 복합적인 단면에 주시하는 일련의 분석을 촉발하게도 된다. 나아가서 앞서 거론한 문화적·심미적 역량을 강화하고 흡수한 문화산업 분야의 변동은 필수적으로 내부에서 그런 동력이 상세하고 기민하게 — 동시에 특정한 전술과 복안을 모색하면서 — 수행되는지의 제도적인 동시에 관련 주체들이 펴내는 일군의 역할과 관점을 파악하는 관심으로 변환된다. 이런 인식과 필요성을 기반으로 영미의 생산연구에서 미디어와 문화산업 조직 내에서 활동하는 동시에 위계화된 구조 속에 일련의 기획과 노동을 전담하는 주체들에 관한 관심도 점차 분화된다. 이는 조직 내부에서 특정한 관리, 경영·기획 및 노동 분업을 도모하는 이들이 연루된 직능 분야 내 특화한 가치와 선별적인 의미들의 생산, 역할론과 기능의 내재화된 특성, 그리고 복잡하게 얽힌 실천과 부담을 집중력 있게 진단하려는 목적과도 맥을 같이한다. 부연하면, 내부의 구성원들은 상세하게 설정된 가시적·비가시적 규칙과 행동 양식을 수용하면서, 자신들의 전문성이나 위상과 관련된 내면화된 가치를 체화하게 된다. 달리 말하면, 이들은 조직 내부에 상당히 견고하게 형성된 질서와 규칙을 파악하고 있으며, 기획에서 생산으로 이어지는 과정에서 어떤 마찰이나 협의와 양보와 순응 등이 필요한가도 인지한다. 이와 함께, 이들은 자신들이 속한 조직이 '유연화flexibilization'의 패러다임이나 구조 조정 등에 취약할 수 있음도 간파한다. 즉 생산연구를 실행한 연구자들이 주력한 '생산자'로의 관심은 해당 조직이 훈육하는 행동의 방식과 일상화된 습속을 파악하는 과정에서 이들의 행위자이면서, 조직 내 관리와 훈육의 대상이기도 한 '이중적인' 면모에 주목한 측면이라 논할 수 있다. 한편 생산자들은 자신들이 대중이 소구하는 다양한 문화 콘텐츠를 기획하는 핵심 인력으로서 상당한 자부심과 더불어 특정한 문화자본과 정체성을 드러내지만, 동시에 성공과 실패라는 결과를 두고 끊이지 않는 경쟁과 압박에 노출된 '불안의 주체'이기도 하다. 이는 미디어나 문화생산 조직의 '외부'에서 주로 거시적인 범주의 담론 분석이나 생산물에 대한 연구자들이 주도했던 해독과 검증 방식이나 이론적 구성과는 상당히 다른 접근법을 요구한다.

마지막으로 박진우가 강조한 조직과 권력은 문화연구의 핵심 문제 틀을 생산연구로 매우 명확하게 전용한 문제의식의 추구라고 할 수 있다. 이 개념은 문화산업과 미디어의 내부에서 실행이 이뤄지는 상당히 동적이면서 다양한 권력의 발휘나 작동과도 직결된다. 예를 들면, 문화노동을 수행하는 주체들은 기능적으로만 자신에게 할당된 업무를 담당하지는 않으며, 수동성을 넘어 상대적으로 자신의 역량과 능력을 발휘하는 일련의 기회와 계기도 갖게 된다. 이 측면은 특히 방송과 영화 산업에서 숙련된 영상 편집자나 작가에서 게임 개발자 등이 발휘하는 상대적으로 진취적이고 활동적인 역량이나 일정한 독자성과도 연계할 수 있다. 한편 미디어 영역으로 눈을 돌리면, 기자들은 나름의 계통을 밟아 가며 특정한 기획에 참여하면서 위선의 지침을 따르지만, 취재와 자료 선정, 대상자 인터뷰 등에서 상대적으로 자율적인 역할을 도모하기도 한다. 조금 다르게, 이런 측면은 생산연구가 표방하는 주류의 미디어 산업이나 정책 관련 연구와의 상당한 '차별점'을 시사해 준다. 요컨대 이 연구를 추동한 이들은 이론적 개입과 현실 사례들의 진득한 탐구를 통해서, 미디어와 문화산업에서 관찰되는 사회적 쟁점을 — 조직 관리와 노동을 둘러싼 쟁점, 자원의 분배를 둘러싼 협의와 갈등, 혁신과 창의성 담론과 이면의 검증, 상업성의 추구를 둘러싼 조율과 진통 등을 — 사안별로 조명하고, 그런 측면에 관한 다양한 '공적' 이슈화와 발언 및 일련의 개입적인 활동을 추구해 왔기 때문이다.

한편 방법론의 측면에서, 영미에서 생산연구의 방향성과 기틀을 구성한 학자들의 사례에서 광의의 질적 접근이 다수 채용된다. 앞 장에서 소개했듯이, 생산자 집단 일부와의 인터뷰와 난상 토론에서 생산의 현장과 과정에 대한 참여 관찰 등의 방식을 이용하며, 이와 함께, 생산물에 대한 텍스트 분석이나 담론 분석 혹은 제도 분석 등과 결합하기도 한다(Iorio, 2004; Mayer et al., 2009; Newcomb, 2009). 또한 생산자 집단에 속하는 연구의 대상이 직접 제공하는 답변서나 일기와 메모 등의 자료를 보완적으로 활용하기도 한다. 일군의 학자들은 생산자들의 작업 공간을 직접 탐방하거나 혹은 이러한 기회를 얻기가 어려운 경우 — 특히 문화산업에 대한 생산연구의 경우 — 이들이 수용자나 팬들과 만나는 다양한 기회를 활용하기도 한다. 예를 들어서 관련 연구를 수행한 서구의 학자들은 문화산업과 미디어 생산자들이 기획하고 참여하는 워크숍, 팬 미팅, 엑스포, 영상물 관련 축제, 견본 시장, 기획자들이 초대된 세미나 등의 공개적인 이벤트와 모임을 찾기도 한다(Ortner, 2009; Zafirau, 2009). 한편 최근에는 범주를 달리하여, 다양한 플랫폼과 소셜 미디어에서 데이터와 알고리즘 관련 작업을 수행하거나 관련 홍보와 서비스 직무를 수행하는 이들과의 만남과 탐색적인 공동 연구에서 이들의 작업 공간에 관한 탐방도 시도되고 있다(Cunningham & Craig, 2021; Knox & Nafus, 2018). 그런 측면은 이른바 '데이터가 포화된 세상 data-saturated world'이 발휘하는 새로운 동력과 추세에 대한 연구자들의 지적 대응과 대안을 포함한다.

이런 분화된 노력이 필요한 이유는 영미권의 사례에서도, 연구를 위해 플랫폼 산업의 내부에 들어갈 만한 기회가 늘 성공적으로 구현되지는 않기 때문이다. 물론 언론인들을 포함한 미디어 생산자들의 일상과 작업에 대한 참여 관찰과 민속지학적인 분석이 어려운 이유는 접근 자체가 수월하지 않고, 상당한 노동의 강도와 빡빡한 일정 속에서 일하는 생산자들과의 협업이 꽤 어렵기 때문이다. 이 문제와 관련해서, 생산연구를 구체적으로 실천하기 위해서는 상당한 노력과 더불어 준비된 기획이 필요하다. 무엇보다도 생산자 연구가 제대로 수행되기 위해서는, 분석의 대상이면서 동시에 협업의 상대 역할을 기대할 수 있는 생산자 집단의 공감을 끌어낼 수 있는 상호 이해와 교섭이 절대적으로 필요하다. 예시하면, 할리우드의 영화 제작자들을 만나기 위한 시도와 그녀가 경험한 순탄치 않았던 과정을 꼼꼼하게 기술한 인류학자 셰리 오트너Sherry Ortner(2009)의 연구는 상당히 시사적이다. 그는 내부 주체의 섭외가 난항을 겪었을 때, 포기하지 않고 다양한 비공식 모임이나 문화산업이 제공한 포럼 등을 방문하며, 연구의 자료와 대상을 확보하는 집념을 보였다. 이런 주제와 밀착된 노력은 비판이론과 문화연구가 견지해 온 지적 전통이나 긴 시간을 뛰어넘어 공유하는 거시적인 문제의식과도 유기적으로 연계된다. 즉 관련 연구자들은 새로운 문제 영역problem space을 구현하는 지적인 노력을 기울이면서도, 단순히 전문성을 표방하는 관찰자나 해석자의 역할을 넘어서는 비판적 행위자이자 대화자로서의 책무와 위상에도 성찰적인 주목을 지속해서 도모했기 때문이다.

5. 생산연구의 다원화 과정

생산연구의 발전에 주요 시사점을 준 뱅크스·브리짓 코너Bridget Conor·메이어(Banks, Conor, & Mayer, 2016)가 구현한 작업이나 메이어·뱅크스·콜드웰(Mayer, Banks, & Caldwell, 2009), 닉 쿨드리Nick Couldry(2003), 콜드웰(Caldwell, 2008), 토비 밀러Toby Miller(2009), 헤스먼달치(Hesmondhalgh, 2009), 헤스먼달치와 세라 베이커Sarah Baker(2010), 패터슨 등(Paterson et al., 2016), 실비오 와이스보드Silvio Waisbord(2014), 어셔(Usher, 2014), 데릭 존슨·데릭 컴페어Derek Kompare·아비 산토Avi Santo(2014), 샤니 오가드Shani Orgad(2014), 마르크 되제Mark Deuze와 미르얌 프렝어르Mirjam Prenger(2019) 등의 연구들은 주로 영어권에서 축적된 생산연구의 특징과 쟁점을 복합적으로 제공하고 있다. 특히 전술한 사례들은 국내 문화연구자들에게도 상당한 발상의 원천이자, 유용한 '참고의 체계'로 적지 않은 영향을 꾸준히 발휘해 오기도 했다. 이 지점에서 전술한 국외에서 이루어진 생산연구의 부상과 조직화의 단면 및 사회문화적인 함의를 세분화하여 제시하면 다음과 같다. 영어권 문화연구자들이나 미디어사회학과 미디어 연구를 주로 질적인 방식으로 수행하는 주체들의 경우, 통상적으로 생산연구라는 범용의 명칭 외에 "비판적 미디어 산업연구 critical media industry studies"와 같은 호명 방식을 '부분적'으로 혼용해 왔다(Havens et al., 2009; Johnson, 2014; Mayer, 2011; Mayer et al., 2009). 관련 학술 연구들의 경우, 공유하는 주요 지향점으로, 연구자들이 미디어의 생산을 둘러싼 집약적인 기획과 분화된 관리의 방식과 같은 관행 측면의 주요 요인이나 디지털 테크놀로지를 기반으로 변화하는 제도·기술적인 환경 변화의 맥락을 주목한다. 예컨대 관련 주체들은 고용 양식과 기술 변환 등이 집합적인 측면에서 생성한 노동의 유연화와 외주화 등의 추세를 주시하면서, 이 과정 내에서 구성되는 직업적·문화적인 정체성의 특징이나 불평등과 불안 등의 사회적인 쟁점을 상세하게 파악하고자 하는 문제의식을 투사해 왔다(Hesmondhalgh, 2009; Hesmondhalgh & Toynbee, 2008; Johnson et al., 2014; Newcomb, 2009). 특히 데이비드 리David Lee와 애나 줄너Anna Zoellner(2019), 되제와 프랭어르(Deuze & Prenger, 2019), 패터슨 등(Paterson et al., 2016)은 서구 학계에서 축적된 생산연구의 궤적을 다음의 특징을 보이는 주요 흐름으로 정리한다.

먼저 이들은 1980년대를 기점으로, 미디어 사회학이나 정치경제학, 그리고 비판이론의 영향을 받은 미디어 연구가 시도한 상부 구조와 자본의 논리 간의 유기적인 상호 작용에 대한 탐구의 초점과 개입적인 진단을 중심으로, 주로 상업화의 이데올로기 효과나 자본 친화적 미디어 생산물의 구현에 주목했던 비판 분석과 검증을 생산연구로의 지향성을 기초한 정지 작업이자 '시발점'으로 간주한다. 돌아보면, 앞서 풀어낸 역사적인 흐름은 미디어 및 문화산업의 심대한 변화와 확장이 제기한 현실과도 접맥된다. 요컨대 서구와 한국의 사례에서도, 고도 소비사회의 출현이나, 가시적인 매력과 흥미를 유발하며 상업성을 추구하는 새로운 문화와 영상 콘텐츠들이 속속 등장하면서, 학자와 비평가들에게 새로운 분석을 위한 주제와 도전을 제기하게 된다(강명구, 1993; 김창남, 1997; 2018; 이동연, 2002). 이 과정에서 사회적으로 소비·수용되는 미디어 생산물의 성격이 자본주의의 이념과 거센 상업화의 영향이나 이 지배적인 논리를 어떻게 (과도하게) 상업적인 흐름 속에 재생산해 내는지의 분석이나, 이를 배태하는 소유 구조와 조직화의 효과를 비판적으로 진단하는 일련의 기획들이 향후 구현될 후속 작업을 위한 준거로 설정되는 계기를 마련했다. 한편 이 계열의 작업은 핵심적인 개념화와 비판적 해석의 틀로 권력 작용과 지배, 이데올로기 효과와 호명 작용, 자본화와 초상업화, 공공성 등을 전통적으로 활용하면서 관련 분석을 수행한 바 있다.[63]

조금 다르게, 이런 핵심 개념의 추구와 적용은 일견 기성의 정치경제학적 관점과 일정한 유사성을 드러내기도 했다. 동시에 시간이 지나고 보다 복합적인 문화 현실을 접하게 되면서, 정치경제학이 견지하는 거시적 분석이나 변혁과 저항의 모델을 넘어서는 움직임도 문화연구자들을 중심으로 전개되게 된다(김승수, 2022; 이기형·이상길·박진우, 2022; 임영호, 2021). 관련 시사점으로, 한국 사회에서도 1990년대 초반에 이미 대중문화와 광고 등의 영역에서 감지되기 시작한 세련된 자본의 논리와 '상품 미학'이나, 대중의 소비 관련 증대된 욕구와 관련된 다채로운 문화 트렌드들의 부상에 주

63 지배적 위상을 구현하는 이데올로기의 효과나 '호명interpellation' 작용에 관한 관심은 초기의 문화연구나 정치경제학을 활용한 작업에서 적지 않게 관찰된다. 특히 호명은 자본주의적 가치의 논리나 민족주의 등의 강한 영향력을 발휘하는 주요 이데올로기의 기능이 특정 주체들을 그런 이념적 영향과 호소 속으로 불러들이는 측면을 말한다. 이는 동시에 이들이 그런 이데올로기를 직접 실천하며, 지지와 동조 및 내재화를 도모하는 측면도 포함한다. 조금 다르게, 자본주의적 가치나 상업화를 주도하는 미디어와 문화산업의 기능에 관한 이데올로기 중심의 분석이 사회적으로 긴요한 요건과 필요성을 발휘하지만, 그런 관심에 주력하는 비판적 기획이 특정 조직이나 구성원들의 행태를 다층적으로 진단하지 못하는 측면도 관찰된다.

목하면서, 일군의 지식인과 문화연구자들이 '문화적 전환'의 필요성과 함의를 집합적으로 주창한 바 있다(원용진, 1997; 2007; 양은경, 2006; 이상길, 2004; 최종렬, 2009).[64] 이들이 주시했던 상황은 미디어와 대중문화 공간을 일종의 거대한 '환circuit'으로 구현하면서, 증폭된 소비와 욕망 그리고 일상을 가로지르는 일련의 대중적 요구와 욕망 및 감수성의 부상을 포함했다. 또한 당시 이 같은 지적 문제의식의 다변화는 점차 기존의 정치경제학적 관심이 주도하던 비판 커뮤니케이션이 집합적으로 그리고 성찰적으로 충분히 대응하지 못했던 일련의 주제를 포괄하게도 된다.

또한 앞서 논한 문제의식을 일부 탈피하면서, 이미 1970년대 말에서 1980년대 초반에 비록 당시 상황에서 굵직한 집합적인 탐구의 흐름을 만드는 수준까지 이르지는 못했지만, 뉴스 사회학이나 뉴스 생산의 현실과 쟁점을 기획과 생산에 관여하는 지배적 가치와 내부자들의 활동 및 성향을 포괄하면서 탐구했던 터크먼(Tuchman, 1978)과 기틀린(Gitlin, 1983), 허버트 갠스Herbert Gans(1979), 슐레진저(Schlesinger, 1978) 등이 구현한 선도적인 작업이 부상했던 측면도 돌아볼 필요가 크다. 이들의 작업은 뉴스 등 대중적 인지도가 큰 프로그램의 제도화된 구성과 기획을 대안적으로 접근하면서, 공식화된 지식의 숙련성과 확립된 직업 관행의 특성이나, 상당한 완성도를 지향하는 제도적인 실천과 관련 가치들을 둘러싼 의사 결정의 방식과 상호 대립하는 이해관계들을 유기적으로 엮어 내려는 노력을 기울였다. 예컨대 1장에서 소개했던 터크먼의 작업은 지금의 기준으로 보아도 뉴스의 생산과 보도를 둘러싼 관련 인물들의 시각과 이들이 구현하는 복합적인 가치

64 주지하다시피 본문에서 거론한 '문화적 전환'은 1990년대를 경유하면서, 미셸 푸코 등의 영향 아래 좀 더 급진적인 '담론적 전환the discursive turn'으로 변화한 바 있다(박해광, 2003; 신진욱, 2011; 이기형, 2011; 최종렬, 2009). 이런 집합적인 관심과 영향은 문화를 능동적으로 전략화하고 담론화하며, 관련 요인을 다양하게 분석하는 연구와 비평을 크게 활성화한 바 있다.

와 성향을 연구자의 두꺼운 관찰과 서술, 그리고 내부 구성원들과의 상호작용을 긴밀하게 수렴하면서 풀어낸 역작이라 할 수 있다. 그는 뉴스의 생산을 적절하게 파악하기 위해서는, 언론인들이 표출하는 인식이나 감각으로부터 제도와 관행, 그리고 습속이 발휘하는 강한 구성적인 효과로 분석의 시선을 이동해야 할 필요가 있음을 예증한 바 있다. 특히 국내 문화연구자의 시각에서 터크먼이나 기틀린 등이 이룩한 주목할 성과는, 기존의 재현 중심의 문제 틀을 넘어서, 미디어 조직이라는 복합적으로 구성된 대상 속에 작동하는 조직 내부의 특화된 문화와 인식, 습속과 문법, 그리고 제도적 규준과 압박의 효과 등을 고찰할 수 있는 "비판적 해독력industrial critical competence"을 보다 집요하게 탐구한 측면이라 논할 수 있다.

6. 생산연구가 새롭게 주목한 문제의식과 쟁점 : '창의 노동'과 '불안 노동'의 탐구

1990년대 이후 '생산연구'라는 특정한 표현과 개념이 점차 조직적으로 채용되고 확장되면서, 이 주제와 용어를 다양한 관점에서, 그리고 분화된 사례 연구들로 풀어내는 문제의식이 특히 일군의 질적 접근과 제도 분석 및 이론적 자원을 접합한 문화연구자들의 연구를 중심으로 본격적으로 부상하게 된다. 요컨대 1990년대를 기점으로 2000년대에 들어 문화연구가 상당 부분 주도한 생산연구의 집적과 집합적인 영향 속에서, 자본과 지배의 동학에 집중하던 관점을 넘어서, 그 이전보다 특화되고 진전된 사례들을 조명하는 기획들이 다수 등장한 바 있다.

이 가시적인 흐름 속에서, 다양한 미디어와 대중문화물을 구현하는 기획과 생산의 다층적인 면모나 특히 전문화 과정 속의 점증하는 경쟁 및 불안과 자기 착취, 위계화된 불평등의 문제, 그리고 관련 현실을 거시적으로 생성하는 특정한 통치와 관리의 방식을 구체적으로 탐구해 내는 연구들이 큰 폭으로 활성화된다. 특히 주목할 부분으로, 의미 생산이나 콘텐츠의 해독에 관한 관심이 문화산업을 재구성하는 제도·기술적인 변화나 영향과 맞물리면서, 미디어 생산과 문화적 기획의 단면과 습속을 파악할 수 있는 구체적인 현장성과 장소성workplace에 관한 인류학적 탐구나 민속지학 등을 통한 참여 지향적인 진단participatory research이 속속 등장한 측면을 짚어 낼 수 있다(Cramer & Mcdevitt, 2004; Du Gay, 1997; Eastwood, 2006; Madianou, 2010; Ortner, 2009; Rao, 2007; Rothenbuhler & Coman, 2005; Ryan, 2009; Taber, 2010; Terranova, 2000; Zafirau, 2009). 요컨대 생산연구를 추진한 문화연구자들 상당수가 민속지학과 참여 관찰을 녹여 낸 진득한 사례 분석을 제공하면서, 특히 대중문화와 텔레비전의 주요 콘텐츠를 생산하는 조직 내에서 작동하는 다양한 경영과 관리의 전술, 그리고 전문화된 활동이 협조와 경쟁 및 타협을 동반하며 복합적으로 발휘하는 효과와 주체화의 양상을 탐색하는 연구로 분석의 방향성과 범주의 확장을 크게 구현한 바 있다. 이런 시도 속에서 기존의 물리적·기술적 요인이나 경제적 이해관계들로 주로 이해되던 생산은 광의의 문화적 과정으로 인지되면서(Mayer et al., 2009), 연구자들은 생산의 문화를 특정 대중문화물의 디자인과 기획의 전반적인 과정에 스며드는 재현의 스타일과 코드, 지식 역량과 자질의 혁신, 열정과 감수성, 그리고 그 밖의 인적 자본과 결합이 된 문화적 담론 효과들의 접합을 중심으로 풀어내기도 한다.[65]

65 강내희는 본문에서 거론한 현상을 영역이 크게 확장된 동시에 자본주의의 변화 양상과 접맥된 '문화경제학'의 부상으로 짚어 낸 바 있다. 이런 추세와 관련해, 그(2015: 39)는 "문화경제학의 부상이 창조적 행위 중심의 문화적 활동 및 생산을 상품화하는 문화의 경제화 경향에 따른 현상이라면, 우리에게 정작 필요한 것은 문화경제학이라기보다는 그 비판"이라고 제기하기도 한다. 그런 이유로 그는 문화경제학이 "자본주의의 지식 이데올로기로서 작동하는 측면에 관한 재구성된 문화연구와 마르크시즘의 접합을 — 혹은 후자와 전자 간의 긴밀한 협력"의 필요성을 강조

이와 함께, 특히 특정 생산 단위와 미디어 및 문화생산의 조직에서 일하는 주체들의 활동을 제약하거나 조건화하는 핵심적인 제도 및 지배적 담론들이 구성한 '구조적 조건'을 보다 복합적으로 해독하려는 분석 작업과 이론적인 모색이 병행되기도 했다. 그런 유형의 기획들이 속속 축적되면서, 미디어 산업과 조직 내 변화하는 생산의 과정과 가치 및 성향 체계, 그리고 관행화된 습속의 면모를 과거보다 중층적인 탐색과 유연한 시선으로 조명하려는 문제 틀로의 공고한 전환이 이루어지게 된다(Deuze & Prenger, 2019; Gibson, 2003; Iorio, 2004; Lotz, 2004; Mayer, 2011; Schudson, 2011; Schultz, 2007). 앞서 거론한 문제의식과 관련하여, 이 대목에서 특히 생산연구의 궤적에서 주요 행위자인 콜드웰(2013: 157)의 작업이 주는 함의를 각별하게 곱씹어 볼 필요가 있다. 그는 문화산업의 특성과 내부에서 영위되는 일련의 노동이나 체계화된 활동의 특성을 상세하게 진단하는 데 있어서, 외부의 연구자들이 관련 주제를 '깔끔하고 자명하게' 구획된 영역으로 간주해서는 아니되며, 손쉽게 혹은 '투명하게' 접근·관찰할 수 있는 대상 정도로 연구의 관행적인 범주를 설정하는 방식에도 문제가 있다는 비판과 반론을 제기한 바 있다. 나아가서 그는 미디어와 문화산업의 내부에서 소용돌이치는 쟁점을 다원적으로 고려하기 위해서는, 다양한 위상과 이질적인 배경을 가진 관련 주체들의 경험이 녹아든 언술이나 서사 외에, 내부에서 감지되는 불확실성이나 불안과 비합리적인 측면, 이해관계에 따라 가변적으로 구성되는 조직 내 구성원들 사이에 발휘되는 권력 효과와 이에 대한 대응·비순응의 전술을 보다 복합적으로 고려해야 한다는 시각을 표출하기도 한다. 요컨대 콜드웰은 조직 내부에 형성되고 체화되는 특정한 가치와 정서적 요인, 그리고 의미와 상징의 영역을 넘어서는 일련의 실행들로 구현된

한다. 이 주제는 생산연구를 실행해 온 이들에게도 살펴볼 쟁점을 일정하게 제기한다. 동시에 앞서 제기한 주제로의 논쟁적이고 상세한 진단은 이 책이 설정한 주제와 범주를 넘어선다.

생산문화의 '진한 복합성culture's thick complexities'을 긴밀하게 파악할 필요가 있다는 방향성이 뚜렷한 문제의식을 개진한다.

정리하면, 생산연구의 주체들은, 방송과 문화산업의 지형에서 관찰할 수 있는 '생산의 회로와 과정'이 기존의 정치경제학이 통상적으로 주목한 단일한 경제적인 혹은 지배적인 논리로만 포착하기 어려우며, 다양한 협업과 위계화된 조직의 문법이 불균등하게 상호 작용하는 복잡한 공간이라는 집합적인 인식을 추구하게 된다(Cottle, 2007; Deacon, 2003). 이 같은 모색의 과정에서 기존의 미디어 소비와 생산을 관성적으로 나누는 통념에 대한 비판과 극복의 노력이 추구된 바 있다. 이렇듯 생산연구는 변화된 문제의식을 기조로, 문화산업과 저널리즘 관련 주제들에 관한 동태적인 조망을 꾸준히 시도하게 되었으며, 이는 과거보다 진전된 문제의식을 활성화한 결과라고도 논할 수 있을 것이다. 나아가서 이 측면은 텍스트와 상징을 넘어서는 급진적인 이론적 자원과 접근 방식을 제시한 미셸 푸코와 피에르 부르디외 등의 영향 속에서, 제도와 기술 및 물적 자원이 조합하는 일련의 담론과 구조화의 효과들에도 분석적인 관심을 집중력 있게 투영한 문제의식의 전환을 기반으로 한다(Beck, 2003; Graham & Gandini, 2017; Hesmondhalgh, 2010; Lindell, 2015; Miller, 2009).

예시하자면, 특히 문화산업의 경우, 타 산업과 비교할 때 재현과 상상력, 그리고 세련된 문화자본과 표현 행위가 차지하는 비중이 상대적으로 크며, 그런 요소들이 종종 생산물의 정체성이나 경제적 가치를 심대하게 조건화한다는 점을 관련 연구자들이 주목한 바 있다. 이는 문화산업의 영역에서 강력한 교환 가치와 상업화의 기제와 관련하여, 광의의 문화적인 감성과 스타일, 그리고 재능이나 창조적 역량에 주목하는 기획과 스토리텔링 등이 매우 핵심적인 구성적 요소라는 인식과도 긴밀하게 연결된다(Harney, 2010; Murdock, 2003). 이 특성에 주목한 연구자들은 종종 '문화경제cultural economy'와 같은 중첩된 개념을 새롭게 고안하면서, 경제적인 영역과 문화적 영역 간의 동태적인 삼투 작용과 상호구성력의 발휘를 조명해 왔다.[66] 관련 논점을 좀 더 풀어내면, 생산연구를 추구하는 연구자들은 미디어 환경의 변화와 재조정 속에서 관련 종사자들이 형성하게 되는 조직의 관행과 문화적 의례들 속에 배태되고embedded 체화되는 생산을 둘러싼 다양한 실행과 수행의 양상에 주목한다. 예컨대 미디어 생산은 사회문화적인 측면에서 상당한 주목과 논쟁을 생성하는 특정 주제와 사안을 밀도 있게 재현하는 기획이면서, 그런 작업의 전문성이나 만듦새와 공적·상업적인 효과를 각별하게 동시에 '전술적'으로 숙고하고 통합해 내는 과정이기도 하다. 이 측면을 중심으로, 광의의 생산 영역은 미디어 관련 콘텐츠의 구현에 참여하는 다양한 주체들의 활동과 성과에서, 내부자들의 평판이나 자기관리와 분화된 역량 등을 망라하는 복합적인 이해관계와 문화자본의 효과를 조율하는 다양한 기제들이 작동·경합하는 동태적인 장으로 재정의된 바도 있다(Caldwell, 2013; Johnson et al., 2014; McGuigan, 2010).

조금 다르게, 이 지점에서 문화연구자들이 구성한 생산연구의 갈래 속에서, 핵심적인 예시로 점차 영향력과 범주를 크게 확장하게 된 '창조성 혹은 창의성 담론'의 제도적·사회적인 효과에 대응하는 돌파구를 모

66 앞서 언급한 서동진 등이 주창하듯이, 문화경제는 기성의 인문학이나 지성계에서 주목하는 의미 생성과 표현적 자원이나 소통 측면의 문화적 특질을 넘어서, 욕망이나 '즐거움의 관리'와 직결되는 문화적·감정적 요인들의 상업적 기획과 배치로 압축된다. 이는 종종 문화산업이 소비자의 필요와 요구에 긴밀하게 화답하는 신선한 장르적 요소, 세련된 이미지의 고안과 디지털적 변환, 감각적 스토리텔링의 조합 등을 통한 상업적 돌파구와 성공에 주목하는 개념이기도 하다. 동시에 문화경제라는 층위를 달리하는 주제 영역 간의 새로운 접합을 시도하고, 기호학이나 담론적 탐구와 비판적 실재론 그리고 기존의 정치경제학적 문제의식을 조합한 연구도 일부 등장한 바 있다(강내희, 2014; 박도영, 2015). 이런 지향성은 문화경제라는 개념을 보다 급진적으로 재구성하면서, 주류의 문화경제론에 관한 대응과 제동이 반영된 노력을 발휘하기도 한다. 예컨대 이 입장은 생산에 관여하는 특정 문화경제적 요인의 진단이나 관련 상업적 기획의 진단에서 벗어나서, '얼룩덜룩한' 자본주의가 문화를 전유하며 다양성과 새로운 체계를 구조화한 방식에 심층적 비판과 해독을 추구한다(박지훈, 2020).

색해 왔다(Holt & Perren, 2009; McDonald, 2013). 이 과정에서 특히 대표적인 이론적 자원으로 푸코의 통치성 개념의 구체적인 변주나 '기업가적 자아the entrepreneurial self'의 내면화와 문화생산 속에 깊게 스며든 자기관리와 경영의 적용 및 훈육 효과를 세밀하게 진단하는 연구들이 적지 않게 등장하기 시작했다(Banks, 2010; Hesmondhalgh & Baker, 2010; Miller, 2014). 특히 신자유주의 시대에 관찰되는 대표적인 동시에 가시적인 주체성의 핵심적인 특징으로 자신의 행태를 대상으로 스스로가 투하한 노력을 끊임없이 곱씹고, 세밀하게 점검하고 관리함으로써, 사회적으로 선호되거나 공인받는 역량을 소유한 자아로 거듭나려는 주체가 되고자 부단히 노력한다는 측면을 들 수 있을 것이다(구미정, 2013; 박소진, 2009). 이른바 '성과 주체'와 '경쟁지상주의'라는 사회적으로 지배적인 규준에 관한 강한 요구와 집요한 설득이 전면화되고 있는 상황에서, 성장의 핵심적 요소로 설파되고 인식되는 역량은 사회에서 실현될 것이라고 가정되는 — 그리고 구직과 생존을 위해서 필수적으로 요구되는 — '스펙'과 능력 자본을 증진하는 데 집중되는 기획력과 경쟁력의 배양을 위한 일련의 테크닉을 부단히 실행해 내는 복수의 능력을 의미한다. 요컨대 종종 '1인 기업가'로 대표되는 자기 계발의 주체들은, 스스로를 '역량을 지닌 자아'로 끊임없이 주조하고 개선해 가면서 자신의 삶을 치밀하게 기획하고 '경영'하는 동시에 '착취'하기도 하면서, '자발적'으로 경쟁과 이윤 추구의 논리를 용인하고 체화하는 특정한 주체화의 양상을 보이는 것이다(김수미, 2016; 류숙진, 2015; 이범준, 2010; 조한혜정 외, 2016).[67] 아울러 이러한 다수 청년층이 몰입하는 집합적인 활동상 속에서, 자발성이 스

67 이 측면을 부연하면, 플랫폼 영역에서 "창의 노동자들은 대체로 한 조직에 소속되기보다는 '인디'로 표명되는 프리랜서 형태로 활동하는 성향이 강하며, 자기 탐색 및 자아실현을 추구하고 기업가 정신을 발휘하는 것을 일종의 [당위이자 핵심적] 덕목"으로 인식하게 된다(박지영·김예란·김은미, 2017: 80).

러지기도 하는 자원봉사의 모색, '글로벌한 표준'으로서의 외국어 능력의 배양에서 취업을 준비하는 이들이 기업의 조직 문화와 경영에 관한 (선)지식을 미리 준비하거나 연습하는 작업 등이 권장을 넘어 필수적인 요구가 되고도 있다. 동시에 이런 청년층 상당수가 대면하는 현상의 이면을 들여다보면, 앞 장에서 관련 사례들이 예시하듯이, 기업과 사회가 요구하는 역량과 관련 경험을 '포장'하거나 윤색하며, 그런 방향으로 자기 서사화의 부단한 압박과 '경험의 물화' 속에 이들은 만만치 않은 부담과 균열을 겪고도 있다(김홍중, 2016; 방희경 · 오현주, 2018, 이기형 외, 2015).

이와 동시에 계급 이동이나 상층으로의 위상 변화가 매우 정체된 사회 속에서, 생존하고 소멸하지 않기 위하여 치밀한 자아 관리와 자기 계발을 일종의 과업이자 핵심적인 가치로 끊임없이 추구하는 주체는, 울리히 브뢰클링Ulrich Bröckling(2009/2014)의 표현을 빌리면, 극심한 경쟁의 상황을 겪어 가면서 실패와 도태에 관한 불안감을 쉽사리 극복하거나 떨쳐 낼 수 없으며, 사회적 지위의 "상승에 대한 희망과 하락에 대한 두려움, 역량 강화와 낙담, 도취와 절망 사이의 객관적 모순을 주관적으로 균형 맞추는 것"(11) 외에는 다른 유형의 대안을 도모하기가 심히 어려운 상황과도 종종 직면하게 된다. 이는 현재 다양한 지역에서 확연하게 관찰되는 '예속화된 주체화'의 과정이 청년층의 행동과 더불어 내면을 어떻게 '잠식'하는지를 엿보게 해 주는 진단의 한 방식이라고도 판단된다. 앞서 조명한 신자유주의의 효과 속에 '창의성' 담론이나 창조 산업으로의 재편을 강조하는 많은 담론이 생성되면서, 문화산업과 내부자들에게도 큰 영향을 미치게 된 바 있다. 이런 측면과 관련해서, 스테파노 하니Stefano Harney(2010), 라이콴 팽Laikwan Pang(2009), 리지 리처드슨Lizzie Richardson(2019)과 같은 연구자들은 앞서 거론한 영향을 짚어 내면서, 종종 문화산업이나 디지털 콘텐츠 기반 산업의 내외부에서 중시되며 경영진이나 미디어에 의해 찬양되는 문화적 창조성을 비판한다. 이들은 그런 실질적으로는 '마치 상품에 투입되는 원자재처럼 기능'하면서, 콘텐츠의 생산 과정에서 과거와 비교하기 어려운 수준의 확장된 '사회적 강도'와 심각한 압박을 발휘하는 창의성 관련 담론의 효과를 사례 연구와 이론 작업 등으로 조명하려는 노력을 기울인다(서동진, 2012). 예컨대 팽(2009)은 이 과정을 "창의성의 민주화democratization of creativity"로 부르면서, 이런 추세가 전통적인 예술가나 문화생산자 집단을 넘어 사회경제적으로 크게 변화된 생산의 제 측면에 관여하는 거버넌스 과정을 예시하는 거시적인 흐름으로 짚어 낸다. 나아가서 그는 이 같은 추세가 생성한 제도적인 위세와 효과를 넘어서, 문화산업 종사자들에게 치열한 경쟁과 상업화를 위한 역량의 배양과 과시를 오히려 강화하는 단면을 비판적으로 대응할 필요성을 짚어 내기도 한다.

다소 단적으로 표현할 때, 문화산업의 경우, 창의적인 기획과 유연성이 지배적인 담론이자 유인책으로 크게 활성화되지만, 프리랜서 노동의 특질이나 개별 노동에 대한 보상책은 오히려 축소되거나 은밀하게 대상화되는 경향을 보인다. 이 같은 추세가 크게 확장되면서, 창조적인 노동이나 기획에서 규범적으로 높게 평가하며 존중할 자율성과 개별성은 독자적인 위상으로 다루어지기보다는, 종종 기능적인 요소로 생산의 체계 내로 흡수된다. 이런 관점은 기존에 리처드 플로리다Richard Florida(2002) 등이 주로 비판이나 자성이 부족한 채 주창했던 창의성의 가치와 효용을 적극적으로 고양하며, 이를 제도적 혁신이자 핵심 이데올로기적인 자원으로 정당화하거나 전폭적으로 기능화하는 관점과는 상당히 차별화된 논점을 제기한다. 즉 플랫폼과 문화산업에서 재능과 창의성의 가치가 담론적으로 크게 설파되며 '이상화'되기도 하지만, 실상 내부의 주체들은 그런 가치들을 창출하기 위해서 강화된 규범적 효과와 압박을 기정사실로 수용하면서, 부단한 혁신과 자기 쇄신의 거부하기 어려운 요구와 압력을 감내하게 된 측면을 명백히 파악할 필요가 있다.

1990년대 이후 특히 일군의 연구자들은 대중문화와 문화산업의 영역에서 지배적인 위세를 발휘하기 시작한 창조성을 강하게 변주하고 정당화하기도 하는 담론 효과의 특성과 이들이 종종 은폐하는 훈육의 확장된 효과와 노동의 이면을 파고드는 일련의 사례 분석과 이론적인 조명을 모색하게 된다. 나아가서 관련 주체들은 스스로가 자기 관리와 혁신의 노력을 끊임없이 체화하는 과정에서 고도의 경쟁적이면서 불안이 도사린 조건 속으로 내몰리게도 된다. 또한, 창조성과 자기관리의 덕목을 강조하는 담론은 미학적이거나 문화적인 노동을 기업가적 자아와 자질 등이 강조되는 경영 및 마케팅의 담론으로 빠르게 재편하면서, 이를 문화산업 내부의 주체들이 숙고할 수행의 요체이자 필수적인 '선택'으로 표상해 내기도 한다. 이와 동시에 일군의 생산연구를 도모한 학자들은 앞서 풀어낸 문제의식이 상당히 유용하지만, 여전히 간과한 측면들이 존재한다는 비판을 제기하면서, 산업과 조직의 내부에서 영위되는 다양한 유형의 '노동과 갈등'의 문제와 미시에서 거시적 측면을 — 즉 작업장과 산업이 대면하는 변화와 추세 등을 — 오가면서 발휘되는 공적 이슈와 정치적인 함의를 좀 더 전방위적으로 주목할 필요가 있는 문제의식으로 설정한 바 있다(Christopherson, 2008; Mosco, 2011; Murdock, 2003; Ouellette & Wilson, 2011). 앞서 거론한 일련의 지식 노동과 결부된 관점의 축적을 겪게 되면서, 현 단계에서 관찰되는 생산연구의 주요 지향성은 선행하는 개념화의 기획과 연구 사례들의 함의를 계승하지만, 그런 동시에 보다 다양하게 설정된 탐구의 변주와 방향성을 보여 준다. 나아가서 미디어 생산물의 생산 과정에서 간파되는 불평등과 차별, 사회적 정의의 문제와 변화하는 규범성과 같은 고찰할 쟁점을 집중적으로 조명하는 기획들이 연이어 등장하면서, 과거보다 확장된 연구 집단의 활동과 학제적인 관계성과 영향을 생성하게 된 바도 있다(Johnson et al., 2014; Paterson et al., 2016).

현시점에서 영어권 생산연구는 미디어 관련 연구의 영역을 넘어서, 사회학과 경영학, 노동 연구, 조직 연구, 문화지리학, 여성학, 인류학, 인문학,

예술 연구, 영상학 등의 분야에서도 상당히 활발하게 구현되고 있다. 분석 대상과 장르 측면에서도, 대중음악과 게임, 큐레이팅, 디자인과 출판 부문 및 온라인 콘텐츠와 플랫폼 관련 조직과 노동의 영역으로도 확장·분화되고 있다(Deuze & Prenger, 2019; Lee & Zoellner, 2019; Johnson et al., 2014; Orgad, 2014). 요컨대 최근 십수 년간 생산연구의 궤적 속에서 비교적 선명하게 수렴되는 주제는, 다양한 주체들이 영위하는 젠더화되고 인종을 매개로 위계적으로 분화되는 노동과 관리의 양상이나 자기 헌신의 양식들이 드러내는 위기와 불평등, 그리고 갈등과 집합적인 불안감에 관한 연구 사례들의 확산이라고 할 수 있다. 이 측면을 좀 더 상술하면, 미국 상황에서 특히 영상물이나 패션과 디자인 등을 전문으로 삼는 문화산업의 경우, 통상적으로 위계화된 조직의 구성 외에, 내부에 작동하는 젠더나 인종과 계층별 위계와 관련된 특화되고 미묘한 인식과 성향, 협조와 함께 대립하는 이해관계, 그리고 편향이나 충돌 등이 일상적으로 발휘되는 '수행'의 공간performative space이라는 면모를 드러낸다. 내부 구성원들의 경우, 현장에서 제기되는 지침이나 수정 요구, 평판 관리, 부단한 계발과 혁신의 욕구와 압력, 자기 희생의 요구, 합리화 등의 매우 다양한 자기관리와 감시, 그리고 훈육의 기제에 노출되어 있다. 관련 주체들은 또한 그런 가치를 종종 내재화하기도 한다(Draper, 2014). 이런 측면 외에, 생산 과정에서 인종적인 편향이나 젠더적인 갈등이 뿌리 깊게 작용하고 노동의 영역과 영위되는 분업의 과정을 파고들면서 상당한 마찰과 갈등을 빚기도 한다.

나아가서 그러한 상황을 구조화하는 자본의 유연 축적이나 외주화와 멀티태스킹의 요구, 프리랜서 노동의 확장 등의 특히 '신자유주의적인 훈육 체계'의 공고화가 가져온 일련의 파급 효과와 문화 생산의 거시적 체계 변화의 단면을 구체적으로 반영하는 생산연구의 기획들이 적지 않게 병행되기도 한다(Curtin & Vanderhoef, 2015; Dwyer, 2015a, 2015b; McRobbie, 2016; Murdock & Golding, 2016; O'Donnell & Sherwood, 2016). 이런 작금의 사회상과 연동하는 신자유주의 통치성이나 광의의 '비판적 다문화주의'의 영향은, 앞서 제기했듯이 생산연구가 인접 분야에서 수렴한 현실 진단의 해석 틀을 구체화하고, 협소하지 않은 방식으로 미디어와 문화산업 내의 구조화된 노동과 주체성을 둘러싼 쟁점에도 '민감'하다는 측면을 보여 준다(강내희, 2007; 2014; 김현경, 2017; 류웅재 · 박진우, 2012; 박소정, 2016; 박승일 · 원용진, 2015; 박지영 · 김예란 · 김은미, 2017; 이소현 · 장은미, 2021; 이은아 · 류웅재, 2014).

현시점에서 생산연구가 모색하는 집합적 지향성 속에 문화물의 생산과 관련된 자기혁신과 창의성이란 구호 아래 개입하는 강한 조직화의 기제와 조정의 효과들, 이 과정에서 관찰되는 갈등과 균열, 좌절과 생존을 위한 대안 찾기, 그리고 강박과 심리적 불안감 등이 발휘하는 복합적인 감정의 동학을 탐구하고자 하는 문제의식이 주시할 사안으로 추구되고도 있다(Banks et al., 2016; Deuze & Prenger, 2019; Draper, 2014; Miller, 2014; Oakley, 2013). 이제 생산연구는 미디어 사회학과 미디어 생태학, 젠더와 플랫폼, 탈지역화와 위계화된 분업, 그리고 감정 노동 관련 문제점을 매우 다양하게 조망하는 관점으로 영역을 넓히게 되었다. 특히 광의의 창의 산업 내부 주체들의 훈육과 생존 등의 이슈를 상세하게 탐구해 내는 분석들이 상당한 사회학적 상상력을 녹여 내면서 다수 축적되고 있다. 한편, 사례 분석에서 이론적 점검, 그리고 민속지학이나 제도 분석, 문헌 분석, 담론 분석, 계보학적 연구 등과의 조합을 기조로, 관련 연구자들이 추구한 광의의 생산연구는 국내에서 활동하는 문화연구자들에게 기존의 관성을 탈피할 필요성과 더불어 새로운 주제 영역의 개척과 도전의 필요성을 환기해 주는 유형의 영향력을 발산했다고 판단하게 된다.

7. 생산연구의 주요 '전범'을 상세하게 조명하기

앞서 거론한 논점을 예시한 주요 사례로, 콜드웰(2008)이 제공한 《생산문화 *Production Culture*》의 특성과 성취를 더 긴 지면으로 밀도 있게 숙고할 필요가 있다. 이 작업은 10년에 달하는 연구자의 체험과 지식 노동을 기반으로, LA의 영화와 텔레비전 산업에서 일하는 다양한 주체들의 습속과 실행, 그리고 이들의 공적인 삶을 에워싸는 제도와 조직 수준의 특성을 상당히 긴 호흡과 다층적인 접근법으로 — 현장 연구와 민속지학, 그리고 문헌 연구와 텍스트 분석 등을 조합시켜 가며 — 탐구한 작업이다.[68]

특히 그는 기존에 사회적 지명도나 영향력에서 우월한 위상을 점유하는 경영신이나 유명 감독과 PD, CP 등과 같은 제도 내 '상층' 전문가 집단이나 셀러브리티 외에, 실제 현장과 조직의 하단에서 노동하는 일군의 노동자들이 표출하는 문화적 습속과 이들이 대면하는 환경 속에서 협상이나 경합과 투쟁을 거쳐 형성되는 가치들의 실행을 상세하게 탐구하는 데 매우 조직적인 노력을 기울인 바 있다. 이 연구에서 그는 촬영 현장에서 전원과 조명을 담당하는 기술직 노동자들이나, 편집자와 카메라맨 등의 기존의 미디어 산업 관련 연구에서 큰 주목을 받지 못한 주변부의 주체들이 서사화하는 자신들의 노동과 직업에 관한 담화와 술회나, 특화된 인력으로서 자신들이 익숙한 조직과 환경에 관해 스스로 내리는 일련의 인식과 평가를 적극적으로 수렴하려는 노력을 기울였다. 즉 그는 생산연구의 근간이라 할 다양한 문화산업 관련 현장이나 구성원이 표출하는 생생한 경험을 자신이 주창한 연구를 위한 긴밀한 자원으로 다수 사용한 바 있

68 콜드웰의 작업이 발간된 지 십여 년이 지났지만, 광의의 생산연구를 추진하는 주체들에게, 주목해야 할 연구의 고안 방식과 접근법, 그리고 특히 숙고할 요건을 긴 호흡으로 풀어낸다는 점에서, 이 지면에서 관련 특성을 상술하고자 한다.

다. 이런 실천력과 의지가 녹아든 접근 방식은 외부에서 미디어 환경과 관련 정책을 분석적 거리를 유지하면서 탐색하거나, 유연화와 외주화, 그리고 변화하는 노동 분업과 공간적·지리적 연계성 등의 굵직굵직한 산업적인 변환이나 관련 주제에만 주로 연구자의 관심을 반영한 제도와 자본 중심의 연구에서는 상대적으로 큰 주목과 공감을 받지 못하던 단면을 그가 겨냥한 것으로 판단된다.

한편, 방법론의 측면에서, 이 기획은 주로 인터뷰 자료나 단기적 관찰 등의 특정 방식에만 의존하지 않는 특징을 보인다. 콜드웰은 일군의 노동자들과의 인터뷰 자료와 이들이 발화하는 주요 서사들에 관한 촘촘한 텍스트 분석, 그리고 복수의 생산 현장에 관한 장기적인 민속지학을 유기적으로 연계하는 방식을 적극적으로 활용했기 때문이다. 그가 특히 주목한 부분은 생산 인력들이 자신의 역할과 위상을 특정한 경험과 애환이나 전문화된 앎과 젠더적인 관점 등이 매개된 일화와 체험의 양식으로 풀어내면서, 자신의 중요성이나 성취, 그리고 이들이 습득한 지식과 조직에 대한 인식 등을 강조하는 측면이다(Banks, 2014; Caldwell, 2013; Schlesinger, 2016). 요컨대 콜드웰은 민속지학을 활용하지만, 자신이 수렴한 상황이나 사안에 관한 설명력과 진단의 깊이를 고려하기 위한 대응으로, 이 접근법을 텍스트화된 대화와 구술 자료에 관한 꼼꼼한 분석이나 관련 주제를 다루는 문헌 연구와 유기적으로 결합하면서, 자신이 축적한 자료를 복합적으로 해독하기 위한 실용적인 대안을 고안한 바 있다. 콜드웰의 기획은 내부에 구현된 성층화된 현실과 구성원들이 풀어내는 다양한 생존과 적응의 행태를 조밀하게 밝혀내는 데 적절한 기획으로도 평가할 수 있다.

이 지점에서 민속지학의 추구와 관련해, 그가 제기한 단서와 비판적 제언을 돌아볼 필요성이 제기된다. 콜드웰(2013)은 생산연구를 수행하는 과정에서 복수의 민속지학적인 탐구를 매우 긴 기간 동안 진행한 이력과 경험이 있다. 동시에 그는 이 접근법의 활용이 의의가 상당하지만, 그러한 시도를 통해서도 내부 주체들의 활동이나 노동의 특성에 관하여 종종 중요한 단서나 획기적인 앎을 전폭적으로 포착하기는 어려웠다는 자신이 체득한 경험을 술회하기도 했다. 나아가 그는 그런 난점을 보완하는 노력으로 방송 산업과 내부자들을 대상으로 한 생산연구를 수행하면서, 관련 문헌이나 연구의 결과와 자신이 관찰·습득한 인적 자료 간의 긴밀한 동시에 까다롭고 장기적인 비교 분석의 노력이 필요했던 측면을 거론하기도 했다. 이와 관련하여, 그는 작업 현장의 안팎에서 회람되는 다양한 이야기에서 풍문과 뒷담화, 그리고 타인이나 관련 주체들에 대한 평가 등을 기반으로, 경쟁과 생존의 노력이 치열하게 전개되는 조직 내부에서 벌어지는 사안들의 전모와 이면을 땀땀이 재구성하려는 노력이 요구되는 측면을 강조한 바 있다. 콜드웰은 미디어 산업의 내부 주체들이 매우 다양한 방식의 지식과 전문성의 담론을 '동적'으로 구현하는 구성원들이며, 어떤 거시적인 접근이나 기성의 학술적 관행으로만 이들의 반응과 목소리를 진단하지 않으려는 집중적인 관심의 필요성을 스스로 천착한 연구로 검증해 낸다. 이 과정을 조금 더 상술하면, 그는 미디어와 문화산업 영역에서 활동하는 구성원들이, 다른 산업 부문과 비교할 때, 자신들이 속하는 세계에 대한 상세한 지식과 인식, 그리고 세련된 표현과 홍보 등의 역량과 감각 등을 아우르는 특화된 전문성을 보유할 뿐만 아니라, 이를 외부로도 종종 노출하거나 능동적으로 발화하는 차별적인 실행을 보여 준다는 측면에 주목한다. 그런 인식은 기성의 사회적 경계를 넘어서, 생산 조직과 현장을 탐문하는 작업을 준비하는 연구자들이 파악할 내부 구성원의 특징을 엮어 낸다. 조금 다르게 기획자나 경영진 등의 주요 생산직군의 경우, 공적 대화와 미디어와의 인터뷰 등에서 고도로 정제되고 '대본화된scripted' 서사를 능동적으로 구현하는 전문가들이라 할 수 있다. 요컨대 미디어나 문화산업 내부의 관리자급 직군이나 경영진 등의 경우, 종종 자신들의 작업과 전문성을 소개하거나 정당화하는 수준을 넘어서, 적극 '신화화mystifying'하는 속성을 드러낸다. 쿨드리(2003)가 이미 꽤 오래전에 짚어 냈듯이, 대중문화와 미디어 산업에서 일하는 지명도와 위상이 높은 주체들의 경우, 외부로 자신들이 사회 내에서 주목받는 트렌드와 공적으로 소비되는 의미를 만든다는 자부심을 종종 설파하며, 그러한 '계산된' 문화적 재현과 상징적 정당화의 담론을 지속해서 표출하기도 한다.

콜드웰(2008: 368)은 자신이 수행한 탐구 과정서 만나게 된 문화 생산의 상층부 주체들이 강조하고 정당화하는 담론을 "신화이자 진부한 방식으로 반복되는 언술myth-cliches"이라 부르기도 한다. 그는 특히 이들의 언술을 연구 자원으로 수용할 때, 그런 과장되거나 그런 주체들이 전략적으로 대응하는 관점과 특정 이해관계가 깃든 발화를 경계할 필요성을 제기한 바 있다. 동시에 이런 측면은 연구의 대상들이 상당한 위상과 전문적인 역량을 축적한 동시에 가시적인 '문화자본'과 '상징자본'의 소유자이기도 하다는 측면을 함축해 낸다(이상길, 2018). 콜드웰은 특히 미디어 조직의 내부로 민속지학을 적용하는 연구자들이 그런 측면을 주의 깊게 고찰하며 보완할 필요가 있다는 점을 자신의 생생한 경험과 체득한 관점을 기반으로 서술한다. 이런 유형의 선명한 문제의식을 추구하면서, 그는 제작 스튜디오나 경영진의 사무 공간, 그리고 전문화된 조직과 산업적인 체계를 끌어가는 관리자 집단의 공간 등의 관행적으로 연구자들이 주시하던 영역만으로 접촉과 관찰을 한정하거나 규정 짓지만 않으려는 복합적인 관찰과 관심을 모색한다. 이 대목에서 생산연구의 변화하는 흐름 속에서, 내부에서 구현되는 기제와 논리를 파악하기 위한 방식으로 상층 경영진이나 관리자급의 인물을 주로 섭외 또는 선정하는 사례들을 비판적으로 극복하고자 한 문제의식을 국내 연구자들 또한 성찰적으로 돌아볼 필요가 있다.

특히 핵심적인 비판 지점으로, 이들을 중심으로 '위로부터' 발화되는 일련의 서사들이 자기 합리화나 방어적 속성과, 특히 내부의 쟁점과 문제점을 드러내지 않으려는 전술적 대응인 측면이 충분히 고려되지 않는 사례들이 국내 연구에서도 종종 관찰되기 때문이다(임영호, 2019). 이는 생산연구를 도모하는 이들이 일종의 '게이트키퍼'이자 위계와 담론의 숙달된 '방어자'로 기능하는 상층부 주체들과의 심층 면접이나 대담의 과정에서 채집하는 서사의 특성과 '진정성'의 표출을 다면적인 측면에서 — 즉 검증과 상호 비교가 가능한 다른 자원을 아우르는 방향으로 분석의 교차성과 밀도를 올리는 노력을 주의 깊게 도모하면서 — 엄정하게 파고들어야 한다는 점을 일깨워 준다(Newcomb, 2009; O'Donnell, Zion, & Sherwood, 2016; Richardson, 2019; Robinson, 2011; Schlesinger, 2016; Sorce, 2019; Stonbely, 2015). 콜드웰은 미디어나 문화산업 내 특정 조직이나 집단을 대상으로 한 현장 연구와 민속지학을 구현한다 해도, 그런 기획이 온전하게 제도와 행위자들 간에 불균등하게 형성되는 관계망과 특히 조직 내부의 이견과 쟁점을 상세히 파악하는 데 어려움을 준다는 점을 자신이 축적한 경험을 매개로 설득력 있게 풀어낸 바 있다. 요컨대 그는 노동과 인종, 젠더 등의 요인에 주목하면서, 미디어 산업의 구조와 조직 문화 속에 스며들고 강한 효과를 발휘하는 그런 요인들로 구성된 생산의 문화를 체계적으로 맥락화시켜 풀어낼 필요성을 주창한다. 관련 사례를 들면, 그는 미디어와 오락 산업의 내부자들이 자신들이 축적한 상당한 수준의 문화자본을 적용하면서 수용자들의 변화하는 취향과 기호를 효과적으로 공략할 수 있는 생산물을 구성하는 해석적 역량이나 젠더와 인종이나 세대 관련 가치의 전략적인 선정을 이들이 고안하는 과정에도 주목해야 한다는 점을 제기한 바 있다.

이 같은 범주가 다양한 연구의 전술적인 운용과 연구자가 고려할 신중함을 체화한 작업은 적지 않은 공명을 발휘한다. 동시에 생산연구에서 주목하는 현장성이 상세하게 포착된 탐구의 방식이나, 내부의 다양한 위계를 점유한 이들을 만나는 인류학적인 접근이 성사된다 해도, 이런 기획을 추진하는 연구자들이 현장으로의 진입이 밀도 있는 분석의 성취를 담보guarantee하지는 못하며, 여전히 헤아리고 대처할 쟁점이 제기된다는 측면을 기억할 필요가 있다. 조금 다르게 표현하면, 내부자의 진솔한 경험과 논의를 끌어내기 위해서는 사전에 자료의 꼼꼼한 조사와 함께, 대면 과정에서 맞닥뜨리는 내부자의 전략적인 대응이나 전술도 — 자기 정당화와 민감한 사안의 회피, 연구자의 기대에 과도하게 부응하는 담화 등 — 숙고할 필요가 제기된다. 이는 연구 대상과 구성하는 관계나 거리를 두고, 만만치 않은 고민과 대안의 모색이 병행될 필요성을 함축해 준다.[69]

지금까지 논한 이야기들의 타래와 함의를 정리해 보자. 무엇보다도 앞서 거론한 적지 않은 영미권 연구자들이 구성한 생산연구의 주요 차별성으로, 기존의 정치경제학이나 정책과 제도 분석에서 주력하던 소유와 지배나 경영과 상업화 전략에 대한 주로 거시적인 관심 중심의 추구에서 벗어나서, 미디어와 문화산업의 내부에서 전개되는 관리와 노동의 복합적인 단면과 위계적인 구성, 창의성 관련 담론이 발휘하는 중층적인 효과와 이면을 조명하는 초점으로의 선명한 선회와 구체적인 모색이 발휘하는 함의를 짚어 낼 수 있는 것이다. 이제 다음 장에서는 논점을 바꾸어서, 영미의 생산연구를 수렴하는 과정에서, 국내 문화연구자들이 광의의 방송과 저널리즘을 주제로 어떤 방식과 관점의 생산연구를 시도했는지를 논하고자 한다.

69 한편 영미권에서 주창된 문제의식을 변주하면서, 한국에서 생산연구를 시도하는 학자들도 제도 분석이나 정치경제학 전공자들 상당수가 전통적으로 채용하는 자본과 노동의 이분법이나, 거시와 미시적 진단의 관행적인 구분법, 그리고 분화된 지식 노동과 육체노동의 범주를 넘어서서, 일종의 관계론적인 접근과 구성주의적인 관점을 모색한다. 이 측면과 관련해, 정치경제학 영역의 핵심 학자인 그레이엄 머독Graham Murdock과 피터 골딩Peter Golding(2016: 768)도 변화된 상황에서 정치경제학이 다양한 장르와 층위를 아우르면서 미시적 사례에서 거시적 자본의 동학까지를 연계하는 통합적인 모델을 구사할 필요성이 크다는 인식을 토로한 바 있다.

4장

공공성과 '비판 저널리즘'에 주력한 생산연구의 의의

이 장을 시작하면서, 생산연구의 핵심으로 주류 언론학 내 지식 생산의 관성과 분업을 일정하게 넘어서고자 했던 의지가 배인 도전적인 의의와 고민을 다시금 강조하게 된다. 앞서 예시했듯이, 생산연구의 모색에서 다양한 언론과 플랫폼 내부 주체들에 관한 관심은 — 특히 발상과 분석적 초점의 측면에서 — 기존 연구 주제의 변화와 방점의 이동을 포함한다. 2장에서 그간에 실행된 생산연구의 주요 유형과 공략된 주제를 정리한 바 있지만, 이 접근법은 다양한 결실과 보완의 필요성을 노출하면서도, 상당한 결집력이 녹아든 '현재 진행형'의 문제의식을 구현해 왔다. 요컨대 종종 이해와 공조를 구하기 쉽지 않은 상황에도, 내부 주체들을 직접 만나며 가능한 접속과 소통을 모색하면서, 관련 연구자들은 현장 중심의 진단과 기존의 축적된 연구 시사점을 조합하는 노력을 기울여 왔다. 이런 시도는 특히 외부 관찰자가 충분히 파악하기 어려웠던 미디어 조직의 생리와 관리 체계 및 노동의 다층적인 단면을 조밀하게 탐색한 작업으로, 국내 문화연구자들이 모색한 꽤 유의미한 시도로 판단된다. 밑에서 상술하겠지만, 이 장에서는 특히 '공공성'과 '비판 저널리즘'이라는 특정 주제와 생산연구가 교차하는 주요 사례들에 집중하고자 한다.

이런 모색과 관련하여, 공적으로 소비되는 방송과 저널리즘 콘텐츠의 기획과 생산 과정을 위계화된 노동과 제도적 실행 간의 접합으로 설정하면서, 미디어 조직의 내부에서 이루어지는 전문화된 기획의 단면과 이해관계의 성격, 그리고 장기간에 걸쳐 구성된 습속을 진득하게 진단하는 작업은 국내 문화연구자들에게 상당히 신선한 발상이자 탐구의 촉매제였다고 간주할 수 있다. 이제는 국내 문화연구의 짧지 않은 여정 속에서, 과거에 충분히 주목하지 못했던 기틀린(1983)이나 터크먼(1978) 등이 주도했던 생산연구의 '경전'이라 할 수 있는 주요 기획들과 명백히 접맥되는 지식의 축적과 공유되는 관점을 구축한 성과도 일정하게 발견할 수 있다. 예컨대, 미디어의 제작진이 대면하는 복합적인 이해관계와 변주되는 압박 등에 주목한 생산연구 계열의 분석들은, 하단에서 상술하겠지만, 민속지학의 요건이나 현장성을 포착하기 위한 진한 고민을 체화하고, 조직 내부로의 관찰과 구성원들의 체험과 인식을 비교·분석하면서 상당한 분석적 준거와 통찰력을 제공한 바 있다.

임영호(2019)가 설파하듯이, 생산연구는 기성 미디어 연구의 흐름 속에서 상당한 '맹점'이자 지적 개입과 정교한 분석이 필요했음에도 불구하고, 실행이 지체되었던 영역을 파고들고자 했던 문제의식을 성사해 낸 긴요한 결실이라 논할 만하다. 생산연구는 학계와 언론계나 문화산업의 경계를 넘어서, 관련 조직에서 활동하는 이들에 대한 보다 밀착적인 접근과 상호 작용의 필요성을 크게 체감하게 된 문화연구자들이 모색한 대안과 활로 찾기의 기획과도 긴밀하게 연계된다. 국내에서 부상한 다양한 생산연구들의 경우, 특히 언론 조직의 내부에서 활동하는 이들과 연구자들의 협업으로 추진된 기획들이 모색된 바 있다. 요컨대 대학원에서 교육을 이수하고 있는 미디어와 플랫폼 산업의 구성원이나 문화매개자 등과의 협업을 통한 지식 축적과 분석의 모색은 연구의 대상이나 소재를 주로 기능적으로 추가하거나 일각에서 관찰되는 대상화하는 차원을 넘어서는 효과를 발산한다. 미완의 영역을 아우르는 지식 생산의 가능성과 공조를 위한 교량 만들기bridge-building와 연구의 대상과의 지속적인 상호 작용의 추구는 명백히 과거와는 차별화된 지식을 탐색한 기획이었으며, 광의의 미디어 연구의 영역에서 신중한 분석과 공략이 필요한 주제 영역을 능동적으로 구성해 낸 시도였기 때문이다.

특히 아래서 논할 탐사 보도를 예시로 미디어 공공성의 국면적인 위기를 조명하거나 저널리즘과 문화연구를 조합하면서 화제와 쟁점을 낳은 역사적 주제를 탐구하는 사례들의 경우, 영어권의 생산연구 관련 사안에서도 충분히 접하기가 쉽지 않은 기획들이다. 이런 양상은 한국의 언론이 관여된 특수한 상황적·정치적 맥락에서, 공공성의 모색과 의의가 각별한

'로컬한' 문제의식의 추구로 연구의 지향점이 변주된 흐름을 명백히 보여준다. 이 측면은 또한 앞서 논의했던 서구 사례들 속 문화산업 내 불안과 감정 관련 노동의 방식이나 디지털화의 명암을 조명하는 기획들과 일정한 차별성을 발현하는 문제의식을 드러내기도 한다. 좀 더 상술하자면, 우리가 이 논점을 제기하면서 국내 문화연구자들이 해외 사례에서 대면할 수 있는 방식의 미디어와 플랫폼 기술의 변화에 연동된 생산 주체들의 위상 변화와 차별화된 노동의 문제를 파고드는 기획에 관심을 크게 두지 않아 왔다고 주장하는 것은 아니다. 들여다보면 아이돌의 기획과 연습생들의 열악한 상황을 밀착된 방식으로 조명한 작업이나(이종임, 2018), 텔레비전 작가와 PD 집단이 구성하는 성층화된 노동과 상호 협조 및 경쟁의 단면을 두껍게 진단한 기획(김미숙 · 홍지아, 2017), 유연화된 노동과 제도적 압박이 강화되는 추세 속에 언론인들이 직면하는 불안과 위기 상황을 숙고한 연구(박진우 · 송현주, 2012; 박진우, 2012; 이석호 · 이오현, 2019; 이오현 · 이석호, 2019), 생산 과정과 조직화 속에서 대면하는 젠더 및 세대를 둘러싼 마찰과 문제점이 생성하는 함의를 조감한 연구들은 국내 생산연구의 계열 속에 이미 비교적 단단한 위상을 확보한 바 있다(이상길 등, 2013; 이희은, 2014; 홍지아, 2016).

반면에 국내에서 이루어진 생산연구의 흐름 속에서, 저널리즘 장 내부의 변화와 특히 진통에 주목하면서, 공공성을 핵심 화두이자 사회적으로 예민한 문제로 설정한 작업은 상대적으로 적다. 우리는 그런 측면을 돌아보면서, 이 장에서 특히 방송 영역에서 부상한 역사적 재현과 갈등을 둘러싼 기획에서, 언론인들에게 가해진 정치적 박해와 상흔, 그리고 탐사 보도의 파행 등의 '예민한' 주제를 사려 깊게 조명한 일군의 생산연구에 주목하고자 한다. 그런 문화연구의 비판적 문제의식이 착종이 된 사례들을 소개하면서, 생산연구의 고안과 방향성에 곱씹을 혁신과 대안적 탐구를 깊이 있게 제시한 관련 작업들의 의미도 짧지 않게 논할 것이다.

이런 관심은 적지 않은 언론학 연구자들이 충분히 인지하지 못한 관련 주체들의 활동과 공적 맥락을 재조명하는 방안이며, 그런 숙고할 사례들을 접하는 독자들에게 생산연구가 힘을 추스르면서 시도한 지식 생산의 정치성과 개입성의 역할을 환기하고자 하는 목적과도 궤를 같이한다. 이제 5명의 동료 연구자가 주도한 생산연구를 돌아보면서, 이들이 모색한 구체적인 성취와 방법론적 특성, 그리고 곱씹을 사회적 함의에 관해 집중력 있게 논해 보자.

1. 이오현의 〈인물현대사〉 탐구 : 생산연구의 규준과 문제의식을 선도하기

앞선 지면에서도 그가 이룬 생산연구의 끈질긴 모색을 짧게 소개했지만, 이오현이 공영 방송의 교양과 지식 프로그램을 기획하는 생산의 주체들을 대상으로 시도했던 두 개의 연계된 연구(이오현, 2005; 2007)는 상당한 시간이 지난 현재의 시점에서도, 생산연구를 지향하는 주체들에게 명백히 곱씹을 요건과 함께 상당한 짜임새가 구현된 노력을 보여 준다. 그는 시대의 조류가 바뀌는 주요 사회적 국면에서 교양과 지식 영역의 신설 프로그램의 제작 과정과 내부 행위자들이 구현했던 성과를 긴요하게 풀어내는 기획을 모색했기 때문이다.[70]

이 국내에서 실행된 초기의 생산연구를 대표하는 작업은 여전히 적지 않은 시사점을 제시한다고 판단된다. 이오현은 노무현 정부하에서 부상한

70 교양과 역사 및 지식 관련 콘텐츠는 문화연구자들이 주기적으로 비평과 연구를 시행한 대상으로 학문적 전문성과 훈련 측면에서 이들이 상당한 지식과 경험을 축적한 주제 영역이기도 하다. 이오현은 그런 지적 배경을 기반으로, 본격적인 수준의 생산연구로 공영 방송의 제작진이 숙고한 주요 콘텐츠의 제작 과정과 이 프로그램이 매개한 확장된 담론 작용을 탐구한 바 있다.

언론 장journalistic field 안팎을 변화시키는 그 이전보다 상대적으로 이완되고 자유로운 분위기 속에서, 역사적으로 '문제적인 인물군'을 다루는 KBS 〈인물현대사〉의 제작 과정과 내부 주체들이 수렴한 관점의 함의를 다층적으로 조명하는 복수의 연구를 수행했다. 주지하다시피 이 프로그램은, 시사 다큐멘터리나 역사 다큐멘터리의 기존 지향성을 수정하면서, 한국 근대사의 격랑 속에서 큰 발자취나 오명과 논란을 생성한 '논쟁적인' 주체들을 선정한 참신한 기획이었다고 판단할 수 있다. 부연하면 이 프로그램은 역사적 평가와 재현을 둘러싼 만만치 않은 쟁점과 해석을 둘러싼 공적인 마찰과 이견을 유발하면서 쟁점을 몰고 온 주목할 만한 텍스트이기도 했다.

특히 보수 진영과 미디어는 이 프로그램이 이른바 "개혁적인 시각"을 천명하면서 "편향된" 기획과 그런 가치 작용을 도모한다는 요지의 집요한 비판과 공세를 가한 바 있다. 이 같은 쟁점과 공방을 주시하면서 이오현은 이 프로그램을 당대에 부상한 능동적이면서 시대상을 응축해 내는 주목할 '문화적 실험'으로 풀어낸다. '의미를 둘러싼 투쟁과 각축'에 장기간에 걸쳐 지적·비판적 관심을 투사해 온 문화연구자의 시각에서, 공영 방송이라는 주목할 미디어가 새롭게 시도한 역사 재현과 비판적 평가의 문제를 기획과 구성을 둘러싼 내부 환경의 특화된 맥락에 대한 확장된 진단으로 진전시켜 결합한 기획은 적지 않은 공명과 호응을 발휘하는 사안이기도 했다. 그와 함께, 이 기획과 비슷한 복안이 과거에 모색된 적이 있지만, 생산자 집단에 대한 접근성의 확보를 구현하지 못했거나 허가받지 못했던 상황들이 연구의 장애 요인으로 존재했던 측면도 다시금 돌아볼 필요가 있다.

이 지점에서 〈인물현대사〉의 기획과 연동되는 당시의 사회적인 그리고 시대적 특수성을 먼저 복기할 필요가 있다. 당시 사회 일각에서는 보수 진영과 미디어를 중심으로 〈인물현대사〉나 〈역사스페셜〉 등의 프로그램이 정연주 사장의 임명 이후 생성된 노무현 정부 주도의 이른바 "좌파 이데올로기의 유포"와 "정권의 나팔수 역할"과 같은 의도된 목적 속에 부상한 기획으로 프레임화하면서, 강한 비난과 비판의 세력화를 도모했기 때문이다. 이오현의 연구는 생산 주체들과의 소통을 위한 일종의 정지 작업으로 기존의 교양과 시사 콘텐츠에 관한 텍스트 중심의 분석적인 초점을 넘어서, 어떤 환경적 요인과 특히 변화된 — 상당 부분 개방적인 — 정치적인 기류 속에서 공적 논쟁을 복합적으로 매개한 콘텐츠 기획과 생산을 둘러싼 상대적으로 '독자적인 국면'이 형성되는지를 상세하게 조명해 낸다. 당시 이 프로그램의 구상과 추진은 내부에서 상당한 수준의 진통을 동반하기도 했다.

예컨대 〈인물현대사〉가 적지 않은 난항 속에 최종적으로 출범하기까지, KBS 내외부에서 제기된 공방과 마찰 속에서 제작진은 자신들이 선정한 명칭과 복안을 수호하는 일련의 투쟁과 대응을 제기했으며, 그 이전까지 존재하던 조직 내 관성을 허무는 노력을 전개하기도 했다. 문제 틀과 인식의 측면에서 이오현은 자신이 생산연구를 추진하게 된 함의를 논하면서, 무엇보다도 미디어 생산자들에게 밀착된 방식으로 이들이 처한 조건과 환경적 특성이나 내부 인력의 인식을 구체적으로 포착하는 작업의 필요성과 가치를 선 굵게 표방한다. 요컨대 이오현(2005: 118)은 문화연구가 1990년대 초반을 기점으로 한국에 본격적으로 도입된 이후, 일정한 성과와 동력을 축적하게 되었지만, 미디어 콘텐츠의 정치적·공적 효과를 의미작용과 재현의 틀 속에서 주로 논하는 방식을 극복해야 할 필요를 제기한다. 그는 관성화된 미디어 분석 중심의 방향성에 관한 진지한 성찰과 비판을 제시하면서, 분석의 단위로 텍스트나 의미 구성 너머를 지향하지 못하는 "매체 생산에 관한 관심과 연구의 빈곤"이나, "소비 국면을 제외한 다른 국면, 특히 생산 국면의 중요성과 역할"을 숙고해야 할 핵심적인 문제로 강조한다. 이오현(2005)은 특히 자신이 생산연구를 추구한 이유를 다음과 같이 제기한다. 그는 문화연구가 "다양한 힘들과 참여자들 사이의 갈등과 타협 과정으로서의 미디어 생산, 그리고 구조적 힘들의 한계 내에서 의미 생산자로서의 미디어 생산자에 대한 인식"을 당시 상황에서 제대로 숙고하지 못했으며, 수용자 연구를 통한 상당한 성과가 있었지만, "매체 수용자는 능동적인 사회적 행위자로 강조하면서[도], 매체 생산자는 단순히 수동적 지배 이데올로기 전달자로 인식하는 논리적 문제"에 직면하게 되었음을 지적한 바 있다(119).

주지하다시피 그가 설파한 문제의식은 향후 상당수 생산연구를 도모한 문화연구자들이 공유한 관점이기도 했다. 이 대안의 추구를 직접 실행하면서, 이오현의 작업은 기존의 '다의미성'이나 의미 작용의 굴절과 '상징적 저항성'에 주목하던 일군의 문화연구 작업의 특성을 넘어서(김수정, 2010; 원용진, 2007; 이상길, 2010; 이오현, 2002), 특정 프로그램–텍스트의 기획과 구성 단계 자체에서, 어떠한 가치 작용과 주제, 그리고 관점들이 선택과 집중, 그리고 타협과 전술적인 고려를 통해서 과정적으로 형성되는지를 깊이 있게 천착해 낸다. 이 측면과 관련하여, 그의 진단은 PD 집단이나 작가들이 일종의 공적 영향력이 강한 "해석자"로서 역사 재현과 조명의 과정에서 어떤 방식과 관점 혹은 성향 체계를 주도적으로 발현하게 되는지를, 관련 주체들의 인식과 시각을 파고들면서 상세하게, 그리고 순차적으로 풀어낸다. 이런 촘촘한 모색 과정에서, 그는 먼저 PD들이 발휘한 역할과 관련하여, 이들의 개인사와 세대별 특성을 세밀하게 가늠하면서, 프로그램 속 주제와 인물의 설정에 영향을 끼치는 핵심 기제들로 "현장에서의 주관적·객관적 양상들"이 교차하면서 발휘하는 영향과 대응의 함의에 주목한다. 특히 그의 작업은 정규직 PD와 계약직 작가들 간의 협조와 이견 및 조율의 양상들을 연구자가 근접해서 관찰하면서, 그 이전까지 외부로 많이 노출되지 않았던 시사 교양 프로그램의 구성 속에 일상적으로 이루어지는 내부 구성원들 사이의 협력과 인식의 공유, 그리고 분화되었지만 긴밀한 조율이 요구되는 과정에서 마찰과 이견의 조정이나 타협이 어떻게 실질적으로 구현되는지를 상세하게 복기하기도 한다.

예컨대 이오현이 구상한 생산연구의 렌즈로 수행된 분석은 내부자들이 구사하는 전략과 관점을 기능적으로 갈무리된 인터뷰 자료나 이들이 설파하는 메시지를 주로 포착하는 유형의 해석적 작업을 확연하게 넘어선다. 그는 관련 행위자와 제도적 관행 간에 형성되는 마찰과 중재 및 전술적 대응 등을 포함한 다층적인 단면을 현장 관찰과 인터뷰, 그리고 내부의 위상이 다른 주체들과의 의견 교환을 통해서 꽤 조밀하게 반영해 냈기 때문이다. 특히 연구자가 고심한 접근법의 측면에서, 이 연구는 다양한 내부 구성원과의 대담을 활용하지만, 동시에 연구자 자신의 관찰과 이들과의 밀도 있는 상호 작용을 소상하게 탐색하고 풀어내는 '민속지학적 지향성과 요건'을 상당 부분 실행해 낸다. 관련 예시를 들면, 그는 제작진과 심층 면접으로 공유한 대화들 외에, 내부 주체들과 만날 수 있는 다양한 장소에서 — "기획제작국 사무실, 야외 촬영 장소, 스튜디오, 편집실, 더빙실, 회의실, 회식 장소" 등에서 — 이들이 표출하는 언행과 함의를 수시로 관찰하고 수렴했으며, 자신과 나눈 공적·사적 담화와 특기할 점 등을 필드 노트에 소상하게 기록하기도 했다. 이와 함께 그는 개별 구성원들과의 대담을 나누는 차원을 넘어서, 내부의 기획 회의도 관찰하는 방식의 — 최근에 실행되는 다수 생산연구에서 지금도 여전히 접하기가 흔치 않은 — 기회를 성취한 바 있다. 이 같은 과정을 거치면서 그는 다양한 배경이나 직무를 가진 제작진이 토로하는 일련의 경험과 기획의 주안점 및 노동의 주요 단면들에 관한 관찰점과 추론을 상세하게 제기해 낸다. 또한, 일종의 '틈입자'로서 연구자가 상대적으로 낯선 환경과 조직 속에서 관찰하고 기록한 사안들 속에 충분히 이해가 가지 않거나 내부자의 설명과 도움이 필요한 경우, 이를 항목화하여 정리하면서 심층 면접의 과정에서 재차 확인하는 연계된 방안을 활용하기도 한다. 이 연구에서 주목할 측면은 역사적 사안과 쟁점을 다루는 제작진들의 관점에서 "기획 의도 또는 [자신들이 구성하는] 정체성에 대한 완전히 일치된 시각은 존재하지 않았으며," 인물 선정을 둘러싼 협의는 종종 상당한 열기를 띠는 토론과 논쟁을 통해서 조율되는 과정을 연구자가 면대면 대화와 이어지는 후속 논의를 통해서 확인한 대목이다. 이오현은 그런 과정을 경유하면서 당시 다수의 PD 집단이 한국의 주류 사회와 표출되는 지배적 가치에 관해 비판적 성향을 표출하고 있었기에, 이 과정에서 논란이나 쟁점보다는 일정한 긴장 관계에도 불구하고 서로 간에 기본적인 신뢰와 연대감을 기반으로 협조와 상대적 자율성을 구성한 측면을 당사자들의 시각과 체험을 수렴하면서 정리해 낸다.

그는 그런 습속의 핵심으로, PD들이 대학 시절 체감한 사회 운동과 역사에 대한 부채 의식과 KBS가 과거에 발현했던 정권 친화적인 모습이나 이와 관련된 내부의 모순에 대한 자각과 성찰이 기획과 인물 선정의 과정에서 작용한 영향의 단면을 내부 주체들과의 대화와 자신의 관찰을 통해서 조목조목 풀어낸다. 이 연구는 당사자들이 제시하는 생생한 일화와 이들이 조직의 내부에서 축적한 체험에 관한 상세한 술회를 연계시켜가며 진단하면서, 대안적인 역사 재현과 문제 제기의 기획이 부상할 수 있었던 구체적인 맥락들의 효과를 짚어 낸다. 요컨대 그는 앞서 언급한 집합적인 지향성의 구현을 진단하면서, 새로운 전기를 맞아 당시 공영 방송 내부에서 진척된 '권력의 하향화'와 윗선의 과거와는 차별적인 불개입의 양상, 그리고 사회 전반적인 민주화의 확산 등의 제도와 인식 수준의 다면적인 변화가 그런 결과를 낳았음을 소상하게 조명한다. 그런 측면과 함께, 연구자는 선정되는 주제와 역사적인 쟁점이나 오명을 생성한 인물들의 성격상, 당시 외부에서 주기적으로 제기되는 비판과 비난을 접하게 된 내부의 주체들이 어떤 복안으로 제기된 문제에 대응하고 해결하려 했는지를 탐구하기도 한다. 특히 그는 이들이 전술적으로 선택하는 "이데올로기의 허용 수준"이나 모색하는 대응 전술을 어떤 방식으로 가늠하는지 구체적으로 추적한 바 있다.

이런 중층적 맥락의 진단과 함께, 이오현의 작업은 PD 집단을 넘어서 내부 구성원 간의 협조와 타협의 단면에도 상세한 관심을 투사한다. 그가 수행한 기획은 내부에서 영위되는 노동 분업과 공조라는 차원에서, PD들이 구성 작가들과 '우호적인' 관계를 설정하면서, 후자의 영향력과 문제의식을 수용하는 협업 과정에 관해서도 관심을 놓치지 않는다. 앞 장에서 서술했듯이, 기성의 저널리즘 작업이나 미디어 콘텐츠 분석에서, 주로 기자나 PD 혹은 기획자 등의 핵심 직군이나 위계적 측면에서 영향력을 행사하는 상층부 주체들이 '대표 격'으로 선정되는 관행이 적지 않게 존재한다. 반면에 이오현의 작업은 정규직과 비정규직의 구분을 넘어서, 전략적인 유대와 공조를 보이는 PD와 작가, 그리고 중간 관리자의 활동을 중심으로 영위되는 전문화된 노동의 미시적인 단면과 조율과 협조의 제 양상을 포착하고자 하는 진전된 노력을 보여 준다(강진숙 · 이광우, 2012; 김미숙 · 홍지아, 2017; 박진우, 2012).

지금까지의 논의를 정리해 보면, 이오현의 연구는 역사 재현과 관점을 투영하는 내부 주체들의 모색에서 사회적인 갈등에 관한 이들의 복안이나 분업과 공조가 과정적으로 구현되는 구체적인 단면들에 이르기까지, 전개된 상호 작용의 효과와 확립된 관행의 성격을 집중력 있게 파고드는 유형의 상당히 조직적인 분석을 구성해 낸다. 그는 현재의 기준으로도 많은 발품과 노동을 기울인 작업을 도모하면서, 또한 구체적인 사례 분석과 연구자의 판단을 조합하는 노력을 기울이면서, 새롭게 시도되는 역사 다큐멘터리 계열 프로그램의 구성 과정 속에 작용하는 일련의 중재와 협의가 된 대응과 생산자들의 동향을 밀착된 방식으로 그려 낸다. 이오현이 기획한 첫 번째 연구가 시도된 시기가 2000년대 중반인 점을 고려할 때, 그가 복수로 수행한 기획이 향후 뒤따를 생산연구의 방향성과 관심사를 상당 부분 선도하는 측면을 돌아볼 필요가 있다.

나아가서 이오현이 이 두 개의 기획 외에, 자신이 상주하는 지역에서 지역 언론의 역할과 내부 주체들이 보이는 활동상의 특성과 이면을 꾸준히 탐구하는 일련의 기획을 장기적인 전망과 협업으로 꾸준히 추진해 오면서 매우 긴 기간에 걸쳐 꾸준히 생산연구를 모색한 활동상도 주목할 만하다. 요컨대 생산연구의 고안과 활용을 두고, 이오현(2004; 2005; 2007; 2015)의 작업이 상당한 숙고나 연속성과 함께, 변주되는 문제의식과 탐색 작업을 긴 호흡으로 수행해 온 상황을 돌아볼 때, 그의 지적·비판적 관심이 일회적 소재주의 정도에 경도되지 않았음을 엿보게도 해 주기 때문이다. 이와 동시에 이 지점에서 그가 주도했던 두 편의 작업에서 다소 미진한 부분에 관한 비판적 제언도 제기할 수 있다. 먼저 〈인물현대사〉의 기획과 제작을 둘러싼 주요 요인들을 조명하는 작업의 경우, 연구자 자신이 인정했듯이 사회성 프로그램이 연루된 공적 공간에서 미디어 생산의 과정에 관여하는 거시적·정치적 영향력을 포함하여 진단하는 선까지 확장된 방식으로 이루어지지는 못했다. 요컨대 그가 KBS 교양과 시사 영역의 내부에서 변화를 모색하는 PD와 작가 집단 중심의 분석을 기조로 삼으면서, 내외부에서 발휘되는 간섭과 대응의 단면들을 탐구하려고 시도했지만, 경영진이나 외부의 세력들이 제기했던 영향과 직간접적인 개입의 단면이나 은밀한 관여의 양상이 어떤 효과를 발휘하게 되었는지와 관련하여 선이 굵게 추적하는 수준에 이르지는 못했다.

조금 다르게, 그의 연구는 당시의 과거보다 '탈권위주의'로의 흐름을 보인 공적·정치적인 지형에서 개혁적 요소를 반영한 교양 프로그램의 기획이, 미디어 수용자 집단 내에 부상했던 시대적 관심이나 변화의 욕망에서 제시된 관점에 대한 비판과 이견 등을 어떤 방식으로 매개했는지를 조명하는 측면에서는 다소 부족하다. 나아가서 이 같은 시도가 내부 구성원이 활용한 상징자본의 구성과 정당화의 기제로 어떻게 수렴되고 표출되었는지의 명과 암 또한 부분적으로만 조명된 한계를 보인다. 그럼에도 이오현의 작업은 생산연구가 지향하는 요건과 범주의 설정 및 실행의 측면에서 상당한 짜임새와 더불어 숙련된 탐구의 노력을 기울인 노작으로 판단된다. 요컨대 지금까지 적지 않은 생산연구가 축적되고 있지만, 이미 십수 년 전에 그가 달성한 수준의 분석적 응집력이나 현장과 조직 내 기획과 방향성을 구성하는 인적·제도적 요인들에 대한 다면적인 관찰을 녹여 낸 작업은 여전히 많지 않다고 평가되기 때문이다.

이오현이 주도한 일련의 기획이 예시하듯이 생산연구가 단순히 새로운 탐구의 영역을 개척하는 소임을 넘어, 공적으로 주목할 현안이나 논쟁과 관련하여 기존에 모색되던 '재현의 정치'를 보강하는 대안을 상세하게 구획한 측면에서도, 그의 노력이 현실 개입의 쟁점을 끈질기게 모색하고자 하는 문화연구의 지향성을 구체화했다고 평가할 수 있을 것이다.

2. 김세은의 끈질긴 추적과 '윤리적' 탐구 : 소외된 이들에 대한 생산연구의 의의

김세은(2010, 2012)[71]이 수행한 두 편의 연계된 작업은 '해직 언론인'이라는 특정 인물군을 중심으로, 장기간에 걸쳐 이들의 삶에 어떤 변화와 난점 그리고 고통이 드리워졌는지를 추적한 독특한 연구이다. 이 상당히 긴 시간과 많은 노동을 들인 연작 기획은, 과거 권위적 정권에서 언론의 자유를 지키기 위한 투쟁의 과정에서 부당하게 해직된 언론인들의 신산한 삶과 이들이 대면했던 폭력과 고통을 상대적으로 단순한 심층 인터뷰를 넘어서 '생애사적인' 시도를 추구하면서 관련 쟁점을 조명하는 연구이기도

71 고 김세은 선생은 본 저자들이 활발하게 교우했으며, 공동 연구도 실천했던 인물이다. 그가 문화연구자 중에서 특히 저널리즘과 직결된 일련의 기획을 뚝심 있게 제시했으며, 공적 활동과 기고 및 미디어 비평 등에 능동적으로 관여한 측면은 마땅히 기억하고 기릴 필요가 크다.

하다. 그가 수행한 연구는 현역에서 타의에 의해 물러난 언론인들의 행적과 이들에게 발생했던 폭력과 통제의 역사적 단면을 복기하는 유형의 문제의식이 명확한 작업이다. 이 기획 또한 특히 기존의 저널리즘이나 미디어 영역의 핵심적인 구성원이나 이들이 생성하는 관행과 담론적·제도적인 특성을 파악하는 측면에 주력하기보다는, 언론학 연구에서 소외되거나 충분히 탐구되지 못한 이들의 행적과 활동상을 조명하려는 대안적인 관심을 드러낸다. 먼저 기존의 저널리즘 연구나 언론 운동의 역사를 다루는 연구 등에서 해직되면서 직업 정체성을 잃고 심각한 경제적 고초를 겪게 된 주체들에 대한 심층적 논의가 간헐적으로만 이루어졌으며, 특히 과거 권위주의 시절이나 이명박·박근혜 정부에서 발생했던 해직 사태와 이 사안을 둘러싼 정치적 함의와 훼손된 미디어 공공성의 문제를 풀어내는 소수의 분석 정도가 제공된 바 있다.

돌아보면 과거에 정치권력이 어떤 방식으로 언론과의 관계를 관리하고, 특히 정권에 순응하지 않거나 저항하는 언론인들을 순치하려 했는지의 쟁점과 실상을 다룬 기획은 주로 미디어 비평이나 언론 보도 등을 통해서 조명된 바 있다. 그와 동시에 해직된 언론인들의 집합적인 활동상과 시대와 정치적 지형의 변화를 거치면서 이들이 해직 이후 어떤 구체적인 궤적과 면모를 구현하게 되었는지를 소상하게 풀어낸 진단은 여전히 희소하다. 상당한 시간이 지난 이후에도 이들이 대면했던 굴곡진 상황과 여기에 연동된 사회적 궤적을 숙고하는 학술 작업이 드물었다는 측면에서, 김세은이 주력한 연구의 의의와 성과를 짚어 낼 수 있을 것이다(남재일·오대영, 2018; 이기형 외, 2021).

김세은(2010: 159)은 '해직 언론인'을 한국 사회의 굴곡진 현대사와 저널리즘에 가해진 상흔을 상징하는 핵심 집단으로 파악하며, "해직 언론인을 통해 1970년대 이후 우리 현대사를 면밀히 추적할 수 있다는 인식"을 핵심 문제 틀로 설정한다. 그는 기존의 주로 선형적인 연대기적 접근이나 정책과 언론사 중심의 관련 사안에 관한 거시적인 논의를 벗어나서, 언론과 정치 관계나 위로부터 기획된 언론 내부자들에 대한 개입과 통제의 메커니즘에 주로 주력하는 관점이 충분히 주목하지 못한 단면을 예의주시한다. 그가 연계된 흐름으로 구현한 작업은 사례별로 '동아자유언론수호투쟁위원회(동아투위)'와 '조선일보자유언론수호투쟁위원회(조선투위)'를 중심으로 해직된 언론인들의 삶을 추적·복기하면서도, 이 사안이 녹여 내는 한국 현대사의 질곡과 변동을 언론 영역 내부의 투쟁과 쟁점을 중심으로 세밀하게 파악하고자 한다. 그(2012: 293)는 동아투위에 참여했던 이들의 개인별, 그리고 사회적 궤적을 탐구하는 연계된 작업에서 생애사를 선정한 이유로 그것이 "해직 언론인의 생애사를 통해, 보다 입체적이고 독창적인 언론사의 구성을 지향하는" 기획일 수 있다는 측면을 분명히 한다.

그런 모색의 과정에서 김세은은 구술 자료 외에 해직된 언론인들과 관련된 재판 기록에서 당사자들의 회고록과 자서전이나 당대 미디어 환경과 관련된 주요 문건을 교차하여 검토하면서, 언론인이라는 공인의 행적에 반영되고 스며든 다양한 자료들을 갈무리한다. 그는 이러한 지향성을 표출하면서, 언론 제도 내 해직이라는 쟁점 속에 형성된 광의의 "정치구조와 문화의 문제"를 심도 있게 진단해 내려는 노력을 기울인다. 이 연구는 단적으로 "'밥벌이의 어려움'과 변절의 유혹"을 겪어 가고, 변화된 상황과 사회적 요구 속에서 "투사"로 활동하게도 되며, 시일이 지난 후에 새로운 미디어에 참여하면서 제도 언론의 영역으로 "귀환"하고, 내부의 요직에도 진출하면서 기존의 공동체적 정체성이 분열 혹은 분기되는 해직을 경험한 언론인들의 차별적인 행적과 변화된 역할을 상세하게 조감해 낸다. 그런 폭이 넓은 조망 작업과 함께, 이 기획은 현재의 시점에서 다수의 언론 관련 연구자들이 상세하게 인지하지 못하는 역사적 상흔에 관한 주요 사료와 기록의 축적이라는 측면에서도 상당한 의의를 발휘한다. 예컨대 김세은의 연구는 약 30여 년간에 걸친 정치·역사적인 변동 속에서 직업과 삶의 행로가 크게 바뀐 해직이라는 상황을 경험한 언론인들의 구체적인 궤적을 탐구하면서, 개별 주체들의 행로가 상징하는 측면을 이들의 인구학적 특성에서 변화한 사회경제적 위상이나 특히 관련 주체들의 고난과 결단에서 이들이 해직 이후 공유한 감정과 각성, 그리고 대안적 언론 활동 등을 포괄하면서 접근한다. 그런 동시에 그는 정보와 사례 축적의 수준을 넘어서, 이 쟁점이 발현하는 언론과 정치권력 간의 '공조'라는 문제와 해직된 언론인들의 이후 직업 구성이나 공적·사회적 역할의 변화상과 함의를 연동시켜 조망하는 비판적인 동시에 입체적인 접근법을 추구하기도 한다.

조금 달리 표현하자면, 그는 해직 언론인들의 사회적 궤적이 육화하는 당대 사회상의 특성과 권력의 기획으로 인해 훈육된 언론의 초상을 복합적으로 그려 내며, 전개된 과정의 함의를 추론해 낸다. 특히 이 작업은 추상적인 담론을 넘어서, 독립 언론과 언론의 자유를 개인의 기록이나 궤적을 넘어선 해직 언론인들의 관련 면모와 삶을 복원하면서 일종의 '사회사'로 엮어 낸다(강명구, 2007; 남재일, 2006; 박승관 · 장경섭, 2001; 손병우, 2006). 이렇듯 김세은의 연구는 기존에 세밀한 조사와 심층적인 논의가 드물었던 해직 언론인들의 행보를 정권별로 풀어내면서, 이들의 상이한 궤적이 상징하듯이, "해직 언론인은 정치권과 시민사회, 보수 언론과 진보 언론 간의 복잡다기한 관계적 양상을 함축적"으로 드러내는 존재라는 측면을 땀땀이 복기해 낸다.

나아가서 그는 해직 언론인들이 겪게 된 직업 변화의 과정이나, 생존을 위한 노력에서 제시된 차별적인 행태 등의 이들이 처한 상황 속에 구현된 변화와 당사자들의 대응을 연동된 분석의 대상으로 설정하면서, 이들과 종종 결부되는 '비판 언론'의 상징성과 변화된 추이를 주의 깊게 탐구하는 방안을 모색하기도 한다. 즉 앞서 소개한 진단의 과정에서, 그는 피해자 혹은 투사로서의 이분법적인 상징성을 넘어서, 다양한 굴절과 직군을 거쳐 가며 제도 저널리즘 외부에서 삶을 영위하던 해직 언론인들이, 김

대중 정권과 노무현 정권하에서 시민사회 내 진보 이데올로기를 생산하는 한 축으로 활동하게 된 또 다른 현실의 함의를 논하기도 한다. 한편, 이 연구가 대면했던 상당한 방법론적인 어려움을 거론할 필요도 있다. 이미 현직을 떠난 지 오래된 해직 언론인들의 이후 행적과 개별적인 삶의 장기적인 여정을 추적하는 작업은, 통상적인 연구의 과정에서 접하는 수준의 전문가 섭외나 특정 집단에 속하는 이들과의 면담을 모색하는 작업과는 비교하기 어려운 수행의 큰 난점과 연구 과정에서 적지 않은 혼돈과 압박을 생성하기 때문이다. 김세은의 기획은 '해직 이후' 뿔뿔이 흩어지고 충분한 관심도 받지 못했던 이들의 굴곡진 이력과 삶의 차별적인 행로를, 그가 섭외하게 된 해직 언론인들의 발화와 기억이나 이들의 행적과 관련된 문서들을 수십하면서 조명한다. 이 과정에서 그는 개인사 속에 상흔을 선명하게 남긴 언론 장 내부에 제기된 폭력과 급격한 변화의 힘이 형성한 단면이나, 이들 일부가 자신의 '상징자본'을 전략적으로 활용하면서 공적인 영역으로의 재진입을 도모한 대조되는 사례들을 담담한 톤으로 동시에 끈기 있게 풀어내는 노력을 보여 준다. 그가 취한 접근법은 언론 환경 속의 성층화된 위계와 관계망이나 제도적인 관행과 노동의 특성과 이면 등에 주로 분석적 방점을 두던 일련의 생산연구들과는 상당히 차별적인 시각을 견지한다. 앞서 논했듯이, 그가 주도한 기획은 최근 몇 년간 축적된 생산연구의 주요 방향성을 따르기보다는, 역사·사회적인 측면에서 권력과 언론의 상호 작용을 재고하면서 고민이 필요한 쟁점을 매섭게 파고드는 문제의식을 보여 준다.

그런 동시에 탐색의 의의와 필요성이 상당히 공감되는 이 연작에서, 특히 초기 작업에 대하여 일정한 비판과 이견을 제기할 수 있다. 예컨대 해직 언론인의 직장과 언론을 떠난 다양한 행적을 추적했던 초기 사례 연구의 경우, 일종의 보완책으로, 관련 주제를 파고드는 담론 분석을 밀도 있게 실현하는 차원으로까지 분석의 깊이와 관련 쟁점을 보강하는 수준의 작업으로 좀 더 모색되지는 못한 한계를 보였기 때문이다. 이런 시도는 선행 연구가 매우 부족한 상황에서, 일단 행적과 소재를 파악하기 어려운 해직된 이들의 현황을 파악하며 이들이 직면하는 문제를 돌아볼 의제로 구현하려는 문제의식이 핵심적이었던 데 기인한 것으로도 추정된다. 예컨대 그가 수행한 초기 연구는 문자 그대로 해직 이후에 등장한 극심한 생활고와 감시받는 삶 속에 변화와 대응을 도모한 주체들의 면모를 현황 파악과 다양한 직군별 진출 상황이나 생존 방식을 포착하려는 방향으로 주로 집중된다.

하지만 이후 실행된 후속 연구에서, 김세은이 사용한 접근은 면대면 심층 인터뷰와 이를 넘어서 이들의 육성과 경험을 질료로 해직 이후의 궤적을 좀 더 밀착된 방식으로, 그리고 문화적인 분석과 탐구의 역량이 진전되는 방식으로 '진화'한다. 예시하자면, 김세은(2012, 2017a)이 최초의 해직 언론인 관련 연구를 수행한 이후, 주제를 변주하면서 이명박 정부하의 (신)해직 언론인들의 사회적 궤적과 특히 이들이 감내해야 했던 큰 난관과 고통을 기존의 심층 면접을 넘어 구술생애사를 적용하면서 모색한 작업을 주목할 수 있을 것이다. 김세은은 과거에서 비교적 최근에 이르기까지, 사회·역사적인 맥락은 다소 달리하지만, 해직과 겁박 그리고 소외를 겪은 바 있는 언론인들을 대상으로 한 옅지 않은 관심과 이들의 활동상을 진중하게 환기하는 작업을 수행했다. 그런 분석적·성찰적 시선이 연구자 자신이 표출하는 공감과 상호 이해적인 관점으로 세밀하면서도 발굴 능력과 검증 기능이 한층 벼려진 텍스트로의 생산을 가져온 측면도 주시할 필요가 크다.

또한 김세은(2014, 2017b)은 복수의 해직 언론인 관련 연구들 외에, 미디어에 수시로 등장하면서 정치적인 이해관계를 전략적으로 풀어내거나 언론인 출신으로 정계에 들어간 이른바 '폴리널리스트' 집단에 대한 시사적인 분석도 병행한 바 있다. 요컨대 연구자가 고집스럽게 제기하는 문제의식과 분석의 응집성과 일관성을 고려할 때 그가 모색한 접근은 상당히 담대하며 의미심장하다.[72] 동료 연구자들이 제공한 생산연구의 주요 주제나 사안과 비교해도, 이들이 충분히 추적하지 못한 언론의 공적 책무와 내부에서 수호할 저널리즘의 윤리와 가치와 같은 — 쟁점적이면서 고단한 이슈를 집중적으로 환기해 주는 유형의 명료한 문제의식이 깃든 — 기획을 모색해 왔다는 점에서, 상당히 긴요한 지적·사회적 공헌을 제공했다고 충분히 평가할 수 있을 것이다. 심석태(2021: 291~292)는 그가 '기자보다 더 기자 같은' 활동을 전개하며 그가 주체적으로 도모했던 비판 언론학을 위한 정진을 평가하면서, 김세은이 "학계에서 언론과 언론인의 중요성을 진지하게 인정하는" 노력으로, "적어도 언론학자가 언론 현장을 대상화하거나 도구화하지 않고, 언론과 언론인의 고민을 함께 풀어"내고자 했던 도전과 대응의 함의를 소명하기도 했다. 앞서 논한 해직 언론인들의 신산한 행적과 삶을 땀땀이 복원했던 그의 발자취 또한 그런 만만치 않은 성취의 고리이자 언론인들과의 '소통과 협력의 모델'을 정초한 실천으로 정의할 수 있을 것이다.

김세은의 기획은 비판적 저널리즘과 생산연구 사이에 유의미한 교량과 상호 작용을 제공하면서, 언론 연구자들 다수가 지금은 충분히 기억하고 있지 못한 과거에 언론인들의 저항과 감내해야 했던 고통, 그리고 이들의 변화하는 행로에 영향을 미친 사회정치적인 맥락을 조밀한 방식으로 포착해 낸다. 이는 서구에서 생산연구를 추진해 온 주체들이 강조하는 미디어 장 내 (정치)권력의 문제나 사회적 정의와 불평등과 노동의 위기 등의 현안을 주기적으로 탐구해 온 지향성과도 부분적으로 연계되는 지점이다. 그런 동시에 앞서 논한 측면은 생산연구가 단순히 대안적이거나 새로운

72 심석태(2021: 283)는 본문에서 서술한 김세은의 작업을 다음과 같이 풀어내기도 한다. "언론에 대한 인상 비평이나 산업적 접근이 아니라 권력에 맞서 원칙을 지키다 해직의 고통을 겪은 언론인에 대해서는 따뜻한 시선을 보내면서, 동시에 언론인으로서의 기본을 벗어난 폴리널리스트에 대해서는 엄정한 비판과 추적 작업을 벌인 것도 이런 맥락에서 이해할 수 있지 않을까 싶다."

지식 생산의 방식이나 고안을 넘어서서, '비판적 사회과학'의 맥을 이어 가는 지향성과 현실 참여의 지식 실천을 추구한다는 — 때로는 간과되기도 하는 — 측면을 명료하게 일깨워 주기도 한다. 앞 장에서 소개한 뱅크스 등(Banks et al., 2016)도 생산연구의 거시적인 함의와 역할을 짚어 내면서, 이 지향성이 비판 이론과 공적 영역에서의 지식 생산을 변화하는 미디어 및 사회 환경 속에서 재조직화하고 고심한 대응이자, 개입성을 끈질기게 모색하는 '정치적 기획'이라는 측면을 놓치지 말 것을 강조한 바 있다. 김세은의 연작은 그런 측면에서 미디어의 공공성과 정치성을 숙고하는 데 관심을 지닌 국내 연구자들이 참고할 수 있는 생생한 예시와 각별하게 기억할 필요가 큰 주제를 생산연구로 적극적으로 변용해 낸 뚝심과 정련된 탐구를 실행한 성과로 기억할 수 있을 것이다.

3. 김상균과 한희정이 시도한 공적 기획의 함의 : 도전받는 탐사 보도의 현실을 복기하기

김상균과 한희정(2014)의 작업은 2010년 3월 26일에 발생한 '천안함 사건'이라는 한국 사회에서 공적으로 심대한 균열과 갈등, 그리고 파장을 생성한 사건을 둘러싼 공영 방송의 보도 과정의 특성과 내부의 상황을 다면적으로 복기하는 기획이다. 이 연구 또한 통상적인 생산연구가 주로 다루는 주제를 일부 벗어나서, 공적으로 위급하며 매우 큰 마찰과 쟁점을 생성한 중요 사안과 관련된 저널리즘 내에 구축된 구체적 상황과 이면을 밀착된 방식으로 진단하는 작업이기도 하다. 이들은 특히 이 심대한 파장을 생성한 사건이 발생한 이후 공영 방송의 내부에 형성되었던 통제와 훈육의 생생한 단면을 상당히 명료하게 재조명하는 사례를 제공한 바 있다.

한편, 이 기획은 저널리즘과 비판적 미디어 연구가 만나는 접점을 끈질긴 재구성의 노력과 집약적인 지식 노동을 통해 탐구하면서, 생산연구를 그런 시도 속의 전술적 고리로 유기적으로 엮어 낸다. 그런 과정에서 이들의 노력은, 하단에서 좀 더 상술하겠지만, 연구의 공적인 역할과 비판성을 체화하는 또 다른 시도이기도 하다. 특히 두 연구자는 '천안함 침몰' 사건을 다뤘던 탐사 보도 프로그램인 〈추적 60분〉의 제작과 관련 주체들이 마주치게 된 당시의 어려운 상황, 그리고 방송사 내외부의 경직되고 억압적인 기류의 특징을 꼼꼼하게 탐구한다. 예시하자면 제작진이 의도한 후속편이 '갑작스럽게 중단'되며 인위적인 인적 변동이 발생한 돌발적인 국면에서, 어떤 이해관계와 논리, 그리고 힘의 충돌이 부상하면서 대항적인 목소리를 억압했는지를 조명하면서, 이들은 생산자들이 대면해야 했던 마찰과 회유, 그리고 압박 등의 '통세의 기제'들을 세밀하게 풀어낸다. 이 지점에서 먼저 '천안함 사건' 직후 KBS의 역할을 둘러싼 국면을 돌아볼 필요가 있다. 민군합동조사단이 2010년 5월 20일 '북한 어뢰에 의한 비접촉식 수중 폭발'을 공식적인 원인으로 지목한 직후, 5월 24일 이명박 대통령이 대국민담화를 통해서 조사 결과를 강조하며 대북 강경 대응을 천명하기에 이른다. 당시 KBS 조직은 정권이 선호한 김인규 사장 체제가 들어서고 정권 편향을 드러내면서 내부에는 상당한 갈등과 외부로부터는 권력에 순치된 공공성이 실추된 기구라는 비판을 생성하게도 된다. 이 와중에 〈추적 60분〉은 천안함 '폭침'이 북한 어뢰에 의한 사건이라는 공식 발표에 의문을 제기하는 과학자들의 이견과 반증을 소개하면서, 공적으로 가열된 논쟁과 다양한 사회 내 주체들이 참여하는 갈등과 힘겨루기의 동력이 치열하게 전개된 바 있다. 이후 방통위는 심의 규정 중 '공정성'과 '객관성'을 위반했다는 이유로 〈추적 60분〉의 제작 주체들에 대한 중징계를 내리게 된다.

두 명의 연구자는 그런 극도로 논쟁적이면서 공적 함의가 심대한 주제를 재현하는 탐사 보도 프로그램의 역할을 탐구하면서, 특히 천안함 침몰을 둘러싼 확장된 진단을 관련 주체들을 포괄적으로 수렴하면서 내부의 동학을 짚어 내는 유형의 생산연구를 추진했다. 특히 이들은 탐사 보도와 공적 기능을 수행하는 언론의 역할에 대해 상당한 경험과 관점을 축적한 11명에 이르는 PD와 기자들을 중심으로 진단과 논점을 풀어 가면서, 이들이 표출하는 기획 및 제작의 난점과 이 과정에 개입하는 방송 조직 내외부의 압박이 미친 집합적인 영향과 파장을 상세하게 풀어낸다. 두 연구자가 재구성한 내부의 제작 현실과 이면, 그리고 기류를 압축한 관찰점은 다음과 같다. 먼저 군과 정부가 독점한 정보와 기밀의 벽 앞에서, 시민들의 알 권리와 탐사 보도의 비판성을 제작진이 추구하는 일은 심각한 어려움을 겪게 되었으며, 명백하고 새로운 증거와 반증을 구하기 어려운 상황에서 제작진은 "프로그램의 존폐를 걸고 [보도를] 시도하기는 역부족"인 현실과도 맞닥뜨리게 되었다. 한편, 이 사건을 둘러싼 극도의 정치적·이념적 이해관계의 작동과 제재의 기제 및 정치적인 심의 등이 큰 폭으로 작용하면서, 공영 방송의 탐사 보도 관련 생산자들은 집요한 압박과 방해 속에 관련 보도와 후속 작업을 진행하는 데 강한 장애와 직면하게 된다.

예시하자면 경영진에 의한 조직의 갑작스러운 개편이나 데스킹의 강화와 일련의 집요한 설득과 방해 등 복수의 겹으로 구성된 개입 요인들이, 제작 과정에서 상당히 부정적인 영향과 더불어 내부 주체들이 표출하는 저항권의 약화를 가져오게 된 것이다(김상균, 2017; 임명현, 2017). 연구진은 당시 탐사 보도가 직면한 내부의 상황을 일련의 연계된 '통제의 스펙트럼'이 효과를 발휘하는 과정으로 복기해 내면서, 시사·고발 프로그램의 생산자들이 겪었던 파행된 현실과 개입의 전모를 땀땀이 서술해 낸다. 예컨대 특정 아이템의 선정이 윗선으로부터 직간접적인 반발이나 방해를 받았던 상황이나, 인적 개편과 같은 조직의 분위기와 '개혁적인' 기조를 심대하게 제어하는 계산된 대응이 미친 복합적인 파장, 그리고 이런 개입에 대항한 내부 주체들의 행동을 근거리에서 체험하거나 관찰한 주체들의 경험과 관점을 중심으로 상세하게 재구성해 낸다.

두 연구자는 언론학자들이나 관련 전문가들이 언론의 보도와 미디어 비평을 통해, 그리고 당시 사측의 움직임에 대항했던 노조의 활동과 성명서 등을 매개로 일부 인지하고는 있었지만, 현황과 전모에 대해 종합적인 판단을 내리기 어려웠던 상황을 관련 주체들이 회고·증언하는 생생한 자원을 복기하면서 엮어 낸다. 논의의 방향을 조금 돌려서, 주지하다시피 생산연구의 추구 과정에서, 핵심 기획과 생산의 주체들을 섭외하는 일은 대개 고단하고 유동적인 작업이며, 종종 원하는 답변이나 접근성을 확보하기 어려운 난감한 상황과도 직면하게 된다. 김상균과 한희정이 수행한 연구의 경우에도, 특히 해군 함정의 침몰이라는 사회 전반을 흔드는 매우 위축된 국면에서, 필수적인 정보를 거의 독점하는 정부의 존재나 내부 조직의 속성을 꿰뚫고 있으면서 보도를 제어하는 경영진의 개입으로 인해 적지 않은 난점을 겪게 된 제작진들의 현실이 조명된 바 있다. 이들은 상당한 노력을 들여 관련 제작 주체들을 섭외하면서, 외부자들이 파악하기 쉽지 않은 프로그램 기획과 구성의 과정에서 표면으로 드러나지 않는 핵심 요인들을 파고든다. 나아가서 연구진은 확장된 맥락 속에서 〈추적 60분〉의 제작진이 정치적 이해관계와 치열한 담론의 공방 속에서 심의에 소환되고 제재를 받게 된 사안이 추가되면서, 내부자들이 상당 수준의 '자기 검열'과 위축된 의지를 체화하게 된 측면에 관해서도 분석의 렌즈를 적용한다.

이 같은 복합적인 타래로 얽힌 사안들은 연구 주체들도 적지 않은 부담감을 느낄 수밖에 없는 측면이지만, 두 연구자는 그런 난점을 돌파하고자 하는 의지와 해법이 반영된 상당히 집약적인 사례를 제공한다. 요컨대 공영 방송 내 대표적인 탐사 프로그램의 생산 주체들에게 발생한 주요 사안을 탐구하는 과정에서, 연구진은 2012년 2월부터 2014년 2월 사이에 제작 현장을 떠나게 된 전임 인력들을 섭외하고, 이들이 겪었던 생생한 경험과 상황에 대한 체화된 인식을 긴 호흡으로 수렴하려는 노력을 기울인다. 이런 유형의 접근법은, 시간이 흐른 상황에서도, 특히 정치적인 쟁점이나 선명하게 각인된 논란과 종종 연계되는 탐사 저널리즘의 기능이 위치하게 되는 사회·제도적인 갈등의 핵심 쟁점과 그 과정에서 주요한 동인이었던 유무형의 압박과 관여의 양상을 꼼꼼하게 맥락화하려는 복안의 표출이자 유의미한 전술적인 대응으로도 판단된다.

앞 장에서 기술한 영어권 생산연구의 흐름 속에서, 언론사가 맞닥뜨린 정치적 압박이나 시민 사회 내의 관련 공방과 갈등의 전모를 진중하게 재조명하는 기획은 생각보다 많지 않다. 이 특정 측면과 관련하여 김상균과 한희정이 시도한 작업이 로컬에서 생성된 쟁점을 적극적으로 파악하고 맥락의 재구성을 세밀하게 실천하면서, 생산연구가 추구할 공적·정치적 실행을 매우 치열하게 시도한 의의에 관해 동료 연구자들이 숙고할 필요성을 개진한다. 이 대목에서 두 연구자 작업과 긴밀하게 접맥되는 당시의 사회정치적 맥락을 한 번 더 강조할 필요가 있다. 주지하다시피 권력의 입장에서 성가신 탐사와 고발 프로그램의 존재에 관하여 대응되었던 외부에서의 강한 압박과 공세적인 시선, 그리고 위계화된 내부에서 발휘된 '촘촘한 통제'와 저항과 대안을 방해하는 개입 등이 큰 폭으로 부상했던 측면을 마땅히 기억할 필요가 있기 때문이다. 특히 '천안함' 사건이라는 정국을 뒤바꿀 수 있는 정치적 격변의 순간에, 재부상한 색깔론의 효과나 정파적 이해관계가 강하게 작동한 위중한 국면 속에서, 공영 방송 영역 내 시사·고발 프로그램을 생산하는 주체들이 강한 이념적인 압력 속에 침묵을 강요받았던 '비정상적인' 현실이 생성되기도 했다. 예컨대 그런 과정에서 시사 프로그램을 생산하는 당사자들이 공적 쟁점이나 논란이 강한 주제를 제대로 다루지 못했으며 상당한 수준의 '자기 검열의 내면화'가 구축된 측면도 관련 언론 보도들을 기반으로 일정한 추정과 파악이 된다(〈미디어오늘〉, 2015. 11. 16).

이 같은 추세를 가늠할 수 있는 선행하는 분석 사례로, 박인규(2010)는 "정부의 의제에 갇힌 공영 방송"이라는 주목할 쟁점을 조명한 바 있다.

이 연구는 경영진이 인사와 기획 및 편성에 다양한 채널과 방식으로 개입하고 탐사 보도의 기능을 의도적으로 축소·굴절시키면서, 당시 정부와 여권이 불편해하거나 꺼릴 수 있는 콘텐츠 생산을 집요하게 방해했던 상황을 설득력 있게 재구성한다. 공영 방송이 수행하는 저널리즘 작업에 영향을 미치는 위계화된 조직 내부에서 작동한 통제 요인에 관한 내부 구성원들의 답변을 경험 연구와 문헌 분석으로 분석한 김연식(2014)의 연구 또한, PD와 기자 집단이 2008년에 비해 2013년에 더 많은 통제의 압력을 느꼈다고 답변한 실증 연구의 결과를 제시한 바 있다. 생산연구의 '외부'에서 이루어진 두 저널리즘 연구자의 작업은 쉽게 추정하기 어려운 언론 조직 내부의 상황을 엿보게 해 주는 유용한 자원이라 할 수 있으며, 김상균과 한희정의 연구도 앞서 언급한 유형의 자료를 활용하기도 했다. 이들이 제기한 탐구의 방식은 당시 치열하면서 공적 공간을 이념적인 공세와 안보 중심의 강한 담론 효과 및 경직된 비이성적인 논의가 큰 폭으로 부상한 국면에서, 천안함 침몰의 원인이나 관련 쟁점에 대한 심층 보도를 지향하면서, '침묵하지 않는' 저널리즘을 수행하려 했던 내부 구성원의 노력과 역할에 주목한다. 이 기획은 탐사 보도가 크게 위축된 특정한 사례의 맥락과 주요 상황적 변수들을 구체적으로 조명하는 작업이면서, 동시에 당시 그런 국면을 생성한 제도적인 압력과 탐사 저널리즘의 퇴행, 그리고 내부 주체들의 인식을 복수의 관점으로 진중하게 진단해 낸다.

그런 시도와 함께 이 기획은 개별 사안의 분석을 넘어서, 천안함 사건이라는 갈등 상황에서 관찰된 심층 보도의 무산이나, 중요성에도 불구하고 주요 쟁점에 관한 '무보도 현상'이 이루어진 핵심적 배경과 관련 요인들을 찬찬히 짚어 내면서, 동료 언론학자와 문화생산자들이 함께 고민할 만만치 않은 쟁점을 환기한다. 종합하면, 비판적 저널리즘의 예각과 역할이 크게 순치된 우려스러운 상황에 관한 저널리즘 연구자들의 분석이, 관련 공적 공방과 특히 현실 개입적인 탐사 보도의 명암을 탐구하는 생산연구를 위한 긴요한 보완의 자원으로 유기적으로 활용될 수 있음을 이 두 연구자의 기획이 선명하게 함축해 주는 것이다. 이 연구가 주는 함의를 조금 더 부연하면, 심대한 사회적 갈등과 상흔이 생성된 거대 사건을 다룬 시사 프로그램의 특성에 관한 생산연구가, 언론 제도 내외부에 형성된 정치적인 난기류나 난점과 비협조 등으로 인하여 연구를 추진할 수 있는 여건이 확보되지 못하는 특수한 측면에서, 관련 기획의 추구를 포기하지 않고, 시간이 흐른 뒤에라도 관련 기획을 유예하지 않고 시행한 점은 상당한 숙고와 공감의 대상일 수 있는 것이다.

이기형과 황경아(2016)가 이들의 성과에 주목하듯이, 두 연구자의 기획은 정치적 논리와 협소한 이해관계에 기초한 통제 및 압박으로 인해 공영방송의 뉴스와 특히 시사·고발 프로그램이 크게 위축된 국면을 조밀하게 파악할 수 있는 주요한 통찰과 분석적인 단서들, 그리고 기록화의 노력을 제공한다. 특히 언론 내 비정상적인 사안이나 공익을 추구하는 저널리즘의 역할이 제어되고 직간접적으로 방해받는 상황과 관련하여, 생산연구가 선명하게 그러한 쟁점과 문제점을 직시하며 대응하는 역할은, 이른바 '가치 중립적인 노선'을 표방하며 문제적인 현실을 방관하는 행태를 보이는 일군의 언론학 연구와는 상당히 차별적인 인식을 보여 주는 측면이다(유선영, 2014; 유용민, 2021; 이병욱 · 김성해, 2013; 이영주 · 류웅재, 2017). 요컨대 두 연구자의 기획 속에 등장하는 "미디어 혹은 언론 통제"와 같은 표현은 통상적으로 언론학 분야 다수 학술 논문에서 크게 접하기 어려우며, 일견 상당히 단정적인 뉘앙스를 동반하기도 한다. 그럼에도 제도적 민주주의의 진전 속에서도 가까운 과거에 언론사 조직 내에서 내적 통제의 공식적 메커니즘이 작용했으며, 그런 위기와 폭력적인 효과가 몰고 온 심각한 파장을 적지 않은 언론학자들이 방관하거나 자신의 연구와 무관한 사안으로 거리를 두는 행태를 자성할 필요가 있음을 이 연구가 제기하기도 한다. 특히 두 연구자가 당시의 경색된 분위기와 불통의 상황을 기억하는 관련 당사자들을 어려운 상황 속에서 섭외하고, 그 시기에 구축된 중층적인 현실과 구성원을 겁박한 상황을 촘촘하게 재구성할 수 있는 일련의 성찰적 노력을 기울인 점은, 생산연구가 지향해야 할 또 다른 긴요한 방향성이자 간과된 쟁점의 복원이라고 판단할 수 있을 것이다.

문화연구자를 포함한 언론학자들이 공영 방송의 훼손이나 난맥상을 접하며, 기존의 성명서나 긴급 대담과 세미나를 통한 문제 제기를 넘어서 단단한 관찰과 정치한 논리, 그리고 쟁점에 대한 관여도가 높은 유형의 분석을 모색할 책무와 필요성을 이 연구는 일깨워 주기도 한다. 임영호(2019)가 설파했듯이, 그간에 언론학은 정교한 모델과 전문성이 심화된 지식의 축적과 같은 측면에서 상당한 성과를 발현해 왔다. 그와 동시에 이론적·방법론적 엄정성에 치우친 거시적인 연구 문화나 생산성만을 주로 강조하는 습속이 구축되면서, 미디어 내부의 구조적 문제점이나 특히 정치 편향성이 생성한 저널리즘 제도 내 갈등과 쟁점을 직시하는 성격의 분석은 간헐적으로나 추구되고 있다. 이 글에서 조명한 기획들은 그런 측면에서 생산연구가 주목할 대안적 구성물이자, 학술 영역과 언론장을 연계하는 긴요한 공적인 '고리'가 될 수 있는 구체적인 지적 실행의 사례와 가능성을 보여 준다.

지금까지의 논의를 정리하면, 생산연구가 기존의 미디어와 플랫폼 영역에 대한 진지한 관심을 견지하면서도, 주시할 공적·정치적인 문제점이나 위기가 발생했을 때, 이런 갈등적인 사안을 좌시하지 않고 끈질기게 조명하고자 하는 의지와 숙성된 기획의 모색이 여전히 필요하다는 측면을 시사해 준다. 정리하면, 국가 권력과 언론과의 관계성에 대한 동태적인 진단, 자본의 언론에 대한 영향과 유착의 문제, 조직 내부에서 행사되는 권력관계와 이해관계의 복합적인 탐구, 언론인 집단을 둘러싼 순응적인 가치의 내면화가 생성하는 문제점, 언론의 위기 상황에 관한 내외부의 판단과 상황적 특징 등의 이슈는 차후에도 생산연구가 놓치지 않고 지향할 공적 주제라고 곱씹을 필요성이 크기 때문이다.

4. 임영호가 추구한 생산연구의 추진을 둘러싼 방법론적인 혁신

임영호는 국내에서 이루어진 생산연구의 모색과 관련해서, 앞서 거론한 이오현과 더불어 매우 활발한 관심과 지속적인 실행을 보여 준 '핵심적인' 연구자다. 그는 생산연구의 모색과 관련된 이론적인 정련과 동시에 실행 측면의 주요 요건과 쟁점을 비판적으로 조명해 내는 일련의 기획을 장기간에 걸쳐 주도했다. 그는 관련 논점을 진득하게 반영한 책 기획을 완수한 바도 있다(임영호 등, 2018). 이런 복수의 기획을 추진하면서 임영호(2019)는 방송 영역에서 구현된 생산연구의 궤적을 조망하는 메타분석을 제공했으며, 일련의 미디어 생산자들의 활동과 이들이 표출하는 '감정 구조'를 세밀하게 탐구하는 작업 등을 모색하기도 했다. 특히 임영호·홍찬이·김은진(2009)이 협업으로 구현한 "문화산업 주변부 종사자의 삶과 커리어"는 구술생애사를 채용하면서, 주류의 문화기획자나 지명도가 있는 문화매개자가 아닌 '주변적인 주체'를 분석의 핵심 대상으로 설정한 발상과 접근 방식 측면에서 상당히 이채로운 작업이다. 이 기획에서 연구진은 다양한 직업군을 변주하면서 문화산업 내에서 기회와 이력을 추구해 온 한 영화감독이 밟게 된 일련의 순탄치 않았던 여정을 조명하면서, 개인 차원의 궤적을 넘어서 문화산업의 재편 과정과 내부에서 이루어진 "기형적 구조화"의 효과를 유기적으로 연계하는 독특한 문제의식을 구체화한다.

예컨대 이 작업은 미디어와 문화산업 영역 내 특정 집단에 대한 사례 분석이나 현장 연구 등의 생산연구가 주로 채용하는 주류의 접근법과도 상당히 차별화된 방안을 드러낸다. 상술하자면, 임영호 등(2009)의 연구는 문화산업 내부의 대중 영화나 소비가 활발한 영상을 생산하는 데 핵심 분야가 아닌, 기존에 주목과 진단이 드물었던 '경계 지역'에서 활동하며, 이른바 "B급 에로물"이라 불리는 장르의 작업을 감독하게 된 특정 주체가 영상 산업 내부에서 축적하고 경험한 편차가 큰 삶의 행로를 둘러싼 함축적인 서사와 기억의 단층을 상세하게 재구성해 낸다. 달리 표현하면, 이 작업은 특정 개인의 변화하는 직업과 활동상에 초점을 맞춘 분석을 넘어, 성공과 실패의 사례들이 극단적으로 공존하며 부침이 심한 영상 산업을 분석의 장으로 설정하면서, 그와 동시에 사회적 편견과 제약, 그리고 학술적 무관심이 혼재된 분석 영역을 파고드는 대안적인 동시에 실험성이 강한 분석의 방편을 제기한다. 앞서 논했듯이 적지 않은 생산연구들이 미디어와 문화산업에서 성공적인 이력을 축적하거나 위계적 측면에서 주로 공고한 지위를 성취한 이들을 주요 분석 대상으로 삼아온 가시적인 흐름이나 반복되는 관성이 존재한다. 이 같은 방향성의 경우, 연구 수행 과정에서 접근성이 상대적으로 편리한 현실적인 차원에 착안한 작업의 결과로 파악되며, 연구자들의 인식에서 자명하거나 필수적인 요건으로 그런 관행을 극복하고자 하는 급진적인 대안의 모색이 부족한 채 구현된 이면도 돌아볼 필요가 있다.

이와 동시에, 그간에 그런 특정 분석 대상으로의 선정이나 특정 측면으로 쏠리는 경향을 비판하며, 내부의 위계와 조직 구성의 성층화된 단면을 파고드는 대안을 모색한 연구들도 소수이지만 제시된 바 있다(연정모·김영찬, 2008; 이상길 등, 2013; 최선영·한희정, 2015; 한선·이오현, 2012; 2013). 특히 제도적으로 취약한 위치에 있으며, 조직의 논리나 격화된 경쟁과 산업 구조 변동 속에 불이익과 압박을 감수하게 되는 일군의 주체들에 주목하는 '주변부 생산연구' 또한 일각에서 수행되고 있다. 관련 사례들의 경우, 직군과 업무를 둘러싼 불균등한 관계나 세대와 젠더의 문제 등을 교차시켜 가며 진단과 논점을 구현하기도 한다. 임영호 등(2009)이 실행한 문제의식은 문화연구가 활용하게 된 생산연구가 단순히 이전까지 명료하게 포착되지 못했던 내부 주체들의 능동적인 활동상이나 이들이 차별적으로 고안하는 전략을 상세하게 파악하려는 노력을 넘어서, 노동과 생존을 둘러싼 공적인 측면과 '미시정치적인' 측면에도 진중한 관심과 더불어 분석의 의지를 투영하고 있음을 시사해 준다. 이 측면과 관련하여, 임영호 등의 기획은 주변부로 내몰린 한 감독의 삶을 주의 깊게 재조명하고, 그가 일련의 커리어를 만들어 가는 순탄치 않은 과정에서 대면했던 "사회적 제약, 기회와 전환점"을 다층적으로 복원한다. 이런 방식으로 연구진은 분석 대상이 관여했던 직업군의 특성과 관련 미디어 환경의 변화상을 창의적으로 해석한다. 예컨대 연구진은 아역 배우로 시작해서 연출진으로 전향한 경험이 있으며, 영상 산업 내부의 주류가 아닌 프리랜서 생산자에서 에로물 전속 감독의 역할을 영위하게 된 특정 주체의 굴곡진 행로와 선택에 작용했던 요인들을 긴 호흡으로 '읽어' 내면서, 그의 삶 속에 짙은 흔적과 문양으로 응축된 좌절과 대응, 커리어의 변동과 부침, 생존과 대안의 모색 등의 주요 분기점을 상세하게 그려 낸다.

한편 연구자들이 제시한 작업의 특징으로, 1인칭 서술과 회고담이 발현하는 '진실 효과'에만 주목하지 않고, 사회적·시대적인 특징과 맥락의 복합적인 함의를 — 즉 사회 구조와 개인 간에 생성되는 가변적인 동시에 불균등한 상호 작용의 단면을 — 관계론적인 접근으로 풀어내는 방안도 주목할 만하다. 연구진은 일군의 생산연구에서 관찰되는 연구 대상들과의 대화와 구술 속에서 등장하는 '공시적인 초점'이나 직무와 관행에만 주로 주력하는 기존의 방식과는 상대적으로 차별적인 대안이 녹아든 접근을 신중하게 풀어낸다. 이들의 작업이 인상적인 부분은, 단일 시기나 직군에 관한 집중적인 관심을 넘어서, 직업군과 경험의 변화를 중심으로 과정적으로 재구성되는 '생애사적' 측면이나 직업과 관련하여 매우 큰 폭의 부침과 굴곡을 경험하게 된 특정 주체의 생생한 사회적 궤적을 평면적이지 않은 방식으로 추적·해석해 내는 세심한 노력이다.

방법론 측면에서, 임영호와 동료들이 협업으로 수행한 두 개의 연계된 연구(임영호 등, 2008; 임영호 등, 2009)는 특히 역사학이나 문학 등의 영역에서 상대적으로 활발하게 고안·채용되지만, 대중문화 연구나 영상학 등의 분야에서는 간헐적으로나 활용되어 온 구술생애사의 가능성과 방향성을 설득력 있게 활용해 낸다. 이를테면 독자는 영화 산업으로 진입한 특정 주체가 대면하게 된 미디어 및 문화 환경의 극심한 변동과 이 과정이 한 개인 삶의 궤적에 가져온 구체적인 위기와 우발적 요인들의 영향을 사려 깊게 돌아보는 시선을 접할 수 있다. 상술하자면, 이 기획은 '주류'로 진입하지 못했지만, 에로물 장르의 기획과 관련해서 성공적인 직업 정체성을 갖게 된 한 생산자가 "희망과 좌절, 성취와 타협, 그리고 극복과 대안 추구" 등과 관련된 주요 경험과 기억을 토로하면서 걸어온 삶 속에 체화된 미디어 환경과 제도의 이면을 아우르는 구체적인 진폭을 당사자가 풀어낸 일련의 서사와 진술을 중심으로 재구성해 낸다.

예컨대 연구진은 한 개인이 밟아온 상세한 이력과 급속한 환경 변화에 대한 개인 주체가 도모한 전술적 대응을, 분석의 대상이 스스로 엮어 내는 "서사적 진실"과 다양한 단서를 포함하는 기억을 주요 자원으로 삼으면서, 개인사 속에 스며들어 있는 사회문화적 맥락과 함의를 진중하게 읽어 내려는 관점을 투사한다. 이런 시도를 도모하면서 연구진은 생애사라는 방법론의 활용이 개인과 사회라는 기존의 이분법적 인식을 넘어, 중층적으로 구현된 사회성을 발휘하는 "개인과 사회의 상호구성물이며, 생애사를 매개로 드러나는 '구체적 일반성'"을 탐구하는 데 긴요하다는 시각을 적용한다. 그런 탐색 과정에서 임영호와 동료들은 구술생애사에 관한 이론적 논의를 상당한 지면을 통해 정리하기도 하면서, 이 접근 방식이 생산연구에 조합될 수 있는 분석적 복안과 이론적 근거를 설득력 있게 제공하기도 한다. 나아가 분석 대상이 된 감독과는 일회적이거나 단기적인 접촉이 아닌, 장소와 시간을 달리하는 복수의 만남을 1년여에 걸쳐 성취하면서, 상호 간의 대화와 기록을 주요 에피소드와 특히 생애사적 분기점을 중심으로 풀어 가려는 꼼꼼한 노력을 기울인다.

부연하면, 연구진은 연구의 주제와 관련된 정보나 관점을 종종 기능적으로 채집하는 방식의 기성 인터뷰 방식을 넘어, 구술된 내용과 화법이나 스타일에서 변화하는 당사자의 시각이나, 특히 자기변호나 합리화의 언술 등을 수렴하면서 보다 복합적이고 동태적인 내러티브로 결과물을 구성해 낸다. 앞서도 일부 거론했지만, 관찰의 대상으로부터 연구의 주제로 직결되는 반응을 기능적으로 끌어내고자 하는 관심이 드물지 않은 통상적인 면대면 인터뷰 방식과는 달리, 임영호와 동료들이 택한 접근법은 보다 확장되고 유연한 방식으로 개인이 '주관적'으로 술회하며 판단하는 내용을 경청한다. 이들은 또한 발화된 서사와 사회경제적 맥락을 상호 연계하면서 개인의 행로와 선택이 복합적으로 표상하는 특성과 집합적인 함의를 신중하게 추론하고 설명해 낸다. 이런 방식으로 연구진의 작업에서 에로물 감독의 행보와 도전, 그리고 그를 에워싼 사회경제적 환경 변화 속에 그가 영위하게 된 역할과 대응을 둘러싼 일련의 개인적·가족적·사회적 요인들에 관한 설명과 추론이 상세하게 조명된다. 이 과정에서 이들은 연구 대상이 합리화하거나 주관적인 방향으로 풀어내는 서사만을 활용하기보다는, 이 특정 주체가 술회하며 정당화하는 논의와 대립하거나 또 다른 진단과 해석의 여지를 주는 다른 연구의 대상들이 표방한 논의를 상호 비교하는 방안과 검증도 문헌 분석을 기반으로 활용한다. 즉 이들이 표방하는 발화와 회고의 내부에 깃든 모순과 이해관계를 복수의 검증 방식으로 해독·비교하는 연구진의 노력은 구술생애사가 중시하는 특정 시점에서 재구성되는 "서사적 진실의 이중성과 복합성"을 구체적으로 탐색하면서, 그 과정에서 숙성된 진단을 구현하고자 하는 이 접근법의 지향성을 숙고한 실행으로도 파악된다.

주지하다시피 방법론의 측면에서, 생산연구는 상당 부분 심층 인터뷰를 활용하지만, 그 외에 구술사와 생애사나 민속지학, 현장 연구, 담론 분석, 문헌 연구, 그리고 제도 분석 등을 분석과 검증의 자원으로 활용하면서, 혼합적 연구의 가능성과 함의를 구체적으로 실행해 왔다(김보형·백미숙, 2009; 나미수, 2011; 백미숙, 2009; 백미숙·강명구·이성민, 2008; 손병우, 2006; 안진, 2015; 이상길, 2008; 2010, 이오현, 2012; 조항제, 2008). 이런 흐름과 관련해서, 임영호 등이 주도한 작업은 그런 관점과 접근법을 다양한 실행의 자원으로 고민하면서, 대안적인 접근법의 고안과 활용을 선도했다는 측면에서 적지 않은 시사점을 제공한다. 임영호(2015: 9~10)는 특히 생산연구를 수행하면서 유의할 지점으로 특정 분석의 단위나 범주의 설정만을 고심하기보다는, 선택한 "단위에서 교차하는 복합적 세력 간의 관계를 어떠한 문제의식과 관점에서, 어느 정도 치밀하게 파악할 수 있는지가 더 중요한 문제"라는 동료 연구자들이 숙고할 핵심 쟁점을 '환기'한 바 있다. 그는 이어서 "생산연구를 생산연구답게 만드는 핵심적인 특징은 다름 아니라 연구에서 제기되는 쟁점과 관심사라 할 수 있다. 제기하는 관심사에 따라 대상 미디어나 범위, 논의 수준은 가변적이며, 연구 전략으로서의 방법론 역시 달라질 수 있기 때문"이라는 점을 강조한 바도 있다.

그가 강조한 측면을 예시해 보면 다음과 같다. 특정 언론사를 분석 사례로 삼는 생산연구에서, 내부의 활동에 직간접적인 영향을 주는 전문성과 내부자의 문화는 상당한 기간과 훈련 그리고 상호 이해를 반영한 일종의 '구조화된' 문법을 기반으로 구축된다. 따라서 생산연구를 도모할 때, 내부에서 어떤 위상과 지위를 가진 주체를 섭외할 것인지에 관한 주의 깊은 선정과 대비책이 요구된다. 이들의 작업은 변화의 방향성을 예측하기 어렵고 생존이 쉽지 않은 문화산업을 둘러싼 일련의 거시적인 변화 속에서, 특정 주체가 좌절을 겪기도 하지만, 동시에 어떤 나름의 가변적인 적응과 "틈새 지향적인" 생존 전략을 모색하면서, 다른 한편으론 자신이 내린 판단을 정당화하며 밟아 온 과정을 회고하는지를 유연하게 해독해 낸다. 이렇듯 연구진은 특정 개인의 행로에 긴밀하게 영향을 준 거시적 요인들과 당사자의 대응을 흡인력이 담긴 스토리텔링으로 엮어 가면서, 위상이 높으며 세속적인 잣대로 성공한 주체들 외에 기성의 연구에서 주목받지 못한 관련 종사자들이 발현하는 상당한 굴곡과 곡절이 각인된 삶의 경로를 풍부한 사유와 촘촘한 서술로 재구성해 낸다. 이 지점에서 그와 동료들이 제시한 작업에 일정한 보완책이 제언으로 고려될 수 있어 보인다. 요컨대 서구에서 수행된 생산연구의 갈래들 속에 주목하게 된 특정 개인의 '문화적 자서전cultural biography'에 주목하는 방안을 수렴하면서, 특히 문화기획과 노동에 관여하게 된 주체들이 회고하는 당대의 주시할 가치가 있는 미학적인 이슈나 부상하는 문화적 조류의 영향 등을 복기하는 작업은 임영호 등이 개척한 구술생애사 연구에 일정한 기여를 줄 수 있을 것으로 판단된다(Banks, 2014; Hilmes, 2009; Keeble & Wheeler, 2007; McRobbie, 2016). 그런 접근법이 특히 문화산업의 역사적 재구성이나 대중문화의 부상과 부침의 전개 상황을 '밑으로부터' 엿보게 해 주는 유용한 탐구의 단서와 관련 행위자들의 증언을 기존의 관행적인 인터뷰 방식을 넘어서 밀도 있게 활용하는 가능성을 보완적으로 제공할 수 있기 때문이다.

물론 구술생애사적인 시각이나 자전적인 경험을 생산연구로 능동적으로 매개 혹은 '초빙'하는 기획은 관련 인물을 섭외하고 동의를 얻어야 하며, 연구자가 충분히 숙성된 시일과 접촉을 기반으로 기획을 구현해야 하는 고단함과 난점을 생성한다. 특히 이런 접근에 관한 잠재적인 연구의 대상들이 품을 수 있는 생경함이나 경계심 등도 주요 난점으로 존재한다. 동시에 앞 장에서 소개했듯이, 그간에 꽤 많은 생산연구가 등장했지만, 임영호 등이 구사한 대안적이고 창의적인 접근법의 사용은 공유의 대상이기보다는, 대학원 강좌 정도에서 소개되는 데 상당 부분 머문다. 단적으로 논할 때, 임영호와 동료들이 주도한 기획은 주류적인 생산연구가 때로는 간과하는 개별 주체들의 사회적 행보와 궤적의 특성을 중층적으로 재조명하면서, 이 과정에 직간접적인 영향을 미치는 산업적 요인과 거시적인 미디어 환경의 진폭을 유연하게 아우르는 유형의 새로운 탐구 방식을 개척했다는 높은 평가를 받을 수 있을 것이다. 인정컨대 임영호가 협업으로 제공한 생산연구의 경우, 이 글에서 주목하는 다른 연구들과 주제와 문제의식 측면에서 일정한 차이를 보인다. 그럼에도 그가 연구의 대상에 사려 깊게 접근하고 '타자'의 입장과 이력을 주의 깊게 파악하면서 모색한 성찰적인 고민과 방법론적 혁신은, 저널리즘 조직 내부자들이나 공적 영역에서 문화 생산과 기획을 추구하는 이들의 활동을 탐구할 때, 고심할 만한 유용한 분석적 함의와 대안적 접근의 실제적 가능성을 함축해 준다.

5. 생산연구가 직면하는 도전

이 장에서는 국내에서 구현된 생산연구 중에서 특히 비판적 저널리즘과 생산연구를 조합한 동료 문화연구자들이 주도한 작업을 핵심 논의 대상으로 삼았다. 앞에서 정리한 생산연구들의 경우, 주로 언론 영역에서 불거진 첨예한 정치적 공방이나 갈등적 국면에서 구현된 내부 주체들의 대응과 이들이 직면했던 상황의 복합성이라는 특정 주제를 중심으로 논점을 전개한 바 있다. 보완적으로는 임영호의 작업이 시사하듯이 미디어 부문의 전문직 종사자 외에, 그간에 관심을 받지 못했던 주변적인 주체들의 사회적 궤적을 통해서 문화산업의 변화하는 추세와 위상을 대안적으로 탐색하는 연구에도 지면을 일부 제공했다. 탐구된 사례들은, 기존의 생산연구가 제공한 불안 노동의 문제나 창의성 담론의 집합적 효과와 명암 등을 탐구하는 외국의 주요 생산연구의 흐름과는 일정한 '차별성'을 보이기도 한다. 전술했듯이 이 측면과 현황을 조명하는 국내에서 이루어진 생산연구 계열의 성과들도 존재한다. 이와 동시에 관련 논의를 이 기획에서 유의미한 선에서 꼼꼼하게 정리·분석하기에는 매우 방대하고 숙성된 메타분석의 구현과 다양한 쟁점들을 상세하게 소화해 내기 위한 확장된 지면이 필요하다.

한편 현재 급속하게 재편되는 미디어 정경 속으로 시선을 돌리면, 플랫폼과 유튜브 등을 중심으로 한 강력한 사회·기술적인 환경 변화와 도전에 직면하면서, 기성의 미디어들이 동요하고 있으며 줄어든 광고 시장과 이익의 축소를 큰 폭으로 체감하고도 있다. 이와 관련하여, 심각한 위기를 겪고 있는 공영 방송이나 이른바 레거시 미디어 부문의 생산자들이 상당한 압력이나 구조화된 불안과 대면하고 있는 것이 주지의 사실이다. 특히 언론에 관한 수용자들의 신뢰도가 계속해서 매우 낮은 수준에 머물고 있으며, 이른바 '기레기론'도 공적 영역에서 스러지지 않고 분노와 혐오를 발산하며 재연되고 있다. 또한, 언론인이 체감하는 공적 책무나 전문성과 관련해서도 내부 주체들이 체감하는 혼란과 무관심의 증가와 함께, 외부에서 제기되는 비판과 변화로의 요구가 거세게 축적되고도 있다. 즉 아직 상당한 영향을 발하는 레거시 언론에 관한 생산연구가 여전히 힘 있게 구현될 많은 사유와 현실의 쟁점이 여전히 관찰되는 것이다.

한편 향후 추구될 생산연구의 경우, 전술했던 공적·정치적 쟁점이나 갈등에 관한 조명 외에, 저널리즘 장 내의 조직 및 고용의 변화와 상업적인 생존을 둘러싼 일련의 제도적인 효과에 대한 체계적인 분석과 농익은 탐구가 요구된다. 이와 함께, 여러모로 위세를 과시하는 '정보통치성'이나 플랫폼화가 생성하는 사회경제적인 여파와 노동 과정에서 부상하는 마찰과 대립이 생성한 감정작용을 긴밀하게 탐구할 필요성이나 관련 쟁점을 연구자가 끈기 있게 파고들 소임과도 마주하고 있다(강준만, 2019; 김세은·홍남희, 2019; 김수미, 2017; 김수철·이현지, 2019; 김애라, 2016; 김예란, 2012, 2013; 박진우·송현주, 2012; 이광석, 2014, 2017; 이희은, 2014; 2018, 정준희, 2014; 채석진, 2018; 한선, 2013; 허만섭·박재영, 2019). 이 같은 새롭게 재편되는 주제에 관한 논의는 6장에서 좀 더 상세하게 관련 측면과 함의를 짚어 낼 것이다.

이제 5장에서는 필진이 그간에 수행했던 생산연구 중에 시사·고발 장르의 핵심 기획인 SBS의 〈그것이 알고 싶다〉와 관련된 연구를 소개하고자 한다. 이 작품이 발휘하며 매개하는 사회적 관심과 대중의 큰 반응을 고려할 때, 이런 프로그램의 생산자와의 교섭과 주요 의미의 도출이 생산연구의 필요성과 역할을 함축하는데 긴요한 구성물이자, 후속 작업을 위한 참고할 비판과 대응의 사례일 수 있다는 생각을 제시하게 된다.

5장

생산연구의 사례 분석
: SBS 〈그것이 알고 싶다〉가 제기하는 함의

〈그것이 알고 싶다〉는 언제부턴가 우리 시대 신문고 같은 프로그램이 됐다. 〈PD수첩〉이나 〈추적 60분〉처럼 선이 굵은 정통 시사 프로그램과 달리 겉보기엔 굉장히 사소한 것 같은 일상적 사연까지 다루기 때문에 더 친근하게 느껴져서일 거다. 어떤 억울한 사연을 들으면 〈그것이 알고 싶다〉 제작진을 먼저 찾게 된다.[73]

1. 〈그것이 알고 싶다〉의 의의와 위상

그간에 우리는 미디어 비평이나 언론이 발휘하는 정치적 쟁점과 정파성을 탐구하는 연구에도 상당한 관심을 기울여 왔다(이기형 외, 2021; 2020). 서문에서 짧게 소개했지만, 지난 십수 년간 필진은 작가나 PD와 기자들과의 만남과 협업도 꾸준히 추진한 바 있으며, 그런 기획을 실행하던 와중에 인지도와 영향력에서 상당한 위상을 보이는 SBS의 〈그것이 알고 싶다〉를 주목하게 되었다. 이 프로그램이 대중과 원활하게 교섭하며, 상당한 호응과 사회적 반향을 주는 측면이 흥미로웠다. 또한 시사와 교양 장르를 가로지르며, 흡인력과 만듦새가 뛰어난 이 콘텐츠 특유의 제작 방식과 내부 주체들이 추구하는 공적 가치의 모색에서 그런 기능이 불러오는 도전에도 적지 않은 관심을 품게 되었다. 또한 우리 중 한 명이 3년간 SBS 시청자위원회에서 일하며, 내부 구성원과 교류하고 공유했던 비평과 진단을 둘러싼 담화와 논쟁도 이 시사 교양 프로그램에 관한 생산연구의 필요성을 각인하는 데 조력했다. 그런 측면과 함께, 앞 장에서 강조했듯이, 언론이 발휘하는 공적 책임이나 비판 저널리즘과 직결된 생산연구가 여전히 부족하기에, 우리는 그런 정체된 측면을 파고드는 탐구의 필요성에 대응하게도 된 바 있다.

73 김선영 TV 비평가의 말. 〈한겨레〉, "그것이 알고 싶다," 2015. 1. 22(https://www.hani.co.kr/arti/PRINT/674827.html)에서 인용.

특히 이 기획을 추진하던 2010년대 중후반의 상황을 잠시 돌아보면, 당시 지상파 영역의 대표적인 시사와 탐사 프로그램들이 내외부의 개입과 압박 속에 심각한 정체와 부진을 드러내며, 힘이 상당히 소진되고 불안한 면모를 노출하고 있었다. 그런 역사적인 상황에서, 필진은 〈그것이 알고 싶다〉가 적지 않은 수용자들의 관심을 견인하면서, '고군분투'하고 있다는 판단을 내리게 되었고, 이 콘텐츠에 관한 분석을 실행에 옮기게 되었다. 그런 한편 SBS 교양국과의 협의를 거쳐 일정한 현장 관찰이 가능한 방식으로의 실행이 상당히 어렵다는 점을 연구의 초입에서 간파했기에, 우리는 기존의 미디어 비평 방식의 적용과 내부 인력과의 소통을 근간으로 삼는 '변형된' 생산연구를 추구하게 되었다. 나아가서 이 프로그램을 앞서 거론한 방안으로 접근하되, 언론학 영역에서 이견과 마찰을 빚어 온 이른바 'PD 저널리즘'과 같은 이슈를 포함하고 내부자들의 이 주제에 관해 밝히는 상세한 경험과 관점을 반영하는 방향성도 함께 추진하게 되었다.

이 연구는 '미디어 비평'을 적용한 텍스트 분석으로 집약적으로 이 대중적 주목도와 평판이 높은 콘텐츠의 특징을 살펴보고, 이 프로그램을 제작했던 당사자들과의 인터뷰와 이를 보강하는 제작진의 답변서를 해석의 자원으로 활용한다. 또한 그런 혼합적인 탐구를 진행하면서, 연구진은 〈그것이 알고 싶다〉라는 영향력이 큰 시사·고발 프로그램의 생산과 공적 역할을 관통하는 주요 이슈와 쟁점에 관한 긴 호흡의 진단을 도모한다. 통상적으로 생산연구가 지향하는 특정 프로그램-텍스트 관련 내부의 관행과 노동의 단면이나 재현 작업의 특성과 변화상에만 상세한 관찰과 집중된 관심을 투사하기보다, 이 기획은 다양한 사회적 현안을 다루는 시사 프로그램 전반에 생성된 정체감과 위기감이라는 확장된 사회적 맥락의 효과와 이면을 상세히 탐구하면서, 인지도가 높은 프로그램 내부의 입장과 외부에서 개진하는 비판적 시선을 복합적으로 탐구하는 지향성을 추구한다. 이 장에서 우리는 꽤 긴 지면을 쓰면서, 사회적 논쟁과 '공분' 및 '정의'를 둘러싼 이 프로그램의 복합적인 기능을 진단하며, 시사·고발 장르를 둘러싼 비판과 압박에 대한 생산자들의 인식을 조밀하게 조명하고자 한다.

이제 본론으로 들어가면, 〈그것이 알고 싶다〉는 민영 방송인 SBS에서 1992년 3월 31일 첫 방영을 한 이후 현재까지 약 30년에 걸쳐 이어지고 있는 — 강한 '생명력'을 발휘하는 — 프로그램이다. 이 기획은 한국 사회의 어둡고 문제적인 단면과 충격을 주는 사안들의 이면을 파헤치면서 상당한 평판을 축적하고 있으며, 시사 프로그램 영역 내 대표 주자이기도 하다. 〈그것이 알고 싶다〉는 특히 '미제'로 남아 있거나 사법 판단이 이루어졌지만, 여전히 '의혹'이 제기되는 충격적인 범죄 사건, 그리고 재고와 복기가 필요한 복잡하게 얽힌 사안의 속살과 '엉킨 실타래'를 과거로부터 불러내어 기민하게 재구성한다. 이런 집합적인 특성을 구현하면서, 이 프로그램은 대안적 조명이 필요한 일련의 사건과 대형 사고들 속의 쟁점들에 관한 검증의 필요성과 새로운 문제 제기, 그리고 사회적 반향의 생성 등의 긴요한 역할을 담당해 왔다. 먼저, 다루는 소재의 측면에서 이 프로그램-텍스트는 납치와 실종 혹은 토막 살인 등의 엽기적인 범죄 사건이나, 법의 심판이 내려진 이후에도 여전히 석연치 않은 단면을 드러내는 판결 이후의 의혹들, 그리고 수사의 재개와 강화된 관심이 요구되는 미제 사건에서 한국 사회 내 특권층들이 보이는 '일그러진' 행태와 이른바 '유전무죄'의 사례들을 지속해서 파헤치고 복기해 왔다. 또한 특정 종교나 사회 내 특정 이익 집단이 보여 주는 비합리적 측면이나 부조리한 상황이 현실 속에서 생성하는 갈등과 부정적인 측면 등을 심도 있게 짚어 내기도 한다.

나아가 이 프로그램은 사회적으로 심대한 함의를 지니는 사건과 인물들의 숨겨진 행적을 다면적으로 재구성한다. 즉 〈그것이 알고 싶다〉가 범죄의 재구성이나 사회적으로 충격과 파장을 불러일으킨 주요 사건의 이면에 주로 주목하지만, 동시에 한국 사회 내에서 벌어지는 상대적으로 다양한 성격의 파장과 쟁점을 촘촘하게 다루며, 그런 과정에서 종종 공적으로 적지 않은 폭발력을 내장하는 이슈들에 관한 상세한 관찰과 조명을 수행하기도 하는 것이다. 정치·사회적인 측면의 굵직한 주제와 난제를 탐사 보도의 방식으로 다루는 타 방송사의 관련 프로그램과 비교할 때, 〈그것이 알고 싶다〉는 주지하다시피 주로 정치적인 사안보다는 시사와 교양 영역의 상대적으로 다양하고 복합적인 소재를 선정해 왔다. 즉 충격적인 범죄나 특정 개인들이 연루되는 사건의 재구성에서 공분을 불러일으키는 사회적인 부조리와 사회적 약자가 처하게 되는 일련의 문제점들을 감각적으로 다루면서, 또한 매우 치밀하게 진단하고 추론해 내는 문제 제기의 방식과 이를 기민하게 풀어내는 '집중력'은 이 프로그램의 주요한 특성이자 확립된 정체성인 것이다. 이 지점에서 한 언론이 전하는 이 프로그램의 주된 성격과 특징에 관해 알아보자.[74]

> 〈그것이 알고 싶다〉는 가정폭력, 아동학대, 성폭력 등을 사회문제로 인식하게끔 하는 역할도 해 왔으며 1992년에는 최초로 성적소수자와 트랜스젠더를 소개하기도 했다. 사회통념에 연연하지 않고 상식과 정의를 추구해 온 〈그것이 알고 싶다〉는 소외된 이웃의 목소리, 촛불의 뜨거운 함성, 대운하 논란, 용산 참사, 천안함 침몰의 진실까지 한국 사회를 관통했던 사건들을 다루며 고발 프로그램으로의 역할도 충실히 해냈다는 평가를 받고 있다. (《PD저널》, 2010. 11. 12)

이 인용문이 시사해 주듯이, 이 프로그램의 성격에 대해 언론학자와 미디어 비평가들은 통상적으로 "미스터리 다큐멘터리," "미스터리 캐릭터물," "시사·고발 프로그램," "시사 다큐멘터리," "실화 바탕 범죄스토리," "미스터리성 고발 다큐멘터리," "시사교양의 결정적 프로그램" 등의 표현

74 최근 몇 년 간 언론 지면이나 비평문에 등장한 평가에서도 비슷한 시각이 재연되고 있다.

을 종종 분류와 호명의 방식으로 사용한다(강형철, 2007; 홍경수, 2015). 이러한 평가는 다루는 쟁점이나 사안과 관련하여 "일목요연하게 사건의 이면을 집요하게 파고"들며, 세월의 흐름 속에 묻히게 된 주요 사건들을 재발굴하는 〈그것이 알고 싶다〉가 보여 주는 기민한 복기의 노력과 밀도 있는 재조명의 역량에 기초한 것으로 파악된다. 특히 상당수 연구자와 비평가들은 이 프로그램이 주력하는 짜임새 있고 감각적인 스토리텔링과 추리와 추론에 기반을 둔 — 마치 하나의 정련된 추리물을 접하는 듯한 — 서사의 구성에 주목한 바 있다. 즉 〈그것이 알고 싶다〉는 내러티브의 구성과 전개의 측면에서 특히 '미스터리'와 '추리' 그리고 '스릴러'와 '반전'의 코드code를 적극적으로 활용하면서, 다루는 대상과 문제의식을 매우 집중력 있게 풀어 가는 특징을 보인다.[75] 〈그것이 알고 싶다〉가 제시하는 스토리텔링의 주요한 양식적인 특징을 '압축'시켜 그려 내면 다음과 같다. '의혹' 제기 → 다루는 사안과 관련된 조밀한 팩트의 제시와 검증 → 사건의 대안적 조명과 반전을 통한 문제의식의 강화 → 사안 환기와 개입 필요성 촉구 등으로 정리할 수 있어 보인다.

이 프로그램의 특정한 정체성과 대중적인 호소력을 기반으로, 범죄와 미제 사건의 핵심과 풀리지 않는 매듭을 겹겹이 분석하고 추론하는 역

75 공분과 의혹, 그리고 합리적인 의심이 드는 사건들의 복합적 재구성이나 다루는 사안의 크고 작은 맥락을 조밀하게 구현함으로써 미스터리가 이 프로그램-텍스트의 구성 측면의 주요한 기법이자 매개체의 기능을 발휘하는 것이다. 이 프로그램은 특히 정련된 미스터리 코드와 발굴된 새로운 자료, 그리고 추리에 기반을 둔 흡인력이 상당한 스토리텔링을 제공함으로써 시종일관 초점을 놓치지 않는 집중된 문제의식과 사회적 환기 효과를 활성화하는 면모를 드러낸다. 홍경수(2015) 또한 이러한 측면을 탐구되는 사안과 관련된 상세한 정보와 팩트의 구현, 조명 혹은 폭로되는 소재와 내용의 긴요함, 그리고 이러한 역할에 더해지는 오락적인 특성을 포함하는 세밀하고 극적인 '스토리텔링의 저력'과 힘으로 파악한 바 있다. 그는 〈그것이 알고 싶다〉가 제공하는 "심층, 감탄, 반전의 수사학"이 수용자에게 상당한 흥미와 관심을 유발하며, "함께 문제를 풀어나가는 듯한 인상"을 주는 역할에 주목한다(《노컷뉴스》, 2015. 9. 4).

할에 주목할 수 있는 것이다. 특히 이 프로그램은 발생한 사건이나 의혹이 가는 사안에 대한 집중된 자료와 팩트들의 수집이나 현장 조사 등을 통한 짜임새 있고 설득력이 깃든 사건의 진단과 맥락의 재구성을 시도한다. 즉 이 프로그램은 상당한 세밀함과 완성도를 보여 주는 재연reenactment 기법과 실험, 감각적으로 구현된 세트와 스튜디오 및 CG의 활용, 그리고 과학 조사와 추리 기법 등을 반영한다. 또한 빼어난 미장센의 완성도와 문제 제기의 설득력이 상당한 수준에서 발휘되는 다면적인 진단과 추론 등을 스토리텔링의 주요 구성 요소로 삼는다. 이러한 치밀한 장면 구성과 복기의 디테일을 제공함으로써, 다수의 〈그것이 알고 싶다〉 방영분은 수용자들이 근접해서 현장을 들여다보는 듯한 생생한 효과를 느끼게도 한다. 또 다른 주목할 만한 측면은 이 프로그램이 사회적 소수자나 피해자의 억울함이나 합리적 의혹과 검증이 필요한 미제 사건과 충분한 점검이 되지 않은 사안들을 집요하게 재구성하고, 쟁점화하는 방식이다. 관련 사례를 들면, 이 프로그램은 충격적이었던 고 이형호 군 유괴 살인 사건, 화성 연쇄 살인 사건의 복기, 오대양 집단 변사 사건, 개구리소년 실종 사건의 재조명, 청테이프 살인 사건, 부산 중소기업 사장 부부 실종 사건, 이태원 살인 사건, 그리고 부산 형제복지원 사건 등의 재구성과 같은 수용자들의 기억에 상당한 환기 작용을 불러일으킬 수 있는 사건을 밀착해서 재조명한 바 있다. 또한 매우 시사적이며 사회성이나 정치적인 측면이 강조되는 주제라 할 수 있는 수지 김 '간첩' 사건, 장준하 선생의 죽음을 둘러싼 의문들, 강기훈 씨 유서 대필 조작 사건, 촛불 정국, 천안함 '침몰 미스터리,' 원전 '마피아 집단'의 문제, 이른바 '일베 현상,' 군 내부의 인권 유린과 의문사 사건, 사회 내 기득권층의 특권 의식, 그리고 '세월호 사건'과 같은 범죄와 미스터리의 영역을 넘어 사회적인 함의가 심대한 쟁점들을 주기적으로 다루기도 했다. 이 프로그램은 범죄와 사건의 재구성에 상당한 초점을 맞추되, 때로는 상대적으로 다양한 시사 관련 주요한 사회적-갈등적 쟁점들을 다루기도 하는 것이다.

이러한 집합적 노력의 결과, 결론을 앞세운 상대적으로 도식적인 전개에서 벗어나, 완성도가 높은 추리물에 상응하는 정련된 스토리텔링을 활용하면서 수용자들을 사건과 쟁점의 내부로 이끄는 작업은 〈그것이 알고 싶다〉의 강점이자 '전매특허'로 인지되고 있다. 이 프로그램은 새로운 팩트 제시, 그리고 특히 은폐되거나 주목을 받지 못했던 충격적이고 불편한 사건의 이면과 관련된 검증의 작업을 치밀하게 수행하면서, 이를 기반으로 특정한 부조리나 전모가 덜 알려진 사안에 관한 심층적인 조명에 초점을 맞춘다. 이러한 결과 〈그것이 알고 싶다〉는 재현의 측면에서 강렬한 미스터리 추리의 기법을 녹여 내면서 동시에 사회적 의제 설정과 환기 효과를 기민하게 구현해 낸다는 평가도 받고 있다(전규찬, 2015a).

동시에 앞서 거론한 구성적인 요소들로 인해 〈그것이 알고 싶다〉의 정체성은 그리 단순하지 않으며, 상당한 복합적인 양식적 '혼종성hybridity'을 발휘한다. 즉, 이 프로그램은 보도국이 아닌 교양국 소속의, 기자가 아닌 PD들이 제작하는 광의의 시사 영역의 프로그램이며, 초기부터 "미스터리물"을 천명하면서 등장한 특정한 방향성을 드러내는 프로그램이기에 '전통적인' 탐사·고발 프로그램과는 일정한 지점이 공유되는 동시에 상당한 — 보는 시각에 따라서는 적지 않은 — 차이를 발현하는 것이다. 전술했듯이 일각에서는 〈그것이 알고 싶다〉의 장르적 정체성을 "시사 고발 프로그램"으로 정의하기도 한다. 그럼에도 시사 고발 프로그램의 주요한 전범으로 삼을 수 있는 〈PD수첩〉이나 〈시사직격〉 등과 같은 타사의 대표적인 프로그램과 비교하면, 〈그것이 알고 싶다〉는 구성과 주제 측면에서 상당한 차별성을 드러낸다. 먼저 앞서 언급한 프로그램들과 집합적으로 비교할 때, 전자가 선이 굵은 방식으로 표출되는 문제의식과 현장 취재와 진단으로 사회적으로 심대한 문제점이나 이슈를 주로 다룬다면, 〈그것이 알고 싶다〉는 범죄와 미제 사건 그리고 공적인 조명이 필요한 부조리한 상황과 같은 우리 사회의 어두운 이면이나 '엽기적이고' '불편한' 사건의 복합적인 내면과 미시적인 전모를 세밀하게, 그리고 '극화'시켜 다룬다. 이는 이 프로그램이 상당한 대중성을 확보하는 데 공헌을 한 측면이기도 하다(전규찬, 2015b). 한편 탐사 보도의 주요 관심사라고 할 정치권력에 대한 비판이나 '예민한' 정치사회적인 이슈에 관한 힘이 실린 진단과 직설적인 톤과 심도 있는 분석이 결합된 문제 제기 측면에서, 이 프로그램은 앞서 언급한 프로그램들이 보여 주는 수준의 쟁점 제기나 집중도에는 도달하지 못하는 면모도 일부 노출한다. 이러한 쟁점과 비판에 관해서는 더 구체적으로 다루고자 한다. 주지하다시피 구성과 형식성에 있어서 〈그것이 알고 싶다〉는 지상파 영역의 탐사 고발 프로그램들과 비교할 때, 상대적으로 많은 재연 기법과 복합적이고 감각적인 영상 화법을 활용한다. 예컨대 느와르 영화에 필적할 만큼 완성도가 높으며, 세련된 영상을 활용하면서, 스토리텔링의 초기에서부터 수용자들의 궁금증과 이목을 견인하는 미스터리와 추적 코드에 텍스트의 핵심적 초점을 맞추는 차별성을 강하게 발현하는 것이다. 예컨대 범죄 현장을 매우 세밀하게 재구성한 세트 활용, 공판 기록이나 수사 기록, 관련 인물들과의 인터뷰와 증언 발굴, 그리고 추리물이나 수사 드라마에 등장하는 세련된 추론과 수사 기법 등의 활용은 〈그것이 알고 싶다〉의 주요한 특징이자 구성의 문법으로 확고하게 자리 잡은 바 있다(나미수 · 전오열, 2006; 민병현, 2009; 홍경수, 2015).

〈그것이 알고 싶다〉가 다른 시사·고발 프로그램과 비교할 때 상당한 차별성을 발휘하는 또 다른 측면은 진행자의 역할이다. 이 프로그램에서 진행자는 전개되는 내러티브의 흐름을 보완적으로 조정하거나 쟁점을 강조하는 행위자일 뿐만이 아니라, 적극적으로 수용자들의 반응과 관심을 견인하는 화법과 시의적절한 표현 그리고 안정감 있는 존재감을 보여 주는 주체이기도 하다. 예컨대 이 프로그램 속에서 종종 접할 수 있는 "그런데 말입니다," "어디 부자연스러운 점이 있지 않으십니까"나 "도대체 무엇 때문일까요," "왜 그랬을까요," "취재 과정에서 알게 된 사실은 충격적이었습니다," "사건의 실체를 제대로 알기 위해, 아무래도 X씨를 만나봐야겠습니다" 등과 같은 사회자가 수시로 사용하는 특유의 표현과 매개의 화법은 서사적인 초점이나 재현되는 사건과 관련된 전환점과 강조점을 압축시켜 소개하며, 또한 수용자들을 대상으로 주제와 논지의 흐름을 유연하게 이어가고 조율하는 기능을 발휘한다. 또한 진행자는 종종 냉철한 톤과 날카로우며 함축적인 표현을 발화하면서, 다양한 제스처와 진중한 표정을 드러내면서 전개되는 서사의 긴장감과 매듭을 이어 내며, 주요 지점에서 이를 전환하기도 한다. 통상적인 시사와 다큐 프로그램이 보여 주는 한정된 해설자의 역할이나, 주요 탐사 프로그램 속에서 상대적으로 정태적 화자의 기능에 비해 〈그것이 알고 싶다〉의 진행자는 능동적으로 수용자와의 상호작용을 이끄는 중요한 매개자이자, 수용자들의 추론과 공감을 가져오는 데 크게 조력하는 담화적인 '안내인pilot'의 역할을 담당하는 것이다.

한편 지난 몇 년간 〈그것이 알고 싶다〉가 주력하는 측면은 한국 사회 내 확연하게 축적되고 감지되는 '공분'과 — 조금 부연하자면 공적으로 표출되고 체감되는 분노와 사회적인 문제점에 대한 외침으로 — 사회 고발이 필요하거나 요구되는 이슈들에 초점을 맞추는 측면이다. 주요한 관련 사례를 들면, 〈그것이 알고 싶다〉가 2013년 방영한 '사모님의 이상한 외출' 편(5. 25, 6. 29)은 그녀의 사위와 사촌 여동생 간의 관계를 의심하고 극단적으로 살인까지 교사하는 위중한 범죄를 저지른 한 대기업 회장의 부인이 교도소에서 수감 생활을 하는 것이 아니라 의사와 결탁하여 병원에 머물면서 자유롭게 외출까지 한 '이해하기 어려운' 사안의 알려지지 않았던 전모를 매우 상세하고 흡인력 있게 다룬다. 이 작업은 완성도가 높은 스릴러에 필적하는 사건 재현과 치밀한 검증으로 이루어진 매우 집중력 있는 스토리텔링을 제시함으로써 적지 않은 사회적인 공론화와 반향을 견인한 바 있다. 이러한 한국 사회 내 특권층이 보이는 부조리함과 처벌의 회피, 그리고 돈의 힘에 대한 폭발적인 반응을 온오프라인에서 끌어낸 사건을 예리하게 풀어낸 〈그것이 알고 싶다〉 팀의 작업에 관하여, 언론의 한 비평문은 다음과 같은 평가를 제시한다.[76]

> 처음엔 드라마를 보는 줄 알았습니다. SBS 드라마 〈돈의 화신〉이나 KBS 드라마 〈추적자〉처럼 '돈으로 모든 걸 해결할 수 있는' 만능 권력의 단면을 비아냥거리며 해석하는 재미에 그칠 줄 알았습니다. 그런데 구체적인 내용이 더해지면서 이는 더 이상 판타지가 아닌 팩트라는 사실에 분통과 억울함이 쉴 새 없이 밀려들었습니다. 지난 5월 25일 방영된 SBS 〈그것이 알고 싶다〉의 '사모님의 이상한 외출' 편은 어떤 막장이나 극적 드라마를 방불케 했습니다. (……) 무기징역으로 교도소에 수감돼야 할 사모님이 2007년부터 6년간 병원을 들락거리며 호화판 생활을 누리고 있다는 사실이 뒤늦게 밝혀지면서 사건은 다시 원점으로 돌아갔습니다. 〈그것이 알고 싶다〉 팀은 집요하게 파고들었습니다. 12가지나 되는 윤 씨의 가식적 병명을 하나씩 따져가며 '형집행정지'의 사유가 될 수 있는지 캐물었고, 담당 주치의를 찾아다녔고, 사법 당국의 허술한 제도와 권력 남용을 지적했습니다. 취재진의 노력 끝에 검찰은 결국 형집행정지를 풀고 다시 사모님을 교도소로 불러들였습니다. 사건은 일단락됐지만, 딸의 죽음과 그 죽음의 누명을 파헤치는 과정에서 '유전무죄, 무전유죄 법칙이 또다시 도마 위에 올랐습니다. 검사와 의사의 양심을 저버린 행동, 가진 자들은 못 가진 자들과 다른 인격체라고 생각하는 인식의 모순이 대한민국의 오늘을 이끌고 있는 진짜 현실이라는 생각에 허탈감이 계속 밀려왔습니다.

이 방영분은 앞서 언급한 특권층이 관련된 '유전무죄'의 상황과 저지른 죄과에 대한 처벌을 부와 자신들이 구축한 관계망을 동원하며 회피하

76 〈문화일보〉, "[김고금평 기자의 컬처홀릭] 사모님의 이상한 외출… 드라마 뺨치는 현실," 2013. 6. 5에서 인용. https://www.munhwa.com/news/view.html?no=2013060501073730030002

는 기득권층의 일그러진 초상과 그릇된 특혜의 사례를 매우 집요하게 다룸으로써 매우 많은 수용자의 관심과 분노를 이끌어 냈다. 이러한 측면과 관련하여 〈그것이 알고 싶다〉의 담당 CP는 "지금의 (시사 영역 프로그램의) 트렌드는 '공분'입니다. 공분은 상식이 통하지 않는 세상에서 일어납니다. 그것을 바로잡는 것이 우리들의 '몫'입니다"라며 제작진의 관점을 밝힌 바 있다. 이런 측면은 한국 사회 속에 축적되고 있는 기득권 집단의 행태나 이들이 누리는 특권과 특혜에 관한 적지 않은 문제점과 분노를 느끼는 대중과 수용자들의 '감정 구조'에 밀착된 프로그램의 필요성과 더불어 제작진이 주목하는 '대중적인' 전략의 특성을 파악하게 해 준다. 이러한 결과, 〈그것이 알고 싶다〉가 불러온 사회적인 반향과 분노를 기반으로, 토요일 심야 시간에 방영되는 프로그램으로서는 상당한 고정 시청자층을 확보하게 되었으며, 일군의 수용자들에 의해 "시사다큐의 신기원"이나 "경찰보다 나은 탐사 보도"와 같은 반응과 상찬까지도 받은 바 있다. 또한 주요 방송분의 경우 다루어진 내용이나 인물들이 포털 검색 사이트의 상위에 종종 오르기도 하면서 보다 확장된 담론 효과나 사회적 의제화를 발휘하기도 한다.

하지만 이 프로그램에 대한 비판적인 시선이나 재고 지점에 대한 지적도 존재한다. 수용자의 관심과 감정을 끌어낼 수 있는 질적인 완성도나 사안을 파고드는 예리함을 보여 주기는 하지만, 〈그것이 알고 싶다〉가 '정통적인' 탐사 보도라고 보기는 어렵다는 지적도 있다. 예컨대 복수의 정보원이나 내부자의 고발이나 증언이 깊이 있게 활용되며 발굴된 팩트의 조밀한 재구성을 통한 다면적인 취재와 비판적인 진단을 수행하기에는 현재 6주로 압축되는 하나의 아이템에 대한 조사와 분석은 상대적으로 짧은 기간이라고 할 수 있다. 또한 복수의 PD들이 이 기간을 넘어서서 진중하게 혹은 장기적으로 소재나 아이템을 발굴하고 힘 있게 진단과 조명을 도모할 수 있는 방향성과 이를 뒷받침할 수 있는 제도적인 지원이 충분히 모색되지는 못한 것으로 판단된다. 한편 〈그것이 알고 싶다〉가 보여 주며 상당한 성취를 이룬 미국산 범죄 드라마나 느와르 영화에 상응하는 화면과 미장센의 구현에 상당한 의미를 부여할 수 있지만, 감각적이며 공을 많이 들인 시각적인 재연과 세트, 효과음 등의 활용이 때로는 제시되는 서사와 논리성의 '약함'을 덮는 측면이나, 이러한 재현 방식이 관습적으로 지나치게 '고정화'되는 단면이 부분적으로 드러나기도 한다. 또한 지나치게 세밀한 범죄의 재연과 복기가 모방 범죄를 낳는 데 일부 공헌한다는 지적도 일각에서 제기된 바 있다.

마지막으로 〈그것이 알고 싶다〉의 결론부가 때로는 약한 경우도 관찰된다. 조합되고 탐구된 팩트와 추론을 바탕으로 사건과 사안에 대한 재조명과 합리적인 의심과 추론, 그리고 문제 제기나 새로운 탐문 필요성이 강조되지만, 결론에서 주로 규범적인 차원에서 문제점이 환기되거나, 억울한 피해자들의 존재를 '개인화된 층위'에서 주로 부각하는 선에서 마무리되는 사례들이 관찰되기 때문이다. 다음에서 좀 더 구체적으로 논하겠지만, 이 프로그램에서 정치적으로 예민하고 파장이 큰 사건과 주제들이 주기적으로 다루어지는 수준을 성취하고 있거나, 그러한 방향성이 심도 있게 모색된다고 판단하기는 어렵다. 〈그것이 알고 싶다〉는 정통적 고발과 탐사보도의 관심사를 중심적으로 배치하면서 다큐멘터리의 양식을 창의적으로 활용하는 방식과는 일정한 거리를 두고 있으며, 더불어 관점과 방향성의 차이를 보이기 때문이다.

2. 연구의 과정적 특징

〈그것이 알고 싶다〉라는 다수의 수용자층이나 전문 연구자들이 이미 인지하는 이 시대 대표적인 시사 프로그램의 역할과 명암을, 특히 생산자들의 경험과 입장을 고려하면서 풀어내기 위해, 연구진은 이 프로그램의 전

·현직 PD들을 만나고, 이들이 수행하는 작업의 특징과 방향성 그리고 제도적인 특성들과 관련된 관점과 경험을 수렴하고, 일련의 분석과 진단을 진행한 바 있다. 이 작업을 추진하면서 연구진 중의 한 명이 이 프로그램의 (전) 제작진 중 1인을 이미 알고 있었기에, 그를 중심으로 연구를 시발하게 되었다. 섭외와 만남은 2014년 7월 하순에서 9월 하순까지의 기간에 1차로 이루어졌으며, 또한 2015년 6월과 7월 사이에 2차로 이 프로그램의 제작 경험을 가진 PD들과 언론학 영역 내 전문가들을 섭외하였다. 또한 본격적으로 인터뷰 작업을 추진하기 전에 연구진은 〈그것이 알고 싶다〉와 관련된 언론의 기사와 비평문, 그리고 시사 프로그램과 탐사 보도 관련 학술 작업을 수집하고 함께 읽어 가면서 질문 리스트와 연구 노트를 작성했으며, 이 프로그램의 역할에 대한 진단을 병행하였다.

한편 섭외의 과정은 예상하긴 했었지만 수월하지 못했다. 여러 차례 제작진에게 연구의 개요와 필요성을 알리며 제작진과의 만남을 위한 협조를 부탁하는 이메일을 발송하고, 우리가 수행한 생산연구와 관련된 원고와 질문서를 보내면서 문자와 통화를 여러 차례 시도했었지만, 충분히 긍정적인 반응이나 신속한 화답을 받기는 어려웠다.[77] 일정한 난항과 기약 없는 기다림을 겪은 후에, 연구진은 1차 연구에서 이 프로그램의 전·현직 생산자 중에서 두 명을 만나는 선에서 섭외와 만남을 마무리하는 수밖에 없게 되었다. 대학에 재직 중인 연구자들로서 이미 생산 주체들을 대상으로 한 복수의 작업을 기획했던 경험이 있었으며, 생산자 집단의 관점과 체험을 수렴하기 위한 기회를 성사하기 위해 가용한 상당한 노력을 기울였

77 필진 중 1인이 SBS에서 시청자 위원으로 일하며 교양 국장이나 내부 시사 프로그램의 생산자들과 일정 수준의 소통과 관계성을 유지했지만, 실제 내부자들에게 섭외 요청을 했을 때 무관심과 거절을 접하기도 했다. 한편 지인을 통해 섭외했던 이 프로그램의 전직 작가도 막상 만남을 위해 연락을 취했을 때, 부담을 느낀다는 이유로 거절의 뜻을 밝혔다.

지만, 결국은 이들로부터 '정중하지만 완강한 거절'을 받게 된 것이다. 한편 2차 접촉과 섭외의 경우, SBS 내부자의 도움을 통해서 3인의 〈그것이 알고 싶다〉의 제작에 참여한 이력을 가진 PD들을 만날 수 있었으며, 이들 3인과 이 프로그램에 주목해 온 4인의 언론학자들로부터 이 프로그램의 특징과 역할에 관한 상세한 진단과 비평을 담은 의견서를 받을 수 있었다.

섭외된 주체들과는 주로 회사 바깥의 공간에서 상대적으로 편한 분위기 속에 자유롭게 논점을 모으고 질문을 제기하며 답변을 끌어내는 '반구조화된semi-structured' 방식의 인터뷰를 진행하였으며, 통상적으로 한 시간 사십여 분에서 두 시간 정도의 시간이 소요되었다. 또한 인터뷰를 종료한 후에 섭외된 PD들로부터 상세한 자기기술지를 받기도 했다. 한편 이 프로그램의 생산에 직접 참여했던 현직의 PD 1인과 ― 이 글 속에서 P로 지칭되는 〈그것이 알고 싶다〉의 제작에 관여했던 주체와 ― 연구진 사이에 이미 과거에 형성된 지인 관계가 있었기에, 그를 심층 인터뷰의 대상 외에 제작 과정과 내부의 문화를 엿보게 해 주는 주요한 그리고 매우 적극적인 '정보원informant'이 되었다. P와는 일회적 만남이 아닌 학생들과 함께 대담을 함께 갖기도 했으며, 이메일을 통해 여러 차례 논의하였으며, 그가 제공한 답변서를 매개로 매우 구체적인 질문과 답변을 밀도 있게 교환할 수 있었다. 외부에서 관찰하거나 인지하기 어려운 이 프로그램의 생산 관행과 내부의 인식을 살피는 데 있어서 P의 역할과 협조가 상당히 긴요했다.

연구진은 〈그것이 알고 싶다〉 제작 경험을 가진 주체들과의 인터뷰 자료와 비평 담론이 지적하는 논점을 기반으로, 내부자가 드러내는 이 프로그램의 구성적인 특징, 제작진이 느끼는 작업의 함의와 난점, 외부에서 주기적으로 제기되는 'PD 저널리즘'의 비판에 대한 내부 생산자로서의 입장, 그리고 사회적으로 긴요한 탐사와 시사 고발의 작업이 현재 대면하고 있는 방송 영역 내의 제도적 문제점을 4개의 주요한 꼭지로 설정하게 되었다. 특히 이러한 상대적으로 범주가 큰 분석적인 초점의 개진은 ― 연구를 수행하던 당시 — 시사 프로그램의 역할이 매우 위축되고 있다는 연구진의 문제의식을 반영한 것이며, 이러한 상황을 드러낼 수 있는 집중된 사례 분석의 필요성을 강하게 느꼈기 때문이다.

3. 〈그것이 알고 싶다〉의 '탈장르적인' 차별성과 구성적 특성

앞서 논했듯이, 〈그것이 알고 싶다〉는 흡인력이 상당하고 딱딱하지 않으며, 세련되고 집약적인 스토리텔링을 보인다. 이 프로그램은 이러한 측면을 적극적으로 구현하기 위한 정련된 이미지들의 배치와 재연 및 실험, 보완적인 전문가 인터뷰, 집중된 서사의 구현과 반전 장치, 그리고 시각 효과에서는 CG 등의 요소들을 배합해 내는 다면적인 조합을 담아낸다(홍경수, 2015). 특히 세밀하게 배려된 상징성을 강하게 발산하는 세트의 사용이나, 법정 드라마 속의 한 장면으로도 여겨질 만한 과감한 재연과 실험의 활용, 그리고 스튜디오를 배경으로 핵심적인 논점을 잡아 주는 능동적인 사회자의 역할 등은 이 프로그램과 다른 유형의 시사 프로그램을 차별화시킬 수 있는 주요한 구성적인 요소이기도 하다. 이러한 서사적이고 시각적인 특성으로 인해, 이 프로그램은 수용자들이나 비평가 집단에게 종종 필름 느와르나 완성도 높은 범죄 사건을 조밀하게 풀어내는 추리물을 연상시키기도 한다. 이러한 이 프로그램이 추구하는 주요한 구성상 특징과 관련하여, 내부 제작진이었던 P는 자신의 경험을 중심으로 제작의 방점과 생산의 주체들이 추구하는 스토리텔링의 초점을 상세하게 짚어 낸다.

> 이미 판단하신 것과 같이 〈그것이 알고 싶다〉 제작에 있어서 첫 번째 제작 원칙은 '미스터리가 있느냐?'입니다. 아이템을 잡고, 사건을 취재하고, 프로그램을 구성하는 모든 순간마다 '궁금함이 계속 유지되고 있는가?,' '이 궁금증은 의미가 있

는가?'를 끊임없이 반문합니다. 편집을 할 때도 같은 고민은 계속 이어집니다. 그래서 이야기의 처음에 — 내부에서 첫 번째 VCR이라 통칭하는 — 공을 많이 들입니다. 이때 질문의 강도 혹은 인상이 프로그램 전체를 지배한다고 해도 과언이 아니기 때문입니다. 이러한 원칙들을 제작진 전체가 공유하고 있기 때문에 일반적인 다큐멘터리 프로그램과 비교했을 때 좀 더 밀도가 높아 보이는 것이 아닐까 싶습니다. 그러니까 기획을 하고, 아이템을 잡고, 취재와 촬영을 하고 순서에 맞게 편집하는 소위 리니어한 제작 방식이 아니라, 흐름상 시청자가 알아야 할 내용과 그렇지 않은 내용을 넌리니어하게 배치하면서 가장 궁금한 지점이나 부조리한 지점을 집중력 있게 보여 주는 능력이 다른 프로그램들에 비해 비교적 우위에 있는 게 아닐까 싶습니다.

P가 논하듯이, 이 프로그램의 도입부는 특정한 범죄 사건이나 '미제'로 남은 사안 혹은 발생한 사건 속의 명쾌하지 않거나 의혹이 가는 부분들을 직설법과 압축적인 질문의 방식으로 집약적으로 제기하며, 내러티브가 전개되면서 다루는 사안의 복합적인 단면들을 하나씩 세밀하게 풀어내는 — 즉 전개되는 서사의 호흡과 문제 제기의 초점이 집중력 있게 제시되며 일정한 '반전'이 주기적으로 출현하는 — 구성의 방식을 보여 준다. 이와 관련하여 P는 '첫 5분에 특정 이슈가 수용자들에게 성공적으로 각인될 수 있는지에 프로그램의 성패가 달린' 측면을 짚어 내기도 했다. 제작 방식의 특성으로 접근하면, 〈그것이 알고 싶다〉에는 PD 6명과 작가 5명이 활동하고 있으며, 개인적인 작업의 특성이 존재하지만, 일반적으로 개별 PD들이 작가와 함께 한두 개의 아이템을 2주 정도의 기간을 들여 조사·분석하고, 2주간의 제작 기간과 1주의 편집과 마무리 시간을 갖는 관습적인 리듬을 발현한다. 이 프로그램의 생산 과정에서 필요한 집중적인 노력이 추구되는 측면과 관련하여, 한 언론과의 인터뷰에서 이 프로그램의 전임 CP는 "어떤 주제를 다룰 것이냐만큼 '어떻게' 다룰 것이냐에

(혹은 소화할 것인가에) 대한 고민이 많다"면서, "PD와 작가들이 스토리텔링 방식을 많이 고민하는" 측면을 〈그것이 알고 싶다〉의 제작진이 지속해서 추구해 온 방향성과 결부시켜 강조한 바도 있다.[78]

그럼으로써 수용자의 시각에서는 특정한 사건의 결과나 미완의 사안에 대한 강한 궁금증이나 의혹 그리고 일련의 질문과 대면하게 되며, 이러한 결과 상당한 수준의 상호 작용과 문제의식의 공감이 이루어지게 되는 것이다. 그간에 이 프로그램을 관찰해 온 주체의 관점에서, 이 프로그램의 내러티브 전개는 치밀하면서도 강한 환기 효과를 통해 상당한 집중력과 흡인력을 발휘한다. 또한 이를 감각적이고 숙련된 제작 능력으로 뒷받침하는 미스터리 코드의 역할로 인해, 개별 사안과 사건에 따라 이러한 주제 의식과 궁금증은 제기되는 문제의식을 밀도 있게 고양하게 된다. 연구진에게 의견서를 제공한 언론학자 R은 이 프로그램의 치밀한 장르적인 '강점'과 대중적인 각인 효과를 다음과 같이 제시하기도 한다.

> 저는 일종의 장르적 특이성으로 이를 설명하고 싶은데요. (〈그것이 알고 싶다〉는) 다큐멘터리와 영화적 기법을 시사 프로그램에 적극적으로 끌어들이며, 그리하여 쉽게 시청자들의 시청을 유도합니다. 즉 극화된 형식을 적극적으로 차용하고 있음을 알 수 있지요. 더불어 카메라 기법도 다른 시사 프로그램과 다릅니다. '형제복지원' 문제를 다룬 작업을 보면, 공포 영화 장르의 공식을 충실히 따릅니다. 카메라는 헬리 캠을 이용하여 깊은 밤 한적한 도로와 도시 골목을 홀로 질주하는 트럭을 부감으로 잡아내고요. 화면의 전체적인 색조는 차가운 푸른색입니다. 긴

78 〈그것이 알고 싶다〉의 CP와 PD들은 〈SBS 스페셜〉과 〈TV 동물농장〉, 〈세븐데이즈〉, 〈순간포착 세상에 이런 일이〉, 〈당신이 궁금한 이야기〉, 〈한밤의 TV연예〉, 〈출발 모닝와이드〉 등을 포함하는 SBS의 주요 프로그램들을 거쳐 오면서 연출과 기획의 과정을 연마해 온 생산 주체들이며, 이 프로그램에 와서 제작을 맡으면서 — 또한 부분적으로는 도제식 훈련을 받아 가면서 — 협업의 경험과 전문적 지식을 축적한 이들이다.

장을 고조시키는 배경음악 속에서 어린 오누이가 두 손을 꼭 잡고 역 앞을 나오는데요. 카메라는 1인칭 시점으로 이들을 관찰하며 흡사 범인의 시점을 연상시킵니다. 전형적인 할리우드 슬래셔 무비의 연출방식인 거지요. 그런 면에서 〈그것이 알고 싶다〉는 에피소딕한 파급력을 극대화한다고 생각합니다. 사안이 연결된 구조를 총체적으로 진단하기보다는, 하나의 개별 사안을 집중적으로 그리고 감정적으로 다루면서 시청자들에게 각인시키는 데 상당한 장점을 발휘합니다.

문화연구자 U 역시 비슷한 관찰점을 제시하면서 이 프로그램이 발현하는 숙련된 '탈장르적인 혼성성'과 감각적인 표출의 방식을 차별적인 특성으로 짚어 내면서, 다음과 같이 자신의 관찰점을 제시하기도 했다.

이 프로그램은 기존 장르 정의, 규범, 분류를 이탈하는 일종의 '탈장르적' 프로그램이라고 할 수 있습니다. 다큐멘터리와 교양, 저널리즘과 보도, 예능과 오락이라는 세 가지 요소를 적절하게 융합하고 있기 때문입니다. 정보와 정서, 감각의 요소가 동시에 강조됩니다. 정보를 전달하고, 주제를 설득하며, 감정을 부추깁니다. 이는 화면상으로 전달되는 스튜디오의 미장센에서도 시각적으로 쉽게 확인 가능합니다. 사회자가 이야기를 전달하는 스토리텔링 구성의 방식에서도 청각적으로 두드러집니다. 잦은 모자이크 처리가 시청의 몰입을 방해하는 측면이 크고 윤리적으로 자주 시비가 되기도 하지만, 사건/범죄/인물을 좇고자 하는 기획 의도에 비추어 불가피한 것으로 이해되기도 합니다. 〈그것이 알고 싶다〉의 오랜 수명은 결국 (기존의 관습적인) 장르 형식을 일찌감치 탈피하여 시대를 앞서고자 한 형식적·주제적 감각에 있지 않았나 생각합니다.

우리의 시각으로도 범죄 스릴러나 법정 드라마의 구성을 부분적으로 전유하는 〈그것이 알고 싶다〉는 다른 시사 프로그램과 비교할 때 상당한 양식적인 완성도 그리고 구성 방식의 차별성과 함께 특히 나름의 뚜렷한 '색깔'과 기민한 면모를 발휘하는 차별적인 정체성을 구현한다고 판단한다. 또한 수용자들과의 화학 작용은 이 프로그램에 대한 상당한 사회적 기대와 함께 팬덤 현상을 포함하는 등 꽤 능동적인 관심과 지지를 생성하고도 있다. 그러한 결과 〈그것이 알고 싶다〉의 방영 직후에 다루어진 주제나 사건과 인물이 주기적으로 포털 검색의 상위에 오르기도 했으며, 조명된 사안에 대한 재수사나 불공정함에 대한 지적과 개입 등을 촉구하는 목소리와 담론들이 온라인상에서 부상하는 사례도 적지 않다. 이러한 구성적인 특징과 관련하여, 연구진이 만났던 PD S는 이 프로그램이 그간에 특화하고 정립하게 된 양식적인 특성과 전달 기법의 세밀함이나 강렬함과 관련하여 다음과 같은 '양가적인' 측면을 포함하여 '자평'하기도 했다.

> [제작진 내] 젊은 PD들의 영상 감각이 미드나 이런 데 많이 적응되어 있어요. 그리고 또 잘 만들더라고요. 시청률이 잘 나오고 인기가 있는 프로그램이 되다 보니까…… 말하자면 교양 프로그램 같은 경우에는 방송판 전체로 보자면 미디어 관련 매체들이 크게 주목하거나 다루지 않잖아요. 그런데 [이 프로그램의 경우] 미디어 관련 매체들이 다루는 주요 아이템이 된 거예요. 거기다가 김상중 씨라고 하는 캐릭터의 역할이 상당하고, 그러니까 말하자면 시사 프로그램이지만 연예 기사로 쓰기가 더 쉽다는 거죠. 이런 데서 〈그것이 알고 싶다〉만의 영향력이 생긴 것도 있고요. 반대로는 그러다 보니까 그 부분이 족쇄가 되는 부분도 있고요. 그렇게 생각합니다.

S가 제기한 문제점과 관련하여, 이 프로그램이 때로는 집요하리만큼 디테일하고 감각적 이미지가 주는 '각성 효과'와 더불어 의문점의 제기가 주도하는 추리·탐정극과도 흡사한 서사적인 구성이라는 측면에서 일정한 '선정성'을 발휘하는 측면도 목격된다. 즉, 이 프로그램이 성취한 대중적인 성공이라는 현상 속 주요 단면으로 수용자들을 끌어들이는 자극적

인 소재들이나, 앞서 거론한 미스터리 코드 구현에서 극적이고 선정적 요소들도 일정 부분 감지되는 것이다. 이미 이러한 측면에 관한 언론과 비평가들이 개진한 적지 않은 비판이 존재한다. 동시에 이러한 〈그것이 알고 싶다〉가 보여 주는 시사 고발에 '예능적인' 또는 통속적인 요소를 결합한 측면을 보다 차별화시켜 진단하고자 하는 시선들도 있다. 예컨대 그러한 비판성의 개진이 반드시 부정적인 단면에만 고착되거나, 〈그것이 알고 싶다〉가 관성적으로 발현하는 한계만으로 논할 수 있는 것은 아니다.

한 평론가는 이러한 측면과 관련하여 "방송에서 잘 팔릴 만한 충격적 사실의 외연을 던져 놓고 상상하게 만드는 것이 아니라, 진행을 통해 그때그때 불필요한 가십의 여지를 잘라가며 사건의 '속살'을 조명해 낸다. 선정적인 소재를 다루면서도 매번 오히려 이를 선정적으로 바라보는 사회의 시선이 일차적 가해자임을 지적하는 박력이 흥미로운데, 그걸 심지어 매우 세련된 방식"으로 제기한다는 '긍정적인' 평가를 주기도 했다. 그러한 결과 그는 이 프로그램 속에서 "소재의 선정성이 가져올 수 있을 부작용을 최소화하려는 구성 차원의 세심함"이 발현된다고 진단한 바 있다.[79] 나아가 기법이나 포맷 차원을 넘어서는 이 프로그램의 확장된 의미 작용과 힘도 거론할 수 있다. 앞에서 일부 언급했지만, 〈그것이 알고 싶다〉가 발현하는 수용자들의 관심을 유발하는 데 큰 역할을 하는 미스터리적인 구성과 세련

79 〈PD저널〉, 2012. 7. 2를 참조하라. 문화연구자 전규찬(2015a: 13~14) 또한 이 프로그램이 포함하고 있으며 대중이 주목하거나 기대하는 '통속성'과 '외설성'의 문제를 짚어 내면서, "〈그것이 알고 싶다〉는 그렇게 악하고 추하고 미약한 면상들을 텔레비전 화면으로 중계한다. 피해자와 증인의 희미한 고백, 가해자 권력의 지워진 범행, 방조자인 우리의 비겁한 음성을 들려준다"라고 묘사한다. 그는 동시에 이 프로그램이 제시하는 대중의 감정을 고양하는 선정적인 측면이 "공포의 시대에 가장 사실적인 인간 드라마이며, 불안을 리얼하게 재현하는 텔레비전 시대극"이라는 함의를 부여하면서, 〈그것이 알고 싶다〉의 역할을 "실천적인 의미를 간과할 수 없는 사회사적 저널리즘"이라고 평가하기도 한다(전규찬, 2015b 참고).

되고 집약적인 스토리텔링은 다루어지는 문제적인 사안들을, 특히 미시적인 측면에서 매우 밀도 있게 풀어내며, 이를 매개로 기민하게 재현의 힘을 발휘한다. 이러한 방송이라는 대중적 접근성이 강한 미디어의 역량을 활용하며, 신문과 같은 활자 미디어가 실체화하기 쉽지 않은 흡인력과 집중력을 생성하는 이 프로그램이 그간에 이룬 만만치 않은 성취와 공적인 역할에 관해, 언론학자 U는 다음과 같은 진단을 제시한다.

〈그것이 알고 싶다〉는 바로 사건적, 미시적, 그리고 인물에 대한 집중을 통해 기존에 말해지지 않은 것, 보여 주지 않은 것, 드러나지 않은 것을 표출합니다. 무시되고 억압되고 간과된 것들이 대상으로 근접해 결국은 주체로 표현토록 해 줍니다. 그 의의와 가능성이 바로 이 프로그램의 힘이고 의미였다고 판단합니다. 형제복지원 사건 등 사회적으로 배제되고 소외돼 왔던 사건이나 인물과 집단을 새롭게 조명하고 드러낸 것의 의의는 누구도 부정할 수 없을 것입니다. 가정 내 성폭력 등의 문제도 자칫 선정성의 혐의를 받을 수 있지만, 가족관계와 가정 체제를 폭력의 공간, 정치의 시간으로 풀어낸 의의까지도 지워내지는 못합니다.

즉 이 프로그램은 대중적인 호응이 매우 높은 범죄 사건이나 은폐된 사안들과 같은 일련의 주제를 선정하고, 이를 매우 감각적으로 또한 다양한 장르적인 장치들과 기존의 인식을 깰 수 있는 새로운 팩트의 발굴 등으로 결합하여 세밀하게 구현함으로써 정체성과 방향성이 차별화되는 시사 프로그램의 중요한 '전범'을 구축한 것이다. 또한 이 과정에서 때로는 선정적이거나 감정적인 파급력이 큰 특정 주제에 집중하는 경향을 드러내기도 한다. 그럼에도 이 프로그램에서는 일각에서 지적하는 이러한 소재적인 편향이나 대중의 분노와 감각에 직접적으로 호소하는 특화된 스토리텔링의 관행이 발현하는 치우침을 일정 부분 '제어'할 수 있는 사회적 메시지를 통한 매개 작용과 환기의 힘이 관찰되기도 한다. 특히 대중이 인지하는 사회 내 부조리함에 대한 다면적인 재현과 묻혔던 문제적 사안을 수면 위로 끌어올리는 예리한 의제화의 노력이 밀도 있게 추구되는 측면을 주기적으로 목격할 수 있는 것이다.

4. 프로그램 제작의 특징과 보람 및 난점

이미 언론의 관련 기사나 내부 구성원과의 인터뷰 기사에서 드러난 단면이지만, 〈그것이 알고 싶다〉 제작 과정은 주요 아이템이나 특정 주제의 선정에서 제작까지 통상적으로 6주의 시간이라는 확립된 구성의 리듬을 보여준다. 예컨대 엽기적 범죄에서 미제 사건, 대형 사기극이나 기득권의 '갑질,' 그리고 은밀하게 자행되는 폭력 문제 등과 같은 다양한 사회적인 부조리를 포괄하는 대중의 호응이 높은 주제들을 새로운 팩트를 발굴하면서 집약적으로 또한 일정한 논리성을 부여하면서 풀어내는 이 프로그램의 특성을 고려하면, 이러한 정형화된 패턴은 외부의 관찰자들이 쉽게 파악하지 못하는 단면과 더불어 종종 복합적이고 고단한 생산 과정을 포함하기도 한다.

> 그 6주가 단순히 6주는 아닌 것 같습니다. 보통 아이템을 리서치하는 데 2주가 걸리는데 2주 동안만 아이템을 찾는 것은 아닙니다. 다양한 사람을 만나 이야기를 들어보고 자료를 입수하는데, 취재를 진행하다가도 여러 가지 여건이 성숙되지 않은 경우, 혹은 취재원이 결심을 못한 경우가 많은데, 이러한 흔적들이 켜켜이 쌓여 있는 6주인 것이죠. 쉽게 설명하면 A PD가 4~5일 취재를 진행하다가 취재원이 생각할 시간을 달라고 해서 홀드한 경우, A PD가 계속 기다렸다가 그 아이템을 진행하는 것이 아니라 A PD는 다른 아이템을 진행하고, 여건이 성숙이 되면 B PD가 그 취재원을 만나 바뀐 상황에 관한 얘기를 들어보는 것이지요. 그런 식으로 내부적으로는 다양한 사건들이 쌓여 있습니다. 예를 들어 어떤 사건은 2년 동안 PD

3~4명이 계속 사건의 진행 상황을 체크하고 그때마다 취재원을 인터뷰한 경우가 있습니다. 이러한 경우의 6주는 단순한 6주가 아니라 보다 긴 시간과 노력이 누적된 6주가 됩니다. 당연히 취재에 힘이 있을 수밖에 없습니다. 힘이 있는 취재는 밀도 있는 기록에 기반합니다. 편집으로 1주일의 시간을 떼어놓고 있는데 취재 시간이 늘어나 시간이 부족한 경우에는 내용을 공유하고 있는 다른 제작진들이 재연 촬영을 돕는다든지 실험이나 전문가 인터뷰를 대신하는 사례도 있습니다. 그럴 경우 순간적으로 취재팀만 3~4개 팀으로 늘어나는 경우가 있습니다. 대신 최소 2주에서 3주 정도는 절대적인 수면 부족에 시달리는 강행군을 펼치곤 합니다.

PD P의 언급 속에는 어떤 방식의 접촉과 섭외 그리고 기다림과 병행되는 탐구의 노력이 일종의 축적된 지층sediments처럼 쌓이며 다루어지는지 과정적인 디테일과 더불어 제작 과정의 어려움이 상세하게 제시되고 있다. 즉 취재 대상과의 대화나 심화된 자료 수집 등이 어렵거나 돌파구와 진전이 쉽게 구현되지 않는 특정 주제의 경우, 6주라는 기본적인 생산 시간과는 다른 접근 방식이 모색되기도 하며, 그러한 과정에서 팀원들 상호 간에 협업이나 부분적인 지원이 이루어지는 것이다. 그럼에도 매주 토요일이라는 주기적으로 돌아오는 기한에 맞추어 하나의 특정한 꼭지나 주제를 심화시켜 풀어내는 구성적 완성도나 정합성이 요구되는 측면을 고려하면, 이러한 제작 기간과 압박은 고도의 집중력을 요구하게 된다. 한편 적지 않은 대중적 반향과 감정의 개입을 생성하는 '성공적인' 시사 프로그램의 생산자로서 느끼는 성취의 보람과 함께, 자신이 짊어지게 되는 부담에 관해 P는 다음과 같이 그가 축적한 경험을 개진하기도 했다.

외면되고 있는 어떤 사건이 재조명된다든지 이슈가 되는 사건의 논점을 좁혀 문제점을 더 점화시키는 역할을 할 때 큰 보람을 느낍니다. (동시에) 이 보람은 정확히 부담으로도 다가옵니다. 부담이라기보다는 '무서움'이라고 표현하는 게 더 적절할…… 어디 한군데의 팩트라도 삐끗하면 프로그램의 역사와 신뢰도 전체가 흔들리고 논점 자체가 왜곡될 수 있다는 것이 가장 큰 두려움입니다. 이러한 두려움은 고스란히 노동 강도로 커버하게 됩니다. 보통의 완성도를 향한 노동에 두려움을 없애려는 노동이 더해지는 것이죠. 끝없이 사건 자료를 확인하고, 더블체크하고, 편집이 팩트 이상으로 치우친 건 없는지 보고 또 보아야 하는데 이 모든 게 노동입니다. 다들 사생활은 거의 포기하다시피 하면서 프로그램을 제작하고 있습니다. 드라마나 예능 장르에 비해서 제작비가 낮은 수준이긴 합니다만, 사건 현장 세트를 짓거나 해외 취재를 하는 것 때문에 제작비가 초과하더라도 〈그것이 알고 싶다〉니까 하고 수용해 주는 분위기도 분명 든든한 버팀목이 됩니다.

이 프로그램의 제작에 관여한 바 있는 PD였던 T 또한 고된 작업의 보람과 관련하여, 동료들이 "방송하는 사람으로서 뭔가 했다라고 얘기할 수 있는 자긍심으로 생각하는 측면이 강했죠. 별거 아닌데 몇 달 먼저 〈그것이 알고 싶다〉에 입봉하고 못하고 이런 측면을 가지고서도 자존심을 느끼는 그런 분위기가 있었어요. 일부는 성향이 도저히 안 맞아서 (제작하다가) 내려놓는 사람이 있거든요. 그런 이는 핸디캡도 스스로 많이 느끼고 그런 경우도 있었죠"라고 말하면서 자신의 소회를 전하기도 했다. 연구진이 만난 이 프로그램의 제작에 참여했던 또 다른 PD인 N 역시, 20여 년의 시간을 거치며 주기적으로 영향력이 상당한 이슈의 제기와 더불어 매우 활성화된 사회적 담론과 공분을 매개해 온 이 프로그램의 역사성과 공중에게 각인되는 역할이 주는 만만치 않은 무게감을 인지하고 있었다. 그는 외부의 기대를 상당히 파악하고 있었으며, 그러한 요인들이 배가되는 노동으로 작용하는 이면에 대해 토로하기도 했다.

조금 다르게 제작진은 상당한 지명도를 구축했으며, 화제를 주기적으로 생성하는 지상파 채널의 간판 프로그램이자, 특히 크고 작은 송사와 이해관계를 가진 집단들의 반발과 촉발되는 갈등, 그리고 때로는 학계나 외부 전문가들의 비판적인 시선 등과 같은 고려할 측면들이 상존하는 시사 프로그램의 생산자로서 보람을 느끼는 만큼 상당한 무게감과 압박을 느끼기도 한다. 〈그것이 알고 싶다〉의 제작을 담당했던 S는 이 프로그램을 기획·생산하면서 특히 자신이 대면했던 난점과 한계를 다음과 같이 연계된 경험을 소환하면서 풀어내기도 했다.

> 명예훼손에 관한 법이 주로 강자들을 보호하고 있는 현실, 수사권이 없다 보니 알아낼 수 있는 일에 한계가 있을 때의 좌절감, 문제 하나가 해결되어도 바로 다른 문제가 새로 발생해 프로그램상으로는 뭔가 해결되는 듯 보였다가도 나중에 더 복잡한 문제가 생기게 됐을 때의 당혹감, 그런 것들도 일하면서 느꼈던 한계이기도 합니다. 시청자의 이해를 도우려다 사안을 단순화하고 있다는 자책이 들 때나, 맥락을 전달하려다가 예리하지 못했다는 반성을 할 때도 즐겁지는 않습니다.

특히 인터뷰에 응한 내부의 구성원들은 거의 예외 없이 〈그것이 알고 싶다〉가 지속해서 대면하는 주요한 '난점'으로, 주기적으로 대면하는 이해관계가 충돌하는 주체들과의 갈등이나 대립의 문제와 특히 법적인 공방의 측면을 지적했다. K 또한 그가 겪었던 문제점과 더불어 자신이 모색했던 대응책에 관한 경험을 다음과 같이 술회했다.

> [이 프로그램이 종종 법적인 갈등이나 시시비비에 시달리다 보니 나중에는] 송사를 피해 가는 방법도 터득할 정도예요. (……) 법적으로 가를 부분은 알아요. 문제는 가처분 소송이거든요. 그거는 진짜 힘든 게 뭐냐면 제작을 하고 있는데 그것도 힘든데 소송이 들어오면 벅차거든요. 그래서 제가 쓰는 방법은 뭐냐면 방송 날짜를 특정을 안 하는 거죠. 계속 편집하니까 할지 안 할지 모르니까 그건 거짓말은 아니고 그 전날 방송 날짜를 예고하고 나가면 돼요. 물론 그러니까 면밀하게 조사를 해야죠. 제가 하도 당해 봤기 때문에 가처분은 굉장히 소모적인 거거든요. 저

는 이 가처분 결정이 굉장히 잘못됐다고 생각해요. 이걸 이용하는 사람은 약자는 아무도 없어요. 전부 가해자고 권력 있는 사람만 소송을 내요. [질문: 이런 일로 인해 움츠리는 효과도 생겨나지 않나요?] 그렇지요.

사회·고발적인 주제를 다루며 그 과정에서 다양한 이해관계를 가진 주체나 집단들과 '조우'하며 마찰이나 갈등을 경험하지 않을 수 없는 시사와 탐사 보도 프로그램의 경우, 이러한 갈등과 대립은 크게 낯설지 않으며, 조금 다르게는 제작진의 관점에서 적지 않게 상존하는 압박이나 부담을 느끼게 하는 요인으로 작용하기도 하는 것이다. 한편 이러한 쟁점은 사내에 '미묘한' 긴장이나 혹은 적지 않은 이견을 국면적으로 조성하기도 한다. 이 프로그램의 역사 속에서 과거에 발생했던 구체적인 사례를 잠시 논해 보자. 2003년 5월 10일 방송 예정이었던 〈그것이 알고 싶다〉가 제시한 '자선의 그늘, 구산동 결핵 환자촌 이야기'가 법원의 결정으로 방송 금지된 상황이 발생한 바 있다. 이 결핵 환자촌의 이사장 측이 낸 가처분 신청의 결정문에서 법원은 "SBS는 이를 방송하거나 제3자에게 인도할 수 없으며 목록 기재 물건(방송 테이프)에 대한 점유를 풀고 신청인이 위임하는 집행관에게 그 보관을 명한다"라는 판결을 하게 되면서, 방송 예정이던 테이프까지도 압수당하는 급박하고 '예외적인' 사태가 발생했다. 이러한 판결에 항의하면서 SBS 노동조합과 SBS 프로듀서협회는 성명을 내고 "법원의 이번 결정과 원본에 대한 압수는 취재의 자유를 침해하는 심각한 일"이라고 규정하면서, 회사 차원의 강력한 법적 대응을 촉구하기도 했다.[80]

당시의 상황을 전하는 〈SBS 노보〉에는 "사건이 진행되는 동안 보여주었던 사측의 '각별한 관심'이 순수하게만 느껴지지 않는 것은 이른바

80 〈SBS노보〉, 2003. 5. 30을 참조하라. 이 사안은 〈미디어 오늘〉과 MBC 〈미디어 비평〉도 전한 바도 있다.

'시끄러운 아이템'에 대해 사측이 그리 의연하게 대하지 못해 왔다는 그동안의 경험 때문이다"라는 함축적인 구절이 등장하기도 한다. 방송사는 전문 변호사 제도를 둠으로써 돌출하는 갈등이나 마찰을 생성하는 사안에 대비하고 필요한 지원을 제공하지만, 취재되는 대상과의 이견이나 갈등이 부상할 때마다 개인 PD가 짊어지는 심적인 부담과 체력적인 소진은 여전히 이들의 활동에 적지 않은 영향과 그늘을 드리우는 만만치 않은 요인이라고 할 수 있는 것이다. 한 언론학자가 설득력 있게 짚어 내듯이, 〈그것이 알고 싶다〉와 같이 인지도가 높고 투사되는 사회적인 기대가 상당한 시사 프로그램은 "기존 보도 프로그램의 한계를 극복하(려)는 시도였으며," 그러한 결과 "시기별로 [적지 않은] 어려움을 겪으며 고발 프로그램의 예정된 시련"과 극복을 통해서 단련과 정련의 과정을 헤쳐가게 되는 것이다(《PD저널》, 2010. 9. 6).

5. 'PD 저널리즘'을 둘러싼 대립과 논쟁 : 내부자 시각을 중심으로

언론학계나 사회적인 인식 속에서 기자 집단이 아닌 PD들이 제작하는 시사와 탐사 부문 프로그램을 제작의 특성이나 훈련과 구성적인 특징, 내부문화, 그리고 집합적인 지향성 등을 중심으로 'PD 저널리즘'으로 차별화시켜 부르기도 한다. 또한 주지하다시피 사회적으로 적지 않은 반향과 더불어 치열한 갈등을 배태한 '황우석 박사 사건'이나 '광우병 보도' 등과 관련하여, 일각에서 PD 저널리즘의 성취와 한계에 관한 뜨겁고 갈등적인 논쟁이나, 특히 후자와 관련된 정파적인 이해관계에 기초한 공격과 공방이 벌어진 사례들도 지금은 상대적으로 잦아들었지만 적지 않게 제기된 바 있다.

〈그것이 알고 싶다〉 또한 PD 저널리즘 계열의 대표적 작업으로, 연구진은 외부에서 제기하는 비판이나 문제의식에 관한 내부 주체들의 반응을 탐문하게 되었다. 이러한 측면과 관련하여 P는 먼저 기자들이 수행하는 저널리즘적인 작업과 비교하여 심대한 차별성이나 가치 판단을 길게 개진하지는 않았다. 그는 자신이 수행하는 작업의 완결성이나 이른바 '팩트'의 조밀한 구현과 관련하여, 상당한 수준의 점검이 이루어지고 있다는 측면을 강조하면서 PD들이 성취하는 작업과 관련된 자부심과 정당화가 깃든 입장을 표출했다.

> 실제로 제가 〈그것이 알고 싶다〉를 제작할 땐 PD 저널리즘에 대한 심각한 비판을 들은 적은 없습니다. 기사든 프로그램이든 결국 팩트와 완성도로 승부한다고 보고, 기자들의 그것과 비교했을 때 특별히 부족한 점은 없었다고 자부합니다. 내부적으로도 내레이션 한 줄, 자막 한 장이라도 팩트체크를 거의 병적으로 집착해서 완결성을 갖추려고 합니다. 오히려 PD들의 선입견 없는 궁금증이 시청자들의 궁금증과 시선이 비슷해서 유리한 점이 있다고 생각합니다. 기자들의 작업과 가장 큰 차별성은 소위 '데스킹'이 적다는 점일 겁니다. 물론 아이템을 정하는 큰 결정을 할 때는 팀장이나 CP의 컨펌이 있어야 하지만, 아이템이 정해지면 구성에 대한 조언을 듣는다든지, 내레이션이나 대사의 톤을 같이 상의하는 것은 첫 번째 시청자라 할 수 있는 선임 제작자의 조언을 고려하는 정도로 해석합니다.

연구진과 만났던 〈그것이 알고 싶다〉에서 일한 전 있는 T는 외부에서 제기되는 PD 저널리즘이 기자들이 주도하는 저널리즘과 비교할 때, '객관성'의 추구와 제작 관행상의 문제점이나 미비한 측면이 존재한다는 지적과 관련하여, 그러한 차별화에 관해 비판적인 문제 제기로 대응했다. 그는 양자 사이에 저널리즘의 추구와 소명에서는 심대한 차이가 없다는 시각과 더불어, '출입처제도'가 낳은 문제점이나 양자 사이의 거리감을 비판적으로 논하기도 했다.

저널리즘은 PD가 하든 기자가 하든 하나의 저널리즘 구현이어야 한다고 생각하고 있습니다. 기자가 한다고 해서 탐사 보도가 더 충실해지고, PD가 제작하기 때문에 포장과 장식에 치중하거나, 그러기 때문에 저널리즘의 본령을 잃어버리게 되고 하는 건 아니라고 봅니다. 사실 탐사 보도가 한국적인 방송 상황에서 제 역할 수행에 아쉬운 점은 우리의 보도 제작 시스템상 존재하는 출입처 기자단 제도가 아닐까 생각합니다. 과거 현장 제작 시절, 취재 사안을 확인하기 위해서 각 부처의 공보관을 접할 때 출입기자단과는 다른 대우를 받는 경우를 종종 느끼곤 했습니다. 기자들 역시 자기 기자단 소속이 아니라는 이유로 취재한 팩트를 공유하지 않는 걸 당연하게 여기는 풍조도 있었습니다. 그런 분위기는 지금도 마찬가지일 거라고 생각됩니다.

연구진과의 인터뷰에 응했던 〈그것이 알고 싶다〉의 제작 경험이 있는 또 다른 PD인 K 역시 T와 매우 유사한 의견을 제시했다. 그는 자신이 수행하는 작업을 PD 저널리즘이라는 공식적인 혹은 외부에서 종종 제기되는 '관행적인' 정의나 호명의 방식으로 정의하기보다는, 언론 내부의 생산자이자 광의의 사회적인 사안에 대해 조명하고 검증하는 책임과 역량을 발휘하는 주체로서 기자와 PD 간의 역할의 차별성이나 차이가 — 일각에서 제기하듯이 — 크지는 않다는 관점을 강조했다. 물론 기자들이 제작에 참여하는 시사 프로그램과 PD들이 생산하는 시사와 탐사 프로그램에 대한 관행적인 차이나 상이한 내부의 성향을 지적하는 시각이 학계나 언론 영역에 존재한다. 전자를 '구현된 사실의 전달자'로 후자를 '의견과 문제의식의 매개자'로 나누기도 하며, 후자의 경우 종종 'PD 저널리즘'이라는 명칭을 사용하며 구분하기도 한다. 언론학자 이창현은 이들 프로그램의 갈래와 비교를 다음과 같이 제시한 바 있다.

기자 저널리즘이 매일같이 발생하는 사건·사고를 보도하는 것에 충실했다면,

> PD 저널리즘은 일상의 취재 시스템에서 벗어나 자신만의 기획 프로그램을 만들어 냈다. 기자들이 정부를 중심으로 한 공식적인 출입처에 의존하는 정도가 높았다면, PD들은 뉴스 현장 속의 비공식적인 취재원을 발굴하려는 노력을 기울여 왔다. (……) 기자들이 양적인 균형과 객관적 사실 보도를 중시한다면, PD들은 주제에 대한 심도 있는 분석과 주관적인 스토리텔링을 중시[한다]. (……) 양적 균형과 객관적 보도를 중시하는 기자 저널리즘의 원칙으로 본다면 PD 저널리즘은 프로그램 제작 과정에서 제작자의 주관적 관여가 상대적으로 많은 것이며, 이것이 저널리즘의 기본 원칙의 관점에서 볼 때 문제의 소지가 있는 것이다. (《시사저널》 977호, 2008. 7. 8 기고문)

이러한 차이점에 주목하는 진단이나 문제 제기가 학술 영역을 넘어서, 특히 〈PD수첩〉의 광우병 관련 보도 등의 국면에서 이미 상당한 '정치적인' 쟁점 대상이 되었으며, 치열한 공방전을 촉발한 바도 있다. 동시에 'PD 저널리즘'이라는 용어가 이 작업을 수행하는 생산자 집단의 직업적인 특성이나 그간에 축적한 공공적인 기여에 충분한 관심과 이해를 주지 않으면서, 사회 내에서 정파적인 구별 짓기나 '의도된' 정치적인 공세에 수단적으로 활용되는 단면들도 엄연히 존재한다(김연식, 2011; 원용진 외, 2008).[81]

81 PD 저널리즘에 대해 우리 사회 내 보수 진영이나 일군의 학자들은 "결론을 미리 정해 놓고 짜깁기한다"라는 입장이나, "기자 저널리즘이 '사실의 전달'이라면 PD 저널리즘은 '사실의 (과도한) 창작'"이라고 대비하면서, 단선적인 정의 내리기와 함께 강한 비판과 일련의 공세를 취한 바 있다. 이러한 치열하게 담론화된 공방 속에서, PD들이 수행하는 작업의 특성이나 이들이 성취한 기획이 충분히 숙고되지 못하며, 상당 부분 의도적인 정치적 쟁점화 속에서 간과되거나 주변화된 측면들이 존재한다. 나아가 '기자 저널리즘'과 'PD 저널리즘'을 어떤 공유되는 영역이 없는 '적대적인' 혹은 대립이 되는 관계로만 설정하고, 특히 후자를 부정적으로만 호명하는 사례들이나 공방전이 불거진 국면이 언론장의 순치와 탐사 보도에 관한 공세적인 쟁점화가 거세진 MB 정부 시절이었다는 지적도 눈여겨볼 필요가 상당하다. 거시적으로 바라본다면, 이러한 시사·탐사 프로그램들이 대면하게 된 위기 상황에는 탐사 보도의 역할을 'PD 저널리즘'으로 호명하면서 공격

이미 매우 강하게 그리고 집합적으로 '정파적인' 주요 일간지들의 논조나 문제 제기와 비교하면, 방송 영역의 시사와 탐사 프로그램들이 정치적인 대립과 담론들의 치열한 '세력화' 과정에서 일종의 '타깃'으로 혹은 공세적인 비난의 대상으로 설정된 선례가 존재하는 것이다. 이러한 측면에 관한 관찰점을 제공하면서, 언론학자 R은 다음과 같은 비평과 더불어 PD 저널리즘의 위상과 역할을 설명한다.

> 저는 소위 'PD 저널리즘'에 대한 공격이 매우 정치적인 의도를 갖고 있다고 생각합니다. 이명박 정권의 출범 전후 'PD 저널리즘'에 대한 공세가 대대적으로 이루어졌다고 보기 때문입니다. 이를 통해 일련의 공영 방송의 순치가 이루어졌기 때문입니다. 그런 의미에서 'PD 저널리즘'을 특정해서 비판하는 것은 정치적 의도를 의심할 수밖에 없습니다. 그보다는 저널리즘 전반에 대한 비판 속에서 'PD 저널리즘'을 논해야 합니다. 나쁜 뉴스와 좋은 뉴스의 프레임으로도 충분히 이야기할 수 있는 것을 굳이 'PD 저널리즘'으로 특정해서 논의할 필요는 없습니다. '기자 저널리즘'은 '규범적'이라는 착시 효과를 내기 때문입니다. 그와 별개로 그래도 'PD 저널리즘'을 평가하자고 하면 저는 긍정성을 더 보고 싶습니다. 기자 조직의 상명하복 구조에서 볼 수 없었던 PD 조직의 수평적 구조는 의제 설정 능력에서 차별적이었고, 그로부터 한국 방송 저널리즘의 다양성에 공헌하였습니다.

PD 저널리즘의 한계나 '부정적인' 측면에 대한 일각에서 제기된 이러한 '문제점'이나 우려에 관하여 내부 생산의 주체인 K는 자신의 체험과 입장을 토로하면서, 또한 구체적인 프로그램의 사례들 들어가면서 강한 톤

적인 비판을 집중했던 보수 언론의 의도된 의제 설정과 이에 보조를 맞춘 정치권 내 특정한 이해관계가 집합적으로 담아내는 목적의 이면을 추정할 수 있는 것이다(《미디어스》, 2010. 9. 7; 김서중, 2013; 박인규, 2015; 최영묵, 2012; 최영재, 2014 등을 참조하라).

으로 반박하기도 했다.

> [필진: PD이기에 저널리즘의 전문성이 부족하거나 주관이 강하게 개입돼 있다 등의 의견들, 충분히 공인되거나 균질한 퀄리티가 나오지 않는다는 외부의 지적들이 있는데요] 답변: 어떻게 공박합니까? 그 말은 틀렸다, 이 말은 맞다. 이건 옳지 않다고 보고요. 기자들이 만든 것도 마찬가지고 PD도 마찬가지로 퀄리티가 좋은 게 있고 나쁜 게 있는데……. 예전에 [기자들이 만들던 시사 프로그램을] 굉장히 높게 평가했는데 그 뒤엔 별로라고도 느끼게 되었어요. 그런 프로가 있을 수 있고 아닐 수도 있다고 생각해요. 저는 PD 저널리즘이라는 게 따로 있는지 모르겠어요. 그러니까 꼭 PD 저널리즘과 기자 저널리즘이 달라야 한다는 생각은 안 해 봤어요. '어느 쪽이 더 낫다'도 아니라고 봐요. 그건 누가 어떤 내용을 가지고 어떤 식으로 방송을 했느냐가 중요한 거지. 저는 〈시사기획 쌈〉을 보면서 PD들보다 훨씬 잘 만들었다고 생각했어요. 반면에 〈PD수첩〉 같은 프로그램에서 제기되는 문제들을 기자들은 왜 제기를 못 했을까. 제기를 못 했으니까 [PD들이] 한 것이죠. 근데 그걸(일부의 문제를) 모아서 얘기하는 건 본질을 호도시킬 수 있다고 생각해요. 관심이 크게 가지 않는 논쟁이에요.

이 글에서 이른바 기자 저널리즘과 PD 저널리즘에 관한 이론적인 정의와 운용 측면의 특성과 관련된 숙련된 진단과 대비, 그리고 내부 구성원의 관점이나 학계의 입장들을 구체적으로 상호 비교하는 유형의 심층적인 진단이 반영된 작업을 논하기란 어렵다. 동시에 이 연구를 수행하면서 연구진이 만나게 된 PD들의 경우, 오히려 앞서 언급한 직능별 실천의 차이나 내부 문화와 성향의 변별점이 일부 존재하는 측면을 언급하거나 부분적으로 인정하기는 했지만, 자신들이 수행하는 작업의 과정에서 필요한 자료와 팩트의 구현이나 이를 충분한 점검과 설득력이 배어나는 조명의 노력으로 풀어내려 한다는 측면에서는 양자 간에 심대한 차이가 없다는 관점을 대다수가 강조했다.

고려해야 할 비교의 차원이 있다면, P가 앞서 논하듯이 보고의 체계에서 기사의 제작 과정에 이르기까지 기자들의 작업이 좀 더 확연하게 인지되는 위계적인 혹은 보다 강하게 훈육적인 문화 속에서 진행되며, 이들이 담당하는 '출입처'를 중심으로 정보의 수집과 취재 그리고 탐문이 주로 이루어지고, 상대적으로 강한 개입의 효과를 발하는 '데스킹'의 존재와 같은 장기간에 걸쳐 구성된 특정한 관행과 성향상의 차이를 보인다는 측면이다(김연식, 2011; 김연식·박홍원, 2011 참고). 또한 기자들의 경우, 통상적으로 기획이나 연작을 제외하고는 대다수 기사를 스트레이트 보도와 '형식적인 객관주의'에 — 혹은 '객관성의 신화'에 — 맞추는 방식으로 제공한다는 특징을 상당 부분 보인다. 이에 반해 PD들의 작업은 선정된 특정한 사안이나 이슈를 심층적으로 그리고 사회적인 문제의식을 녹여 내면서 추구하는 특성을 보인다.

즉 신입 기자 시절에 받게 되는 강도 높은 훈련과 그 이후에 형성되는 상당히 위계적이고 엄격한 기자 집단의 내부 문화가 포함하는 강한 데스킹의 역할이나 지속해서 발휘되는 제도적인 효과와 비교할 때, PD들이 중심이 되어 추구하는 시사 프로그램의 생산은 좀 더 집약적인 공동 작업이 요구되는 팀 단위로 이루어지고, 생산자 개인의 축적된 역량이나 관점이 기자 집단과 비교해 더 강조되며, 기자들과 비교할 때 선택과 추진의 측면에서 상대적으로 자율적인 기획과 구성의 단면을 드러내면서, 팀원들 간의 응집력에서 일정한 차이를 형성하는 것으로 판단된다. 〈그것이 알고 싶다〉의 경우 6명의 PD와 5명의 작가, 그리고 프리랜서와 AD 등의 보조 인력이 선정된 이슈에 관해 비교적 높은 자율성을 향유하면서 작업을 진행하며, 개별 팀 작업과 더불어 필요한 경우 일종의 '품앗이'의 형태로 협업을 실행한다는 측면 또한 일정 부분 고려할 필요성이 존재한다. 물론 이러한 양자가 발현하는 차이가 절대적이라거나, 양자의 저널리즘 영역 내 실천이 근본적으로 대조된다는 뜻은 아니다. 기자들이 추구한 활동에서도 일부는 그간에 심층 취재와 현장 탐사, 특집, 그리고 '내러티브 저널리즘' 등의 방식으로 사회적인 사안이나 현안을 심도 있게 진단하려는 노력과 문제의식을 보여 왔기 때문이다. 그럼에도 특정한 아이템의 선정에서 제작의 추진과 마무리에 이르기까지 PD들이 추구할 수 있는 상대적인 유연성과 집중도는 통상적으로 기자 집단이 추구할 수 있는 역할이나 취재 시스템의 방식에 비해 운신의 폭이 상대적으로 더 큰 것으로 판단된다. 특히 방송 영역의 경우, 대표적인 시사 프로그램들은 PD 집단에 의해 대다수가 생산되어 왔으며, 취재에서 진단과 구성에 이르기까지 이들의 관점과 경험이 일련의 주목할 만한 결과와 더불어 정련된 포맷의 구조화를 가져오기도 했다.[82]

조금 다르게 이 지점에서 〈추적 60분〉이나 〈PD수첩〉과 같은 기존의 대표적인 탐사와 시사와 보도 영역의 대표 주자들이 언론사 내외부의 갈등이나 공영 방송의 순치 등과 같은 거시적인 변화상이나 굴곡 등으로 인해 역할과 작업의 수행 과정에서 상당한 압박에 노출되고 한계를 보이고도 있으며, 이러한 측면과 더불어 인지도와 영향력의 측면에서 흔들리고 있는 '현실' 속의 단면들을 맥락화시켜 고려해야 할 측면도 존재한다. 즉, 기자 집단과 PD 집단 간의 사회화와 교육을 통해서 일정한 차별성을 형성하며 구현되는 '직능적인 전문성'이나 관행의 축적과 영향, 그리고 추구하

82 언론학자인 원용진 또한 "PD 저널리즘을 정치적 색안경으로 보려는 노력이 아직도 그치지 않고 있다"라고 지적하면서, "PD 저널리즘이 대중의 호응을 얻을 수 있었던 것은 저널리즘의 '객관성 신화'를 넘어 대중과 함께한다는 전통에 힘입은 바가 크다"는 측면을 강조한 바 있다(《미디어오늘》, 2008. 7. 2에서 인용). 동시에 연구진에게 의견서를 제공한 언론학자 O는 PD 저널리즘의 생산 주체가 숙고하며 일정하게 보완하고 개선할 필요가 있다고 판단되는 측면을 다음과 같이 논하기도 했다. "PD들에 대한 어느 정도의 '저널리즘 교육'은 필요하다고 생각합니다. 사실 확인 방식, 이 과정에서의 윤리적 문제, 여러 단계의 검증 장치 등은 시사적 이슈를 다루는 이들이 필수적으로 체화시켜야 하기 때문입니다."

는 관점상의 차이를 넘어서는 언론장 내부에서 구현되는 변화상이나 갈등 그리고 이들의 실천에 관여하는 거시적인 제도적 요인들을 마땅히 고려해야 하는 것이다.

이 논점과 관련하여 P는 특히 현재 언론 영역에서 감지되는 지상파 시사·탐사 프로그램의 정체 혹은 '부진'에 관하여 다음과 같은 소회를 밝히기도 했다. "소위 경쟁 프로그램이라고 할 수 있는 지상파 탐사 보도 프로그램들이 현재 직면하고 있는 비인기나 정체는 사실 〈그것이 알고 싶다〉에게 오히려 부담감으로 작용합니다. (……) 서로 특종을 해 내고 경쟁하는 관계가 되어야 내부적으로도 활력을 띠는 계기가 되거든요." P와 K 그리고 S는 SBS 개국 초기부터 출발하여 역할과 입지를 다지게 된 간판급의 프로그램에 대한 사내의 기대와 관심 또한 적지 않다는 경험을 연구진에게 들려주기도 했다. 특히 P는 〈그것이 알고 싶다〉의 20년 넘게 구축된 '역사성'이 주는 영향과 축적된 생산의 관행이나 꾸준한 정련화의 작업과 같은 맥락을 고려하면서, 자신의 역할을 다음과 같이 함축적으로 풀어냈다. "이 프로는 항상 그래 왔기 때문에, 어떤 내 개인의 능력보다도 프로그램에 쌓인 히스토리에 묻어 가는 거니까. 그래서 '거인의 어깨' 위에 서 있을 뿐이다라는 생각을 하게 되지요." P는 상당한 신뢰나 확신으로 〈그것이 알고 싶다〉의 생산 관행과 그간에 수행된 작업을 긍정적으로 판단했다. K와 S 그리고 N과 T의 사례에도, 현실의 난점과 제약을 논하면서도 내부 생산자들이 투사하는 일련의 노력과 크고 작은 어려움을 극복하려는 시도에 관해 자신의 체험을 중심으로 '진솔하게' 이야기한 바 있다. 연구진이 만났던 이 프로그램의 제작 경험을 가진 PD들 다수가 〈그것이 알고 싶다〉의 역할과 효과에 관해 내부자로서 느끼는 작업의 중압감과 한계를 짚어 내기는 했지만, 일정한 자부심과 가치를 강조하기도 했다.

6. 언론 영역의 위축 속 시사 콘텐츠의 비판성과 공공성의 문제

그럼에도 시사와 고발 프로그램의 대표적인 주자로 인지되는 이 프로그램의 한계나 혹은 충분히 '돌파'하고 있지 못한 단면들도 관찰된다. 다음에서는 지난 수년간 언론 영역에서 축적된 환경 변화와 제도적인 압박 속에서 관찰되는 시사·교양 프로그램의 위상과 위기, 문제점에 관해, 보다 구체적으로 논하고자 한다. 〈그것이 알고 싶다〉의 제작진에게 외부의 관찰자들이 주로 제기하는 비판은 이 프로그램이 '민감하거나' '예민한' 정치적인 소재와 쟁점적인 현안을 충분히 혹은 그러한 작업이 요구되는 국면에서 '기동력 있게' 그리고 심도 있게 추구하지는 않는다는 측면이다. 이 프로그램은 앞서 논했듯이 범죄나 실종 사건 혹은 사회적인 부조리와 의혹이나 불평등 등의 사안들에 다수 아이템이 집중되는 경향을 발현하기도 한다. 즉, '전성기' 시절의 〈PD수첩〉이나 대안적인 탐사 보도로 확연하게 굵직한 정체성을 구현하고 있는 '독립 언론'인 〈뉴스타파〉와 같은 탐사 프로그램이 지속해서 보여 주는 수준의 첨예하고 갈등적일 수 있는 정치적인 사안에서 공적인 인물들의 일그러진 행태나 정부의 문제적인 시책에 관해 집중력과 뚝심을 발현하는 진단의 개진, 그리고 사안의 전모를 진전된 탐사 작업으로 비판적으로 제시하는 집합적인 노력을 〈그것이 알고 싶다〉에서 '주기적으로' — 혹은 일관된 문제의식이 반영되는 연작으로 — 접하기란 쉽지 않다.

이러한 진단에 대하여 일정한 반론이나 이견도 부분적으로는 가능하다. 이 프로그램이 '광우병' 사태와 미국산 쇠고기 수입 협상 건이나 천안함 사건, 장준하 선생 죽음의 미스터리, 세월호 참사, 군 내부의 의문사 문제들, 인권이 크게 유린이 된 형제복지원 사건 등의 굵직굵직한 사회 현실과 공공적인 측면의 문제점을 다루어 온 일련의 사례들이 존재하기 때문이다. 그럼에도 최근 수년간 뜨거운 쟁점이나 탐사 보도의 심화된 진단이 요구되는 특정 정치적인 쟁점이나 현안에 대해 〈그것이 알고 싶다〉가 충분한 관심이나 기민한 대응을 보여 왔다고 판단하기는 쉽지 않다. 외부에서 제기되는 이러한 지적에 대하여 〈그것이 알고 싶다〉의 전직 CP와 PD는 한 언론과의 대담에서 다음과 같이 응답한 바 있다.[83]

> "퍼센트로 따지면 정치 관련 아이템이 적을 것"이라면서 (그는) "[SBS가] 정치적인 아이템을 선호하지 않는다는 뜻이 아니다. 정치 관련 아이템들은 뉴스에 많이 나온다. 뉴스에 매일매일 보도되고 있기 때문에 탐사 보도 다큐멘터리에서는 뉴스에서 매일 다뤄지는 아이템에 '+α'를 매우 중요하게 생각한다"라고 밝혔다. 그는 "'+α'라 함은 새로운 이야기, 새로운 팩트인데 이런 걸 찾기가 어려울 때가 있다. 그렇지만 꼭 다룰 것이 있다면 다뤄야 한다고 생각한다"라는 측면을 강조했다.
> [질문: 정치 현안 등 무거운 주제는 다루지 않는다는 비판도 있다. 프로그램이 연성화되고 있다는 지적에 대해서는 어떻게 생각하는지]. 답변: "무엇을 다루는가보다 얼마만큼 좋은 시각과 바른 시각을 가지고 아이템을 소화하느냐가 더 중요하다. 예를 들어 NLL(이나) 국정원 아이템을 다루더라도 이 사건을 하나의 논란처럼 치부해서 '이쪽에서는 이렇게 말했다 15분, 저쪽에서는 이렇게 말했다 15분'을 방영한다면 의미가 없다. 즉, 언론이 객관성을 가지는 건 좋지만 기계적인 객관성은 안 된다.

이러한 제작진의 반응이 함축하는 생산의 조건과 시사 프로그램의 역할을 중심으로 논의를 좀 더 세밀하게 풀어보자. 먼저 장구한 생명력과 만만치 않은 전통 그리고 적지 않은 사회적 주목을 장기간에 걸쳐 받아

83 〈헤럴드 미디어〉, 2013. 7. 1을 참조하라. 박기홍 전 CP의 답변 중에서 인용.

온 대표적인 시사 프로그램 생산자의 시각에서, 치열한 담론 공세와 더불어 이견과 충돌이 생성되는 뜨거운 정치적인 현안이나 정부와 같은 강력한 사회적 행위자를 대상으로 하는 탐사 보도의 실천은 적지 않은 부담과 더불어, 많은 시간이 소요되는 취재 작업과 세밀한 검증을 절대적으로 필요로 한다. 자칫하면 부족한 완성도나 제시된 자료 속의 오류나 부정확성의 문제 등으로 인해 '역풍'에 연루되거나, 심의에 회부되는 사례도 있다. 즉 법적인 충돌이나 극단적인 경우는 담당 생산자의 문책과 징계 등의 상황이 예견될 수 있기 때문이다. 특히 때로는 강하게 정파적으로 운영되는 측면을 드러내는 심의 기구와 심의 과정 또한 결코 무시할 수 없는 요인이기도 하다. 이 과정에서 조명되는 사건의 이면과 핵심을 포착하는 문제 제기의 근간 혹은 버팀목으로 작용할 수 있는 심층적인 정보의 확보와 구체적인 자료들의 발굴, 논리가 깃든 정교한 해독과 비판, 그리고 대항적인 증거나 책임 소재를 가리는 데 긴요한 증언이나 내부 고발자의 확보 등은 탐사 보도의 깊이와 질적인 역량 등과 관련하여 결코 간과할 수 없는 덕목들이다.

동시에 제작진에게 이러한 핵심적인 자료를 구하며 찾아내는 과정은 고단하며, 유의미한 돌파구가 마련되지 않으면 기획하거나 진행 중인 작업에 차질을 빚게 되고, 더 이상 제작을 수행하는 데 있어 확신을 품기 어려운 상황이 생성되기도 한다. 특히 시사와 탐사 보도 영역의 〈추적 60분〉이나 〈PD수첩〉이 내외부에서 제기되는 집요한 공세와 비난에서 법적인 마찰과 외부의 압력 등과 결부되는 상황이 생성하는 그간의 논란을 고려한다면, 정치적이고 갈등적인 사안에 관한 심층 보도를 수행하는 생산자 집단은 이러한 현실에서 상당 수준의 직간접적인 압박감을 느낄 수밖에 없다. 앞서 인용한 〈그것이 알고 싶다〉의 구성원 일부가 표출한 견해에서도 이런 측면들이 감지되고 있다. 위에 인용한 박기홍 전 CP의 발언은 '플러스 α'라는 명명법으로 이러한 사건의 핵심을 예리하고 설득력 있게 풀어내는 팩트의 필요성과 구현에 관해 논하며, 언론의 뉴스를 포함한 다수의 보도가 관행적으로 드러내는 '기계적인 균형성'을 이 프로그램이 취하지는 않는다는 점을 시사해 주기도 한다. 후자의 논점이 시사 프로그램이 '마땅히' 취해야 할 관점이자 기대되는 역할이라면, 전자의 경우는 깊이 있고 단련된 전문성의 추구, 그리고 이른바 두껍게 방어되는 '성역'과 권력 집단의 위세에도 분석과 검증을 포기하지 않는 사회적 책임감이 반영된 공공적인 의제의 강단 있는 추구와 실천 문제를 제기한다.

한편 박기홍 전 CP는 "그동안 〈그것이 알고 싶다〉가 스토리텔링으로 사랑을 받아왔는데 더욱 사회 현실과 가까워 보이는 쪽으로 제작하려고 노력하고 있다"라고 말하면서, "지난 방송에서 군사 정권의 의문사 사건에 이어 문대성 당선인의 표절 사건 등에 대해 강력히 비판했다. 탐사 보도 프로그램으로서 공익성 문제 등 사회현실을 비판하는 기조로 점차 바꿔 가도록 노력하겠다"라고 덧붙이기도 했다. 또한 내부 제작진의 일원이었던 이광훈 PD는 "미스터리한 사건을 추리하는 콘셉트이다 보니 사건이 중심이 됐고 정부 정책 등은 심도 깊게 들여다보지 못했다"라는 자성을 드러내며 "형식, 소재 등에서 변화를 모색 중"이라고 언론과의 인터뷰 과정에서 논하기도 했다(《미디어오늘》, 2012. 5. 7).

하지만 이러한 현실 속 사건이나 특정 이슈를 중심으로 추구되는 제작의 방향성이 치우쳤다거나 새로운 양식성과 소재의 변화를 추구하겠다는 식으로 제작진이 강조하는 '완곡한' 그리고 '미래형의 어법'만으로는 설명이 부족한 부분들도 분명히 존재한다. 〈그것이 알고 싶다〉가 다루어 온 주요 소재들의 경우, 지난 몇 년간 돌출된 '정치적인' 사안이나 공론의 장에서 뜨거운 쟁점과 의혹을 견인하는 현안들을 선정한 경우, '충분히' 그리고 '주기적'으로 접하기 어렵다는 관찰과 반론을 제기할 수 있기 때문이다. 참고로 〈그것이 알고 싶다〉는 그간에 매우 큰 논란과 진통을 야기한 'NLL' 관련 쟁점이나 국정원의 '선거 개입' 건 등과 같은 첨예한 — 혹은 '국기를

흔든' — 주요 현안이자 매우 갈등적인 사안들을 다루지는 않았다.[84]

〈그것이 알고 싶다〉의 포맷과 방향성을 구현하는 데 크게 공헌한 바 있는 홍순철 전 편성전략본부장은 지난 2010년 SBS 창사 20주년을 기념하는 특집에서 "(이 프로그램이) 소재주의로 가는 경향이 있는데 시스템을 문제 삼는 구조적 접근도 필요하다"라는 제언을 준 바 있다. 또한 이 프로그램의 제작진으로서 활약한 경험이 있는 최상재 (전) 언론노조 위원장도 "지난 20년간 〈그것이 알고 싶다〉가 해 온 역할에 분명 의미가 있지만, 우리 사회 절대 강자인 정치권력과 대기업은 피하는 것 아니냐는 지적이 있다"라는 관찰점과 비판을 제시하기도 했다(《PD저널》, 2010. 11. 12). SBS의 내부자들이 제시한 이러한 제언과 자기비판을 '지금 여기서' 성찰하면, 이미 몇 해 전에 제기된 문제점이나 대안의 추구와 관련된 고심이 깃든 대응이나 미진한 영역에 관한 성찰적인 탐구가 충분히 유의미한 결과로 나타나거나, 시간이 흐른 현재에도 여전히 활성화되고 있지 못한 단면들이 분명히 관찰된다. 이러한 측면은 〈그것이 알고 싶다〉만이 대면하는 현실이 아니라는 데에 보다 큰 문제가 있다. 정치권력에 관한 집중력과 기민한 비판의 날이 발휘되어야 할 탐사 보도가 순치되고 충분히 시도되고 있지 못한 징후들은 지상파의 다른 경쟁 콘텐츠에서도 이미 상당 부분 목격되기 때문이다. 관련 사례들을 들어보자. 앞서 언급한 최근에 한국 사회 내에서 제기된 주요 정치적인 현안 중에서 KBS의 〈추적 60분〉이 먼저 '서울시 공무원 간첩 사건 무죄 판결의 전말' 편(2013. 9. 7 방영)을 통해서 1심 재판에서 도출된 의혹을 추적한 바 있다. 하지만 MBC 〈PD수첩〉에서는 이 사안을 다루지 않았으며,

84 당시 〈그것이 알고 싶다〉의 두 번째 세월호 아이템 불방이 논쟁의 대상이 되고, 이어서 문창극 전 총리 후보의 교회 강연 발언 등의 주목을 받은 현안을 다루지 않음으로써 상당한 논란과 마찰이 SBS 내부에 생성되기도 했다. 이 결과 사측과 노조는 2014년 7월 4일에 '공정 방송 실천을 위한 공동 협약'을 체결했고, 새로 탐사 보도 팀을 구성하는 등의 변화를 위한 움직임을 보이기도 했다(《미디어오늘》, 2014. 7. 4 참고).

〈그것이 알고 싶다〉의 경우 이 사건과 관련된 쟁점의 조명이 부분적으로만 이루어진 바 있다.[85] 이 주제와 관련하여 특히 독립 언론이자 탐사 보도 미디어인 〈뉴스타파〉가 어려운 환경과 조건 속에서 '뚝심 있게' 보여 주는 일련의 작업과는 여러모로 비교와 대조가 되기도 한다.

전반적인 관찰점을 제시할 때, 양대 공영 방송의 탐사 보도는 방송사 내외부에서 제기되는 압박과 공격으로 표류하는 측면과 더불어 주요 정치적 쟁점과 현안에 관해 충분히 인상적이고 집약적인 조명을 하지 못한 것이다. 〈그것이 알고 싶다〉의 경우, 세월호 국면에서 기민한 대응을 보인 이후에 'NLL 관련 대화록의 유출'과 이른바 '영토 포기' 발언, 국정원이 연루된 일련의 사건들, 그리고 '성완종 리스트'의 의혹 등과 관련된 이면이나 복합적인 문제점을 짚어 내는 작업을 보여 주지는 못했다. 특히 정치권력이 직간접적으로 개입되거나, 우리 사회 내 미시적인 쟁점을 넘어서는 현안과 거시적 문제점에 관한 탐사 보도의 역량을 발휘하는 진단은 상대적으로 수동적이거나 '비활성화'되기도 하는 것이다.[86]

85 주요 시사 관련 프로그램의 한계에 관한 다음과 같은 강한 비판도 개진되고 있다. "뉴스의 몰락과 함께 탐사 보도의 명맥도 흔들리고 있다. 대한민국 최초의 탐사 보도 프로그램이라는 〈추적 60분〉과 〈시사매거진 2580〉에서 권력과 기업에 대한 비판을 찾아보기란 쉽지 않다. 결국 무늬는 탐사 보도지만, 알맹이는 교양 정보에 더 가까운 프로그램이 되었다"(《오마이뉴스》, 2015. 1. 12). 한편 〈그것이 알고 싶다〉의 경우, 2014년 7월 26일 '아가와 꼽새, 그리고 거짓말 — 여간첩 미스터리' 편에서 국정원과 검찰이 여성 탈북자를 간첩으로 조작했다는 의혹을 제기하는 과정에서 제보자의 실명이 담긴 국정원의 수사 보고서가 방송에 노출되었다는 — 사실이 아니었던 — 문제 제기가 외부에서 이루어지면서 '진실 공방'과 '보복 수사'라는 쟁점을 견인한 사례도 있다. 이 사안과 관련하여 〈그것이 알고 싶다〉의 팀장은 "신고자를 국정원 수사 보고서를 통해 노출했다는 내용이 수사의 핵심인데, 다각도로 체크해 본 결과, 신고자의 실명이 노출되지 않았고 국정원 답변서를 바탕으로 신고자 최씨를 찾아갔다"라는 답변을 제시하기도 했다(《미디어오늘》, 2014. 11. 18).

86 〈그것이 알고 싶다〉 1000회를 기념하는 세미나에서 발제를 맡은 송인덕(2015) 또한 "최근 우리 사회에서 발생한 굵직한 문제들, 국정원과 군의 선거 개입, 남북 정상의 NLL 회의록 공개, 서울시 공무원 간첩 조작, 세월호 참사, 성완종 리스트, 메르스 사태, 국회법 개정안, 국정원 사이

왜 이런 상황이 벌어지는 것일까? 물론 제작진에게 국정원과 같은 기밀 정보와 국가 안보를 다루는 기관에 대한 접근이 녹록하지 않으며, 정권의 핵심이 연계된 경우, 내부 구성원이나 제보자의 전폭적인 도움을 받는 일 또한 상당히 어렵다는 현실적인 상황과 제작의 난점을 고려할 제약으로 일부 거론할 수 있을 것이다(김상균 · 한희정, 2014; 김연식, 2011; 원용진 외, 2008). 나아가서 사회정치적으로 '뜨겁고' '예민한' 사건이나 정치권력과 긴밀하게 연계된 사안에 대한 취재와 탐사 보도의 실천에 관한 의지의 측면과 균형적이지 못한 심의 앞에서 무디어진 검증의 날, 그리고 이러한 제도와 규범 차원의 조건들이 영향을 발휘하면서 내부에서 생성되고 축적되는 압박과 부담감, 순치와 우려, 그리고 자기 검열 등의 단면들 또한 부분적으로는 추정이 가능할 것이다. 이 지점에서 다음의 언론 기사는 미디어 비평과 주요 시

버 사찰 등의 사안을 [사회 고발과 탐사 프로그램들이] 얼마나 심층적으로 다루었는가를 되돌아봐야 할 때"라고 지적했다(《노컷뉴스》, 2015. 9. 4). 그는 민주언론시민연합이 2013년 11월 3일에서 2014년 2월 15일까지 지상파의 주요 시사 프로그램들과 비영리 독립 언론인 〈뉴스타파〉를 모니터링한 자료를 중심으로, 시사 고발과 탐사 보도의 현황을 구체적으로 제시한 바 있다. 분석의 결과 지상파 3사에서 공통적으로 정부의 정책과 정치권력을 대상으로 한 비판적인 보도와 감시 기능을 담은 사례들의 비중은 상당히 낮았다. "정부 · 정책 · 공기업 관련 보도 비율은 〈뉴스타파〉가 36.6%에 이른 반면에 KBS 9.3%, MBC 7.8%, SBS 3.0% 등에 그쳤다. 3사가 모두 정부를 비판하는 민감한 내용의 보도를 비껴간 셈이다. 특히 국정원 대선 개입, 민간인 불법 사찰, 공무원 간첩 사건, 박 대통령 평가, 아프리카박물관 인권 침해, 철도 민영화 논란, 송전탑 주민 피해 등 현 정권과 관련 있는 주제에서 〈뉴스타파〉는 40건(전체 대비 13%)의 보도를 냈다. 반면, 방송 3사 중 [조사 기간 중] KBS 〈취재파일 K〉에서만 국정원 대선 개입에 대해 딱 한 번 다뤘다. SBS는 MBC와 KBS와는 다른 주제의 보도에 집중했다. SBS의 범죄 비리 보도는 전체의 20.9%, 인간 관심사 보도는 28.4%에 달했다. KBS는 인권 · 복지 보도가 14.7%, 경제 보도 13.3% 등의 순으로 비중을 차지했다. MBC의 경우 기업 13.7%, 인권 · 복지 13.7% 등의 순서로" 다룬 것으로 나타났다. 송 교수는 "SBS는 국가와 공영 방송 간의 관계와 달리 상대적으로 정책적 외압의 영향이 적었기 때문에 SBS가 PD 저널리즘을 유지할 수 있었다"라고 논하면서, "사회 구조적 이슈와 정치적으로 민감한 이슈에는 상대적으로 소홀했던 것으로 평가받을 여지가 있다. 두 공영 방송의 사회 고발 프로그램 쇠퇴의 반대급부를 [SBS가] 유리한 방향으로 받았을 개연성이 있기 때문"이라는 견해를 제시하기도 했다(《미디어오늘》, 2015. 9. 9 인용).

사·탐사 프로그램의 생산 주체들이 개진하는 현실 인식을 중심으로, 이런 중첩된 문제점들에 대한 진단과 추론을 복합적으로 제공한다.

> 지상파 시사·탐사 보도 프로그램에서 이번 (국정원) 사건을 다루는 게 어려운 것은 아이템을 채택하는 과정에서 내부 통제가 작동된 지 오래되다 보니 제작진 스스로도 자기 검열이 일상화되어 있다는 지적이다. 이와 별도로 국정원 접근이 제한돼 있는 상황도 발목을 잡는 요인이라는 하소연도 있다. 4대강, 천안함, 국정원 사태 등 민감한 정부 정책이나 사안을 다룬 제작진이 불이익을 받거나 심의 과정에서 징계를 받으면서 위축될 수밖에 없는 조건이 성립되었다. 한 방송사 PD는 "지난 정권, 이번 정권 상관없이 정권에 민감한 아이템을 다루는 데 윗선에서 불편해하는 기색이 있다. 그리고 심의 등 제재를 받는 걸 보면 다른 PD들도 영향을 받을 수밖에 없다"라고 말했다. 실제 KBS 〈추적 60분〉 '서울시 공무원 간첩 사건' 편이 불방 파문을 겪으며 우여곡절 끝에 방송됐는가 하면, 해당 방송이 나간 이후 방통심의위로부터 방송심의규정의 공정성과 재판이 계속 중인 사건 조항을 위반한 혐의로 법정 제재인 '경고'를 받았다. 제작진은 이에 부당함을 느끼고 행정심판을 제기하기로 했지만, KBS 경영진의 철회 지시로 행정심판은 제기조차 못 하게 됐다. 그러나 증거 조작이라는 표면적인 문제뿐만 아니라, 국정원 중앙합동신문센터의 인권 유린 문제와 국정원의 탈북자 사후관리 문제 그리고 추가 간첩 조작 의혹까지 제기되고 있는 상황에서 시사 프로그램이 수수방관해서는 안 된다는 질책의 목소리도 나온다. (《PD저널》, 2014. 4. 2)

이 기사는 복수의 취재원의 — 특히 공영 방송의 내부자들 일부의 — 목소리를 빌려 시사와 탐사 프로그램들이 직면해 온 그리고 이들의 활동에 직간접적·부정적인 영향력을 발휘하는 방송사 안팎의 상황과 문제점들을 추정하게 해 준다. 어떠한 우려와 자기 검열 혹은 순치 등과 같은 심적·제도적인 압박이나 문제적 단면이 생산자 집단 내부에 존재하는지를 일정 부분 환기하고 또한 유추할 수 있게 해 주는 것이다. 앞서 인용한 자료를 읽다 보면, 치열한 사회적인 쟁점과 특히 돌출된 정치적인 현안을 둘러싼 주요 이슈들에 대한 예리한 진단과 동태적인 점검이 제대로 구현되지 못한 시사·탐사 프로그램의 위축되고 '둔화'된 활동을 부분적으로 엿볼 수 있다. 혹자가 이러한 내부자들의 반응이나 이를 전하는 언론의 관점에 일부 경사진 측면이 있다고 지적한다 해도, 한국 사회 속 대표적인 시사와 고발이나 심층 취재 프로그램들이 사회 내에 축적되고 있는 갈등과 이견 그리고 부조리와 정치권력의 난맥상에 관한 예리한 진단과 주체적인 역량을 충분히 보이고 있지 못하다는 측면에 공감할 언론학자들이 상당수 있으리라 판단한다.[87] 이러한 매우 문제적 측면은 사내에서 발휘되는 우려나 경계의 시선과 압박을 대면하면서도, 정론과 비판 정신을 고양하고 이를 권력에 대한 비판과 성역을 의식하지 않는 취재와 진실의 추구로 화답해야 할 방송 저널리즘과 시사·탐사 보도의 위기 상황을 강하게 각인시켜 준다. 언론학자 O는 이러한 측면을 다음과 같이 비판적으로 진단

87 요컨대 주요 시사와 탐사 프로그램을 대상으로, 당시 제기된 압박과 견제나 조직 내부에서의 '촘촘한 통제'와 회유 등이 직간접적으로 행사된 상황을 상당히 복기할 수 있는 것이다. 특히 지상파 방송 영역의 내부 주체들이 관련 국면에서 상당히 동요했으며, 구심점을 잃고, 시사성과 파장이 높은 주제를 회피하거나 상당 수준의 '자기 검열의 내면화'가 작용했던 측면도, 관련 인물군을 나눈 복수의 언론 보도를 통해 접근할 때 일정 부분 추정이 된다. 이런 측면은 언론의 제도사나 비판 저널리즘의 렌즈로 후속 탐구와 기록을 단단하고 깐깐하게 구현할 필요성이 크다(〈미디어오늘〉, 2015. 12. 13; 〈PD저널〉, 2015. 12. 30; 〈오마이뉴스〉, 2015. 8. 20을 참조하라). 한편 방송 영역 내부의 저널리즘 작업에 영향을 미치는 '통제 요인'에 관한 내부 주체들의 인식 변화를 실증 연구로 분석한 김연식(2014)의 작업은 기자와 PD 집단이 2008년에 비해 2013년에 더 많은 통제의 압력을 느꼈다고 응답한 결과를 제시한 바 있다. 또한 박인규(2010)의 연구는 '정부의 의제에 갇힌 공영 방송'이라는 문제의식에 집중하면서, 경영진이 인사와 기획 및 편성에 다양한 방식으로 개입하면서, (탐사) 보도의 기능을 의도적으로 축소하거나 특정한 방향으로 굴절시키며, 정치권력이 불편해할 수 있는 콘텐츠의 생산을 봉쇄하거나 제어하는 측면을 비판적으로 복기해 내기도 했다.

한다.

> 요즘의 PD 저널리즘은 1990년대 중후반이나 2000년대 초반과는 다소 다른 양상입니다. 스토리를 입힌다는 의미에서 '오락성'은 과거보다 더 강조되었으나, 사실을 밝힌다는 의미에서 광의의 '환경 감시'의 역할은 감소되었습니다. 'PD 저널리즘'의 장단점을 따지기에 앞서, PD 저널리즘의 위기입니다. [현 상황에서 탐사와 시사·고발 프로그램들은] '정체'되어 있습니다. 구조적 비판을 포기하고 개별적 분노에 집중하는 경향이 있습니다. '탐사'는 있지만 '고발'은 없습니다. 〈그것이 알고 싶다〉만의 문제라고 생각하지는 않습니다. (언론학자 O의 의견서)

사회적 약자나 유명인이 아닌 개인들이 연루되는 특정한 사건과 사안을 예리하고 민첩한 탐사와 완성도가 높은 양식의 구성으로 풀어내는 〈그것이 알고 싶다〉의 경우, 시간을 두고 구축한 포맷의 강점이 매우 특징적이며, 지금까지 상당한 역사성을 발휘하면서 공적 존재감과 역할을 발현하고 있다고 판단할 수 있을 것이다. 그럼에도 시민들의 알 권리와 밀접하게 결부되며 민주적인 질서의 작동과도 긴밀한 연관성과 함의를 발휘하는 주요한 정치적이고 쟁점적인 사회 현안에 대한 조명과 끈질긴 탐사는 기민하게 그런 역할을 발휘한다고 판단하기가 어려운 것이다.

7. 사회적 책무성의 위기와 시사 프로그램의 위상

> 현재는 1990년대부터 구성된 공영 방송 모델에 관한 사회적·정치적 합의가 신자유주의 세력의 이데올로기 공세에 의해 사실상 해체된 상황이라고 판단합니다. 따라서 공영 방송의 근간이 된 공공적, 사회적, 비판적 저널리즘의 역할도 그에 조응하여 무력화된 상태라고 봅니다. 〈PD수첩〉에서 〈그것이 알고 싶다〉는 물론

이고, 저널리즘 전체가 사회 비판, 권력 감시의 역할을 거의 제대로 짊어지지 못하고 있는 게 그런 상황을 여실히 입증합니다. 시사 고발, 탐사 프로그램이 그 지정된 사회적 역할, 정치적 책임을 짊어지지 못하는 불능의 상태라고 말할 수 있겠습니다. 그런 실패는 사회적 위기, 정치의 위험을 더욱 가중합니다. (언론학자 U의 의견서)

이제 이 작업이 주목한 〈그것이 알고 싶다〉의 사회적인 그리고 공공적인 역할과 성취와 한계에 관하여 함의와 더불어 종합적인 관찰점을 제시하고자 한다. 앞 장에서 상술했지만, 이 프로그램은 시민 주체들 상당수가 알지 못했던, 그리고 개입과 조명의 시선이 (여전히) 필요한 범죄 사건이나 우리 사회 내 병리 현상과 부조리들을 매우 세밀하고 밀도 있게 진단하는 역량을 구현해 왔다. 이러한 과정에서 장기간에 걸친 숙고와 숙련된 제작 경험의 축적을 통한 협업의 전문성과 포맷의 완성도를 상당한 수준에서 구현해 왔으며, 그러한 측면에 연동하는 대중적인 관심과 기대 또한 상당히 크다. 〈그것이 알고 싶다〉가 천착해 온 우리 사회 내부의 그늘지고 쟁점적인 사안들에 관한 치밀한 복기와 의문점의 제기가 발현하는 담론 작용, 그리고 사회적 정의와 부조리의 문제를 예리하게 캐묻는 과정을 통해서 발현되는 제도와 법적인 측면의 개선책이나 반영을 견인해 내는 의제 효과는 상당한 의의와 반향을 주기적으로 발휘한다(홍경수, 2015). 현재 방송 영역 내 사회성을 개진하는 프로그램의 부진과 심각한 불안정성을 고려할 때, 혹자는 이 프로그램이 '고군분투'하고 있으며, 공적인 존재감을 홀로 발휘해 오고 있다는 평가를 일정하게 내릴 수도 있을 것이다.

전규찬(2015a: 9~19)은 〈그것이 알고 싶다〉가 재현하는 어둡지만 강렬한 "(비)극적인 텔레비전 풍속도"와 일상 속의 무수한 충격적인 사안들을 감각적으로 엮어 내는 "현실의 미스터리한 진술문"(들)이 발휘하는 "충격적인 각성의 효과"와 대중을 기민하게 "유인"하는 역할에 주목하면서, 이러한 대중이 선호하는 스토리텔링이 "거시적인 조망보다는 미시적인 추적에 맞춰져" 있는 한계를 짚어 내기도 한다. 동시에 그는 이러한 '망원경보다는 현미경에 가까운 탐사' 작업이 발현하는 '사건화된 현실'에 집중하며, '중독성'이 강하기도 한 이 프로그램의 특징과 감각적인 호소력을 매서운 비판만이 아닌, 보다 복합적인 진단과 사유의 방식으로 풀어낸다.[88] 그는 이러한 미시적이고 촘촘한 재현적인 특성과 동시에 일정한 한계를 보이는 이 프로그램의 특성을 인지하면서도 〈그것이 알고 싶다〉가 외면적으로 선정적이거나 엽기적인 사건들을 다수 다루되, 소재적인 차원의 집중된 조명과 복기를 넘어서서 "사건 배후의 사회적 책임과 정치적 함의"를 드러내는 — 혹은 "범죄 사건을 우리의 구조적 문제로 인식시키는 단초를 공급하는" — 수용자들을 대상으로 한 '말 걸기'의 역량이 발휘하는 '문화정치적인' 함의와 잠재성을 부각하기도 한다.

반면에 만만치 않은 역사성과 전통을 가진 이 프로그램이, 현 언론장에서 일정한 활동 영역을 공유하는 시사와 고발 그리고 탐사 프로그램들이 위기와 압박을 겪어 가며 무디고 위축된 활동상이나 궤적을 발현하는 현실에서, 앞서 지적했듯이 돌출된 정치적인 이슈들이나 쟁점들에 대한 심화된 진단과 날카로운 검증 측면에서는 충분히 인상적이지 못한 — 즉 개별화된 의혹과 진상 추구를 넘어 발현되는 광의의 정치적인 이슈에 관한 관심과 동력을 끈기 있게 투사하지 못하고 있는 — 부분들 또한 마땅히 지적할 수 있다. 부연하자면 이 프로그램의 내부자 일부가 언론과의 인터뷰에서 이미 밝힌 바 있는 소재와 포맷 측면의 변화 추구나 대안적인 방

88 그(2015b: 4)는 이러한 측면을 다음과 같이 풀어낸 바 있다. "정통 탐사 보도 프로그램이기보다는 재미를 추구하는 예능이나 교양 프로에 가깝다는 평가, 자극적인 소재에 집중하는 가벼운 방송이라는 비난을 종종 받는 까닭도 〈그것이 알고 싶다〉가 취하는 바로 이런 범죄 사고 중심의 소재주의와 현미경적 탐사라는 기본 성향에서 비롯된다."

향성의 모색과 점검 또한 그간에 충분히 각인될 만큼의 결과나, 사회정치적인 의제와 쟁점에 기민하게 대응하는 고심된 노력으로 이어지고 있다고 판단하기는 어렵다.[89] 이미 적지 않은 미디어 비평 담론이나 관련 학자들이 지적했듯이, 내부 생산의 주체들이 그간에 표명했던 입장과 생산된 내용 사이에 일정한 '괴리'와 거리감이 분명히 관찰된다.

한편 어째서 이러한 측면이 발현되는지를 논하기 위해서는 더 집중적인 방식으로 내부의 상황이나 제작진의 인식을 심화된 생산연구와 담론 분석 또는 '국면 분석' 등을 활용하면서 다층적으로 그리고 조직적으로 탐구하는 기획들이 향후 요구된다. 즉, 그간의 〈PD수첩〉 관련 재판이나 보수 언론 등이 주도한 공격과 집요한 비난들, 그리고 시사 프로그램을 대상으로 한 '표적 심의' 등의 문제는 이들 영역의 생산자들을 움츠리게 하며, 현재 전개되고 있는 상황과 관련하여 방송사 내부에도 시사와 탐사 프로그램의 방향성이나 역할에 대한 이견과 고민, 그리고 특히 경영진과 제작진 사이에 상당한 입장의 차이들이나 주기적으로 재연되는 마찰과 갈등 등이 존재한다고 판단된다. 〈그것이 알고 싶다〉의 경우, 이러한 방송 저널리즘의 환경 변화와 더불어 외부로부터의 압박을 대면하며 다수 시사 프로그램들이 순치되거나 부유하는 상황에서, 대중이 반응하는 일련의 부조리하고 공분을 불러일으키는 사안들에 집중하는 전술적인 초점과 생산의 특화된 관행을 모색한 것으로 판단된다.

이는 수용자들의 촉각과 반응이 어디로 향하고 있는지를 면밀하게 탐색하면서, 동시에 장기간에 걸쳐 인지도가 이미 확립된 이 프로그램의 강

89 참고로 박상욱 〈그것이 알고 싶다〉 (전) 팀장은 한 언론과의 대담에서 "NLL과 국정원 정치개입 문제 등 뜨거운 감자로 떠오르고 있는 사회 이슈를 피해 갈 생각은 없다"라고 말하면서 "다만 워낙 민감한 사안인 데다가 그동안 나온 내용을 정리하는 수준에서는 방송할 수 없기 때문에 〈그것이 알고 싶다〉 식으로 접근할 수 있는 계기가 있는지 계속 지켜보고 있다"라는 의견을 밝혔다(《PD저널》, 2013. 7. 2).

점과 체화된 방향성을 적극적으로 활용하고 연마하는 작업으로도 판단된다. 또한 언론과의 인터뷰에 응한 이 프로그램의 생산자들은 사회적 의혹과 부조리함 그리고 진상을 예리하게 파헤치는 측면을 애초부터 이 프로그램이 추구한 차별적인 좌표이자, 역사적으로 구축된 정체성이기도 한 미스터리와 시사 고발의 특화로 '정당화'하기도 한다. 즉 상업성과 대중성을 고려하는 SBS의 방향성과 내부의 생산 주체들이 지향하는 일정한 수준의 공공성이나 사회적 책무감이 '불균등'하게 결합이 된 형태로 〈그것이 알고 싶다〉의 핵심적인 성격과 기능이 구조화된다고 볼 수 있는 것이다. 여기에 더해 특히 지난 몇 해간 '미스터리 다큐멘터리'로 출범한 이 프로그램의 정체성이 정련된 스토리텔링의 역할에 호응하는 대중의 지속적인 관심과 더불어, 다른 시사와 탐사 프로그램들의 부진과 맞물리게 되면서 "비판 저널리즘의 대명사"라는 — 보는 관점에 따라서는 여전히 '논쟁적인' — 인지와 평가를 얻게 된 사회적 측면과 언론 영역 내 기류가 존재하기도 한다.[90]

한편 언론 제도 내에 축적되는 보다 '본격적인' 탐사 고발 프로그램들이 심각한 굴곡과 파행을 겪으면서, 자신들에게 집중되는 사회적 '기대'와 '역할론'으로 인해 〈그것이 알고 싶다〉의 생산 주체들은 상당한 책임과 부담감을 느끼기도 하며, 직간접적 학습 효과도 체득한 것으로 보인다. 동시에 이 프로그램 내부의 주체들은 이 프로그램이 성취한 주요 작업이 발휘하는 역사적 함의와 사회적인 기대를 인지하면서, 탐사 저널리즘이 지향하는 사회적 정의와 인권, 약자 보호 등의 덕목을 실천하기 위한 전술적인 실행이나 타협책과 대안을 부분적으로 추구하기도 한다.

90 〈그것이 알고 싶다〉가 SBS가 제공하는 대표적인 '공익' 프로그램이자 그간에 축적된 언론 영역 내 변화로 인해 '비판 저널리즘'의 주요 행위자로 인지되는 측면과 관련하여, 어떤 유형의 공공성과 비판성의 추구이며, 동시에 이 프로그램의 한계와 맥락성에 관한 심층적인 질문이 지식 생산과 비평 담론을 매개로 더 예리하게 제기되고 탐구될 필요성이 상당한 것이다.

특히 이 프로그램이 발현하는 그러한 전술적인 대응과 선택의 방식은 정치권력의 감시나 특정 사회정치적 사안의 구조적·갈등적인 면모를 동적으로 파헤치며 보다 심층적인 검증의 힘을 도모하기보다는, 부조리와 불합리함, 사회적 정의의 실종이나 비리와 특권의 행사 등에 민감한 대중의 감정 구조를 주로 반영하는 방향으로 집중된다. 이와 함께 〈그것이 알고 싶다〉가 상징적 차원의 비판적 메시지를 매개·촉발할 수 있는 세밀한 재현 작업에 적극적으로 주력하는 측면을 드러내기도 한다. 김선영 비평가는 이러한 측면을 다음과 같이 설득력 있게 조망한다.

> [〈그것이 알고 싶다〉의 방향성이] 시장 중심주의와 언론 탄압의 시대를 버티기 위한 생존 전략이었음은 2013년부터 증명된다. 2013년부터 〈그것이 알고 싶다〉에서는 그동안 강화해 온 스토리텔링 기법에 우리 사회의 새로운 트렌드가 된 시대적 '공분'을 녹여 내 폭발적인 시너지 효과를 발휘하기 시작한다. 여대생 공기총 청부 살해죄로 구속된 영남제분 회장 부인의 호화 수감 생활, 특권층 귀족학교로 전락한 국제중 스캔들, 형제복지원 사건, 윤 모 일병 사건으로 재조명한 군대 폭력 문제, 세월호 참사 특집 등 화제의 에피소드 중심에는 어김없이 사회의 구조적 모순에 대한 '공분'과 비판이 있었다. 〈그것이 알고 싶다〉는 지금 제2의 전성기다. 그러나 그 목소리에는 TV 시사 저널리즘의 마지막 '생존자'로서의 자존심과 비애가 동시에 느껴진다. (《경향신문》, 2015. 1. 22)

이러한 결과 이 프로그램이 구성적 짜임새와 역량이 각별한 스토리텔링을 발휘하지만, 공적 의제나 뜨거운 정치적인 쟁점의 진단은 간헐적으로 이루어지며, 주요 사회경제적인 현안들에 — 예컨대 노동과 양극화의 단면들, '헬조선'으로 호명되는 빈곤과 청년 실업, 거시적 사회 정책의 파행 등에 — 대한 동태적이고 밀도 높은 조명은 크게 추구되지는 않는다. 제도나 공적인 기관들이 방기하는 개인의 상처와 사회적 병리 현상의 미시적이고 집중된 진단과 의제의 환기는 꾸준히 제기되고 있지만, 이를 선이 굵고 거시적인 문제 제기나 우리 사회 내 핵심적인 지배 권력의 행태와 정치적으로 살아 있는 쟁점과 현안을 예리하게 파고드는 작업은 일부만이 이루어지고 있는 것이 현실이다.

이러한 생산을 둘러싼 내부의 실행이나 외부에서 지적하는 한계가 주기적으로 발현되는 측면과 관련하여, 연구진이 만났던 〈그것이 알고 싶다〉의 제작을 담당했던 PD인 S는 이 프로그램의 생산 주체들이 당면하고 있으며, 시사 프로그램의 위상 및 역할과 관련된 사내 내외부의 복합적인 동학과 압박을 다음과 같이 압축적이고 진중하게 풀어낸다.

> 〈그것이 알고 싶다〉가 정치 현안을 자주 다루지 않아 온 이유에는 포맷의 한계를 고려해 제작진이 기피한 점, 타사 시사 프로그램과 차별화하려는 포지셔닝, 다른 사내 프로그램과의 역할 분담 등이 있습니다. 그러나 타사 시사 프로그램이 제 역할을 못하게 되면서는 그런 역할을 대신하리라는 시청자들의 기대도 있고 그에 부응하고자 하는 내부 제작진의 의지도 상존하고 있습니다. 회사도 〈그것이 알고 싶다〉에 대한 시청자들의 호응을 의식해서 적극적으로 아이템을 통제하지는 못하고 있습니다만, 정치적 부담과 조직에 대한 압력 등을 갖고 있는 상태고, 그것이 연출자들에게도 직간접으로 전달되기도 합니다. 자기 검열도 존재하는 게 사실입니다. 그런 긴장 관계 속에서 어느 쪽의 힘이 더 강한지에 따라, 그리고 사안이 가진 파괴력의 경중을 데스크가 어떻게 계산하는지에 따라 방송이 되기도 하고 그렇지 않기도 합니다. '천안함'이나 '세월호' 같은 경우에는 제작해야 한다는 힘이 더 크기도 했고 내용이 프로그램 포맷에 적합하다는 판단도 데스크를 설득하는 데 유리하게 작용하기도 했습니다. 광고주의 압력, 권력의 압력, 조직 자체의 보수성, 제작진의 자기 검열 등을 극복하는 것은 탐사 프로그램을 만드는 사람들이 끊임없이 고민해야 할 과제들이라고 생각하고 있습니다.

다소 단적으로 표현하면, 〈그것이 알고 싶다〉의 복합적인 정체성의 구성과 제공되는 콘텐츠의 이면에는 앞서 S가 제기한 내부 주체들의 판단과 조율의 과정, 민영 방송이 보다 촉각을 세우며 주목하는 시청률 등의 이해관계가 작용하고 있으며, 회사 내외부에서 생성되는 제도적인 압박을 고려하면서, 특정 주제로의 '선별적인' 집중 등의 흐름과 전술적인 판단이 기획과 생산의 단면 속에서 복잡하게 교차하고 있는 측면을 일정 부분 추정할 수 있다.[91] SBS 내에서 복수의 시사와 교양 프로그램을 다수 제작한 T 또한, 연구진과의 만남에서 이러한 비판과 검증 작업이 충분히 추구되고 있지 못한 상황을 다음과 같이 비판적으로 풀어내기도 한다.

> [사내 시사 프로그램이 직면하고 있는 한계와 관련해서] SBS라는 [민영 방송인] 회사 정체성의 문제에 기인하는 게 아닐까 생각이 됩니다. 대주주나 경영진은 SBS가 건전한 저널리즘을 구현하는 측면에서는 실제로는 크게 의미 부여를 하지 않고 있다고 봅니다. 보도와 교양, 오락이라는 편성의 주요 세 요소 가운데 하나를 이행하는 정도로만 최소화해서 시사 프로그램 역할을 설정하고 있고, 일선 제작진에게도 역시 그렇게 요구한다고 생각합니다. 그런 가운데 CP나 국장, 본부장 등이 누구냐에 따른 개인 성향에 의해 나타나는 효과나 차이들을 무시할 수 없다고 봅니다.

91 즉 공영 방송이 아닌 민영 방송으로서의 경영진의 판단이나, 프로그램의 방향성에 관한 사내의 관심과 우려, 그리고 내부에서 충분히 구축되고 집합적으로 이어지고 있지 못한 탐사 저널리즘의 전통과 정체성의 구현과 같은 복합적인 요인들이 이 프로그램의 성장과 전반적인 역할 및 위상에 적지 않은 영향을 끼쳐 온 것으로 추정된다. 인터뷰 대상이었던 K도 〈그것이 알고 싶다〉가 설정하는 주제의 범주나 성격과 관련하여 "(경영진은) 아주 민감한 걸 하길 원하지 않고, 아주 질 낮은 걸 하길 원하지 않고, 정치적 사안을 포함해 튀는 걸 원하진 않아요. 일종의 중간을 가길 원해요"라는 매우 함축적인 관찰점을 제시하기도 했다.

이러한 측면과 관련하여, 한 언론학자는 "저널리즘의 장 자체가 와해가 되고 역량이 위축된 상태에서, 간첩 사건이자 국가 정보 기관이라는 민감한 문제를 취재하기 불편해하고 편성하지 않으려 하는 근본적 한계가 존재한다"라고 비판적으로 짚어 내면서, "양심 있는 방송사라면 자신들이 방송에 대한 불이익을 떠맡으면서 내부 언론인들이 취재할 수 있게 해 줘야 하는데 그렇게 안 하려는 비정상성이 내재화되어 있는 게 문제"라는 관찰점을 제시한 바 있다(《PD저널》, 2014. 4. 2).

이야기의 굽이를 돌려, 2015년 9월 초에 1,000회 제작을 기념하는 이 프로그램이 시도한 3부작을 관통하는 핵심 주제는 '정의'였다.[92] 이 연작은 그간에 〈그것이 알고 싶다〉가 충분히 제기하지 않았던 우리 사회 '기득권의 민낯'을 사회적 정의에 대한 문제 제기로 풀어낸 바 있다. 즉, 불평등과 비리를 은밀하게 행사하는 경제 권력, 그리고 이러한 이해관계를 방어해 주는 정치권력과 사법 제도 내 문제적 연결망이나 인적인 고리를 직접적으로 겨냥함으로써 한국 사회에 축적되고 있는 '공분의 뿌리'를 진단하고자 하는 노력을 보여 준 것이다. 이러한 시도는 동시에 1,000회 기념작이라는 사회적 상징성을 고려한 전술인 동시에 자기 정당화가 깃든 노력으로 해독되기도 한다. 또한 이 연작은 최근 들어 이 프로그램이 대중적인 관심을 촉발하면서 얻어 낸 사회적 인지도와 내부 주체들이 느끼는 문제의식이 결합이 된 결과물이며, 이 프로그램의 역할에 대한 외부에서의 '비판'을 부분적으로 반영한 작업으로도 판단된다. 우리는 생산의 주체들

92 이 프로그램은 2015년 9월 5일, 12일, 그리고 19일에 걸쳐 "대한민국에 정의를 묻다"라는 직설적인 제목의 3부작을 제시한 바 있다. 주제별로는 일반 재소자들과는 확연하게 차별적인 혜택과 특권을 누리는 교도소 내 일부 특권층의 사례를 밀착해서 조명했으며, 재벌가의 회장을 수행했던 기사의 증언을 기반으로 이들 특권층의 삐뚤어진 행태를 상세하게 보여 주었고, 이러한 특권의 행사와 남용을 감시해야 할 공적 주체들이 사회 내 유력한 인물들과 맺는 유착의 고리를 진단하기도 했다.

이 표출하는 소명 의식과 자부심을 인지하면서도, 동시에 이 프로그램의 역할과 한계 그리고 대안의 모색과 관련하여 좀 더 면밀하고 균형적인 진단과, 지속적인 비평을 활성화하기 위한 주체적인 노력이 요구된다는 점을 다시금 강조하게 되었다. 언론학자 R도 이러한 측면에 주목하면서, 다음과 같은 진단과 전망을 제시하기도 했다.

> 〈그것이 알고 싶다〉가 "정치·사회적으로 긴요한 쟁점을 풀어 가는 측면에서는 일정한 소극성이나 적지 않은 한계를 드러낸다"라는 비판이 정확하다고 생각합니다. 물론 모든 시사 보도 프로그램이 같은 아이템을 다루고 같은 내용을 전해야 한다고 생각하지는 않습니다. 〈그것이 알고 싶다〉의 강점과 차별점이 분명 있을 것입니다. 다만 구조적 문제를 짚는 것은 많은 품이 들지만 그 주목도는 떨어지기에, 자칫 프로그램 제작자는 품에 비해 주목도가 떨어질 때 상대적 박탈감이 들 수도 있는데요. 이런 상대적 박탈감이 〈그것이 알고 싶다〉의 높은 대중적 인기로 촉발되는 것은 아닐까란 걱정이 들기도 합니다. 그로 인하여 모든 심층 시사 보도 프로그램이 〈그것이 알고 싶다〉를 좇을 수도 있는 상황입니다. 또한 사회적 문제에 대하여 현격하게 줄어든 대중적 관심이 지상파 방송사의 시사 보도 프로그램의 미래를 암울하게 만들고 있습니다. 〈그것이 알고 싶다〉의 차별성과 강점을 존중하면서도, 〈그것이 알고 싶다〉가 지금과 같이 독주하는 상황은 전체 시사 보도 프로그램의 미래에는 부정적인 영향력을 행사할 것입니다. (언론학자 R의 의견서)

의견서를 보내온 언론학자들이 지적하듯이, 〈그것이 알고 싶다〉의 제작진이 직간접적으로 대면하는 제도적인 압박과 외부의 영향들, 그리고 내부의 침체를 경험하며 순응을 드러내는 측면에 전술적으로 대응할 수 있는 결기와 제도화된 기제들을 구현하는 데 있어, 학자들과 전문가 집단 그리고 시민들의 지속적인 관심과 비판이 적지 않은 동력을 발휘할 수 있으리라 생각되기도 한다. 특히 그러한 관찰자적 시선을 끈기 있게 투사하면서, 내부의 인식과 문제의식을 재고하게 만드는 동시에 생산 주체들의 작업이 발휘하는 성격이나 방향성을 보다 '전향적'으로 변환시키는 주요한 몫은 지식 생산 영역의 학자들과 언론 및 공공 영역 내 시민들이 참여하는 비정부 기구의 구성원들에게 상당 부분 달려 있다는 측면을 강조하게 된다. 한편 이 사례는 사회적 주목도가 매우 높은 시사 고발 프로그램의 명과 암을 상대적으로 긴 기간에 걸쳐 다루면서, 시사 고발과 탐사 프로그램의 역할과 근간이 흔들리고 있는 상황에서 일정한 성취와 한계를 노출하는 대표적 프로그램의 기능과 위상을 복수의 관점에서 탐구했다. 우리는 이 연구를 관련 주제에 관심이 큰 이들을 위한 일종의 '사회적 기록'으로도 남기고자 한다.

향후 생산연구와 관련하여, 내부의 더 많은 인물을 섭외하고 시사·탐사 보도의 확립된 관행 속에서 버겁거나 부담스러운 정치적 이슈의 재현이 어떠한 동력과 영향력, 인간관계, 소명감, 그리고 내외부에서 발휘되는 이해관계의 결합 등으로 인해 가능하거나 '엎어지는지'의 사례들을 긴밀하게 예증하고, 긴 호흡으로 추적하는 작업이 요구된다. 광의의 탐사 저널리즘의 역할과 위상을 점검하기 위한 중요한 시금석이 될 수 있는 그러한 연구의 실행이 여러모로 어렵고 긴 준비와 정지 작업을 요구하지만, 불가능한 것은 아니라고 판단된다. 또한 추진할 연구의 성격이나 돌파할 난점들을 고려할 때, 복수의 연구자와 전·현직 생산자들 간의 협업이 적극적으로 활용되어야 할 측면도 상당하다. 한편 주요 사회정치적인 쟁점에 관한 선이 굵고 '집요한' 방식의 탐사 보도 활동을 보여 주고 있는 〈뉴스타파〉에 관한 조밀한 사례 분석이나 독립적으로 사회·고발을 주제로 하는 활동가 집단이나 1인 미디어에 관한 생산연구 또한 더 활성화될 필요성이 매우 크다. 아울러 외국의 독립 언론이나 탐사 보도의 역할을 상세하게 소개·진단하는 관련 작업 또한 필요하다고 생각된다.

우리는 이 장에서 연구자가 생산연구를 시도하면서 겪게 되는 순탄하지 않은 과정적인 단면과 함께, 시사·고발 콘텐츠가 대면하는 다양한 위기 속에서 생산의 주체들이 겪고 있는 상황과 압박의 양상을 다면적으로 조명하고 복기하고자 했다. 그런 이유와 필요성을 고려하면서, 우리는 관련 주체들의 발언과 현실 인식을 상당히 긴 호흡으로 담아냈다. 동시에 이런 시도는 후속 연구를 위한 상세한 자료와 '사회적 기록'의 구현과도 접맥된다. 한편 그러한 노력이 일정한 성취와 더불어 한계를 노출하기도 한다는 측면을 인정한다. 이 장을 맺으면서 우리는 시사·고발 프로그램과 탐사 보도의 역할을 다면적으로 탐구하고 끈기 있게 공론화하는 작업이, '지금 여기'에서 여전히 긴요하다는 점을 미디어 내부의 구성원과 동료 언론학자들에게 다시 한번 환기하게 된다.

6장

플랫폼이 주도하는 변화와 도전 속에 생산연구를 정련하기

이 장에서는 논점과 맥락을 바꾸어서, 디지털 테크놀로지와 AI 등이 보다 큰 폭으로 활용되며 굵직굵직한 사회 변동을 가져오는 현 상황에서, 생산연구가 어떤 대응을 성찰적으로 도모해야 하는지를 중심으로 고심할 시각과 탐구 방식을 논하고자 한다. 이 주제는 기존에 확립된 생산연구에 현재 '디지털 전환'을 중심으로 강하게 재편되고 있는 사회·기술적 변화상과 도전을 숙고하는 작업의 필요성을 제기한다. 이 장에서 그런 변화상에 관해 선도적인 문제의식을 투사한 동료 연구자들의 작업을 중심으로, 생산연구가 더 조직적인 노력으로 대응할 측면을 — 특히 현재 진행형으로 플랫폼 노동과 관리 체계가 견인하는 핵심 쟁점들을 고심할 사례로 삼아 — 조명하고자 한다.

1. 플랫폼과 데이터를 동력으로 삼는 사회경제적 변동의 함의

현시점에서 미디어 관련 연구의 전반적인 동향을 돌아보면, 그리 길지 않은 시간 동안 '플랫폼'과 '알고리즘,' '빅 데이터,' 'OTT 효과,' '모빌리티,' '인공 지능,' '메타버스' 등의 상대적으로 새로운 주제어와 관련된 담론과 논의들이 크게 확산하고 있다. 나아가 광의의 언론 영역에서도 앞서 언급한 주제에 관한 보도와 특집 등을 담아내는 추세와 담론들이 활발하게 등장하고도 있다. 단적으로 거론하면, 이는 무엇보다도 우리가 살아가며 대면하는 플랫폼 생태계와 사회상의 거시적 변화와 이와 결부된 새롭게 재편되는 사회경제적 현실에서 기인한다고 봐도 과언이 아니다. 이와 함께, 앞에서 언급한 주제와 연계되는 학계의 논의가 개별 연구의 성과 외에, 디지털과 데이터나 AI를 둘러싼 거시적 제도 및 담론적 차원의 변동을 탐구하며, 공적 환기 효과를 제공하는 측면이 일부 관찰된다. 동시에 특정 이슈로의 '쏠림 현상'이나 이른바 '플랫폼 자본주의'의 위상과 역할을 당연시하며, 관련 움직임에 관한 과도한 강조나 절제되지 않은 찬사와 지지도 언론과 정책 영역에서 상당히 관찰된다.

김용찬(2020)과 박대민(2020; 2019) 그리고 손화철 등(2017)이 지적하듯이, 앞서 등장한 주제어들은 종종 '4차 산업 혁명'이라는 지배적 위상을 점유하는 거시적 담론이나 관련 정책의 추진과 결합하면서 상당한 위상과 파급력을 발휘하고 있다.[93] 즉 새로운 디지털 기술의 역량novelty과 파생되는 막대한 경제적 이익 및 사회 변동의 함의를 아우르며, 이를 주로 '필연성'과 '낙관론'으로 설파하는 담론들이 명백히 강한 힘을 발휘한다. 물론 작금의 거시적인 변화에서, 이광석(2017: 20)이 짚었듯이 "주로 소프트웨어와 네트워크 기술은 현대 기업 내부의 체질을 개선하고 조직을 경량화할 뿐만 아니라 시장 바깥에 존재하는 무수한 물질·비물질 자원과 노동을 굳이 내부 고정자산화하지 않고도 유연하고 지능적으로 동원"한다. 나아가 다양하게 네트워크화된 디지털 기술의 확장은 거대 플랫폼과 빅테크 기업의 역할을 중심으로 막대한 부가 가치와 이윤 및 혁신적 경영 방식 등을 구현하기도 한다. 반면에 거대 데이터의 사회적 활용이나 인공 지능을 통한 새로운

93 김영선(2020: 129)이 제기한 다음 지적은 현재 한국 사회에서 접하는 디지털과 플랫폼 노동을 '포장'하는 담론의 예시와 함의를 예리하게 환기해 낸다. "4차 산업 혁명을 비롯해 공유 경제, 관심 경제, 구독 경제, 긱 이코노미, 주문형·맞춤형 서비스, 샛별배송, 로켓배송, 독립계약자, 디지털 노동, 자유 노동, 긱워크, 포트폴리오 워크, 노마드, 아마존 플렉서, 우버이츠 파트너, 쿠팡이츠 쿠리어, 쿠팡 플렉서, 플렉서 어시스턴트, 배민 커넥터, 모바일 서포터, 배달 파트너, 앱 알바 등 다양하다. 여러 신조어는 쉬운 연결 또는 유연함, 독립적임, 도전감 또는 원할 때 할 수 있는, 누구나 쉽게 하는, 자유로운 시간 사용, 자율성, 또는 즉시성을 성취한 세계를 그리고 있다. 이런 유토피아적 표현들은 부분적 진실을 재료로 노동 과정 상의 문제적 현실을 비가시화하는 경향이 강하다. 노동 시간을 접점으로 한 노동-자본 관계를 해체하는 데까지 나아간다." 그가 풀어낸 유연 노동을 둘러싼 많은 담론적 논의는, 그런 기획 속에 중립적이지 않은 사회경제적 이해관계와 특정 측면을 과도하게 강조하는 시각이 중용되고 있는 현실을 함축해 준다.

방식의 기술적 변화와 지식의 축적이 단선적으로 '기술 유토피아'의 도래를 성큼 앞당기거나, 사회 내에 생산적이고 거대한 혁신이라 칭할 만한 집합적인 성과만을 생성한다고 단정하기는 어렵다. 또한 플랫폼이 발휘하는 영향이 중립적이거나 정보와 데이터의 전반적인 활용이 공익의 추구와 공공적 사안의 호혜적인 귀결로 직결된다고 보기도 어렵다. 이와 함께, 플랫폼이나 디지털 기술의 유용성과 급진적 가능성을 개방적으로 사유할 필요가 있지만, 관련 공적 쟁점과 효과들을 다변화된 인식과 동태적인 '관계론'적인 진단으로 대응할 필요성도 적지 않다(이동후, 2021). 밑에서 논하겠지만, 앞서 언급한 정보 기술과 데이터 관련 지배적인 담론들이 간과하거나, 그런 측면과 관련해 필요한 주목과 다층적인 진단을 연구자들이 주도하지 못한 쟁점과 한계도 명백히 짚어 낼 수 있기 때문이다. 현시점에서 좀 더 유려하게 디지털과 AI 관련 문제점이나 관련 제도적·담론적·문화적 요인과 쟁점을 예리하게 탐구해 내는 작업은 여전히 부족한 상황이며, 범커뮤니케이션 분야의 학자들이 그런 관심을 충분히 구현하고 있지 못하다.

김예란(2015: 72)이 전망하듯이 데이터와 정보를 중심으로 부상하는 새로운 쟁점은 "문화-경제, 노동-소비, 현실-가상의 질서들이 복잡하게 교차하는" 새로운 흐름과 특정 지역이나 사회를 초월하며 이들이 생성하는 글로벌한 정경을 형성하고 있다.[94] 이 대목에서 관련 예시를 들어보자.

94 김용찬(2020)은 '20세기의 산물인 미디어'가 본문에서 거론한 맹렬한 사회·기술적인 변화로 인해, 관행적으로 담아내는 '도구'와 '중간'이라는 의미가 급진적으로 변화되고, 결이 복합적인 혼란과 도전에 직면하는 — 즉 '흔들리는' — 양상을 조명한 바 있다. '포스트매스미디어'의 환경과 사회적 특성을 짚으면서, 이런 진단은 연구자 다수가 충분히 관심을 기울이지 않는 전공의 명칭에서 관성화된 주요 주제의 구성과 맥락 변화를 추적하는 상당히 흥미로운 '계보학적'인 기획을 반영한다. 비슷한 사안으로, 문화연구자들에게 친숙한 주제 영역인 '텔레비전 연구'의 사례에서도, 텔레비전의 사회문화적 사용과 맥락의 급진적인 변화는, 문화의 탈지역화나 OTT들의 등장 속에, 기존의 텔레비전을 둘러싼 관습적인 인식이 대거 요동치고 균열이 되는 면모를 드러낸다. 단적으로 논할 때, 우리는 기존의 텔레비전 연구의 속성과 분석 단위가 작금의 재현되는 현

일상 속의 반복되는 습관으로, 평균적인 플랫폼 이용자들은 검색과 정보의 축적을 위해 네이버와 구글을 찾으며, 쿠팡과 아마존 등을 통해 원하는 상품을 고른다. 한편 사회적 관계성이나 친밀감을 유지하는 방편으로, 적지 않은 이들이 인스타그램 등의 소셜 관계망 서비스나 틱톡과 같은 숏폼 비디오 플랫폼을 일상적으로 이용하며, 자신이 고안한 콘텐츠를 직접 업로드하기도 한다. 이런 빠르게 정착된 습관과 함께, 이들은 다양한 이미지와 서사로 자신의 취향과 정체성을 조형하기도 한다. 또한 여가와 소비를 도모할 때, 수용자들은 유튜브와 동영상 스트리밍 서비스를 찾아 취향과 관심에 맞는 생산물을 적극적으로 소비하며, VR이나 아바타 등의 가상성이 반영된 놀이를 즐기기도 한다. 이렇듯 성격과 활용을 달리하는 일군의 거대 플랫폼들은 어느 결엔가 일상 속으로 깊게 들어와서, 관련 리듬과 수용의 양상을 폭이 넓게 재구성하고 있다.

이제 논점을 좁혀서, 미디어 생태계의 심대한 변화 속에, 생산연구를 담당하는 이들에게 어떤 이유로 대안적 사유와 정련된 문제 틀의 구성이 요구되는지를 앞에서 논한 핵심 주제어들을 중심으로 풀어보자. 먼저 '플랫폼'은 장진호(2020)와 이광석(2017; 2020b; 2021) 원용진·박서연(2021) 등이 강조하듯이, 표면적인 차원에서는 컴퓨터와 데이터 및 소프트웨어 등을 포괄하는 정보 기술이 복합적으로 구성한 물질적인 동시에 사회적 쓰임새가 매우 확장된 기술의 집결체라 할 수 있다. 주지하다시피 플랫폼은 고도로 발전된 정보의 축적과 알고리즘을 통한 분류 및 패턴화의 기제로 소비자들의 이용 행태와 리듬을 '영리하게' 간파하며, 이를 상업적 용도로 극대화하려는 일군의 기술과 제도의 복합적 구성물이기도 하다. 단적으로 서술하면, "플랫폼 사회는 디지털 경제의 정점에 있는 플랫폼이 사회 전반

실을 포착하는 데 상당한 난점과 힘겨움을 드러낸다는 점을 체감하지만, 이런 쟁점에 유의미하게 대응할 수 있는 유용한 지적 자원과 방법론은 아직 구체적으로 형성되고 있다고 보기 어렵다.

의 구조와 사람들의 일상에 파고들어 만들어 내는 효과에 주목하게 하는 개념"이라 할 만하다(이재열, 2021: 11).[95]

예컨대 플랫폼은 편리하고 범주가 넓은 정보의 집적과 상업적 이용을 선도하면서, 과거보다 훨씬 기민한 서비스와 표면적으로 다원적인 '선택'의 기회를 선사한다. 반면에 온라인과 상업용 영상 플랫폼의 사례들이 보여 주듯이, 플랫폼은 수용자들이 생산한 정보와 서사 및 감정이 실린 반응을 자신의 영역으로 '흡수'하여, 이를 면밀하게 상업화의 기제로 활용한다.[96] 이 같은 측면이 집합적으로 정보와 관점의 공유를 가능하게도 하지만, '추천 알고리즘'과 같은 자동화된 기제는 관심 대상이나 취향의 발휘를 날렵하게 간파하면서, 특정 측면으로 수용자의 관심과 취향을 유도하기도 한다. 또 다른 예시로, 유튜브 플랫폼에서의 노출과 유명세를 기반으로 벼락스타가 되거나 이목을 끄는 소위 '인플루언서'들의 부상과 존재감이 이어지고 있다. 이는 대중의 기대와 취향을 간파한 새로운 소비문화나 이들을 플랫폼으로 인도하는 성공의 가능성과 매력자본의 영역으로 플랫폼의 변화를 발현하기도 한다. 예컨대 원전 콘텐츠에 대한 수많은 패러디와 "리액션 비디오"나 장르를 달리하는 팬들이 제공하는 생산물에서, 크리에이터

95 서르닉(Srnicek, 2020: 50)에 따르면, 플랫폼은 "복수의 집단이 교류하는 디지털 인프라 구조다. 따라서 플랫폼은 소비자, 광고주, 서비스 제공자, 생산자, 공급자, 심지어 물리적 개체까지 서로 다른 이용자를 만나게 하는 매개자 위치를 차지한다." 동시에 그런 매개자의 기능은 상대적으로 온건하거나 분화된 역할을 발휘하기보다, 전체 사회를 아우르고 기존의 경계를 해체하는 역할을 보여 준다.

96 이광석(2017: 23)은 그런 과정을 좀 더 급진적인 해독과 개념화로 풀어낸다. "(빅)데이터의 세계는 글로벌한 네트워크 인프라에 대중들의 모든 감성·정서·의식·담론이 '표본·데이터·시장·자료(은행)'로 뿔뿔이 흩어지거나 헤쳐모여 '가분체dividuals'가 되어 누군가에 의해 관리되는 현실을 가정한다. 여기서 가분체는 개별 독립된 신체individual로부터 분리되어 전자 네트워크에 부유하는 신체 정보의 데이터 덩어리를 지칭한다." 이런 관찰이 포함하는 일정하게 과장된 수사가 감지되지만, 그가 설파한 데이터의 극대화된 상업적 이용과 거시적인 추세에는 동감하게 된다.

와 유튜버들이 기획하는 번역이나 자막 작업과 창작물 그리고 다채로운 비평적 콘텐츠 등이 '자발성'이나 '자유 의지'를 기조로 무수하게 등장하고 있다(Cuningham & Craig, 2021; Deuze, 2007; Fuchs, 2013; Lazzarato, 1996; Scholz, 2013; Terranova, 2000). 반면에, 그런 현상의 이면으로, '자기 착취'나 김예란(2015: 79에서 재인용)이 이사벨 로리Isabell Lorey의 호명 방식을 빌려 언급한 '정상화된 자기 위태화normalized self-precarization'의 태도가 발현되기도 한다.

한편 '모빌리티mobilities'는 일상에서 음식 배달이나 택배 그리고 택시와 다른 교통수단의 이용과 같은 일상적인 활용을 통해 부쩍 친숙해진 — 동시에 그런 변화된 리듬을 재구성하며 공고해진 — 추세를 함축하는 주제어다. 예컨대 모빌리티는 인간과 사물의 확장된 이동과 지리적 경계를 넘어 촘촘하게 확산이 되는 통신과 정보 체계를 포함한 사회적·공간적 네트워크화의 양상이 가져오는 일련의 변화무쌍한 효과들에 주목하는 개념이다. 먼저 미디어의 활용에서는 데스크톱 중심에서 스마트폰과 태블릿 등으로 조합된 다양한 기기의 확장된 이용도 특정 장소나 물리적 공간을 벗어나 유동하며 즐거움과 정보를 끊임없이 추구하며 타인들과 소통하는 방식을 다분히 확장하고 있다. 이와 함께, 인간이 담당하는 상품을 둘러싼 이동의 사례에서도, 택배와 배달의 가속화와 증가는 확연하게 편리함과 신속성을 확장해 냈지만, 관련 비용의 증대와 그런 업종에서 노동하는 이들이 직면하는 불안한 위상과 처우와 관련된 일련의 문제점도 양산하고 있다. 이런 추세와 함께, 이른바 '모빌리티 엘리트'들은 더 빠르고 편안한 이동의 기회를 얻지만 그렇지 못한 이들은 긴 줄과 기다림 속에 지체된 이동의 경험이나 통제를 체감하게 된다. 단적으로 논할 때, 이동은 차등적으로 배분되며 이 과정은 다양한 인종적·젠더적·계급적 차이와 차별을 포함하기도 한다. 이 같은 변화는 공간적 제한을 벗어나는 수많은 시그널과 정보 및 데이터가 구현하는 효과가 이동하는 주체들과 결합하며 형성한 결과라고도 논할 수 있다. 즉 모빌리티로 상징되는 과정은 물리적인 측면의 움직임이나 다양한 이동성의 확산 외에, 이런 추세와 연관된 (비)가시적인 차별이나 직간접적인 불평등도 생성하고 있다. 광의의 언론학이 그런 새로운 변동에 상대적으로 굼뜨거나 제한된 범위 내에서 대응하고 있다면, 다른 학문 영역에서 모빌리티 기술과 이를 기조로 한 집합적인 영향과 범주가 큰 전환에 주력하는 진단이 꽤 활발하게 전개되고도 있다(김태희 외, 2021). 백일순(2021: 461)에 따르면 "사회적으로 생산된 운동으로서 모빌리티는 권력을 생산함과 동시에 권력에 영향을 받는 장소의 역동적 등가물"로 재인식된다. 부연하면, 모빌리티의 확장은 이런 추세를 관리하는 권력 작용과 '모빌리티 정의'에 관한 다양한 문제의식을 촉매하고도 있다. 존 어리John Urry(2007)와 팀 크레스웰Tim Cresswell과 피터 메리먼Peter Merriman(2011) 등은 이동 수단과 정보 테크놀로지의 결합이 속도와 운동성을 배가하며 가져온 심대한 사회경제적인 변화와 그런 변동이 함축하는 일련의 권력 작용을 모빌리티를 렌즈로 삼는 이론화로 진단한 바 있다.

예시하면, 인간 신체의 이동에서 다기한 상품의 교환이나 이를 관리하는 정보와 데이터 양식과의 결합은 기존의 습속과 확립된 인식을 크게 해체하면서, 다양한 '스케일scale'에서 발현되는 변화의 동력을 생성하고 있다. 부연하면, 앞서 언급한 방식으로 전개되는 인간과 사물을 둘러싼 교역과 지역적 이동의 확장에서, 거대 플랫폼이 주도하는 이미지와 정보의 거침 없는 탈지역적인 흐름은 명백히 기존의 분석 단위와 관성을 헤집으며, 사유와 탐구 방식에도 상당한 충격을 가하고 있다(김수철, 2014; 윤신희, 2018). 요컨대 모빌리티의 한국어 번역인 '유동성' 혹은 '이동성'은 이제 이동하는 순간에도 콘텐츠를 끊이지 않고 강박적으로 소비하는 행태에서, 즉각적인 주문으로 소비자가 원하는 산물을 손에 쥐는 매우 편리한 관습과 그런 욕망을 반영하는 식으로 한국 사회 내에서도 빠르게 정착된 바 있다. 동시에 표면적으로 매우 효율적이고 편리한 모빌리티의 이용은, 이 사회·기술적 변환과 관련된 직종에서 일하는 주체들에게 그만큼 고단하며 강화된 노동 강도와 함께 제도의 미비함이나 허점 속에 불평등과 착취로 귀결되는 부정적인 영향을 주기도 한다(Lupton, 2019; Urry, 2007; Webster, 2014/2016). 즉 플랫폼과 데이터 그리고 앱으로 상징되는 진화한 디지털 기술이 광의의 플랫폼 산업과 문화산업의 구성원들에게 미치는 영향과 이 과정에서 등장한 갈등과 대립 그리고 생존을 둘러싼 치열한 활동과 같은 쟁점은, 앞 장에서 거론했듯이, 생산연구가 주목할 필요가 다분한 핵심 이슈다. 여기에 더해 모빌리티라고 불리는 일련의 과정에 관한 주류적 인식을 벗어난 지적-비판적 관심도 관련 연구의 필요성을 자각하며, 등장하고 있다(김종진, 2020; 정수남, 2020). 이제 모빌리티 기술과 플랫폼이 시사하는 쟁점을 진득하게 풀어내는 구체적인 방안으로, 우리 주변에서 부쩍 친근한 관행이지만, 커뮤니케이션 연구에서 학술적 관심이 상대적으로 부족한 배달 노동의 현실과 관련 쟁점을 고려해 보자.

2. 플랫폼 노동의 이면과 비판적 대응의 부상

앞서 짚은 다수의 삶과 밀착된 디지털 체계의 영향과 노동과의 관계라는 특정 주제에 관해, 박선희(2020)는 AI 알고리즘과 정보 기술이 결합이 된 사회적 구성체로서 '플랫폼 노동'의 특성과 명암을 '비판적 커뮤니케이션' 관점으로 탐구해 내는 시도를 제기한 바 있다. 이 긴요한 분석적 단서를 주는 연구는 일종의 '현재 진행형'이라 간주할 수 있는 현상으로, '플랫폼을 활용하며 동시에 이 사회적 장치에 의한 훈육과 제어의 대상인 노동'이 대면하는 일련의 시사적이고 갈등적인 사안을 정제된 인식으로 탐색한다. 예컨대 그는 현재 광범위하게 이루어지는 '배달 노동'이 이른바 '공유 경제'의 변주나 신기술로만 개척된 영역이기보다, "저숙련 노동을 양산하는 자본주의의 변형"이자, 플랫폼 기술을 통한 촘촘하게 강화된 관리와 통제가 선명한 징후와 쟁점을 드러내는 현상으로 풀어낸다.

즉 그에 따르면, 배달 노동은 유연 노동flexible labor과 관련 분화된 상황이 오히려 내부의 노동하는 주체가 직면하는 불안정성을 높이며, 동시에 고도로 집약적인 노동이면서 데이터와 AI가 부과하는 업무에 관한 강한 영향력과 순응에 전념하게 하는 방안이기도 하다. 박선희는 그가 주시한 라이더 혹은 배달 노동자들의 활동이 "시간과 속도가 결합한 건수로[97] [면밀하게] 계량화되며, 노동의 전 과정이 기록되어 통제되면서도, 취미와 게임으로 윤색"되는 측면에 주목한다(5). 그는 이 측면을 다양한 사례들로 조명하면서, "플랫폼의 등장으로 인간이 관리하던 배달 구조는 AI 알고리즘이 운영하는 배달 플랫폼을 중심으로 재편되고, 플랫폼과 배달 노동자의 관계는 드러나지 않는 비대칭적 노동관계로, 주문자와 음식점, 배달 노동자의 관계는 단절된 비소통의 관계로 구축"된다는 측면을 지적하기도 한다(5). 한편 배달 노동을 이용하는 소비자는 자신의 스마트폰을 통해 식당 관련 GPS 정보나 평점과 이용 후기 등을 습관적으로 확인하고, 간단한 터치로 주문을 진행하게 된다. 이 과정에서 소비자는 배달과 직결된 정보를 실시간으로 확인할 수 있으며, 이런 이용의 방식으로 과거와 비교하기 어려운 수준의 주문을 둘러싼 확장성과 공간적 제약을 벗어난 '선택'이 달성된다.

그는 이 주제와 관련된 데이터와 네트워크 중심으로 재편되는 정책적·산업적 변화에서 개별 업주나 배달 노동자의 삶에 영향을 끼치는 일련의 연계된 요인들을 꼼꼼하게 풀어낸다. 특히 그런 문제의식을 적용하면서,

97 플랫폼 노동의 정의에 관해 김종진(2020: 300)은 국제 노동 기구 등이 설정한 방식을 반영해 "온라인을 통해 플랫폼을 이용해, 불특정 조직이나 개인이 문제 해결이나 서비스를 제공하고 보수 혹은 소득을 얻는 일자리"로 정의한다. 또한 이런 평면적인 논의 외에, 그는 "일부 학자들은 '디지털 부둣가'(일감 찾는 가상 이민), '디지털 갤리선 노예'(데이터 입력, 필터링 작업자), '클릭 노동'과 같은 전통적인 임금 노동자와 자영업의 중간 지대"에서 활동하는 새로운 집단을 이 개념과 결부해 논하는 측면도 소개한다(297).

박선희가 배달 노동의 전모와 쟁점을 '커뮤니케이션학'이 마땅히 모색하고 대응할 쟁점으로 설정하는 방식은 이채롭다. 2장에서 이광석과 채석진, 이설희와 홍남희 등의 관련 연구를 소개한 바 있지만, 여전히 디지털 기술의 '사회적 구성social shaping of digital technology'이나 '양가성'을 둘러싸고 혁신과 생산성의 강조 외에, (디지털) 노동의 '그늘'을 대상으로 관련 공적 이슈와 사회적 파급 효과에 신중하게 주력하는 연구들은 아직 상대적으로 적기 때문이다. 요컨대 영상과 정보나 언론 관련 플랫폼을 둘러싼 논의를 시도한 기획들은 많지만, 배달 노동과 같은 주제는 — 정수남(2020)이 '거리의 프레카리아트precariat'라고 칭한 이들이 대면하고 있는 열악한 상황에 관한 탐구는 — 언론학 연구에서 주로 '사각지대'나 상대적 무관심의 영역에 머무르고 있다고 논하지 않을 수 없다. 한편 디지털 기술의 진화와 데이터나 인공지능이 복합적으로 제기하는 도전을 '포스트휴먼post-human'과 같은 문제틀로 — 철학적·미학적 이론화와 급진적 상상력으로 — 구현하는 이들도 존재한다. 하지만 그런 진단이 이론적 점검을 넘어 녹진한 경험적인 진단이나, 박선희 등이 지목한 현실의 굴곡지고 갈등적인 측면으로 힘 있게 적용된 조망의 사례들은 여전히 많다고 보기 어렵다(김수미, 2017; 김은준, 2018; 박대민, 2019; 2020; 박진우, 2022; 홍남희, 2016). 예시하면, 다수 커뮤니케이션 연구자들에게 앱과 디지털 기술 및 AI의 조합과 상용화로 집약되는 배달 노동이나 유사한 방식의 '스마트'한 정보 양식이 반영된 모빌리티 관련 노동의 사례는 학술적 분석의 선호도나 범주의 바깥에 상당 부분 위치한다.

이런 방향성과 꽤 큰 차별화를 도모하면서, 박선희는 플랫폼 노동이 전유하는 기술적 측면에서 디지털 노동의 양식을 드러내지만, 유튜브와 소셜 미디어나 구글 등 영상과 지식 및 정보 콘텐츠 관련 플랫폼에서 이루어지는 '비물질 노동'에 관한 기성의 관심을 넘어서 좀 더 정련된 문제의식을 적용할 것을 주창한다. 그는 가사 서비스와 대리운전, 음식과 물건의 배달과 유통 등 주문형 앱을 기반으로 이루어지는 '육체노동'이자 '정보

통치성'이 일상적으로 적용되는 핵심 사례로 사회적 이슈에 민감한 방식의 진단을 모색한다.[98] 특히 그런 유형의 노동을 영위하는 이들은 자신들의 배달 업무와 관련된 상세한 평가와 평점에 따른 비교와 차별적 보상의 대상이 되며, 이는 직간접적인 훈육과 관리 및 감시의 영역으로 재구성되고도 있다. 예시하면, 김수정(2021)이나 김예란(2020)과 김종진(2020) 등이 예리하게 짚었듯이, 배달 노동자가 업무를 실행하는 과정에서 드러나는 "개개인의 위치, 신체나 상황, 맥락은 '평면화'되고, AI 시스템의 기계적인 판단만이 점수로 남게 되는" 효과가 구축되고 있다(박선희, 같은 글). 나아가 이들 중 상당수는 소모적이고 취약한 노동 조건과 불평등한 계약 속에 위치하며, 노동조합법이나 노동자의 안전과 보상과 관련된 법적·제도적 권리도 제대로 누리기 어렵다. 즉 라이더 다수는 '플랫폼 노동자'라 정의할 수 있지만, 프리랜서나 개인사업자로서의 위상으로 인해 보험과 법적 혜택을 유의미하게 누리기 어려우며, 조직적인 노조 활동의 필요성도 충분히 인정받고 있지는 못하다.[99] 이와 함께, 이들이 현실에서 요구하기도 하는 '노동자성'은 여전히 공인과 정당성을 큰 폭으로 부여받고 있지도 못하다(신승철 외, 2021). 즉 김수정(2021)이 논하듯이, 이런 과정은 기존의 고용인과 고용주의 관계와는 상당히 차별적인 관리 방식과 권력의 동학을 만들어 내며, 배달 노동에 관여하는 이들에게 발생하는 부담의 방기와 위험의 '외주화'

98 조금 단순화하여, 정보통치성은 사회경제적으로 위상과 역량이 확장된 정보 양식을 근간으로, 조밀한 관리와 감독, 설득과 감시, 훈육과 선별적인 지원 등이 밀도 있게 추구되면서 상당히 가변적인 방식으로 권력 효과를 생성하는 체계를 말한다(김경필, 2012; 박대민, 2020; 박승일, 2018; 백욱인, 2021). 이 개념은 주지하다시피 미셸 푸코의 통치성 개념을 당대 정보 권력과 양식 및 훈육의 체계가 구성하는 현실로 변주해 낸 이론적 구성물이다.

99 배달 노동을 담당하는 이는 노동 과정에서 등장하는 갈등적 요인에 관해, "플랫폼 회사는 인공 지능 뒤에 숨기 바쁘다. 문제가 있으면 그 문제점을 개선해야 하는데, 오히려 인공 지능을 내세우며 더 갑질을 한다"는 인식을 드러낸다. ("나는 배달 라이더 그리고 플랫폼 노동자," 〈한겨레신문〉, 2022. 7. 6 참고).

를 생성하기도 한다.[100]

그런 측면에서 박선희의 연구가 '비판 커뮤니케이션'이 추구해 온 관성과 미디어 중심의 문제의식을 플랫폼 기술의 위세와 복합성을 반영하며 성찰적으로 '변환'한 점은 공적으로도 꽤 유의미한 시도이며, 곱씹을 반향을 준다고 판단하게 된다. 그는 담론적 차원에서 배달 노동과 같은 이슈를 다루는 다수 언론이나 정책 입안자들의 시각이 종종 '디지털 기술과 디지털 노동을 별개의 것으로 분리하여 사고'하며, 디지털 기술의 역동적인 기능과 혁신성을 강조하면서도, 노동이 직면하는 제 문제점을 간과한다는 관찰점을 제시한 바 있다. 그런 결과 우리 사회에서 양자를 구분 짓는 "이중적 태도는 AI 노동에 대한 사회적 관심을 희석하고, 열악한 디지털 노동 조건을 은폐하는 수단으로 활용될 뿐만 아니라, AI 노동에 대한 상반된 시각으로 여론을 분열"시키는 역할도 하고 있다는 인식을 그는 드러낸다(2020: 6). 앞서 논한 쟁점과 관련해 이광석(2020b: 7)은 "첨단의 신생 테크놀로지가 우리에게 선사한 성장의 달콤한 열매만큼이나 기술 숭배가 가져온 부메랑 효과들을 살피고 경고하며" 대응할 필요성을 논한 바 있다. 박선희(같은 글, 10)는 비슷한 문제의식을 변주해 내면서, 자신이 살펴본 핵심 쟁점으로 다음의 논점을 제기한다.

> 플랫폼 노동처럼 AI가 경제 분야에 도입됨으로써 발생하는 사회구성원들의 삶의 조건은, AI라는 기술을 둘러싼 노동관계 속에서 결정된다. 이것은 AI 도입으로 인한 사회적 몫을 어떻게 나누고 이에 대한 사회적 합의를 어떻게 도출하느냐의

100 김수정, "플랫폼 경제는 사람들의 삶을 더 풍요롭게 할까?" 〈프레시안〉, 2021. 4. 2에서 인용. 한편 상징적인 사례로, 코로나19가 창궐하던 시점에, 경찰청 통계로 2020년 이륜차 사고의 사망자들이 총 446명으로 코로나로 죽은 이들보다 더 많았다는 사실이 기록되기도 했다(신승철 외, 2021).

문제이자, AI 노동의 사회적 의미를 구성하는 과정이기도 하다. 이 과정이 제대로 이루어지기 위해서는 플랫폼에 모이는 사람들이 각자의 목소리를 균형 있게 낼 수 있어야 한다.

한편 그가 표방한 문제의식을 이 연구는 일종의 '메타비평'으로도 모색하면서, 플랫폼 자본주의의 작동 방식과 플랫폼의 특화된 역할을 이론적 개념화와 현실에서 발굴한 대표적인 유형들에 관한 설득력과 시사점이 큰 풀이로 진단한다. 그는 플랫폼이라는 대상을 확장하여 규정하며, 동시에 이를 전문가들의 세계만이 아닌, 일상화된 노동과 그늘진 단면에 관한 관찰점과 간과된 측면을 예시하면서 상세하게 문제의식을 제기한다. 그가 전개한 시각을 정리하면, 플랫폼은 미디어가 기술적 변환으로 확장해 낸 신기술의 영역을 넘어, 범주가 다양한 '매개'와 위계적인 '교섭'이 이루어지는 '환경milieu'이자, 과거보다 강렬하고 집요한 사회적 '장치apparatus'로서의 역할을 발휘한다. 이런 관점은 김용찬(2020)이나 박대민(2019; 2020)과 이희은(2020) 등도 설파한 플랫폼의 '인프라'적인 확장이자, 정보와 AI 및 데이터의 복합구성물로 작동하는 '정보통치성'의 주요 단면이기도 하다.[101]

박선희도 먼저 플랫폼이 '인프라'로서 발휘하는 새로운 역량과 과거에 접하기 어려웠던 가능성을 논한다. 이를테면 일상에서 이미 친근해진

101 한편 이희은(2020)은 앞서 거론한 생산연구의 분석 대상에 관해, 변화의 추세를 고려한 좀 더 '급진적'인 관점을 제기한다. 그는 광의의 미디어 종사자들이 접하는 '인프라'가 고도로 복잡해지면서, 인간 중심의 노동과 관리를 넘어서는 측면에 주목한다. 즉 그는 "미디어와 테크놀로지와 인간과 사회와 자연 사이의 상호관계성과 상호의존성"을 좀 더 면밀하고, 대안적 시각으로 탐구할 필요성과 도전을 제기한 바 있다. 그는 거센 네트워크화와 디지털 기술의 적용 등으로 미디어의 작동 방식과 관련해 연구 대상이 과거보다 현저하게 복잡해지고 '불투명해진opaque' 측면에 주목한다. 예컨대, 빅 데이터나 알고리즘의 활용이나 소셜 미디어의 확장과 디지털 정보 기술의 영향은 미디어 생산자들이 대면하는 광의의 '생태계'에 매우 큰 변화와 압박을 제기한다.

다양한 성격의 플랫폼은 일종의 확장된 '감각'과 '지각'의 환경으로 부드럽지만 강건하게 존재감과 확장된 역할을 발산한다. 이런 플랫폼과 연계된 다양한 양상은 일상을 수놓은 다양한 활동 중에, 과거에 미디어라는 단위나 특정 영역과 결부된 기능을 훨씬 넘어서, 포괄적이면서 삶에 끈끈하게 착종이 된 위상을 보여 준다. 그런 측면을 중심으로 박선희는 플랫폼들이 '존재론적이고 생태적으로 삶의 터전이 되고' 있으며, 상당 부분 영역과 기능이 강화된 '인프라'로서 참여, 공유, 개방이라는 윤리를 태생적으로 내포'한다는 시사점을 제시한다.

동시에 그는 기존의 '공학적' 시각이나 미디어 기술의 '진화'된 형태로 플랫폼의 면모를 느슨하게 정의하는 관점에 대응하면서, 조르조 아감벤Giorgio Agamben의 논의를 수렴하여, 이를 "공동으로 사용할 수 있는 것들을, 분리하고 배제하고 포획하는 장치"로 개념화한다. 여기서 장치의 개념은 "생명체들의 몸짓, 행동, 의견, 담론을 포획, 지도, 규정, 차단, 주조, 제어, 보장하는 능력을 지닌 모든 것(Agamben, 2006/2010; 박선희, 2021: 33에서 재인용)으로, 어떤 방식으로든 권력과 접속"되는 대상이기도 하다. 예시를 들면, 구글 등의 대표적인 거대 플랫폼은 이용자들과 다양한 집단을 끊임없이 연계해 내며, 무수한 지식과 갈래가 다양한 콘텐츠를 전유하고 흡수하며, 궁극적으로 플랫폼의 가치와 인지도를 증식한다.

이런 양상은 명백히 거대 플랫폼의 생산성과 입지를 배가하는 새로운 동력으로 작용한다. 예컨대 네이버에서 구글에 이르기까지 플랫폼 기업은 이용자들의 활동과 반응을 수렴하고 포획한 거대 데이터의 확보와 이를 광고와 홍보 등의 차원으로 전환하여, 막대한 수익을 올린다. 이는 또한 "메타Meta"의 등장이 예시하듯이 '빅테크' 기업 간 합병과 인수나 대형 투자로 이끄는 주요 자원이 되기도 한다. 이런 양상은 방대한 기록과 흡수의 동력으로, 플랫폼이 구현하는 — 동시에 일반 이용자들이 충분히 인지하지는 못하는 — 구조적인 측면이자 상당히 유연한 사업 모델의 확장이기도 하다. 이런 과정에는 일상적인 문화 관련 실천에서 고도의 전문성이 깃든 기획들도 응당 포함된다. 부연하면, 그런 일련의 활동은 다양한 문화적·심미적·창조적 활동과 결이 크게 다른 차별성이 발현되는 생산물이 만들어지고, '교통'하는 현실을 강화한다. 동시에 구글과 같은 거대 행위자는 구현된 네트워크의 영토 속으로 개별 주체나 행위자 집단의 성과와 콘텐츠를 '활용'하면서, 경제적 가치 창출의 수단으로 탈바꿈한다. 이 측면을 보완하면, 조정환(2011)과 닉 서르닉Nick Srnicek(2017/2020)이나 백욱인(2014; 2021) 등이 지적하듯이, 플랫폼의 확장은 생산과 소비가 명확하게 분리되지는 않는 노동의 유형을 강화했으며, 이 과정에 '참여'하는 주체들의 역량과 지식, 교감과 소통 능력, 감각과 기억, 감정과 정동, 상상, 유행과 트렌드의 창출 등을 '흡인'하는 측면을 포함하게도 된다. 특히 언급한 요인들 속에, 흥분과 관심, 활력, 욕구 등을 접합한 — 인간 감정의 가장 동적이며 생산적인 에너지를 발현하며 신체와 감각을 변용하기도 하는 — '정동'과 같은 개념이 좀 더 특별한 위상과 쓰임새를 차지하기도 한다(김홍중, 2022; 이항우, 2017).[102]

박선희의 작업으로 돌아와서, 그는 앞서 제기한 측면에 관해서도 논하면서, 부단한 교류와 상호 작용을 기조로 플랫폼이 다양한 양식과 생산양식이 반영된 산물을 만들어 내는 영역이면서, 웹 트래킹에서 이용자들

102 김홍중(2022: 16)은 현재 다양한 관심이 수렴되고 있는 주제로 "정동 노동이 사회적으로 규정된 노동자, 노동 행위, 노동 공간의 그물망에 걸리지 않은 채 가치를 생산하는 다양한 형태의 미시적 활동들, 생명 운동을 모두 포함한다"고 논한 바 있다. 동시에 이는 디지털 플랫폼과 문화예술 분야의 노동과 기획 및 실천을 가로지르며, 노동 관련 기성의 범주를 해체하며, 과거보다 한층 강화된 면모를 드러낸다. 이항우(2019: 261)는 그런 차원에서 "정동 노동은 자본을 직접 생산할 뿐만 아니라 최고의 가치를 생산하는 노동 형태가 된다"는 관찰점도 제시한다. 그는 "정동 분석은 구글, 온라인 포럼, 페이스북, 트위터, 블로그, 게시판, 대화방 등과 같은 수많은 인터넷 사이트들을 통해 이용자들의 인구학적 정보를 수집할 뿐만 아니라, 전례 없는 범위에서 실시간 지배 정동을 탐구한다. 포착된 정동은 다시 시장에서 이용자들의 선호와 선택에 영향을 미칠 수 있도록 생산적 방식으로 활용되고 조율된다"라는 예시를 주기도 한다(263).

의 정보와 방문 동기, 후기, 그리고 이들의 이력과 궤적 등을 추적하며 매우 상세한 데이터로 구성하고, 이 과정에서 정보와 가치를 추출·전유하는 행위자라는 점도 짚어 낸다. 나아가 그는 이런 활동이 '비대칭적 지식 관계'를 생성하면서, 동시에 그런 관계성의 모색이 이용자의 활동을 추적하는 정교한 '감시와 통제의 권력관계'로도 적용되는 면모에 주목한다(김예란, 2015).[103] 정리하면, 이런 문제의식은 인공 지능과 알고리즘을 기반으로 과거에 달성되기 어려웠던 수준으로 데이터를 관리하고 지배적으로 동원하는 방식과, 이를 매개로 관철되는 시장 논리와 플랫폼 생태계 내에서의 지배를 위한 치열한 경쟁에 관한 비판적 대응으로도 변환된다. 박선희는 그러한 "네트워크 효과가 필연적으로 독점화 경향"을 생성하게 된다고 논하면서, "독점에 대한 욕망이 강한 거대 플랫폼 기업은 더 많은 데이터를 확보하기 위해 음성인식 시스템이나 사물 인터넷 기술 등을 도입하고, AI 알고리즘을 개발하여 데이터 추출과 분석에서 우위"를 점유하기 위한 경쟁을 전개한다고 설명한다(18).

이 같은 플랫폼의 속성과 파급 효과를 거시적인 이론적 조망으로 상술한 후에, 그는 배달 플랫폼과 노동의 문제를 예시적 사안으로 삼아 밀도 있게 관련 쟁점을 파고든다. 그는 그런 경험적 사례를 조명하면서, 배달 노동자가 과거에 사용했던 미디어의 변화상을 유선전화에서 스마트폰과 앱으로 바뀌면서 속도와 대응 측면에서 부상한 변화를 소상히 짚어 내며, 특히 주문과 배달 중개 플랫폼이 발휘하는 새롭고 강한 역할을 조명한다. 이 연구는 배달 노동의 현실을 촘촘한 현장성이 배어든 방식으로 탐구하

103 관련 예시를 들면, 플랫폼이 이제 '상용'하는 알고리즘은 범위를 넓혀서 광고와 홍보나 소비자 연구에서 활발하게 채용되며, 특히 유튜브 등의 플랫폼 이용자들에게 어느 결엔가 매우 친숙한 방식으로 작용한다. 이 방식은 소비자의 취향과 선호도를 민첩하게 파악하고 이를 상업적 기제와 자본 증식의 대상으로 변환한다.

지는 않지만, 팬데믹과 비대면화가 확장된 추세 속에, 이 활동상이 매우 커진 노동과 관리의 체계를 동태적으로 풀어낸다. 그(같은 글: 26)는 동시에 기성의 플랫폼과 달리, 배달과 중계 플랫폼의 근본적인 성격이 다양한 인프라로서 플랫폼을 공유하는 관계라기보다는, 본질에서 "수익배분을 둘러싼 이해관계이며 자본가가 플랫폼을 전유하는 비대칭 관계"의 선명한 확장이라는 점을 설득력 있게 논한다.

> 배달 노동자에게 노동을 지시하고 관리하고 통제하는 것은 배달 중개 플랫폼의 AI 알고리즘이다. 배달 플랫폼에서 AI는 지시자로, 인간은 AI의 보조자 혹은 노동자로 관계를 맺고 있다. 그런데 실질적 사용자인 플랫폼 기업은 보이지 않는 AI 알고리즘 뒤에 숨어 자신의 사용자성을 드러내지 않는다. 더구나 플랫폼 배달 노동자를 부르는 수많은 이름들, 플렉서, 파트너, 개인사업자, 자영업자, 디지털 특수 형태 근로 종사자, 프리랜서, 독립 계약자, 독립 근로자, 크라우드 워커 crowd worker, 노동력 공급자 등은 플랫폼 기업의 사용자성과 배달 노동자의 노동자성을 은폐하는 수단이 되고, 노동자 스스로 노동자라는 인식을 갖기 어렵게 만든다.

박선희가 지적한 단면은 사회학이나 노동과 조직 관련 연구 등에서 주력하는 주제라고 할 수 있다(권오용, 2022; 양경욱, 2020; 임운택, 2022). 그런데 그의 연구는 기존에 구획된 미디어 연구의 지향점을 넘어서려는 긴요한 시도를 보여 주며, 특히 배달 노동과 같은 기성의 모빌리티 연구와 '테크노 노동' 관련 연구가 교차하는 접점을 꼼꼼한 개념화와 설득력이 담보된 문제 제기로 짚어 낸다.[104] 즉 이런 접근법은 주류의 커뮤니케이션학 연

104 김종진(2020: 300)은 이 측면에 관해 "플랫폼 노동은 [기성의] 크라우드 관점이 아니라 노동 시장을 비판적으로 분석해야" 할 필요가 있으며, 사회 기술 연구에서 접하는 식의 "크라우드

구자들이 데이터와 AI에 시선을 돌리고 있지만, 여전히 문제의식의 반영이 미약한 동시에 간과하는 공적으로 긴요한 이슈들을 소환해 낸다. 또한 2장에서 다뤘지만, 앞서 제기한 문제점은 생산연구가 지향하기 시작했지만, 아직 상당 부분 탐색의 단계에 머물기도 하는 노동과 기술 연구를 위한 중요한 논점과 출발점을 제공한다. 박선희는 그가 물꼬를 연 기획이 "플랫폼에 대한 사유를 확장하여 플랫폼 노동을 산업이나 자본의 관점이 아니라 경험 및 관계, 커뮤니케이션의 관점에서 이해하게" 하며, "법적·제도적 차원을 넘어 노동에 대한 성찰과 테크놀로지의 사회적 구성에 대한 근본적 실천들" 지향한다는 점을 강조한다. 또한 앞서 국내에서 지난 십수년간 모색된 생산연구의 갈래와 특성을 긴 호흡으로 소개했지만, 생산연구를 도모해 온 이들에게 거대 플랫폼 중심으로 구축되는 생태계의 급속한 변동과 새롭게 포진되는 사회적 갈등이나 '권력 효과'는 여전히 적절한 분석 방식과 밀도 있는 사례 연구로 충분히 대응되고 있지는 못하다. 이제 이 쟁점으로 논점을 옮겨 보자.

3. 생산연구의 새로운 지평과 대응의 필요성 : 청년 연구와 디지털 플랫폼 탐구와의 조합

앞 장에서 조명했지만, 생산연구가 이른바 '플랫폼 자본주의'나 관련 사회경제적 쟁점에 관해 풍부하고 정련된 대응을 끈기 있게 발휘하고 있다고 주장하면서, 관련 성과만을 크게 강조하기는 어렵다. 물론 앞에서 논한 일군의 변화된 거시적 지형을 해독하고, 부상하는 문제점에 분석

가 비정형화된 사람들의 네트워크로 규정하고, 크라우드의 다양성, 익명성, 대규모성, 비정형성, 지속가능성"에만 주목하는 관점을 교정하는 대안적 문제의식을 제기한다.

적·대안적 시선을 제기한 연구들이 미디어 연구나 생산연구에 등장하는 추세가 확연하게 관찰된다. 박선희 등의 사례가 보여 주듯이, 기존의 레거시 미디어 중심의 분석을 넘어, 급속하게 재편되는 디지털 기술과 사회적 파급 효과에 문제의식을 기울인 사례들을 기반으로, 관련 논의가 점차 부상하고 있다.

특히 영미 생산연구와 상당한 교차점을 형성하면서, 관련 연구들은 커뮤니케이션학 내부에서 축적된 생산연구의 문제 틀을 반영하며, 전술적으로 적용하는 움직임을 보인다. 관련 예시를 들어보면, 김예란(2015)은 당대 청년층이 영상과 문화 콘텐츠의 기획이나 이를 이른바 '스펙'의 증표로 설정하고 관련 생산물을 만드는 과정을 복합적으로 진단한다. 그는 이들이 신자유주의의 핵심 가치인 부단한 자기 관리와 경쟁력 및 수월성의 배양을 체화하면서, 드러내는 '노동 윤리'와 '경제적 주체성'을 사례 분석과 조밀한 이론적 조망으로 다룬 바 있다. 그(2015: 84)는 그런 "노동에 관한 여러 통찰로부터, 삶과 노동을 통괄하고 감정과 이성, 문화적 창의성과 경제적 이성을 관통하며 작동하는 권력과 주체 간의 관계성을 보다 구체적으로" 살펴볼 수 있는 의의에 주목한다.

한편 이런 관찰과 이론적 적용을 사례 분석과 조합하는 방안으로, 그는 서울 거주 10명의 청년을 직접 만나고, 이들이 소셜 미디어 활용에서 특정한 (하위)문화 현상에 관한 인식까지 어떤 유형과 현실적 함의가 깃든 내러티브를 구사하는지를 상세하게 진단한다. 예컨대 이 연구는 다수 청년층이 이른바 '소셜 커뮤니케이터'나 특정 이벤트의 '참여자'이자 '서포터' 등으로 활동하며, 자신의 스펙 관리와 열정의 반영이라는 두 이질적인 측면을 연계하며, 관련 경험에서 길어 올린 자각과 현실 인식을 유연하게 수렴한다. 그와 대화를 나눈 청년들은 "주로 글, 음악, 만화, 캐릭터, 패션, 화장품, 공연과 문화 이벤트 등 대학생들의 일상 문화와 밀접한 분야에서 활동"한 경험이 있으며, 이는 주지하다시피 많은 대학인이 거치는 일종의

'의례'이자, 기업 문화와의 접점이 만들어지는 과정이기도 하다. 앞서 언급한 측면과 함께, 이들은 해당 사안에 '선택'되기 위해, 각별한 블로그와 소셜 미디어 관련 활동이나, 인사 담당자들이 선호·기대하는 유형의 활동을 꾸준히 축적하기도 한다. 이들은 기업의 협찬으로 이루어지며, 기업이 주도하는 기획으로의 홍보와 참여를 '자발적'으로 경험하면서, 자신들에게 부과된 "일에 진심 어린 열성과 노력을 쏟아부으면서, 동시에 보수와 명예 같은 실리를 추구"하는 면모를 보인다(93). 동시에 관련 주체들은 그런 과정에서 실패와 배가되는 노력에서 인내와 좌절 등 '잔혹한 낙관주의cruel optimism'로 상징되는 체험과 자신들의 노력이 소모되는 경험도 겪는다.

김예란은 그런 — 현재 다분히 익숙하기도 한 — 대학생들이 보이는 참여의 단면을 상세하게 탐구하면서, 기업과 사회가 확장한 경제적 논리와 노동의 관리 방식, 디지털 미디어 기술의 적용, 이른바 '멀티태스킹'의 실천과 부담, 그리고 이런 요인과 결합하는 청년층의 실천과 관련 감정의 특징을 접합해 낸다. 이는 '이질적인 요소와 힘들의 중첩 속에서 형성되는 과정적 실제로서' 청년층의 기업 문화로의 경험과 확장된 공적 함의를 추적하는 독특한 방식이라 할 수 있다. 또한 이런 접근법은 주류 커뮤니케이션학이나 광고홍보학 등에서 접하는 특정 플랫폼이나 미디어를 분석의 주요 대상이자 구심점으로 삼는 대신에, 이들의 광범위한 미디어 활용이나 기업적 가치에 노출되는 당사자들의 복합적인 경험과 활동상을 중심으로, 이들이 어떤 인식과 판단을 체험하고 특정 관점을 형성하게 되었는지를 신중하게 풀어낸다. 나아가 이런 추세의 확장으로 작금의 대학인들은 코딩 교육과 빅 데이터 분석을 공부하고 습득하는 수준에서 벗어나, 이를 또 다른 스펙으로 구현하는 노력이나 압박과도 대면하고 있다. 예컨대 이들이 공모전이나 학술 대회에 참가하는 활동은 상당한 학문적인 성과이지만, 동시에 일종의 정언 명령으로 사회가 요구하는 '디지털 인재상'에 부합하는 이미지의 전략적인 구현과 자기관리 및 성취의 상징적 과시라는

이면도 그런 과정에 적지 않게 녹아든다.[105]

한편 앞에서 서술한 청년층의 활동과 경험은 김홍중(2016)이나 서영표(2022), 최종렬(2018), 전상진(2018), 조한혜정 외(2016) 등이 주도한 청년층 대상 연구와 상당히 공유되는 측면을 드러내기도 한다. 인접 사회학과 인류학 영역에서 부상한 이 학술 작업들은 당대 청년 주체들이 강하게 내재화하며, 현실 사례에서 활용하는 '기업가적 자아'와 집요한 관리의 방식을 촘촘하게 분석하면서, 이들이 '주체화'하는 자기 계발과 경영의 명암을 함축적으로 엮어 낸다. 또한 그런 이면에 관한 진단을 통해, 관련 연구자들이 청년층이 내부적으로 어떤 균열과 모순에서 좌절과 강박적인 도전을 체감하는지를 선연하게 포착해 내기도 한다. 즉 김예란이 수행한 작업은 당대 청년 연구와 세대 관련 진득한 분석을, 섭외한 청년층이 표출하는 복잡다기한 인식과 감정을 수용하고, 동시에 이들이 익숙한 미디어의 활용과 연계하면서, 관련 전모와 기존에 간과된 현실을 탐색하는 노력으로 이어진다. 이 같은 진단의 힘이 상당한 담론 층위의 분석과 경험적 사례를 조합하는 방안은 앞선 장에서 소개한 한선(2013), 송동욱·이기형(2017), 이희은(2014), 채석진(2016), 이설희·홍남희(2020), 홍성현·류웅재(2013) 등의 작업과 밀접하게 교차하기도 한다. 이 지점에서 지금까지 소개한 연구의 흐름을 통해서, 향후 생산연구가 변화하는 플랫폼 환경 속에 좀 더 단단하게 지향하고, 보강할 일련의 논점을 제언할 수 있어 보인다.

첫째, 앞선 사례들이 시사하듯이 일상과 사회 현실에서 쓰임새와 경험이 대거 확장된 배달 노동이나 이른바 '소셜 커뮤니케이터'와 플랫폼 분야

105 과학사회학자 데보라 럽튼Deborah Lupton(2019)은 현재 청년층이 기존의 "수량화된 자아quantified self"의 구현을 넘어, 다양한 빅 데이터 관련 기술과 기록의 습득을 종종 "떠밀린pushed" 조건에서 구현하며, 상당한 노동과 비용을 기울이는 측면을 조명한 바 있다. 이런 압박은 한국 사회에서도 상당 부분 관찰된다.

의 '프리랜서' 등이 전담하는 고된 감정 관련 노동의 명암과 관련 쟁점을 모색하는 연구로의 정련된 고민과 분석적 확장이 요구된다. 이런 기획은 연구의 방향성과 함의 측면에서도 빠르게 재편되며 요동치는 현실에 밀착된 동시에 '공적 의의'를 지향하는 추진으로도 판단된다. 달리 논하면, 그런 인식의 전환은 기존의 상대적으로 고착된 연구 영역을 탈피하는 발상으로 사회·기술적인 변환이 구체적으로 형성한 노동 분업을 진단하며, 조밀하지만 그만큼 치열해진 관리와 조직화의 핵심 단면과 리듬을 상세하게 파악하는 데 필수적이라 생각된다. 특히 앞서 거론한 직종에 종사하는 이들이 종종 '갑질'과 기업의 첨예한 이해관계가 반영된 조직적인 인사 관리와 성취도 등을 매개로 거센 압박을 받으며, 그런 과정에서 이들의 인권과 노동자성이 제대로 인정받지 못하는 사례들도 등장한 바 있다. 그런 현실에 주목하는 비판적 문제의식은 슐레진저(Schlesinger, 2016) 등이 강조했던 생산연구의 본원적인 특성인 미디어와 플랫폼 관련 사회적 이슈와 갈등으로의 개입intervention과 조직적인 대응의 역할을 다시 한번 시사해 준다.

요컨대 지금까지 추구된 다수 생산연구가 학계의 연구자들이 관성적으로 주목해 온 기성 미디어의 내부 구성원을 대상으로 이루어졌지만, 플랫폼 확장에 연동하는 방향으로 상당한 변화와 전술적 변환의 필요성을 강조할 수 있다. 특히 기존의 범주를 넘어서서, 새로운 주제와 대상을 추구하는 기획들이 이미 어느 정도 존재하기에, 일정 수준의 참고 작업이나 협업의 가능성이 실체화될 수 있다고 판단한다. 예시하면, 문화산업과 정보 플랫폼 내부에서 영상 제작과 편집, 홍보와 디자인, 스토리텔링, 소비자 대응, 시장 조사, 데이터 입력 등 다양한 활동으로 분화되는 직종과 단위에서 활동하는 주체들을 대상으로, 지난 몇 년간 응집력과 발상의 전환이 이루어진 분석들이 일정하게 등장하고 있다.[106] 그러한 양상은 사회 변화에 긴요하게 연동하는 생산연구의 모색과 새로운 공적 지식 자원의 구성이라는 점에서 고무적이다. 또한 주류 연구에서 관심 자체가 적은 사례들이 줄 수 있는 대항적 기획으로서 '반면교사'의 예시나, '창의성'과 '경쟁' '혁신' '융합' 등의 지배적 담론 효과의 배후에서 생성되는 일련의 진통과 모순 및 마찰을 수렴하며, 의제화하는 노력으로도 이런 모색의 정당성과 의의를 강조하게 된다. 또한 이런 방안은 사회과학 내부에서 부상하고 있는 비슷한 주제 영역에 관한 사회학적 탐구나, 노동 연구, 인류학적 접근, 젠더 정치의 적용 등과도 분석의 결과를 상당 부분 공유할 수 있는 측면에서, 더 많은 시도의 필요성을 고려할 수 있다. 집합적으로는, 플랫폼 기술의 '동시대성'을 주체적으로 탐구하는 연구를 위한 주요 고리로, 앞서 제기한 유형의 기획이 발산하는 역할과 의의를 설정할 수 있는 것이다.

둘째, 생산연구에서 미디어와 플랫폼 기술의 진화와 이로 인한 사회경제적 파급력의 제 양상을 탐구하는 작업이 마땅히 요구되지만, 소수 연구자가 진행하는 연구로 그런 기획을 질적으로 '다원화'하며 심층적으로 구체화하는 일은 종종 상당한 어려움과 현실적인 부담을 가져온다. 돌아보면, 플랫폼 기업이나 미디어 조직에서 일하는 주체들을 섭외한 연구에서, 나름의 시사점과 내부의 동학을 '간파'할 만한 예리한 분석이 이루어지기도 한다. 반면에 미시적이고 상세한 관찰점이 도출되지만, 내부 단위나 조직들 사이에 작동하는 경영 기술이나 조직화의 규범과 이면을 세밀하게 조명하며, 양 측면을 유기적으로 연계하는 작업은 여전히 상당한 난점이나 주창한 연구의 방향성을 유의미하게 실현하지 못하는 한계를 발현하기도 한다. 이는 모색의 다원성이나 견지할 복합성 측면에서, 해당 행위자와 그(녀)가 노출되는 제도화된 규준과 압박의 기제 사이를 효과적으로 연계·조망하는 분석으로의 세밀한 몰입과 연계된 분석 및 동태적인

106 한편 플랫폼 내부의 주체들이 관여하는 노동에서 평판과 '유능성'이나 '혁신성' 등의 기준을 적용하며, 이를 '프로필'로 기록하고 '모니터링'하며, 성과와 위상에 반영하는 규범의 제도화와 압박도 관찰된다(김종진, 2020).

관찰을 요구한다. 예컨대 이런 유형의 연구는 상당한 시간적 투자와 인내의 필요성을 시사하며, 앞선 장에서 거론한 검증과 진전된 분석을 위한 집요한 교차 연구와 삼각 측량의 방안을 능동적으로 적용할 필요성도 크다.

즉 특정 생산연구의 전개에서 내부자가 표출한 인식과 감정과 결부된 기존의 가용 가능한 자료들을 — 언론의 특집과 탐사 보도물, 보고서와 문건들, 기업의 홍보물, 내부자가 제공하는 자료들, 선행하는 지식 작업 등을 — 좀 더 촘촘하게 탐구하는 작업이 필수적이다. 이런 모색과 함께, 생산연구의 경험이 있는 이들로 연구팀을 구성하고, 좀 더 집약적이고 상호 간의 지식과 방법론적 차별성을 반영하는 기획도 의욕을 갖고 추진해 볼 만하다. 특히 이런 구성으로 연구 논문 외에, 단행본이나 공적인 용도의 사례집 등으로 생산연구가 긴 호흡으로 반영된 작업을 출간하는 일도 요청된다. 문화연구의 고전으로 앞서 스튜어트 홀과 동료들이 수행한《위기관리》의 중요성과 긴요한 의의를 설파했지만, 논문의 물리적 한계나 논의와 서술 방식의 전형성을 넘어서 관찰의 특정 대상과 주제를 다층적인 구성과 견고한 해석 틀로 제공하는 연구서나 선집 등의 작업이 여전히 부족한 측면을 연구자들이 더 고민할 필요가 크다.

셋째, 앞서 거론한 시각과 관련해서, 생산연구의 성과나 도출된 의미 외에, '실패담'에도 관심을 기울일 필요가 있다. 앞서 논했지만, 생산 과정에 참여하는 일군의 노동자나 기획자와 경영진을 섭외하기에는 주기적으로 '접근성access'의 문제가 대두된다. 이는 생산연구에서 일종의 '상수'이며, 연구자 자신이 노력을 기울여도 호의적인 반응이나 화답을 얻기 어려운 만만치 않은 쟁점이기도 하다. 한편 제한된 접근성을 보완하기 위해서, 기존의 문헌 분석 외에 텍스트와 장르 수준의 탐구나 분석 대상과 연계된 사회적 이슈에 관한 담론 분석을 활용한 측면을 돌아보며, 그런 방식이 제기하는 장단점이나 성취와 한계의 측면을 좀 더 진중하게 조명할 필요가 있다. 이런 차별적 노력으로 유의미한 대안을 조성하면서, 현장 연구나 참여 관찰의 어려움을 상쇄하는 모색이 요청된다. 이와 함께, 생산자와의 꾸준한 접촉이나 — 특히 대학원에서 공부하는 문화산업과 언론의 내부 주체들과의 소통으로 — 생산연구가 학문적 성취를 넘어서, 생산의 주체들에게도 유의미한 지식과 현안에 관한 심층적인 이해를 줄 만한 긴요함과 적실성을 발휘한다는 점을 꾸준히 설득하는 노력도 요구된다. 이들과 진행하는 생산연구와 관련된 '공조'와 협업을 축적하면서, 관련 기획을 통해 구상과 인식의 확장을 새롭게 도모하는 방식도 모색할 수 있으리라 생각된다. 이미 관련 사례들이 어느 정도 존재하기에, 이런 기획의 실현은 의지와 결합한다면 가능성이 상당하다.

나아가 이미 모색된 연구에서, 동적이면서 관계론의 함의를 밀도 있게 적용한 연구가 어떤 이유나 진단으로 인해 성사되지 못했는지를 성찰적으로 '복기'할 필요도 있다. 즉, 가까운 과거에 시도된 생산연구가 주목했던 인력이나 이들의 행태와 조직 문화를 '재분석'하는 유형의 연구도 추진할 필요가 있다. 즉 생산연구를 선명히 지향하는 연구의 체계적인 '계열화 serialization of distinct research'나 분석된 영역에서 새롭게 등장하는 쟁점을 수렴하면서, 관련 연구의 개선점과 보강을 진득하게 구현하는 작업도 함의가 크다고 판단된다. 이를테면 기자와 PD, 작가와 다양한 프리랜서나 큐레이터 집단에 관한 연구들이 어느 정도 축적되어 있기에, 그런 기반을 조성한 연구의 주제와 탐구 대상을 재차 조명하면서, 사회·기술적 요인들의 재편과 변화상을 비교하는 작업은 꽤 신선한 지적 공헌이 될 수 있다. 이런 시도는 단일 연구의 한계에 대응하는 좀 더 확장된 기획으로서 일군의 연구 성과와 관찰점을 연속된 구성과 생산적인 비평으로 이어 내는 지속성과 분석의 보완 등을 정립하는 측면에서도 의의가 크다고 판단된다.

넷째, 대안 미디어나 디지털 기술을 전유하며 '자율적인' 시도를 도모하는 — 혹은 기존의 주류적 담론에 포섭되지 않거나 이탈한 — 집단을 꾸준히 발굴하고, 이들의 관심과 여건 및 활동의 전모를 상세하게 탐구하는 작업도 요구된다(신현우 · 이광석, 2020; 이광석, 2020a). 이는 생산연구를 포함해 상당수의 연구가 은연중에 드러내는 '편향'이나 사회경제적으로 가시적인 직군과 전문가들의 분야로 상당히 집중되었던 연구의 방향성을 일정하게 변화해 내는 의지와 각성의 필요성을 함축한다. 예컨대, 언론의 보도나 기존 학술 연구의 시선에 포착되지 않지만, 다양한 실험과 생존 방식을 실행하는 소규모의 미디어나 스타트업 등에서 디지털 기술을 차별적으로 구현·활용하는 이용자와 매개자 집단도 존재한다. 이런 활동과 관련해, 이광석(2013; 2020a; 2021)은 '비판적 제작critical making'과 같은 주제를 활성화하며, 다양한 '메이커' 문화와의 비교 사례를 진득하게 탐구한 바 있다. 이 영역에서 기계와 사물 및 문화적·심미적 역량을 다양하게 조합하는 일군의 예술 노동자나 기술 관련 인력들의 비주류적인 대응도 접할 수 있다. 부연하면, 그는 이러한 실천을 기술문화의 이용자들이 발현하는 '급진적'이며 주류의 기획과 차별되는 행태로 정의한다. 또한 주요 사례로 지배적 "기술 권력의 설계 논리를 이용자들이 '수작手作/hands-on'을 통해" 새롭게 고안하거나, 유무형의 기계 장치와 소프트웨어 프로그램을 직접 만들고 — 자신들의 '손과 머리'로 — 결합하면서, 지배적·상업적 기획과는 크게 차별되는 움직임을 활성화하기도 한다. 이광석의 선도적인 관련 연구가 시사하듯이, 이런 부상하는 기술문화의 '대안적인 활용'과 독자적인 문제의식은 아직 생산연구의 영역에서 크게 주목받고 있지 못하다. 한편 윤태진(2007)의 연구나 장민지와 윤태진(2011)의 연구는 '게이머'들에 관한 기존의 인식을 벗어나, 이들이 관여된 '유희적이지만 생산적인' 노동과 선택하는 전략을 상세하게 진단한 바 있다. 이런 기존 생산연구에서 주목이 상대적으로 적었던 주체들의 활동과 관련 진단의 모색도 일정한 성과를 발휘하고 있다. 즉 이들의 기획을 기반으로 웹 디자이너나 웹툰 제작자, 해커, 게이머, 유튜버, 콘텐츠 큐레이터 등의 아직 학술적으로 충분히 조명을 받고 있지 못한 분야의 생산 주체로의 연구를 확장하는 시도가 유의미해 보인다.

다섯째, 생산연구의 추진에서 그간에 적용된 주요 방법론에 관한 일정한 자성과 변화의 필요성을 관련 인물들이 좀 더 숙고할 측면도 제기하게 된다. 2장에서 소개한 일군의 연구들이 보여 주듯이, 광의의 생산 관련 주체들을 섭외하는 방식으로 심층 인터뷰가 가장 빈번하고 중용된 접근법이라는 점이 확연하게 관찰된다. 이와 함께, 면대면 인터뷰를 넘어서는 민속지학의 활용은 상대적으로 적다. 한편 심층 인터뷰를 통해 축적한 자료를 보강하며 해석적 진단을 올리는 방식으로 텍스트 분석과 담론 중심의 연구 방식을 함께 사용하는 방안도 적지 않게 추구된 바 있다. 이런 측면과 관련해, 접근성의 문제나 개방적이라 하기 어려운 생산자들의 반응을 이미 논했지만, 현장 연구나 이에 조응하는 작업이 성사되기 어렵기에, 일정한 '전략적 우회로'의 구성이나 좀 더 복합적인 진단의 가능성과 함의를 도출하기 위한 노력의 병행도 필요하다. 달리 말하면, 내부자들의 섭외나 현장으로의 진입이 까다롭기에, 소수의 생산 주체를 만나고 이들이 직면하는 조건과 쟁점을 파악하는 심층 인터뷰의 사용 자체를 크게 문제시할 필요는 없어 보인다. 오히려 이 방법론이 주로 거시적인 정책이나 현황 파악에 주목한 연구와 대단위 데이터의 수집에서 간과된 내부의 관행과 쟁점의 분석에 주력함으로써, 대안적 진단의 이점과 새로운 설명력을 제기하는 측면을 활용할 필요성이 여전히 있다. 예컨대 사회과학 분야의 노동 연구, 여성학, 교육학, 인류학, 사회학, 과학기술학 등에서도 복합한 체계를 가진 조직의 분석과 활동의 전모나 특징을 내부 주체를 통해 접근하거나, 이들의 목소리와 인식을 통해 진단하는 노력이 명백히 전개된다. 핵심 사안은 심층 면접이나 체득한 인터뷰 자료에만 주력하면서, 이 질료를 연구의 절대적인 버팀목이나 내부의 동향을 전폭적으로 시사해 주는 일종의 '징표'로 전용하는 것은, 연구자가 구현하는 해석과 진단에 과도한 영향이나 걸러지지 않은 편견을 줄 수 있다는 점도 숙고해야 한다. 즉 이런 측면은 세심한 경계와 진중한 성찰을 통한 인터뷰 자료의 다면적인 검증과 다른 활용 가능한 방안과의 조합이 매우 필요하다는 점을 시사해 준다.

동시에 인터뷰 대상이 점유하는 내부의 위상이나 경력과 체험 등을 섬세하게 고려하고, 이들의 역할과 소속 단위를 이어 내며 어떤 상호 작용과 차별적인 시각이 내부에서 구현되는지를 파악하기 위한 균형성의 조율이나, 일회성이 아닌 방식의 연구 대상과의 끈기 있고 긴밀한 상호 작용과 담화도 요구된다. 요컨대 인터뷰 자료는 연구의 방향성의 변화나, 특정 주제로의 분석적 강도를 올리는 데 필수적인 단서와 자극을 제공하며, 동시에 수집된 자료가 응축하는 과장이나 자기 정당화와 치우친 인식 등을 걸러내기 위한 일종의 경험적 고리node라는 인식도 주목할 필요가 적지 않다. 이런 성찰적인 대응과 함께, 임영호(2020)가 제안했듯이, 소수라 해도 특정한 인식과 전문성에서 자신이 속한 조직과 산업의 특이성을 상술해 주는 내부의 인물들과 짧지 않은 소통과 관점의 교환 및 공유도 신중하게 활용할 필요성이 제기된다. 특히 임영호가 예시한 안진(2015)의 사례가 함축하듯이, 연구자이면서 방송기획자로 그가 발화한 교양 콘텐츠의 생산과 백인 출연자로 경도되는 인종적 재현의 문제점을 자신이 수행한 역할과 자성으로 다면적으로 설파한 기획은 상당히 인상적이다. 이는 자전적인 경험과 관련 지식과의 조합으로, 외부의 연구자들이 밀도 있게 파악하기 어려운 측면으로 그가 해당 주제의 입체적인 이해와 확장된 함의를 제기하기 때문이다. 나아가 관련 사례를 중요한 예시나 후속 연구의 마중물로 삼으며, 연구자들이 만나게 된 생산자들에게 설득과 자극을 제공하는 방안도 충분히 고려할 수 있다. 즉 그런 작업을 유튜브나 1인 미디어와 플랫폼 부문에서 활동하는 생산 인력을 직접 섭외하고, 이들과의 밀착된 소통과 협업으로 생산연구의 범주와 유형을 넓혀 내는 도전적 기획을 추진할 필요성도 크다. 앞서 강조했지만, 학계에서 지식 생산을 담당하는 이들이 플랫폼 산업에서 형성되는 관리 방식이나 노동의 전모를 좀 더 동적으로 포착하고, 분석과 이해의 깊이를 구현하기 위해서는 기존의 실증 연구나 정책 분석 등으로 관련 주체들의 현황을 수렴하는 기획은 성과가 있지만 동시에 적지 않은 한계를 노출하기도 한다. 예컨대 현황 파악 이상의 진단과 내부에서 작동하는 고용관계의 특징과 노동의 질, 기술적 숙련도와 요구에 관한 내부자의 평가, 그리고 업무 및 기대와 관련된 유무형의 압박 등을 수렴하는 대안으로 관련 주체들과 진득한 교섭에서 공동 작업의 실행 등을 더 시도할 필요가 있다.

한편 저널리즘이나 문화 콘텐츠 연구를 담당하는 이들 중에 데이터 분석과 의미연결망 분석 등 양적 연구를 전담하는 주체들과의 협의를 거쳐, 그런 방법론과 기존 생산연구의 탐구 방식을 결합하는 작업도 — 학문 내부의 분업이나 구획화를 넘어서려는 대응도 — 시도할 필요가 있다. 이런 '혼합적 방법론mixed methods' 추구는 대단위 데이터의 수집과 거시적 패턴화를 통한 핵심 상징어나 사회적으로 주목을 받는 플랫폼에 관한 수용자나 전문가들의 인식을 확장된 방식으로 파악하고, 이를 심층적인 진단과 쟁점에 관한 풍부한 토론으로 분석의 밀도를 올리는 사례로 변환할 수 있어 보인다. 물론 양적·질적 연구의 차별화된 지적 전통과 이질적인 연구 방식 차이가 그런 협업 추진에 잠재적인 걸림돌이 될 수도 있다. 동시에 앞서 거론한 성격의 연구 필요성에 대한 자각도 과거보다 늘어났으며, 이런 구상의 실천에 관심을 가진 학자들도 접한 바 있다. 이런 추진 또한 진전된 상호 이해와 의지가 중요하며 향후 실천이 가시화될 수 있다고 판단한다.

여섯 번째로, 기존의 확립된 미디어 대상의 연구와 새롭게 부상한 플랫폼 대상 생산연구의 추진을 연구자들이 병행할 필요가 있지만, 전자에 관한 탐구도 꾸준히 도모할 필요성을 거론하게 된다. 적지 않은 언론학자들이 논했듯이, 한국의 언론 지형은 소수의 보수 일간지와 경제지들이 언론 시장에 강한 영향력을 발휘한다(조항제, 2020). 이는 주요 공적 의제나 지배적 프레임의 선별적 배치와 공세를 이들이 종종 주도한다는 인식과도 연계된다. 예컨대 우리(2022)가 수행했던 '포퓰리즘' 관련 주요 일간지가 제시한 의미의 생산과 담론적 효과를 잠시 돌아보자. 보수 성향 일간지들의 사설은 복지나 경제 관련 주요 정책적 이슈의 '정치공학적' 문제점이나 이른바 '당리당략'의 문제를 특히 선별적 비난의 대상인 특정 정치 집단과 엮어내면서, 이를 포퓰리즘의 범주가 신중하게 제어되지 않는 방식의 무리한 적용과 상당 부분 '맹목성'이 녹아든 의도된 관행으로 제기해 왔다. 누군가는 그런 공세적 기획이 보수 성향의 독자들에게 주는 비판적 관점의 제시에서 여론의 결집과 감정적 동일시의 효과를 고려한 활동이라 판단할 수 있을지 모른다. 하지만 균형성이나 성찰이 크게 스러진 행태가 '신뢰받는' 저널리즘의 역할이나 책임과 성찰을 각인하는 이른바 '비판 언론'의 소명을 충족하고 있다고 판단하기는 어렵다(박영흠 · 김균, 2016). 요컨대 이 용어를 특정 '복지'와 '민생'이나 '재난' 관련 정책에 무리하게 적용하며, 비슷비슷한 공세적 비판과 노골적인 편들기 등이 중앙 일간지와 경제지 사설에서 주기적으로 변주되는 양상을 관찰할 수 있다. 즉 보수 성향의 일간지들이 주도하는 포퓰리즘의 기능적 의제화와 절제되지 못한 비판이 거시적인 공적 쟁점에 관한 복합적인 설명과 검증을 구현하는 데 실질적인 도움을 주지 못하며, 활성화된 소통을 시도하는 노력도 지면에서 대면하기는 매우 어렵다.

이런 쟁점이 저널리즘 분야에서 주목받기는 하지만, 구성과 해석이 촘촘한 연구나 협업의 방식으로 추구되지는 않고 있다. 단적으로 논해, 다른 사회과학 내 분과 학문에서 이루어지는 관련 작업과 비교할 때, 범언론학 분야에서 포퓰리즘 관련 연구는 손으로 꼽을 정도로 적다. 포퓰리즘이 주기적으로 언론이 선택하는 대표적인 '주제어'이면서, '대중 선동주의'에 고착된 용례와 부정성 일변도로의 의미 작용으로 정의되고 확산이 되는 측면과 결부된 연구는 상당히 희소한 것이다. 특히 제도 언론은 포퓰리즘의 정치적 활용과 의도성이 깃든 담론 기획의 대표적 행위자이기도 하다. 그런 이유로 이 주제 관련 언론이 발휘하는 행태를 생산연구의 방안으로 파고드는 기획도 상당히 요구된다. 요컨대, 보수와 중도 및 진보 언론의 구성원을 섭외하는 방안으로, 어떤 내부의 인식과 이념적 정향, 그리고 완강한 관행에 의해 문제적인 성격과 방향성을 발현하는 사설이나 기고문과 연작들이 등장하는지를 끈기 있게 탐구해 내는 작업도, 현재 언론 지형이나 언론에 대한 신뢰도의 추락과 거센 비판을 고려할 때, 마땅히 요구된다. 물론 그런 기획의 추진 과정에서, 적지 않은 어려움이나 특히 내부자의 동의와 협조를 구하는 데 난관이 예상된다. 하지만 그런 모색이 언론과 저널리즘이 도모하는 공적·정치적 역할과 명암을 긴요하게 자리매김할 만한 공적인 지식의 추구라고도 판단된다. 조금 다르게, 주요 정당과 정치인의 공약이나, 논쟁을 생성하는 특정 정책과 관련된 언론인의 역할과 관행을 밀도 있게 조명하는 생산연구도 병행할 수 있어 보인다. 앞서 언급한 지향점을 드러내는 연구는 아직 크게 활성화되고 있지는 못하다. 정리하면, 레거시 미디어와 구성원에 관한 생산연구의 의의와 필요성이 여전히 제기되는 것이다.

마지막으로 생산연구의 내실화나 정련의 필요성을 염두에 두고, 좀 더 다양하며 진전된 개념과 명료한 해석 틀을 만들고 반영하는 기획도 긴요하다. 예를 들면, 원용진 외(2020), 이동후(2021), 이광석(2021), 이상길(2018), 이희은(2020) 등이 언급하듯이 과학기술학 영역에서 적용되는 '행위자 네트워크' 이론이나 미디어 '생태학'이나 '인프라' 연구가 제기하는 기술과 사회적 요인들의 구성주의와 이질적인 결합에 관한 새로운 개념과 문제의식을 생산연구의 개별 사례 속에 진득하게 녹여 내며, 이를 경험적으로 분석된 사례의 함의를 높이는 방향으로 재구성하는 시도도 마땅히 필요해 보인다. 이들은 플랫폼 기술의 확장이 생성한 사회적·윤리적 쟁점이나 '기술적 균형과 통제'를 둘러싼 대응과 성찰에 관해 상당한 통찰과 유념할 요인들을 짚어 낸 바 있다.

특히 이희은(2020: 95)은 기술에 관한 낙관주의나 관성화된 통념을 피하면서, "플랫폼과 미디어 배포와 네트워크와 인프라로 이어지는 현재의 미디어 기술 환경에 대한 이론적 논의가 더 치밀하게 이루어져야 할 필요성"을 지목한 바 있다. 그는 플랫폼과 다양한 정보 양식이 현실에서 발산하는 지배력이나 사회 현실의 변환을 대상으로, "테크놀로지와 그 운영 체계를 주요 연구 대상"으로 설정하면서도(95), 이런 체계의 유지와 관리 및 노동에 관여하는 인간 행위자들의 노동력이나 권력과 경제적 이해 등의 사회적 요인들과 분리할 수는 없다는 관점을 제기한다. 이 장에서 거론한 연구자들의 인식과 접맥되는 관찰점으로, 그는 "미디어 인프라가 "물질적인 형태인 동시에 담론적인 구성물"이므로, 기술만의 문제가 아닌 사회·기술적socio-technical 문제로 이해된다(Parks & Starosielski, 2015: 5; 이희은, 2020: 97에서 재인용)는 입장을 피력하기도 한다. 또한 그는 현재의 미디어 생태계에서 관찰되는 시청각 신호의 '트래픽'에서 인터넷과 통신 체계나 다양한 미디어의 '다중성' 등이 발휘하는 집합적인 효과를 예시로 삼으면서, "이제 인간과 기계와 자연과 사회를 연결하는 확장된 인프라 시스템에 주목할 필요가 있다"는 관점을 주창한다(97). 그는 그런 인식으로, 기존의 미디어 철학과 문화연구, 미디어 기술 연구가 창안한 개념을 접합한 미디어 '인프라 연구'의 모색을 강조한다.

그가 제기한 논점을 생산연구로 적용하면, 앞서 짚었듯이, 관련 연구자들이 정보와 문화 플랫폼의 동향이나 가시적 사례를 다루면서, 기존의 방식보다 플랫폼 기술의 사회적 작동에 적절히 대응할 만한 융합적·학제적 개념과 공적·윤리적 측면에 주력하는 인식을 더 활성화하는 노력이 요청된다. 관련 예시를 들면, 유튜브 생산자에 관한 탐색적인 생산연구가 축적되고 있지만, 네이버와 넷플릭스나 구글 등에서 이루어지는 특정 데이터의 가공에서 정보와 시각의 '큐레이션'이나 선택과 배제 등의 전략적 기획과 노동의 제 양상을 파고든 작업은 아직 충분히 접하기 어렵다. 다소 단적으로 논할 때, 플랫폼 내부의 주체들이 거대 기업의 영리 활동에 참여하며, 자신들의 과업에 관한 창의적 가치나 '노동의 게임화'를 추구하지만,

이들 중 상당수는 네트워크화된 노동의 부담과 등급 평가 및 성취의 압박으로 내몰린다(임운택, 2022). 김종진(2020: 315~316)이 제기하듯이, "특히 플랫폼 일자리가 일과 삶의 균형이 가능한 '자율성의 환상'을 강조하고 있지만, 그것은 일부 웹 기반 노동에 불과"하며, "지역 기반 플랫폼 노동자는 자영업자 형태인 개인사업자로 분류되기에 사회구성원으로 적용받아야 할 시민적 권리에서 배제 혹은 사각지대"로 몰리기도 한다. 한편 거대 플랫폼들의 경우, 현재 상업화된 정보 통치성의 핵심 조직이자 세력이면서, 이들이 외부적으로 표출하는 시장 지배력이나 '스마트'하고 '부유한' 기업 이미지 외에, 내부의 주체들이 고안하는 기획에서 이들이 드러내는 '기술적 삶의 양식'의 전모와 명암은 아직 상세하게 진단이 되고 있지 못하다.[107]

지금까지의 논점을 정리해 보자. 정보와 데이터의 확장성과 위세와 대면하는 생산연구는 개념과 이론적 자원 측면에서 알고리즘의 적용과 지배적 요인인 기술적 합리성을 사회관계를 급진적으로 변용하고, '파괴적 혁신'으로 재구성하며, 지배적 '지식'으로 구현하는 일군의 주체들에 대한 탐구에 집약적인 관심을 더 기울일 필요성도 크다. 또한 이런 유형의 도전적 기획은 레거시 미디어의 재편과 영향의 축소나 다양한 플랫폼이 영역을 넓혀 가는 과정에서, 좀 더 변화의 박동이 구체적으로 출현하는 단위와 조직 및 정보 기술의 생산 주체로 교섭과 대응의 기회를 늘리는 실천의 함의를 내포한다. 특히 앞서 고려한 플랫폼의 거시적 작동이나 권력 효과와 통제 기제에 관한 이론과 담론 수준의 탐색이 여전히 많은 데 반해, 집

107 '카카오'와 같은 '신기술'과 미래형 첨단 산업의 대표 격인 거대 플랫폼 기업은 2021년 말 기준, 134개에 달하는 계열사를 보유한 바 있으며, 이 중 상당수는 기술적 혁신이나 융복합 플랫폼과 관련성이 매우 적은 '골목 상권'과 소상공인들의 이해관계와 직결되는 분야다. 비판에 처하면서 카카오가 이런 구조에 변화를 준다고는 했지만, 이 사안 또한 거대 플랫폼의 역할과 경영 및 혁신에 주로 관심을 표명해 온 언론과 학술 연구의 관행에 상당한 반론과 생각할 거리를 제시한다. ("카카오 "골목상권 침해 논란 계열사 30~40개 연말까지 정리," 〈한겨레〉, 2022. 4. 6. 참고).

중력이 반영된 구체적인 사례들의 분석과 현장성을 복합적으로 구현하는 기획, 외국 사례와의 비교 연구, 그리고 앞서 제기한 주제를 공략하면서 경험 연구의 깊이와 사회·기술적 상상력을 결합한 작업은 여전히 드물다.

현재 한국 사회에서도 거세게 일고 있는 “알고리즘, 인공 지능, 빅 데이터 등에 기반을 둔 포스트 디지털 미디어”의 강한 영향이나, 이를 추동하는 “공학적” 커뮤니케이션학의 증폭된 효과와 역할에 힘을 싣고 그런 방향성을 인정하고 수용하는 목소리들이 큰 폭으로 공명이 된다(김승수, 2022; 강재호, 2020). 요컨대 정보 기술이 주도하는 환경 속 학문과 지식의 재구성을 강조하며, 그런 과정에서 추출한 방법론과 지식을 적극적으로 활용할 수 있어야 한다는 주장도 적지 않다. 동시에 문화연구를 포함한 비판적 패러다임의 실행자들이 공학적 커뮤니케이션학의 위력과 역량을 단순하게 수용하기보다는, 사회 내 ‘완강한’ 거대 담론이자 플랫폼화의 일방통행이 기정사실이 되는 작금의 현실에 끈질긴 담론적 개입과 해체의 노력 및 대안적인 통찰을 제기함으로써, 필요한 제동과 비판적 사유의 활성화를 도모하는 방식을 견지할 필요성이 크다(이광석, 2013; 2020; 박대민, 2020). 특히 그런 과정에서 대안과 이견이 제대로 주목받지 못하며, 자본에 의한 테크놀로지의 과도한 전용과 정보와 데이터 관련 통치성의 지배력이 한층 공고해진 현실을 겨냥하면서, 이를 기술과 사회 및 문화적 요인들을 고려하며 ‘중층적’으로 진단해 내는 지식 생산의 가치와 역할을 진중하게 설파할 역할도 관련 주체들에게 제기하게 된다.

이런 만만치 않은 요구와 관련하여, 우리는 현재 ‘포스트커뮤니케이션’이나 사회·기술적 쟁점에 주목하기 시작한 비판 커뮤니케이션이나 문화연구와 생산연구의 전공자들 내부에 응축된 문제의식의 치열함이나 관련 대응 전략을 보다 ‘깐깐하게’ 고려하면서, 진단과 대응을 조직적으로 탐구할 필요성을 강조하게 된다. 주변을 돌아보면, 현시점에서 그런 주제를 유연하고 새로운 문제의식과 지식의 자원으로 운용할 주체들이 현저하게 줄어드는 반면에, 고심할 일련의 문제점들이 맹렬하게 축적되고 있다. 물론 상대적 소수이기는 하나 앞서 언급한 유형의 기획과 도전을 실천하는 이들도 커뮤니케이션학 분야에 명백히 존재한다. 그런 이유로, 공적 쟁점으로 부상한 정보 통치성과 '스마트 체제'의 문제나, 4차 산업 혁명 담론과 데이터의 사회적 활용 등과 연계되는 비판 이론의 심층적인 적용과 정련된 문화연구의 실행에서, 관련 전공자들의 활성화된 참여가 어떻게 구현될 수 있는지에 관한 구체적인 대안의 모색과 장기적인 전략에 관한 체계적인 고려도 마땅히 필요하다(김경필, 2012; 김동원, 2015; 김수철·이현지, 2019; 김예란, 2012; 박대민, 2019; 이광석, 2017; 2021; 이희은, 2018; 2019a; 임영호, 2020; 2021; 임종수, 2017; 임종수 외, 2020, 채석진, 2018; 2019).[108]

우리는 이 장에서 심대한 사회·경제적 확장성과 함께, 과거와는 확연하게 비교되는 복잡한 쟁점과 대응의 어려움을 제기하는 플랫폼 노동과 관리의 방식을 중심으로 생산연구의 일정한 전환과 정련된 대응이 필요하다는 점을 짚어 냈다. 이 주제는 그간에 생산연구를 실행해 온 이들이 영상과 방송 콘텐츠나 저널리즘과 관련된 탐구를 진행하는 노력과 함께, 숙고할 새로운 지적 도전과 공적인 함의를 곱씹게 해 준다. 돌아보면, 지난 몇 년간 광의의 '비판적' 전통이나 패러다임에 속하는 동료 연구자들이 데이터 기반의 강화된 관리 체제와 노동의 문제에서 알고리즘의 사회정치적 측면 등의 첨예한 주제들에 관한 이론적 조망과 경험 분석을 시도하고 있는 상황도 확연하게 관찰된다. 이런 집합적인 모색이 시작된 점은 여러 차원에서 상당히 유의미하며 고무적이라고 판단한다. 동시에 관련 주

108 이 단락에서 거론한 특정 주제와 관련 연구의 새로운 모색에서, 일군의 문화연구자들이 전개하는 활동이 예시되고도 있다. 동시에 이들에게도, 관련 지면에서 논한 주제들을 밀도 있게 탐구하는 작업은 여전히 간단치 않은 과업이며, 상당한 수준의 집합적인 노력과 협업 및 의지를 요구한다. 즉 본문에서 예시한 다양한 플랫폼에 관한 연구가 능동적으로 추구되기 위해서는, 연구자들 간의 포럼을 주기적으로 구현하며, 공유되는 의제 설정을 위해 부단히 움직여야 한다.

제를 두고 이론과 경험 연구 사이의 과감하면서도 정제된 화학 작용의 모색이나 한국 상황이 발현하는 '특이성'의 맥락에 더 예리하게 분석을 적용하는 노력도 필수적이라 판단한다. 물론 필진이 설파한 플랫폼 대상 생산연구의 추진에 있어, 광의의 커뮤니케이션학 내부에서 생산연구를 고민해온 연구 공동체의 위상과 역량이나 의지 등도 냉정하게 고려할 필요가 있을 것이다.

다소 거칠게 논할 때, 주변 상황을 돌아보면 데이터와 AI나 정보 기술의 역할에 관한 방대한 학술 기획들이 사회적으로 강조되며, 일견 활발하게 탐구되고 있지만, 그런 집합적인 논의들 속에 노동과 젠더나 계급의 문제와 접합하는 진단은 여전히 그리 많거나 유의미한 수준에서 탐구되고 있다고 간주하기는 어렵다. 그런 이유로 우리는 테크놀로지와 AI 및 데이터로 구현되는 다양한 정보 양식의 확장된 활용을 차별적이면서도 성찰적으로 조명하는 작업의 의의와 필요성을 다시금 강조하게 된다. 원용진(2014: 209)은 문화연구가 정보 과학과 테크놀로지라는 거시적이면서 — "혁명적이라 할 만큼 일상을 변화시키는(210) — 주제에 관해 꾸준히 논점을 구현해 왔지만, 최근 디지털과 플랫폼의 변화 추세와 쟁점에 관해서는 "제대로 천착하지 않은 태만"이나 "정체된" 반응을 발현하고 있다고 비판한 바 있다. 그는 그런 주제를 문화연구자들이 "정작 제대로 다루어야 할 시기에 비껴갔다는" 비판을 제기하기도 했다(210). 물론 그가 이런 문제를 제기한 이후에 일군의 문화연구자들이 실행한 관련 연구들이 일정하게 부상했으며, 그러한 시도의 함의나 성과를 고려할 때, 문제의식의 강화와 실천 측면의 주체적 대응이 관찰되는 양상도 제기할 수 있다(원용진 · 박서연, 2021).

동시에 원용진이 짚었듯이, 기존의 미디어의 역할론이나 이와 결부된 미디어의 프레임 작용과 의미 구현을 넘어서는 기획의 단단한 구성이나 이를 확장된 플랫폼 기술과 데이터 관련 문화연구의 렌즈로 조직적으로 대응해 내는 작업은 여전히 예리하게 추구해야 할 매우 도전적인 대상이기도 하다. 이 책은 가까운 과거에 그가 제기했던 '고언'에 관한 일정한 응답과 더불어 공유되는 문제의식과 자각을 담고 있다. 요컨대 우리는 레거시 미디어에서 다양한 플랫폼으로 대상을 바꿔 가며, 의미론과 재현의 특성에 대한 집중과 강박을 극복하는 대안의 모색으로, 적지 않은 생산연구의 전략과 실행이 드러내는 핵심 관심사와 진한 고민이 반영된 탐구의 과정을 조망했다. 특히 우리는 현재 관찰되는 기술적 변동의 요동치는 맥락과 맥박 및 사회적 위세와 파장을 끈기 있게 숙고하며 일깨워 주기도 하는 구체적인 사례들을 지면에서 소개한 바 있다. 동료들이 지금까지 정초한 기획에 대한 창의적인 수용이나 개방적인 인정의 필요성과 함께, 생산연구의 정련을 역동적으로 확보하기 위한 집합적인 노력과 의지의 필요성도 이 대목에서 다시금 환기하게 된다. 그러한 문제의식을 공유하는 주체들이 함께 대응을 모색하고 화답하는 활동이 더 활성화되기를 고대하면서 이 글을 맺는다.

참고 문헌

강내희 (2007). 문화사회와 대안적 세계화를 위한 한국 문화연구의 방향. 〈문화과학〉, 52, pp.391~410.

강내희 (2014). 《신자유주의 금융화와 문화정치경제》. 문화과학사.

강내희 (2015). 일상의 문제와 문화연구, 그리고 마르크스주의. 〈마르크스주의 연구〉, 12(2), pp.12~44.

강명구 (1993). 한국 노동계급 문화의 담론: 문화와 이데올로기의 문제 틀. 〈이론〉, 7, pp.288~316.

강명구 (2007). 한국의 사회권력 형성과정과 그 성격: 언론권력과 훈민적 공론장. 김학천 엮음, 《한국방송의 성찰과 개혁》(pp.13~42). 한국학술정보.

강명구 외 (2013). 중국 텔레비전 시청자의 드라마 소비 취향 지도. 〈방송문화연구〉, 25(1), pp.197~233.

강보라 (2016). 건강 먹거리 담론 수용에 관한 연구: 20~30대 여성들과의 심층인터뷰를 중심으로. 〈언론과 사회〉, 24(2), pp.89~142.

강이수 (2015). 문화노동의 특성과 젠더의 문제. 〈한국여성학〉, 31(2), pp.181~211.

강재호 (2020). 비판의 과학성과 방법의 규범성: 비판 커뮤니케이션론 소고. 〈언론과 사회〉, 28(3), pp.5~53.

강준만 (2019). SNS · 모바일 · 유튜브 시대의 언론. 〈인물과 사상〉, 251, pp.47~84.

강진숙 (2008). 한국 비판언론학의 질적연구방법 적용사례 연구. 〈한국언론정보학보〉, 43, pp.81~113.

강진숙 (2009). 2008 촛불집회 참여 경험에 대한 현상학적 연구: 대학생 참여자 및 1인 미디어 이용자를 중심으로. 〈한국방송학보〉, 23(4), pp.7~48.

강진숙 · 김동명 (2019). 장애인 관련 영상제작자 및 활동가들의 '소수자-되기'에 대한 미디어 비오그라피 연구: 미디어의 장애인 재현과 제작 활동을 중심으로. 〈한국언론학보〉, 63(1), pp.286~324.

강진숙 · 이광우 (2012). 문화예술 프로그램 생산자에 대한 문화기술지 연구. 〈한국언론학보〉, 56(4), pp.339~364.

고우람 · 이오현 (2011). 영화〈디 워〉를 둘러싼 수용자 담론의 사회문화적 함의에 관한 연구. 〈언론과 사회〉, 19(3), pp.2~44.

곽영신 · 류웅재 (2022). 사회비판적 'K-콘텐츠'는 세상을 바꿀 수 있는가? 〈스카이캐슬〉, 〈기생충〉, 〈오징어 게임〉 의 분열하는 기호들. 〈한국언론학보〉, 66(6), pp.307~349.

구미정 (2013). '잉여' 시대의 대학, 길 찾기. 〈현상과 인식〉, 37(3), pp.39~55.

권오용 (2022). 인간 존엄 실현의 구체적 기반으로서 비판이론적 노동 개념. 〈경제와 사회〉, 134, pp.180~203.

김건우 (2020). '정보양식론'의 논리적 딜레마에 관한 3가지 물음 — 마크 포스터의 이론을 공유 경제 국면에서 재검토하다. 〈문화콘텐츠연구〉, 19, pp.87~115.

김건우 · 김균 (2013). 사주의 퍼포먼스와 신문 조직의 문화적 통제. 〈한국언론정보학보〉, 62, pp.223~243.

김경필 (2012). 카스텔의 네트워크 사회론 비판: 정보화 발전 양식을 중심으로. 〈사회와 이론〉, 1, pp.367~399.

김경희 · 윤영민 (2008). 시민기자로서의 블로거의 활동 동기와 뉴스 생산 과정. 〈미디어 경제와 문화〉, 6(4), pp.40~84.

김남일 · 백선기 (2008). 언론매체의 '강남권역' 신화형성과 이데올로기. 〈언론과 사회〉, 16(2), pp.2~36.

김동원 (2009. 12월). 디지털 테크놀로지와 노동의 유연화. 한국언론정보학회 가을철 정기학술대회 발표문. 서울: 고려대학교.

김동원 (2015). 이용자를 통한 미디어 자본의 가치 창출. 〈한국언론정보학보〉, 70, pp.165~188.

김병희 · 윤태일. (2010). 한국 광고회사 형성기의 전문성 제고 구술사 연구 방법에 의한 기억의 재구성. 〈한국광고홍보학보〉, 12(3), pp.221~254.

김미선 · 이가영 (2016). 미디어 재현에 나타난 남성성과 젠더 이데올로기의 정치학. 〈미디어, 젠더 & 문화〉, 31(3), pp.97~137.

김미숙 (2018). 《드라마 작가는 어떻게 만들어지는가》. 서울: 푸른사상.

김미숙 (2022). 미디어 콘텐츠 생산자로서 웹소설 작가의 정체성 연구: 심층 인터뷰와 자기기술지를 중심으로. 〈한국콘텐츠학회논문지〉, 22(10), pp.658~675.

김미숙 · 이기형 (2013). 심층 인터뷰와 질적인 분석으로 조명한 텔레비전 드라마 작가들의 정체성과 노동의 단면들. 〈언론과 사회〉, 21(3), pp.5~63.

김미숙 · 홍지아 (2016). TV 드라마 작가 연구. 〈한국방송학보〉, 30(4), pp.41~82.

김미숙 · 홍지아 (2017). 드라마 제작 과정에서 벌어지는 생산자 사이의 갈등연구. 〈한국언론정보학보〉, 86, pp.7~41.

김민승 · 류웅재 (2022). 대중문화 콘텐츠가 재현하는 지역과 청년들: 드라마에 대한 텍스트 분석과 심층인터뷰를 중심으로. 〈언론과 사회〉, 30(3), pp.42~92.

김보형 · 백미숙 (2009). 초기 여성 아나운서의 직업 성격과 직업 정체성의 형성. 〈한국언론학보〉, 53(1), pp.59~83.

김사승 (2012a). 취재영역과 편집영역의 긴장관계에 관한 일고찰. 〈한국언론학보〉, 56(4), pp.55~79.

김사승 (2012b). 뉴스생산의 창의성 현실화에 관한 탐색적 고찰을 위한 기자인식 연구. 〈미디어 경제와 문화〉, 10(3), pp.7~47.

김사승 (2015). 뉴스생산 프로세스 재구성을 위한 이론적 탐색: 프로세스 이론의 관점에서. 〈커뮤니케이션 이론〉, 11(3), pp.90~132.

김사승 (2019). 뉴스생산방법 변화에 대한 이론적 고찰: 유동저널리즘과 조정메커니즘. 〈커뮤니케이션

이론〉, 15(3), pp.5～45.
김상균 (2017). MBC '백종문 녹취록' 사건으로 본 공영 방송의 위기. 〈한국언론정보학보〉, 81, pp.189～224.
김상균 · 한희정 (2014). 천안함 침몰 사건과 미디어 통제: 탐사 보도 프로그램 생산자 연구. 〈한국언론정보학보〉, 66, pp.242～272.
김서중 (2013). 요원해지는 방송공공성 회복. 〈황해문화〉, 79, pp.320～326.
김선기 (2016). '청년세대' 구성의 문화정치학 : 2010년 이후 청년세대담론에 관한 비판적 분석. 〈언론과 사회〉, 24(1), pp.5～68.
김선기 (2017). 청년–하기를 이론화하기: 세대 수행성과 세대연구의 재구성. 〈문화와 사회〉, 25, pp.161～210.
김성윤 (2014). 《18세상: 엄숙한 꼰대 열받은 10대 꼬일 대로 꼬인 역설의 시대》. 북인더갭.
김성윤 (2016). 《덕후감: 대중문화의 정치적 무의식 읽기》. 북인더갭.
김성해 · 김란희 (2021). 마키아벨리로 착각하는 돈키호테의 후예들 : 국가이익 재구성을 둘러싼 보수언론의 담론정치. 〈한국언론정보학보〉, 106, pp.44～76.
김세은 (2010). 해직 그리고 그 이후… 해직 언론인의 삶과 직업을 통해 본 한국 현대 언론사의 재구성. 〈언론과 사회〉, 18(4), pp.158～208.
김세은 (2012). 해직 언론인에 대한 생애사적 접근연구. 〈한국언론학보〉, 56(3), pp.292～319.
김세은 (2013). 언론학 연구방법론으로서의 구술사에 대하여: 현장에서 길을 잃은 한 연구자의 질문과 출구 찾기. 〈커뮤니케이션 이론〉, 9(3), pp.205～255.
김세은 (2014). '폴리널리스트'가 만들어내는 한국 언론과 정치 지형의 문제. 〈관훈저널〉, (132), pp.77～85.
김세은 (2017a). '신'해직 언론인의 '압축적' 생애사를 통해 본 한국 정치권력의 언론 통제. 〈언론과 사회〉, 25(3), pp.221～328.
김세은 (2017b). 한국 '폴리널리스트'의 특성과 변화. 〈한국언론학보〉, 61(3), pp.7～54.
김세은 (2017c). 디지털 시대 특종의 사회학: 특종의 지위 변화와 뉴스 생산 규범의 균열. 〈한국방송학보〉, 31(4), pp.5～50.
김세은 · 김문영 (2018). 변방에서 변방으로, 소외감의 재확인. 〈사회과학연구〉, 57(1), pp.27～69.
김세은 · 홍남희. (2019). 미투 운동(#Metoo) 보도를 통해 본 한국 저널리즘 관행과 언론사 조직 문화. 〈미디어, 젠더 & 문화〉, 34(1), pp.39～88.
김소영 (2022). 문화이론을 활용한 문화콘텐츠학의 수용자 질적 연구방법론. 〈인문콘텐츠〉, 66, pp.215～236.
김수미 (2014). 한국 치유 문화 작동의 정치학: 신자유주의 통치 시기 주체 구성에 대한 일고찰. 〈언론과 사회〉, 22(1), pp.114～161.
김수미 (2016). '자원봉사 시민(volunteer-citizen)' 되기. 〈언론과 사회〉, 24(3), pp.128～177.
김수미 (2017). 포스트휴먼 기술 담론과 포스트휴먼 주체 구성의 정치성에 대한 탐구: 인공 지능 기술에 관한 담론분석을 중심으로. 〈언론과 사회〉, 25(2), pp.5～57.
김수미 (2022). 저널리즘의 담론적 구성에 대하여: 저널리즘 정체성 · 저널리스트 역할 담론에 대한 고찰과 향후 연구를 위한 제언. 〈언론과 사회〉, 30(3), pp.135~186.
김수아 (2019). 안희정 재판 보도와 성인지 감수성. 〈여/성이론〉, 40, pp.291~299.
김수영 · 하은솔 · 김영 (2020). 노동의 불안정성에 대한 다차원적 고찰: 자발적 비정형 노동자의 사례를 통하여. 〈한국사회정책〉, 27(1), pp.89~127.
김수정 (2010). 수용자연구의 해독모델과 존 피스크에 대한 재평가. 〈언론과 사회〉, 18(1), pp.2~46.
김수정 (2021). 플랫폼 경제는 사람들의 삶을 더 풍요롭게 할까? 〈프레시안〉 기고문. https://www.pressian.com/pages/articles/2021040114402958899
김수정 · 양은경 (2006). 동아시아 대중문화물의 수용과 혼종성의 이해. 〈한국언론학보〉, 50(1), pp.115~136.
김수정 · 김은준 (2016). 동남아시아 반한류에 나타난 문화적 갈등과 특성: 인도네시아와 베트남을 중심으로. 〈동남아시아연구〉, 26(3), pp.1~50.
김수정 · 김수아 (2018). 한국 수용자의 중국드라마 팬덤 형성과 브로맨스 코드. 〈젠더와 문화〉, 11(2), pp.195~233.
김수정 · 조명아 · 이정윤 (2022). 페미니즘 관점에서 본 20~30대 여성의 주식 담론: 온라인 여성 커뮤니티 사례를 중심으로. 〈사회과학연구〉, 33(2), pp.257~288.
김수철 (2010). 유비쿼터스 커뮤니케이션 환경에 대한 이론적 고찰: 물질 공간론적 접근을 중심으로. 〈언론과 사회〉, 18(2), pp.129~164.
김수철 (2014). 이동성, 장소, 문화: 미디어공간으로서 서울의 정체성. 〈문화와 정치〉, 1(2), pp.125~147.
김수철 (2015). 한국 문화산업에서 '창조성으로의 전회(creative turn)'에 관한 고찰: 대중음악산업을 중심으로. 〈아세아연구〉, 58(3), pp.72~105.
김수철 · 이현지 (2019). 문화산업에서의 플랫폼화: 웹툰산업을 중심으로. 〈문화와 사회〉, 27(3), pp.95~142.
김숙현 (2018). 여성 영화감독의 역할 수행 과정과 실천의 구조. 〈언론과 사회〉, 26(1), pp.79~134.
김숙현 (2020). 〈이태원 클라쓰〉의 청년 재현과 서사 분석. 〈한국영상학회논문집〉, 18(5), pp.119~133.
김숙현 · 이효민 (2018). 사적 다큐멘터리의 서사적 경향 및 특성. 〈미디어, 젠더 & 문화〉, 33(2), pp.45~86.
김승수 (2022). 《포스트커뮤니케이션을 말하다: 미디어 지식인의 기록》. 나남.
김애라 (2016). 디지털 노동의 성별성에 관한 비판적 고찰. 〈언론과 사회〉, 24(4), pp.98~145.
김연식 (2011). 방송저널리스트의 PD 저널리즘 인식 연구. 〈언론과학연구〉, 11(2), pp.69~96.
김연식 (2014). 방송 저널리스트의 방송 통제요인 인식 변화 연구: 2008년과 2013년의 비교를 중심으로. 〈한국언론학보〉, 58(1), pp.283~305.
김연식 · 박홍원 (2011). 방송 저널리즘 통제요인에 관한 연구 — 직능 및 방송사별 차이를 중심으로. 〈언론학연구〉, 15(1), pp.5~30.
김영선 (2020). 플랫폼 자본주의 시대의 노동자상. 〈IDI 도시연구〉, 18, pp.117~146.
김영욱 (2003. 6. 25.). [책으로 본 미디어 세상]언론의 '뉴스 만들기' 관행 꼬집어. 〈한국기자협회〉 http://m.journalist.or.kr/m/m_article.html?no=6005
김영찬 (2006). 이주노동자 미디어의 문화정치적 함의. 〈방송문화연구〉, 18(1), pp.37~59.

김영찬 (2007). '미드'(미국 드라마)의 대중적 확산과 방송사 편성 담당자의 '문화생산자' 그리고 매개체'로서의 역할에 관한 연구. 〈방송문화연구〉, 19(2), pp.35~61.

김영찬 (2008). 베트남의 한국 TV드라마 수용에 관한 현장연구. 〈커뮤니케이션학 연구〉, 16(3), pp.5~29.

김영찬 · 반명진 (2018). 지역공동체 구성원들의 공동체미디어 실천에 대한 고찰: '창신동라디오 〈덤〉' 현장에 대한 참여 관찰을 중심으로. 〈한국언론학보〉, 62(3), pp.277~308.

김예란 (2003). 텔레비전 이야기하기 문화에 관한 연구. 〈한국언론학보〉, 47(6), pp.31~57.

김예란 (2005). 디지털 아비투스: 플랫폼을 넘나드는 콘텐츠 소비문화. 〈방송문화연구〉, 17(2), pp.67~109.

김예란 (2007). 1990년대 이후 한국사회의 문화생산 공간과 실천에 관한 연구. 〈언론과 사회〉, 15(1), pp.2~40.

김예란 (2009). '참여'의 디지털 문화산업적 형성에 대한 연구. 〈한국언론학보〉, 53(5), pp.406~428.

김예란 (2012). '스마트' 체제에 대한 이론적 고찰: '장치'와 '주체의 윤리학'의 관점에서. 〈언론과 사회〉, 20(1), pp.178~226.

김예란 (2013). 빅 데이터의 문화론적 비판: 미셸 푸코의 생성지 개념을 중심으로. 〈커뮤니케이션 이론〉, 9(3), pp.166~204.

김예란 (2015). 디지털 창의노동: 젊은 세대의 노동윤리와 주체성에 관한 한 시각. 〈한국언론정보학보〉, 69, pp.71~110.

김예란 (2016). 탈주와 모방. 〈언론과 사회〉, 24(3), pp.178~224.

김예란 (2017). 인간-기계-동물의 다양체. 〈커뮤니케이션 이론〉, 13(1), pp.94~134.

김예란 (2020). 플랫폼 생산자와 일상성: 일상 브이로거의 삶과 노동. 〈한국언론정보학보〉, 101, pp.153~199.

김예란 (2022). '조각주체'라는 이름의 플랫폼 호모 이코노미쿠스: 조각투자, 리셀 또는 조각난 정동. 〈커뮤니케이션 이론〉, 18(3), pp.54~97.

김용찬 (2020). 미디어, 흔들리는 개념. 〈한국방송학보〉, 34(6), pp.115~150.

김종진 (2020). 디지털 플랫폼노동 확산과 위험성에 대한 비판적 검토. 〈경제와 사회〉, 125, pp.296~322.

김은준 (2018). 포스트힐링시대 한국사회 성찰적 자기계발담론의 가능성 모색: 2013~2017년 언론분야 학술지 담론을 중심으로. 〈미디어, 젠더 & 문화〉, 33(2), pp.87~134.

김은준 (2022). 미디어와 수용자 담론 실천의 불연속성 연구: 대학입시 담론을 중심으로. 〈미디어, 젠더 & 문화〉, 37(2), pp.47~98.

김지현 · 이상길 (2012). 문화매개자로서 아마추어 영화비평 블로거 연구. 〈미디어, 젠더 & 문화〉, 21, pp.5~40.

김창남 (1997). 《대중문화와 문화실천》. 한울.

김창남 (2018). 《대중문화의 이해》. 한울.

김태희 외 (2021). 《모빌리티 시대 기술과 인간의 공진화》. 앨피.

김현경 (2017). 신자유주의 시대의 포스트페미니즘 가족서사. 〈미디어, 젠더 & 문화〉, 32(1), pp.5~39.

김현미 (2005). 문화산업과 성별화된 노동 : TV 방송 프로그램 여성 작가들의 사례를 중심으로. 〈한국여성학〉, 21(2), pp.69~103.
김현정 · 원용진 (2002). 팬덤 진화 그리고 그 정치성. 〈한국언론학보〉, 46(2), pp.253~278.
김훈순 외 (2002). 《영상 콘텐츠 연구》. 커뮤니케이션북스.
김호영 · 윤태진 (2012). 한국 대중문화의 아이돌(idol) 시스템 작동 방식: 아이돌문화 생산 · 소비의 이중적 구조에 대한 탐색적 연구. 〈방송과 커뮤니케이션〉, 13(4), pp.45~82.
김호영 · 홍남희 (2012). 전지구적 미디어 텍스트의 온라인 유통과 자막 제작자의 역할. 〈미디어, 젠더 & 문화〉, 23, pp.47~77.
김홍중 (2016). 《사회학적 파상력》. 문학동네.
김홍중 (2022). 플랫폼의 사회이론: 플랫폼 자본주의와 알고리즘 통치성을 중심으로. 〈사회와 이론〉, 41, pp.7~48.
나미수 (2005). 민속지학적 수용자 연구에 대한 비판적 성찰. 〈커뮤니케이션 이론〉, 1(2), pp.68~105.
나미수 (2011). 텔레비전 드라마의 생산자 연구: 생산 과정에 나타난 젠더의 문제를 중심으로. 〈사회과학연구〉, 50(1), pp.159~199.
나미수 (2012). 《미디어 연구를 위한 질적 방법론》. 커뮤니케이션북스.
나미수 (2016). 《질적 수용자 연구》. 커뮤니케이션북스.
나미수 · 전오열 (2006). TV시사다큐멘터리의 서사 비교연구: '트랜스젠더' 주제 〈추적60분〉 〈그것이 알고 싶다〉를 중심으로. 〈언론과학연구〉, 6(4), pp.89~132.
나은희 · 김영찬 (2022). 〈윤스테이〉에 나타난 의례화된 포스트 투어리즘에 관한 연구. 〈한국언론정보학보〉, 113, pp.36~62.
남궁찬 · 김예란 (2016). 여성 탈북민에 대한 감정경제. 〈언론정보연구〉, 53(1), pp.105~148.
남재일 (2006). 1987년 민주화 이후 취재관행에 나타난 정권 – 언론 관계 변화. 〈한국언론학보〉, 50(4), pp.95~124.
남재일 · 오대영 (2018). 한국 탐사 보도 실천 경험에 관한 뉴스 생산자 인식 연구. 〈언론과학연구〉, 18(3), pp.45~91.
류동협 · 홍성일 (2020). 푸코의 통치성으로 살핀 한식세계화 담론: 문화정책, 한식문화관, 미디어 재현을 중심으로. 〈한국언론학보〉, 64(2), pp.219~266.
류숙진 (2015). 보험사의 감정 노동 관리와 노동자 반응. 한국사회학, 49(1), pp.213~258.
류웅재 (2009). 절충적 세계화와 국가의 담론정치. 〈한국언론학보〉, 53(5), pp.340~359.
류웅재 (2010). 담론분석과 정치경제학의 조우 가능성에 대한 탐색적 연구: 커뮤니케이션 질적 연구방법론의 몇 가지 논점을 중심으로. 〈언론과 사회〉, 18(4), pp.37~73.
류웅재 · 박진우 (2012). 서바이벌 포맷 프로그램에 침투한 신자유주의 경쟁 담론. 〈방송문화연구〉, 24(1), pp.139~165.
마동훈 (2004). 초기 라디오와 근대적 일상: 한 농촌지역에서의 민속지학적 연구. 〈언론과 사회〉, 12(1), pp.56~91.
마정미 (2020). 유튜브 저널리즘과 공론장(public sphere)에 관한 연구. 〈한국소통학보〉, 19(1), pp.217~246.

문영은 외 (2017). "내가 좋아하는 먹방 BJ는요……": 먹방 시청 경험에 대한 해석적 연구. 〈언론과 사회〉, 25(2), pp.58～101.

민병현 (2009). TV시사프로그램의 의미구조분석 연구: '버지니아 사건' 주제 〈추적60분〉 〈그것이 알고 싶다〉를 중심으로. 〈언론과학연구〉, 9(1), pp.78～120.

민혜영 · 박진선 · 박무늬 (2017). 영화 〈아가씨〉에 나타난 여성재현 연구. 〈씨네포럼〉, 27, pp.167～204.

박대민 (2019). 시장 자유주의 통치성으로서 정보통치성. 〈한국언론학보〉, 63(2), pp.179～209.

박대민 (2020). 인공 지능과 정보통치성: 인공 지능과 자동화 사회에 대한 알고리듬 통치성의 비판적 확장으로서 정보통치성. 〈언론정보연구〉, 57(4), pp.55～94.

박도영 (2015). 자본주의적 일상성의 구조와 유효한 유토피아주의: 강내희의 '문화정치경제'와 '문화사회'에 대한 비판적 독해. 〈마르크스주의 연구〉, 12(2), pp.85～110.

박선희 (2020). 플랫폼의 전유와 저항 : 배달플랫폼 노동과 AI 노동의 사회적 구성. 〈언론과 사회〉, 28(4), pp.5～53.

박소정 (2016). 신자유주의 한국 사회에서 연애하기. 〈미디어, 젠더 & 문화〉, 31(3), pp.173～217.

박소정 외 (2021). 일본 내 글로벌 SVOD 서비스를 통한 한국 드라마 수용. 〈한국언론학보〉, 65(3), pp.122～162.

박소진 (2009). '자기관리'와 '가족경영' 시대의 불안한 삶. 〈경제와사회〉, 84, pp.12～39.

박승관 · 장경섭 (2001). 한국 사회의 이중적 법질서와 언론 권력의 관계. 〈한국사회학〉, 35(2), pp.91～114.

박승일 (2018). 인터넷과 관리권력 그리고 관리사회. 〈언론과 사회〉, 26(2), pp.5～76.

박승일 · 원용진 (2015). 신자유주의 통치성(governmentality)과 금융화(financialization) 그리고 금융－장치(finance-dispositif): 푸코의 '장치(dispositif)' 개념을 중심으로. 〈사회과학연구〉, 23(1), pp.172～216.

박아란 · 이소은 (2020). 〈디지털 뉴스 리포트 2020 한국〉. 언론진흥재단.

박영흠 (2018). 한국 디지털 저널리즘의 사회적 형성: 디지털 뉴스의 상품화 과정에 대한 역사적 연구. 〈언론과 사회〉, 26(1), pp.135～181.

박영흠 · 김균 (2016). 의례로서의 저널리즘: 한국 저널리즘의 정파성에 대한 새로운 이해. 〈한국언론학보〉, 60(1), pp.202～228.

박인규 (2010). 구조적 통제 하의 저널리즘: KBS 시사 프로그램의 변화를 중심으로. 〈한국방송학보〉, 24(6), pp.209～245.

박인규 (2015). 공론장의 회복 가능성: 한국방송공사(KBS)를 중심으로. 〈현상과 인식〉, 39(3), pp.171～195.

박재영 외 (2016). 《저널리즘의 지형: 한국의 기자와 뉴스》. 이채.

박지영 (2007). 초국가적 미디어 생산물 소비의 즐거움과 전 지구화시대의 젠더 정치학. 〈미디어, 젠더 & 문화〉, 7, pp.79～127.

박지영 · 김예란 · 손병우 (2014). 종편 시사 토크쇼와 사담의 저널리즘. 〈언론과 사회〉, 22(2), pp.5～63.

박지영 · 김예란 · 김은미 (2017). 창의 산업 체제의 문화예술정책 동학: 문화기획자들의 실천을 중심으로. 〈한국언론정보학보〉, 86, pp.69～115.

박지훈 (2013). 제3세계에 대한 한국 다큐멘터리의 시선. 〈한국방송학보〉, 27(4), pp.45～84.

박지훈 (2020). 얼룩덜룩한 자본주의에 대한 문화정치경제학: 밥 제숍과 나일링 섬의 초학과적 이론 기획. 〈경제와 사회〉, 126, pp.476～525.

박지훈 · 류경화 (2010). 국제시사 프로그램의 생산과정에 미치는 영향력에 관한 연구: MBC 〈W〉의 서구와 제 3세계 재현을 중심으로. 〈언론과 사회〉, 18(2), pp.2～39.

박지훈 · 박진선 · 윤빛나 · 이진 (2016). 학교폭력을 바라보는 텔레비전의 시선: 시사교양 프로그램을 중심으로. 〈방송과 커뮤니케이션〉, 17(3), pp.139～174.

박지훈 · 이진 (2012). 제3세계를 재현하는 다큐멘터리에 대한 제작자와 수용자의 시선: MBC 〈아프리카의 눈물〉을 중심으로. 〈방송과 커뮤니케이션〉, 13(4), pp.83～122.

박진선 (2020). 크리에이터는 어떻게 노동하는가?: 1인 미디어 생산 경험에 대한 비판적 고찰. 〈미디어 경제와 문화〉, 18(1), pp.73～110.

박진우 (2011). 유연성, 창의성, 불안정성. 〈언론과 사회〉, 19(4), pp.41～86.

박진우 (2012). 뉴스 생산의 유연화와 저널리스트 노동. 〈언론정보연구〉, 49(1), pp.38～72.

박진우 (2015). 한국 언론의 전문직주의와 전문직 프로젝트의 특수성: 언론 – 정치 병행관계의 한국적 맥락. 〈한국언론정보학보〉, 74, pp.177～196.

박진우 (2020). 미디어 생산연구의 계보: 연구 전통과 자원의 계승 및 단절. 〈한국언론정보학보〉, 101, pp.11～47.

박진우 (2021). 팬데믹의 순간과 '뉴노멀'의 문화정치: 위기 국면의 담론 구조에 대한 비판. 〈한국언론정보학보〉, 109, pp.9～39.

박진우 (2022). 디지털 테크놀로지와 행위 규칙의 재구성: 팬데믹 시대의 인간 – 기술 – 미디어 연합환경과 거버넌스 시스템에 대한 고찰. 〈커뮤니케이션 이론〉, 18(2), pp.85～127.

박진우 · 송현주 (2012). 저널리스트 전문직에 대한 인식의 변화. 〈한국언론정보학보〉, 57, pp.49～68.

박진우 외 (2012). 한국의 시사 잡지 저널리즘의 위기 진단: 뉴스 연성화와 심층기획 취재의 부실화. 〈한국출판학연구〉, 38(2), pp.5～30.

박해광 (2003). 《계급 문화 언어》. 한울아카데미.

반명진 · 김영찬 (2016). 공동체 라디오와 지역 공동체 구성원의 상호 작용에 대한 현장연구: 마포 FM 사례를 중심으로. 〈한국언론정보학보〉, 78, pp.79～115.

방희경 (2021). '삼성의 위기'는 '대한민국의 위기' 지난 10여 년간 삼성 사태에 관한 보수언론의 사설 분석. 〈언론과 사회〉, 29(1), pp.100～151.

방희경 · 오현주 (2018). 아이돌의 정동노동(affective labor)과 노동윤리: 리얼리티 오디션 쇼 〈프로듀스 101〉을 중심으로. 〈한국언론정보학보〉, 91, pp.76～117.

방희경 · 원용진 (2015). 프로게이머의 노동 = 탈근대적 양식, 근대적 윤리. 〈한국언론정보학보〉, 74(6), pp.7～37.

방희경 · 원용진 · 김진영 (2018). 게임담론 지형 내 대중담론의 위치: 게임 생산자 전기물(biography) 분석을 기반으로. 〈한국언론정보학보〉, 88, pp.42～76.

백미숙 (2009). 한국방송사 연구에서 구술사 방법론의 사용과 사료 활용에 관하여. 〈한국언론학보〉, 53(5), pp.102～128.

백미숙·강명구·이성민 (2008). 서울텔레비전(KBS-TV)의 초기 방송조직 문화형성: 구술사를 통한 대안적 방송사 쓰기. 〈한국방송학보〉, 22(6), pp.189~229.

백욱인 (2014). 정보자본주의와 인터넷 서비스 플랫폼 장치 비판. 〈한국언론정보학보〉, 65, pp.76~92.

백욱인 (2021). 바이러스와 인공 지능이 만날 때 : 팬데믹 시대의 기계적 노예화와 사회적 복종을 중심으로. 〈한국언론정보학보〉, 106, pp.77~95.

백일순 (2021). 살아 있는 것은 이동한다, 모빌리티의 공간적 이해. 〈대한지리학회지〉, 56(4), pp.461~463.

백재현·임종수 (2018). '혁신 없는' 로봇 저널리즘: 자동화된 저널리즘의 양식화를 위한 제언을 담아. 〈방송통신연구〉, 103, pp.103~136.

서동진 (2011). 심미적인, 너무나 심미적인 자본주의. 〈경제와사회〉, 92, pp.10~41.

서동진 (2012). 창의적 일로서의 미디어 노동?. 〈한국언론정보학보〉, 57, pp.33~48.

서영표 (2022). 소비주의적 주체의 경쟁 게임: 무한경쟁의 신체적 한계와 자본주의 가치법칙. 〈경제와 사회〉, 134, pp.68~99.

서재철 (2017). TV 예능 프로그램 '청춘 F.C.'에 대한 문화정치(학) 관점의 비판적 읽기: 신자유주의적 주체화의 통치술을 중심으로. 〈한국스포츠사회학회지〉, 30(4), pp.113~135.

서재철 (2019). '아줌마 투혼'의 문화정치(학): 영화 《우리 생애 최고의 순간(2007)》에 대한 젠더, 여성주의, 민족주의 관점의 비판적 읽기. 〈한국융합과학회지〉, 8(4), pp.157~172.

성민규 (2022). 언론 불신 만들기: 공적 담론의 병리화와 여론조사의 숫자 정치. 〈언론과 사회〉, 30(1), pp.133~157.

손병우 (2006). 대중문화와 생애사 연구의 문제 설정. 〈언론과 사회〉, 14(2), pp.41~71.

손화철 (2017). 제4차 산업 혁명과 과학기술 거버넌스. 〈철학과 현실〉, 112, pp.179~198.

손화철 외 (2017). 《4차산업 혁명이라는 거짓말》. 북바이북.

송동욱·이기형 (2017). 불안정한 현실과 대면하는 이 시대 청년들의 삶에 관한 질적인 분석. 〈한국언론정보학보〉, 84, pp.28~98.

송용한·이종임·오현주 (2019). 한국 방송 산업의 구조적 변화에 따른 비정규직 노동자의 정체성 구성에 관한 연구. 〈문화와 정치〉, 6(4), pp.205~237.

신동일 (2018). 언어학적 전환, 비판적 언어학 전통, 그리고 비판적 담론연구의 출현. 〈질적탐구〉, 4(3), pp.1~42.

신승철 외 (2021). 《포스트 코로나 시대, 플랫폼 자본주의와 배달노동자》. 북코리아.

신예원·마동훈 (2019). 국내 미디어에 재현된 '예멘 난민'의 양면 : 〈조선일보〉와 〈한겨레신문〉 보도에 대한 비판적 담론분석. 〈미디어 경제와 문화〉, 17(2), pp.31~80.

신진욱 (2011). 비판적 담론분석과 비판적·해방적 학문. 〈경제와 사회〉, 89, pp.10~45.

신현우·이광석 (2020). 메이커문화의 플랫폼화 비판: 중국 선전(深)의 메이커스페이스 사례를 중심으로. 〈사이버커뮤니케이션학보〉, 37(4), pp.197~245.

심석태 (2021). 언론학자의 비판적 참여 모델의 가능성: 고 김세은 교수를 기리며. 〈언론과 사회〉, 29(2), pp.270~302.

심홍진·김세은 (2009). PD는 무엇으로 사는가?. 〈한국방송학보〉, 23(6), pp.168~208.

안수찬 외 (2010). 《4천원 인생: 열심히 일해도 가난한 우리 시대의 노동일기》. 한겨레출판사.

안수찬 (2013). 《뉴스가 지겨운 기자》. 삼인.

안진 (2015). 나는 왜 백인 출연자를 선택하는가?: 어느 TV 제작자의 자기민속지학적 연구. 〈미디어, 젠더 & 문화〉, 30(3), pp.83~121.

연정모 · 김영찬 (2008). 텔레비전 연예정보 프로그램의 생산자 문화에 대한 민속학적 연구. 〈한국방송학보〉, 22(2), pp.82~122.

양경욱 (2020). 플랫폼 경제와 문화산업: 만화산업의 플랫폼화와 웹툰 작가의 자유/무료노동. 〈노동정책연구〉, 20(3), pp.79~106.

양선희 (2020). 유튜브 저널리즘의 시대, 전통적 저널리즘의 대응 현황과 과제. 〈사회과학연구〉, 31(1), pp.245~262.

양은경 (2006). 《한국 문화연구의 형성》. 한국학술정보.

양정혜 (2004). 뮤직비디오 제작의 관행이 텍스트 구성에 미치는 영향: 제작진들과의 인터뷰를 중심으로. 〈한국방송학보〉, 18(2), pp.134~168.

오은혜 · 김수정 (2016). 리얼리티 쇼에서의 노인 재현과 수용 연구. 〈한국콘텐츠학회논문지〉, 16(8), pp.493~507.

옥민혜 · 박동숙 (2010). '오락적 현실감' 작동 방식과 상호텍스트성. 〈미디어, 젠더 & 문화〉, 14, pp.73~109.

우정화 · 이오현 (2020). 텔레비전 예능 프로그램의 판타지적 요소와 젠더 이데올로기의 관계에 대한 연구: 〈윤식당〉의 서사분석을 중심으로. 〈영상문화콘텐츠연구〉, 20, pp.67~107.

원용진 (1997). 문화연구에 무슨 일이 있었나?. 〈언론과 사회〉, 18, pp.206~215.

원용진 (2001). 술이부작과 빗나간 번역: 우리 문화연구의 반성과 전망. 〈한국언론학보〉, 45(특별호), pp.71~109.

원용진 (2004). [특집 : 오늘, 문화란 무엇인가?] 한국의 문화연구 지형. 〈문화과학〉, 38, pp.138~153.

원용진 (2005). 언론학 내 문화연구의 궤적과 성과. 〈커뮤니케이션이론〉, 1(1), pp.163~190.

원용진 (2007). 미디어 문화연구의 진보적 재조정. 〈문화과학〉, 51, pp.289~305.

원용진 (2014). 《새로 쓴 대중문화의 패러다임》. 한나래.

원용진 (2018). 《텔레비전 비평론》. 한울.

원용진 외 (2008). 《PD 저널리즘: 한국 방송 저널리즘 속 '일탈'》. 한나래.

원용진 외 (2020). 《불순한 테크놀로지》. 논형.

원용진 · 박서연 (2021). 《메가플랫폼 네이버》. 컬처룩.

유건식 · 문상현 (2014). 방송드라마 제작 방식으로서 문화산업전문회사에 대한 연구. 〈한국콘텐츠학회논문지〉, 14(2), pp.172~180.

유선영 (2014). 한국의 커뮤니케이션학, 공통감각을 소실한 공생적 지식 생산. 〈커뮤니케이션이론〉, 10(2), pp.4~40.

유용민 (2019). 유튜브 저널리즘 현상 논쟁하기 : 행동주의의 부상과 저널리즘의 새로운 탈경계화. 〈한국방송학보〉, 33(6), pp.5~38.

유용민 (2021). 언론 위기 담론에 대한 비판적 고찰: 언론 연구자 심층 인터뷰를 토대로. 〈언론정보연구〉, 58(2), pp.136~176.
유용민 (2022a). 가속화의 계기로서의 신 기술-사회 국면과 컴퓨터적 시간성: 가속화 시대 비판적 미디어 연구를 위한 고찰. 〈커뮤니케이션 이론〉 18(3), pp.5~53.
유용민 (2022b). 인공 지능 시대의 새로운 윤리학 모색: 루치아노 플로리디의 정보윤리학을 중심으로. 〈커뮤니케이션 이론〉, 18(2), pp.5~51.
육서영 · 윤석민 (2013). 탐사 보도 프로그램 제작에서 구성작가의 역할. 〈방송통신연구〉, 81, 127~155.
윤경원 · 나미수 (2005). 일본 청소년들의 한국 대중문화 수용과 문화적 정체성. 〈한국방송학보〉, 19(1), pp.7~46.
윤보라 · 이오현 (2017). 여성의 이미지 기반 SNS 이용의 사회문화적 함의. 〈한국방송학보〉, 31(5), pp.78~119.
윤선희 (2003). 외국 자본 유입과 미디어산업 변화에 대한 문화적 접근. 〈한국언론학보〉, 47(1), pp.114~139.
윤선희 (2008). 할리우드 영상 시스템의 권력과 국제공동제작의 문화 연구. 〈한국방송학보〉, 22(4), pp.165~200.
윤신희 (2018). 새로운 공간개념으로서의 모빌리티스. 〈국토지리학회지〉, 52(4), pp.467~479.
윤익한 · 김균 (2011). 통합 뉴스룸 도입 이후 뉴스 생산 노동 과정의 변화. 〈한국언론정보학보〉, 55, pp.164~183.
윤태진 (2005). 대중문화의 생산 구조: 한국 텔레비전 드라마의 제작시스템과 생산주체 간 권력관계의 변화. 〈방송문화연구〉, 17(2), pp.9~44.
윤태진 (2007). 텍스트로서의 게임, 참여자로서의 게이머: 디지털게임의 문화연구적 접근. 〈언론과 사회〉, 15(3), pp.96~130.
윤태진 · 장민지 (2013). 고스톱 치는 아줌마들: 중년 기혼 여성들의 웹보드 게임 경험에 관한 연구. 〈한국언론정보학보〉, 62, pp.51~73.
이강형 · 남재일 (2019). 디지털 저널리즘 현실에 대한 한국 기자들의 수용 태도. 〈한국언론정보학보〉, 93, pp.7~38.
이건혁 외 (2020). 디지털 충격과 전문직주의가 언론노동의 직무 만족에 미치는 영향 연구. 〈한국언론정보학보〉, 101, pp.341~366.
이광석 (2013). 기술 · 정보 문화연구의 비판적 접근과 새로운 실천 지형. 〈커뮤니케이션이론〉, 9(2), pp.127~162.
이광석 (2014). 국내 기술잉여사회의 형성과 특수성 연구. 〈한국언론정보학보〉, 66, pp.184~210.
이광석 엮음 (2014). 《불순한 테크놀로지》. 논형.
이광석 (2015). 디지털 시대 문화 권리의 제고: 복제문화와 콘텐츠 큐레이션의 쟁점. 〈한국언론정보학보〉, 74, pp.197~224.
이광석 (2017). 자본주의 종착역으로서 '플랫폼 자본주의'에 관한 비판적 소묘. 〈문화과학〉, 92, pp.18~47.
이광석 (2018). 도쿄와 서울을 잇는 청년들의 위태로운 삶. 〈언론과 사회〉, 26(4), pp.140~215.
이광석 (2020a). 미디어 이용자 패러다임의 재구성 : '비판적 제작'의 기술 수행적 함의. 〈한국언론정보학보〉, 102, pp.71～102.

이광석 (2020b).《디지털의 배신: 플랫폼 자본주의와 테크놀로지의 유혹》. 인물과사상사.

이광석 (2021).《포스트디지털: 토픽과 지평》. 안그라픽스.

이광석 외 (2016).《현대 기술 · 미디어 철학의 갈래들》. 그린비.

이기형 (2006). 담론분석과 담론의 정치학: 푸코의 작업과 비판적 담론분석을 중심으로. 〈언론과 사회〉, 14(3), pp.106～145.

이기형 (2007). 사극의 변화하는 풍경과 역사를 재현하는 관점들을 맥락화하기. 〈방송문화연구〉, 19(2), pp.9～33.

이기형 (2009). 〈돌발영상〉의 풍자정신 그리고 정치현실에 대한 환기효과를 맥락화하기. 〈방송문화연구〉, 21(2), pp.81～115.

이기형 (2010). 현장 혹은 민속지학적 저널리즘과 내러티브의 재발견 그리고 미디어 생산자 연구의 함의. 〈언론과 사회〉, 18(4), pp.107～157.

이기형 (2011).《미디어 문화연구와 문화정치로의 초대》. 논형.

이기형 (2012). "분노하라"와 대중드라마가 주는 함의: 〈추적자〉가 드리우는 한국 사회 속 현실: 환기효과와 재현과 그늘 사이에서. 〈문화과학〉, 71, pp.208～221.

이기형 (2013). 소통과 감응을 지향하는 학문적인 글쓰기를 위한 문제의식과 대안의 추구. 〈커뮤니케이션 이론〉, 9(2), pp.250～302.

이기형 외 (2015). 청년주체들의 '자기소개서' 작성을 중심으로 한 구직 경험의 문화적인 분석. 〈한국언론정보학보〉, 72, pp.7～51.

이기형 외 (2020). 텔레비전이 제공하는 '인문 예능'의 특징과 명암: 〈알쓸신잡〉에 관한 중층적인 텍스트 분석을 중심으로. 〈한국언론정보학보〉, 102, pp.103～159.

이기형 · 김세은 · 김경희 (2016). 매체 환경변화 속 신문 문화 저널리즘의 현황과 명암. 〈언론과 사회〉, 24(3), pp.225～285.

이기형 · 이동후 (2019). 문화/젠더연구의 궤적과 진단. 한국언론학회 (편),《한국 언론학 연구 60년: 성과와 전망》(pp.493～552). 나남출판.

이기형 · 이상길 · 박진우 (2022). '비판 커뮤니케이션'의 지성사 쓰기. 〈언론과 사회〉, 30(4), pp.195～256.

이기형 · 이종명 (2019). 문화연구가 추구하는 '국면분석'의 활용과 재구성 작업의 의의. 〈한국언론정보학보〉, 96, pp.73～115.

이기형 · 황경아 (2016). SBS 〈그것이 알고 싶다〉의 역할과 성취 그리고 명과 암을 맥락화하기. 〈한국언론정보학보〉, 75, pp.83～144.

이기형 · 황경아 (2020). '지금, 여기에서' 생산연구라는 주제와 문제의식을 복기하기. 〈한국언론정보학보〉, 100, pp.11～63.

이기형 · 황경아 (2021). '매체비평'의 역할과 명암을 다면적으로 진단하기: KBS 〈저널리즘 토크쇼 J〉의 특성과 성취 그리고 한계를 중심으로. 〈한국언론정보학보〉, 105, pp.7～65.

이기형 · 황경아 · 김은정 (2022). 언론이 재현하는 '정치적 기획'으로서의 '포퓰리즘'의 특징과 쟁점: 주요 일간지의 관련 사설에 관한 비판적인 텍스트 분석과 내용분석을 중심으로. 〈언론과 사회〉, 30(3), pp.187～276.

이동연 (2002). 《대중문화연구와 문화비평》. 문화과학사.

이동연 (2005). [문화연구] 아시아 문화연구는 있는가?: 비판적 재구성을 위한 질문들. 〈문화과학〉, 43, pp.275~296.

이동연 (2007). 《문화부족의 사회》. 책세상.

이동후 (2007). 도시공간 이미지의 재구성: 이동성, 연결성, 그리고 디지털사진의 상상적 지리에 관한 탐색적 고찰. 〈언론과 사회〉, 15(4), pp.123~155.

이동후 (2015). '뉴'미디어의 이해: 미디어 생태학의 지적 실천과 함의. 〈한국방송학보〉, 29(5), pp.32~66.

이동후 (2021). 《미디어는 어떻게 인간의 조건이 되었는가》. 컬처룩.

이동후 · 김해원 · 이설희 (2019). 미디어 – 일상 – 소비의 교차로, TV 홈쇼핑: 20대와의 심층 인터뷰를 중심으로. 〈한국언론정보학보〉, 97, pp.37~76.

이동후 · 이설희 (2017). 인터넷 개인방송 BJ의 노동 과정에 대한 탐색. 〈한국언론학보〉, 61(2), pp.127~156.

이동후 · 홍남희 · 이설희 (2021). 게임 스트리밍 공간의 여성 스트리머 경험 연구: 심층 인터뷰를 중심으로. 〈한국언론학보〉, 65(5), pp.46~88.

이문영 (2020). 《노랑의 미로: 가난의 경로 5년의 이야기》. 오월의봄.

이범준 (2010). 〈한국의 자기계발 담론과 젊은 직장인들의 수용과 실천에 대한 연구〉. 서울대학교 박사학위 논문.

이병욱 · 김성해 (2013). 담론복합체, 정치적 자본, 그리고 위기의 민주주의. 〈미디어, 젠더 & 문화〉, (28), pp.71~111.

이상규 · 홍석경 (2014). '강북' 청소년들의 일상생활 문화와 계급 정체성 형성에 대한 영상방법론적 연구. 〈한국언론정보학보〉, 68, pp.87~129.

이상기 · 김주희 (2013). 기자의 전문성 및 온라인 언론 활동에 대한 인식과 평가. 〈방송과 커뮤니케이션〉, 14(2), pp.41~82.

이상길 (2004). 문화연구의 아포리아. 〈한국언론학보〉, 48(5), pp.79~109.

이상길 (2010a). 문화연구의 연구문화 — 언론학계에서의 제도화 효과에 관한 성찰. 〈민족문화연구〉, 53, pp.1~63.

이상길 (2010b). 외국이론 읽기/쓰기의 탈식민적 전략은 어떻게 가능한가?: 부르디외로부터의 성찰. 〈커뮤니케이션 이론〉, 6(2), pp.118~155.

이상길 (2018). 《아틀라스의 발: 포스트식민 상황에서 부르디외 읽기》. 문학과지성사.

이상길 (2020). 《상징권력과 문화: 부르디외의 이론과 비평》. 컬처룩.

이상길 · 이정현 · 김지현 (2013). 지상파 방송사 비정규직 노동자의 직무인식과 노동경험. 〈방송과 커뮤니케이션〉, 14(2), pp.157~206.

이서라 (2020). 텔레비전 예능프로그램의 다성성(Polyphony) 연구: tvN 〈알쓸신잡〉을 중심으로. 〈인문콘텐츠〉, 57, pp.9~43.

이석호 · 이오현 (2019). 취재 현장을 떠난 젊은 신문기자들의 직업적 삶에 대한 질적 연구: 중앙일간지를 중심으로. 〈언론과 사회〉, 27(4), pp.152~214.

이선민 (2020). 유튜브가 기억하고 기록하는 노동: 20, 30대 사무직 여성의 직장인 브이로그에 대한 탐색적 연구. 〈언론문화연구〉, (29), pp.7～48.

이선민 · 이상길 (2015). 세월호, 국가, 미디어: 〈조선일보〉와 〈한겨레〉의 세월호 의견기사에 나타난 '국가 담론' 분석. 〈언론과 사회〉 23(4), pp.5～66.

이설희 · 홍남희 (2020). 유동하는 청년들의 미디어 노동: 2 · 30대 미디어 생산자를 중심으로. 〈한국언론정보학보〉, 101, pp.113～152.

이설희 · 이동후 (2022). '연예인 되기'에 관한 질적 연구. 〈한국언론학보〉, 66(6), pp.230～270.

이소은 (2016). 〈포스트TV 시청 관습 — 시청 이벤트, 동시화 및 가내화의 탈구〉. 서울대학교 언론정보학과 박사학위 논문.

이소은 · 박찬경 (2022). 뉴스의 데이터화와 저널리즘 실천: 충돌 혹은 괴리. 〈언론과 사회〉, 30(1), pp.5～50.

이소현 · 장은미 (2021). TV홈쇼핑과 여성 노동: 쇼호스트와 신자유주의 소비문화. 〈한국언론정보학보〉, 110, pp.151～180.

이영주 (2016). 종합편성채널 저널리즘의 비판적 재조명. 〈한국언론정보학보〉, 77(3), pp.36～72.

이영주 · 김진혁 (2009). 지식 저널리즘과 텔레비전 문화. 〈방송문화연구〉, 21(2), pp.49～80.

이영주 · 류웅재 (2017). 공공 커뮤니케이션과 언론의 실패, 위험한 정부에 대한 시론. 〈문화와 정치〉, 4(1), pp.31～61.

이영주 · 조세훈 (2004). 한국 언론학에서의 문화연구에 대한 메타분석과 일비판. 〈미디어, 젠더 & 문화〉, 2, pp.119～162.

이오현 (2002). 텔레비전 드라마 수용자연구. 〈한국언론학보〉, 46(6), pp.96～126.

이오현 (2004. 11). 텔레비전 프로그램의 생산과정에 대한 민속지학적 연구. 한국방송학회 가을철 정기학술대회. 서울: 서강대학교.

이오현 (2005). 텔레비전 다큐멘타리 프로그램의 생산과정에 대한 민속지학적 연구. 〈언론과 사회〉, 13(2), pp.117～156.

이오현 (2007). 텔레비전 코미디 프로그램의 생산과정에 대한 민속지학적 연구. 〈언론과 사회〉, 15(2), pp.131～174.

이오현 (2012). 미디어 생산자 연구와 한국 언론장의 동학. 미디어공공성포럼 (편), 《한국 사회와 미디어 공공성: 쟁점과 전망》(pp.307～329). 한울아카데미.

이오현 (2015). 미디어 생산자연구 행하기. 한국언론정보학보 (편), 《미디어 문화연구의 질적 방법론》(pp.301～347). 컬처룩.

이오현 (2017). 언론의 '대학 개혁' 담론에 대한 비판적 연구. 〈한국언론정보학보〉, 82, pp.29～72.

이오현 · 김철원 (2021). 언론의 서울 중심 구조가 뉴스 생산에 끼치는 영향에 대한 비판적 연구: 지역 방송사 기자들의 경험과 인식을 중심으로. 〈한국언론정보학보〉, 110, pp.181～231.

이오현 · 이석호 (2019). 한국 신문의 뉴스 생산문화에 대한 비판적 연구: 중앙일간지의 조직 문화와 기사 생산의 문제를 중심으로. 〈한국언론정보학보〉, 97, pp.77～118.

이은아 · 류웅재 (2014). 멘토 권하는 사회. 〈스피치와 커뮤니케이션〉, (24), pp.141～179.

이재열 엮음 (2021). 《플랫폼 사회가 온다》. 한울.

이재원 · 양정은 (2021). 연예 뉴스 생산자의 유튜브 저널리즘 인식에 관한 탐색적 연구: 연예 매체 채널의 콘텐츠 전략을 중심으로. 〈정보사회와 미디어〉 22(3), pp.29～54.

이정환 외 (2022). 《한국 언론 직면하기: 생태계, 정파성, 거버넌스, 자율규제, 리터러시》. 자유언론실천재단.

이종명 (2021). 광장 정치와 집회 유튜버의 활동: 2019년 태극기 집회 참여 관찰을 통해 본 유튜버의 역할과 정체성. 〈한국언론학보〉, 65(6), pp.147～201.

이종명 (2022). 소위 '유튜브 저널리즘'에 대한 기자 집단의 인식 연구: 기자 심층 인터뷰를 중심으로. 〈언론과 사회〉, 30(1), pp.51～98.

이종임 (2018). 《아이돌 연습생의 땀과 눈물: 아이돌 성공신화와 연습생의 딜레마》. 서울연구원.

이항우 (2017). 《정동 자본주의와 자유 노동의 보상》. 한울.

이항우 (2019). 정동과 자본: 담론, 일반 지성 그리고 정동 자본주의. 〈경제와 사회〉, 122, pp.244～277.

이현서 · 박선웅 엮음 (2018). 질적 연구자 좌충우돌기 실패담으로 파고드는 질적 연구 이모저모》. 한울아카데미.

이희은 (2014). 디지털 노동의 불안과 희망: 대학생의 '대외 활동'에 대한 심층 인터뷰. 〈한국언론정보학보〉, 66, pp.211～241.

이희은 (2018). 사이버네틱스와 사회과학 방법론: '잃어버린 고리'의 모색을 위한 시론. 〈커뮤니케이션 이론〉, 14(3), pp.103～144.

이희은 (2019a). 5G 이동통신과 미디어 테크놀로지의 물질성: 인프라로서의 미디어 네트워크를 향한 탐색적 연구. 〈문화와 정치〉, 6(2), pp.233～262.

이희은 (2019b). 유튜브의 기술문화적 의미에 대한 탐색: '흐름'과 알고리즘 개념의 재구성을 중심으로. 〈언론과 사회〉, 27(2), pp.5～46.

이희은 (2020). 미디어 생태계에서의 변화와 생산자 연구. 〈한국언론정보학보〉, 101, pp.81～112.

이희은 (2022). '어디에나 있는 미디어'의 이론을 향해: 기술의 자동성과 제어 개념에 대한 비판적 탐색. 〈커뮤니케이션 이론〉, 18(3), pp.98～133.

임명현 (2017). 순응하지 않았고, 굴종하지 않았다, 〈방송기자〉, 39, pp.40～42.

임영빈 · 김수정 (2018). 인터넷 개인방송 BJ의 셀프 브랜딩 실천과 친밀성의 구성. 〈사회과학연구〉, 29(3), pp.105～130.

임영호 (2013). 한국 언론학의 제도적 성공담과 내재적 위기론. 〈커뮤니케이션이론〉, 9(1), pp.6～38.

임영호 (2015a). 한국 텔레비전 생산연구의 실태 진단. 〈언론정보연구〉, 52(1), pp.5～32.

임영호 (2015b). 한국 미디어 정치경제학의 한계와 가능성 탐색. 〈한국언론학보〉, 70, pp.9～34.

임영호 (2019). 《지식의 장, 학문의 제도화: 한국 언론학의 정체성 탐색》. 컬처룩.

임영호 (2020). 미디어 생산(자) 연구의 방법론적 쟁점. 〈한국언론정보학보〉, 101, pp.48～80.

임영호 (2021). 미디어 정치경제학이란 무엇인가?: 국내 문헌에 나타난 개념의 용례 분석. 〈언론과학연구〉, (21)3, pp.5～50.

임영호 · 김은진 · 홍찬이 (2008). 도덕경제와 에로장르 종사자의 직업 정체성 구성. 〈언론과 사회〉, 16(2), pp.107～147.

임영호 · 김은진 · 홍찬이 (2018). 《한국 에로 비디오의 사회사: 애마부인에서 소라넷까지》. 컬처룩.

임영호 · 김정아 (2011). 프리랜서 방송 진행자의 직업 현실인식과 대응전략: 근거이론에 의한 분석. 〈언론과 사회〉, 19(2), pp.49~109.

임영호 · 정채철 외 (2013). 《책, 텔레비전을 말하다》. 컬처룩.

임영호 · 홍찬이 · 김은진 (2009). 문화산업 주변부 종사자의 삶과 커리어: 한국 에로물 감독의 구술생애사. 〈언론과 사회〉, 17(3), pp.2~50.

임운택 (2022). 디지털 자본주의의 특성: 시장과 노동통제의 급진화. 〈경제와 사회〉, 133, pp.12~38.

임종수 외 (2020). 《저널리즘 모포시스》. 팬덤북스.

임종수 · 최세경 (2016). 디지털TV에서의 수용경험과 순환에 관한 연구: 가족TV, 개인TV, 우리TV, 나의TV. 〈방송과 커뮤니케이션〉, 17(4), pp.5~52.

장민지 · 윤태진 (2011). 미소년을 기르는 여성들: 인디/동인게임을 플레이하는 여성 게이머 연구. 〈미디어 젠더&문화〉, 19, pp.145~177.

장민지 (2015). 젠더/무의식과 장소: 20~30대 여성청년 이주민들의 '집'의 의미. 〈미디어 젠더 & 문화〉, 30(4), pp.41~81.

장용호 · 노동렬 (2010). 리얼리티 예능 프로그램의 자기조직화에 관한 연구. 〈방송과 커뮤니케이션〉, 11(2), pp.39~90.

장진호 (2020). 플랫폼 자본주의의 부상과 문제들. 〈인문과학연구〉, 42, pp.161~193.

정수남 (2020). 거리 위의 프레카리아트: 배달앱 노동자의 삶과 실천감각. 〈OUGHTOPIA〉, 35(2), pp.81~130.

전규찬 (2004). 문화연구와 급진적 생태학의 접합:자연/문화/불이 테제의 제안. 〈커뮤니케이션학 연구〉, 12(5), pp.50~68.

전규찬 (2010). 지하철이라는 현대적 대중교통의 탄생: 교통양식론적 관점에서 살펴본 서울 지하철의 역사. 〈언론과 사회〉, 18(1), pp.153~188.

전규찬 (2014). 현실 학회, 학회 현실에 대한 성찰적 소환장. 〈커뮤니케이션이론〉, 10(2), pp.77~116.

전규찬 (2015a). 〈그것이 알고 싶다〉에 관한 다섯 개 사유의 토막들. SBS 〈그것이 알고 싶다〉제작진. 《그것이 알고 싶다: 세상을 보는 진실의 눈》(pp.9~19). 엘릭시르.

전규찬 (2015b). 재난의 시간, 〈그것이 알고 싶다〉의 사회사적 저널리즘으로서의 가능성. 미발표 원고.

전상진 (2018). 《세대 게임: 세대 프레임을 넘어서》. 문학과지성사.

정금희 (2021). 정치 유튜브 개인 방송에서 '정파성'은 어떻게 발현되는가?: 청년 정치 유튜버의 심층 인터뷰를 중심으로. 〈언론정보연구〉, 58(3), pp.46~109.

정수영 (2011). 일본 내 한류 지형의 탐색 및 한류 수용자의 문화적 실천에 관한 연구 : 한류 전문가와 시민 그룹 KAJA의 심층인터뷰를 중심으로. 〈미디어, 젠더 & 문화〉, 20, pp.207~239.

정재철. (2009). 남한 방송의 북한 보도 생산자 연구. 〈한국언론정보학보〉, 48, pp.135~152.

정준희 (2014). 신규 복합 미디어 기업의 부상과 제작자 엑서더스. 〈한국언론정보학보〉, 66, pp.28~58.

조영한 (2012). 한국 사회에서 신자유주의 읽기. 〈커뮤니케이션이론〉, 8(2), pp.22~64.

조영한 (2014). 미디어, 셀러브리티 그리고 온라인 민족주의. 〈한국언론학보〉, 10(2), pp.197~241.

조정환 (2011). 〈인지자본주의: 현대 세계의 거대한 전환과 사회적 삶의 재구성》. 갈무리.

조한혜정 외 (2016). 《노오력의 배신》. 창비.

조항제 (2008). 한국의 비판언론학에 대한 비판적 성찰. 〈한국언론정보학보〉, 43, pp.7～46.

조항제 (2014). 한국의 민주화와 언론의 자유·언론학에 대한 비판적 성찰. 〈커뮤니케이션이론〉, 10(2), pp.41～76.

조항제 (2017). 한국의 민주화와 언론 1987～2017. 〈언론과 사회〉, 25(3), pp.11～78.

조항제 (2019). 《한국 언론의 공정성》. 컬처룩.

조항제 (2020). 《한국의 민주주의와 언론》. 컬처룩.

주은우 (2013). 문화(정치)경제학과 현대 자본주의 비판. 〈경제와 사회〉, 99, pp.184～211.

주재원 (2014). 다문화 뉴스 제작 관행과 게이트키핑의 문화정치학. 〈한국콘텐츠학회논문지〉, 14권 10, pp.472～485.

주창윤 (1995). 반복과 차이: 텔레비전과 대중미학. 〈언론과 사회〉, 10권, pp.32～52.

주창윤 (1999). 해석적 패러다임: 의미와 해독의 문제. 〈언론과 사회〉, 22권, pp.102～120.

주창윤 (2013). 《허기사회》. 글항아리.

주창윤 (2019). 〈미스터 션샤인〉, 역사의 소환과 재현방식. 〈한국언론학보〉, 63(1), pp.228～252.

주창윤 (2021). 〈조선구마사〉 역사 표현의 쟁점과 함의. 〈커뮤니케이션 이론〉, 17(4), pp.55～89.

주형일 (2007). 왜 나는 스파이더맨을 좋아하는가. 〈언론과 사회〉, 15(3), pp.2～36.

주형일 (2014). 《문화연구와 나》. 영남대 출판부.

지영서·김영찬 (2010). 노인대상 프로그램 제작진의 인식과 제작 환경에 관한 현장 연구. 〈미디어, 젠더 & 문화〉, (15), pp.239～277.

지주형 (2015). 문화이론가가 그린 신자유주의 사회의 총체화된 상(像): 강내희, 『신자유주의 금융화와 문화정치경제』 〈경제와 사회〉, 105, pp.259～269.

채석진 (2016a). 친밀한 민속지학의 윤리: 청년세대 여성들의 취약한 삶, 노동, 디지털 미디어 사용 연구하기. 〈언론과사회〉, 24(3), pp.47～88.

채석진 (2016b). 테크놀로지, 노동, 그리고 삶의 취약성. 〈한국언론정보학보〉, 79, pp.226～259.

채석진 (2018). '잔혹한 희망': 디지털 페미니즘의 정동. 〈언론정보연구〉, 55(3), pp.87～119.

채석진 (2019). 수치 만들기: 아카데믹 캐피털리즘과 학문 노동의 재구성. 〈한국언론정보학보〉, 95, pp.60～82.

채석진 (2021). 기다리는 시간 제거하기: 음식 배달앱 이동 노동 실천에 관한 연구. 〈한국언론정보학보〉, 108, pp.58～91.

채석진 (2022). 집, 일상, 감시: 팬데믹 시기 집의 재구성과 '감시 돌봄' 실천 연구. 〈한국언론학보〉, 66(6), pp.195～229.

최문호·박승관 (2018). 한국 탐사 보도 기자들의 소명의식과 실천에 대한 문화기술지 연구. 〈언론정보연구〉, 55(3), pp.249～307.

최병두 (2014). 창조도시와 창조계급 : 개념적 논제들과 비판. 〈한국지역지리학회지〉, 20(10, 49～69.

최선영·한희정 (2015). 종합편성채널의 독립제작 환경과 관행에 관한 연구. 〈한국언론정보학보〉, 73, pp.56～91.

최영묵 (2012). 이명박 정부 언론장악 실패 '전말기'. 〈황해문화〉, 75, pp.10～27.

최영재 (2014). 공영 방송 보도국의 정파적 분열. 〈커뮤니케이션이론〉, 10(4), pp.476～510.

최종렬 (2009). 《사회학의 문화적 전환》. 살림.

최종렬 (2018). 《복학왕의 사회학: 지방 청년들의 우짖는 소리》. 오월의봄.

최현경 · 강진숙 (2022). 장애인 유튜브 크리에이터들의 영상 제작 활동과 정동 체험에 대한 사례 연구: 들뢰즈와 과타리의 '정동'과 '양식 – 역설'의 사유를 중심으로. 〈한국언론학보〉, 66(1), pp.43~88.

채영길 외 (2016). 서울시 마을공동체미디어와 공동체 공론장의 분화와 재구성. 〈커뮤니케이션 이론〉, 12(2), pp.4~46.

한국방송학회 엮음 (2020). 《문화연구의 렌즈로 대중문화를 읽다》. 컬처룩.

한국언론정보학회 (편) (2015). 《미디어 문화연구의 질적 방법론》. 컬처룩.

한달호 (2009). 한국 영화 제작의 다양성을 위한 팩션 콘텐츠 활용 연구. 〈한국콘텐츠학회논문지〉, 9(2), pp.193~202.

한선 (2013). 네트워크 시대 '경제적인 것' 되기(becoming)의 통치술. 〈한국언론학보〉, 57(3), pp.431~454.

한선 (2020). KBS 〈뉴스 7〉의 지역화와 생성적 로컬리즘의 가능성: 뉴스룸의 생산문화 변화를 중심으로 한 질적 연구. 〈방송문화연구〉, 32(2), pp.55~89.

한선 (2021). 디지털 플랫폼 시대 지역 방송의 로컬리즘 확장을 위한 질적 연구: 광주지역 지상파의 유튜브 채널 운영을 중심으로. 〈방송문화연구〉, 33(1), pp.87~123.

한선 · 이오현 (2011). 지역신문 장의 작동 원리에 대한 비판적 연구. 〈한국언론학보〉, 55(6), pp.410~435.

한선 · 이오현 (2012). 지역 방송의 지역성 개념과 지역성 구현의 문제. 〈한국방송학보〉, 26(5), 271~306.

한선 · 이오현 (2013). 지역 방송 프로그램 생산의 제한 요인에 대한 질적 연구. 〈한국언론학보〉, 57(4), pp.243~268.

한송희 (2020). 가난 재현의 정치학 : 영화 〈기생충〉을 중심으로. 〈언론과 사회〉, 28(1), pp.5~50.

허만섭 · 박재영 (2019). 디지털시대 언론 전문직주의의 위기와 변화. 〈언론과학연구〉, 19(4), pp.254~290.

허진아 · 이오현 (2009). 지역신문 기사 생산에 영향을 미치는 요인에 대한 질적 연구. 〈한국언론정보학보〉,46, pp.449~484.

허철 · 박관우 · 김성태 (2009). 디지털 시대의 방송뉴스 생산 관행의 변화와 시청자의 뉴스 생산과정 참여. 〈방송문화연구〉, 21(1), pp.39~76.

홍경수 (2015. 9. 4). 1000회 '그것이 알고 싶다'의 힘과 나아가야할 길. 〈노컷뉴스〉https://www.nocutnews.co.kr/news/4468614

홍경수 (2015. 9). 〈그것이 알고 싶다〉 1,000회 성과와 과제: 스토리텔링과 전문직주의를 중심으로. 한국방송학회 특별 세미나.

홍남희 (2016). SNS 검열의 제도화 과정에 대한 연구: '신 검열(new censorship)' 논의를 통한 법적 검열 개념의 확장을 중심으로. 〈커뮤니케이션 이론〉, 12(4), pp.101~164.

홍남희 (2023). 기술 유토피아의 도구적 상상과 국가 프로젝트로서 1인 미디어: 알고리즘 리터러시 논의를 중심으로. 〈한국언론학보〉, 67권 3호, pp.127~159.

홍석경 (2020). 《BTS 길 위에서》. 어크로스.

홍석경 · 정창영 · 이광훈 (2022). 《디지털 시대 영상 문화와 윤리》. 컬처룩.

홍석경 · 박소정 (2016). 미디어 문화 속 먹방과 헤게모니 과정. 〈언론과 사회〉, 24(1), pp.105~150.
홍석경 · 박대민 · 박소정 (2017). 한류연구의 지식연결망 분석. 〈한국언론학보〉, 61(6), pp.318~353.
홍성일 · 이수엽 · 박근서 (2017). 이동적 사사화 개념의 재활성화를 위하여: 텔레비전, 워크맨, 포켓몬고. 〈미디어, 젠더 & 문화〉, 32(2), pp.305~340.
홍성현 · 류웅재 (2013). 무한 경쟁 시대의 글로벌 인재 되기. 〈커뮤니케이션이론〉, 9(4), pp.4~57.
홍지아 (2016). 여기자들이 경험하는 직업과 성/젠더의 관계와 양성평등적 뉴스 생산에 대한 인식. 〈한국여성학〉, 32(3), pp.27~59.
황경아 (2017). 반다문화 담론의 부상과 언론의 재현. 〈미디어, 젠더 & 문화〉, 32(4), pp.143~189.
황인성 엮음 (1999). 《텔레비전 문화연구》. 한나래.
황인성 (2007). 미셸 푸코 재고찰: 담론 이론이 영상문화연구에 대하여 갖는 함의를 중심으로. 〈커뮤니케이션학 연구〉, 15(4), pp.121~136.
吉見俊哉 (2000). 《カルチュラル · スタディーズ》. [박광현 옮김. 《문화연구》. 동국대학교출판부, 2008].

Agamben, G. (2006). *Che cos'e un dispositivo?*. [양창렬 옮김. 《장치란 무엇인가?: 장치학을 위한 서론》. 난장, 2010]
Allan, S. (ed.) (2010). *The Routledge Companion to News and Journalism*. London: Routledge, pp.428~438.
Banks, M. (2010). Craft labour and creative industries. *International Journal of Cultural Policy*, 16(3), pp.305~321.
Banks, M. (2014). Oral history and media industries. *Cultural Studies*, 28(4), pp.545~560.
Banks, M., Corner, B., & Mayer, V. (eds.) (2015). *Production Studies, the Sequel!: Cultural studies of media industries*. London, UK: Routledge.
Beck, A. (ed.) (2003). *Cultural work: Understanding the cultural industries*. London, UK: Routledge.
Berker, T. et al., (eds.) (2006). *Domestication of Media and Technology*. Berkshire: Open University Press.
Barker, C., & Jane, E. (2016). *Cultural Studies*. London, UK: Sage.
Bignell, J. (2004). *An Introduction to Television Studies*. London: Routledge.
Bird, E. (ed.) (2009). *The Anthropology of news and journalism: Global perspectives*. Bloomington: Indiana University Press.
Bröckling, U. (2009). *Das unternehmerische Selbst: Soziologie einer Subjektivierungsform*. [김주호 옮김. 《기업가적 자아: 주체화 형식의 사회학》. 서울: 한울아카데미, 2014].
Caldwell, J. (2008). *Production culture: Industrial reflexivity and critical practice in film/television*. Durham, NC: Duke University Press.
Caldwell, J. (2013). Para-industry: Researching Hollywood's Blackwaters. *Cinema Journal*, 52(3), pp.157~165.
Chen, K-H. (2017). Stuart Hall and the inter-Asia project. In J. Henriques et al. (Eds.), *Stuart Hall: Conversations, Projects and Legacies*(pp.236~240). London, UK: Goldsmiths Press.
Christians, C., Fackler, M., & Ferre, K. (2011). *Ethics for Public Communication*. Oxford, UL: Oxford

University Press.

Christopherson, S. (2008). Labor: The effects of media concentration on the film and television workforce. In P. McDonald & J. Wasko (eds.), *The Contemporary Hollywood film industry*(pp.55～166). New York, NY: Wiley-Blackwell.

Cornor, J. (1995). *Television Form and Public Address*. London: Edward Arnold.

Cottle, S. (2007). Ethnography and news production. *Sociology Compass*, 1(1), pp.1～16.

Cottle, S. (ed.) (2014). *Media Organization and Production*. London, UK: Sage.

Couldry, N. (2003). *Media rituals: A critical approach*. London, UK: Routledge.

Couldry, N. & McCarthy, A. (eds.) (2004). *Mediaspace*. London: Routledge.

Cramer, J., & Mcdevitt, M. (2004). Ethnographic journalism. In S. Iorio (ed.), *Qualitative research in journalism*(pp.127～143). London, UK: LEA.

Cresswell, T. & Merriman, P. (eds.) (2011). *Geographies of Mobilities: Practices, Spaces, Subjects*. London, UK: Routledge.

Cunningham, S. & Craig, D. (eds.) (2021). *Creator Culture: An Introduction to Global Social Media Entertainment*. New York: New York University Press.

Curran, J. (2017). Stuart Hall redux: His early work, 1964-1984. In J. Henriques et al. (eds.) *Stuart Hall: Conversations, projects and legacies*(pp.38～46). London, UK: Goldsmiths Press.

Curtin, M., & Vanderhoef, J. (2015). A vanishing piece of the Pi: The globalization of visual effects labor. *Television and New Media*, 16(3), pp.219～239.

Davies, R. & Sigthorsson, G. (2013). *Introducing the Creative Industries*. London, UK: Sage.

Deacon, D. (2003). Holism, communion and conversion: Integrating media consumption and production research. *Media, Culture & Society*, 25(2), pp.209～231.

Deuze, M. (2007). *Media Work*. Cambridge, UK: Polity.

Deuze, M., & Prenger, M. (eds.) (2019). *Making media: Production, practices, and professions*. Amsterdam, NL: American University Press.

Denzin, N. (2010). *The Qualitative Manifesto*. London: Routledge.

Denzin, N. (2013). *Interpretive Autoethnography*. London: Sage.

Draper, J. (2014). Theorizing creative agency through 'discerned savvy': A tool for the critical study of media industries. *Media, Culture & Society*, 36(8), pp.1118～1133.

Du Gay, P. (1997). Introduction. in Du Gay, P. (eds.), *Production of Culture/Cultures of Production* (pp.1～10). London: Sage, in association with The Open University.

Du Gay, P., Hall, S., Janes, L., Mackay, H. & Negus, K. (1997). *Doing cultural studies: The story of the Sony Walkman*. London, UK: Sage.

Du Gay, P. (ed.) (1997). *Production of Culture/Cultures of Production*. London, UK: Sage.

Dwyer, P. (2015a). Theorizing media production: the poverty of political economy. *Media, Culture & Society*, 37(7), pp.988～1004.

Dwyer, P. (2015b). Managing creativity in media organizations. In G. Lowe & C. Brown (eds.) *Managing media firms and industries*(pp.343～367). Cham, CH: Springer.

Eastwood, L. E. (2006). Making the institution ethnographically accessible: UN document production and the transformation of experience. In D. E. Smith (ed.) *Institutional ethnography as practice*(pp.181～198). Lanham, MD: Rowman & Littlefield.

Fiske, J, (1987). *Television Culture*. London, UK: Routledge.

Fiske, J, and Hartley, J. (1978). *Reading Television*. London, UK: Routledge.

Flew, T. (2013). *Global Creative Industries*. Cambridge, UK: Polity.

Florida, R. (2002). *The Rise of the Creative Class*. New York, NY: Basic Books.

Fuchs, C. (2013). *Social Media: A Critical Introduction*. London: Sage.

Gans, H. J. (1979). *Deciding what's news: A study of CBS Evening News, NBC Nightly News, Newsweek, and TIME*. Evanston, IL: Northwestern University Press.

Geertz, C. (1973). *The Interpretation of Cultures*. [문옥표 옮김. 《문화의 해석》. 까치, 2009].

Geertz et al., (eds.) (2010). *Writing Culture: The Poetics and Politics of Ethnography*. LA, California: University of California Press.

Gibson, C. (2003). Cultures at work: Why 'culture' matters in research on the 'cultural' industries. *Social & Cultural Geography*, 4(2), pp.201～215.

Gitlin, T. (1983). *Inside prime time*. New York, NY: Pantheon Books.

Gitlin, T. (2000). *Inside prime time*. Berkeley: University of California Press.

Graham, J. and Gandini, A. (eds.) (2017). *Collaborative Production in the Creative Industries*. London, UK: University of Westminster Press.

Gray, J. and Johnson, D. (Eds.) (2013). *A Companion to media authorship*. London, UK: Wiley-Blackwell.

Gripsrud, J. (ed.) (1999). *Television and Common Knowledge*. London: Routledge.

Gripsrud, J. (ed.) (2010). *Relocating Television*. London: Routledge.

Grossberg, L. (2010). *Cultural Studies in the future tense*. Durhame, NC: Duke University Press.

Grossberg, L. (2018). *Under the cover of chaos: Trump and the battle for the American right*. London, UK: Pluto Press.

Hall, S., Critcher, C., Jefferson, T., Clarke, J., & Roberts, B. (1978). *Policing the crisis*. London, UK: Palgrave.

Hall, S., Critcher, C., Jefferson, T., Clarke, J., & Roberts, B. (2013). *Policing the crisis* (2nd Ed.). London, UK: Palgrave Macmillan.

Hall, S. et al., (eds.) (2013). *Representation: Cultural Representations and Signifying Practices*. UK: Sage.

Hall, S. and Jefferson, T. (eds.) (1976). *Resistance through rituals: youth subcultures in post-war*. London, UK: Hutchinson.

Harney, S. (2010). Creative industries debate. *Cultural Studies*, 24(3), pp.431～444.

Hartley, J. (1999). *Uses of Television*. London: Routledge.

Hartley, J. (ed.) (2005). *Creative industries*. Oxford: Blackwell.

Havens, T., Lotz, A. D., & Tinic, S. (2009). Critical media industry studies: A research approach.

Communication, Culture, & Critique, 2(2), pp.234~253.

Hebdige, D. (1979). *Subculture: The Meaning of Style*. London, UK: Routledge.

Hepworth-Sawyer, R. et al., (eds.) (2020). *Gender in Music Production*. London, UK: Routledge.

Hesmondhalgh, D. (1996). Flexibility, post-Fordism and the music industries. *Media, Culture & Society*, 18(3), pp.469~488.

Hesmondhalgh, D. (2005). *Media production*. [김영한 옮김. 《미디어 생산》. 커뮤니케이션북스, 2010].

Hesmondhalgh, D. (2006). Bourdieu, the media and cultural production. *Media, Culture & Society*, 28(2), pp.211~31.

Hesmondhalgh, D. (2009). Politics, theory, and method in media industrial research. In J. Holt & A. Perren (eds.), *Media industries: History, theory, and method*(pp.245~255). Oxford, UK: Wiley-Blackwell.

Hesmondhalgh, D. (2010). Media industry studies, media production studies in J. Curran (ed.) *Media and Society*(pp.145~163). London, UK: Bloomsbury.

Hesmondhalgh, D., & Baker, S. (2010). A very complicated version of freedom: Conditions and experiences of creative labour in three cultural industries. Poetics, 38, pp.4~20.

Hesmondhalgh, D., & Toynbee, J. (2008). Why media studies needs better social theory. In D. Hesmondhalgh & J. Toynbee (eds.), *Media and social theory*(pp.1~24). London, UK: Routledge.

Hilmes, M. (2009). Nailing mercury: The problem of media industry historiography. In J. Holt & A. Perren (eds.), *Media industries: History, theory, and method*(pp.21~33). Oxford, UK: Wiley-Blackwell.

Ho, Karen (2009). *Liquidated: An Ethnography of Wall Street Durham*. [유강은 옮김. 《호모 인베스투스》. 이매진, 2013].

Holt, J., & Perren, A. (eds.) (2009). *Media industries: History, theory, and method*. Oxford, UK: Wiley-Blackwell.

Iorio, S. (Ed.), (2004). *Qualitative research in journalism*. London, UK: LEA.

Jefferson, T. (2008). Policing the crisis revisited: The state, masculinity, fear of crime and racism. *Crime, Media, Culture*, 4(1), pp.113~121.

Jensen, K. B. (1995). *The Social Semiotics of Mass Communication*. London: Sage.

Johnson, D. (2014). After the industry turn: Can production studies make an audience turn?. *Creative Industries Journal*, 7(1), pp.50~53.

Johnson, D., Kompare, D., & Santo, A. (Eds.) (2014). *Making media work: Cultures of management in the entertainment industries*. New York, NY: NYU Press.

Kackman, M. et al. (eds.) (2010). *Flow TV*. London, UK: Routledge.

Keeble, R., & Wheeler, S. (eds.) (2007). *The Journalistic Imagination*. London, UK: Routledge.

Knox, H. & Nafus, D. (eds.) (2018). *Ethnography for a data-saturated world*. Manchester, UK: Manchester University Press.

Landman, J. (2009). "Not in Kansas anymore": transnational collaboration in television science fiction production. In Mayer, V., Banks, Mi., & Caldwell, J., (eds.) *Production Studies: Cultural Studies of*

Media Industries(pp.140~153). London, UK: Routledge.

Levine, E. (2009). Crossing the Border: Studying Canadian Television Production In Mayer, V., Banks, Mi., & Caldwell, J., (eds.) *Production Studies: Cultural Studies of Media Industries*(pp.154~166). London, UK: Routledge.

Lazzarato, M. (1996). Immaterial labor. In P. Virno & M. Hardt (eds.) *Radical thought in Italy*(pp.133~147). Minneapolis, MN: University of Minnesota Press.

Lee, D., & Zoellner, A. (2019). Media production research and the challenge of normativity. In M. Deuze & M. Prenger (eds.) *Making media production, practices, and professions*(pp.45~59). Amsterdam, NL: Amsterdam University Press.

Lindell, J. (2015). Bourdieusian media studies: Returning social theory to old and new media. *Distinktion: Scandinavian Journal of Social Theory,* 16(3), pp.362~377.

Lindlof, T., & Taylor, B. (2010). *Qualitative communication research methods.* London, UK: Sage.

Lotz, A. (2004). Textual (im)possibilities in the U.S. post-network era: Negotiating production and promotion processes on lifetime's any day now. *Critical Studies in Media Communication*, 21(1), pp.22~43.

Lotz, A. (2009). Industry-Level Studies and the Contributions of Gitlin's Inside Prime Time. In Mayer, V., Banks, M. J., & Caldwell, J. T. (eds.) *Production studies: Cultural studies of media industries*(pp.25~38). London, UK: Routledge.

Lotz, A. (2014). "Building Theories of Creative Industry Managers: Challenges, Perspectives and Future Directions." In Derek J., et al., *Making Media Work: Cultures of Management in the Entertainment Industries*(pp.25~38). New York, NY: New York University Press.

Lupton, D. (2019). *Data Selves: More-than-Human Perspectives.* Cambridge, UK: Polity.

Madianou, M. (2010). Living with news: Ethnographies of news consumption. In S. Allan (ed.) *The Routledge Companion to News and Journalism*(pp.428~438). London, UK: Routledge.

Massey, D. (2017). The soundings conjuncture projects: The challenge right now. In J. Henriques et al., (eds.) *Stuart Hall: Conversations, projects and legacies*(pp.86~93). London, UK: Goldsmiths Press.

Mayer, V. et al., (eds.) (2009). *Production studies.* London, UK: Routledge.

Mayer, V. (2011). *Below the line: Television producers and production studies in the new economy.* Durham, NC: Duke University Press.

Mayer, V. (2013). Cast-aways: The plights and pleasures of reality casting and production studies. In L. Ouellette (ed.) *A Companion to Reality Television*(pp.57~73). Malden, MA: Wiley-Blackwell.

McDonald, P. (2013). Media industries studies: Introduction. *Cinema Journal,* 52(3), pp.145~149.

McGuigan, J. (2010). Creative labour, cultural work and individualisation, *International Journal of Cultural Policy,* 16(3), pp.323~335.

McKee, A. (2003). *Textual analysis: A beginner's guide.* London, UK: Sage.

McRobbie, A. (2005). *The Uses of Cultural Studies.* London, UK: Sage.

McRobbie, A. (2016). *Be creative.* Cambridge, UK: Polity.

Miller, T. (2009). From creative to cultural industries, *Cultural Studies*, 23(1), pp.88~99.

Miller, T. (2014). Cultural work and creative industries. In J. S. Maguire & J. Matthews (eds.), *The Cultural Intermediaries Reader*(pp.25~41). London, UK: Sage.

Mosco, V. (2011). The political economy of labor. In J. Wasko, G. Murdock, & H. Sousa (eds.) *The Handbook of political economy of communications*(pp.358~380). Oxford, UK: Wiley-Blackwell.

Murdock, G. (2003). Back to work: Cultural work in altered times. In A. Beck (ed.), *Cultural Work: Understanding the cultural industries* (pp.15~36). London, UK: Routledge.

Murdock, G., & Golding, P. (2016). Political economy and media production. *Media, Culture & Society*, 38(5), pp.763~769.

Negus, K. (1997). The Production of Culture in Du Gay, P. (ed.), (1997). *Production of Culture/Cultures of Production*(pp.67~118) London, UK: Sage.

Newcomb, H. (2009). Toward synthetic media industry research. In J. Holt and A. Perren (eds.), *Media industries: History, theory, and method*(pp.264~270). Oxford, UK: Wiley-Blackwell.

O'Donnell, P., Zion, L., & Sherwood, M. (2016). Where do journalists go after newsroom job cuts?. *Journalism Practice*, 10, pp.35~51.

Oakley, K. (2013). Absentee workers. In M. Banks, R. Gill, & S. Taylor (eds.) *Theorizing cultural work* (pp.56~67). London, UK: CRESC Routledge.

Orgad, S. (2014). When media representation meet sociology. In S. Waisbord (Ed.), *Media sociology: A reappraisal*(pp.133~150). Cambridge, UK: Polity.

Ortner, S. (2009). Studying Sideways: Ethnographic Access in Hollywood. Mayer. V., et al. (eds.) *Production Studies: Cultural Studies of Media Industries*. New York: Routledge.

O'Shaughnessy, M. & Stadler, J. (2005). *Media and Society*. Oxford: Oxford University Press.

Ouellette, L., & Wilson, J. (2011). Women's work: Affective labour and convergence culture. *Cultural Studies*, 25(4-5), pp.548~565.

Pang, L. (2009). The labor factor in the creative economy. *Social Text*, 27(2), pp.55~76.

Parks, L., & Starosielski, N. (Eds.) (2015). *Signal Traffic: Critical studies of media infrastructures*. Champaign, IL: University of Illinois Press.

Paterson, C. & Domingo, D. (eds.) (2008). *Making Online News: The Ethnography of New Media Production*. New York: Peter Lang.

Paterson, C., D. Lee, A., Saha, A., & Zoellner, A. (2016) Production Research: Continuity and Transformation. In Paterson, C., et al. (eds.) *Advancing Media Production Research: Shifting Sites, Methods, and Politics*(pp.3~19). Basingstoke: Palgrave Macmillan,

Rao, S. (2007). The Globalization of Bollywood: An ethnography of non-elite audiences in India. *The Communication Review*, 10(1), pp.57~76.

Richardson, L. (2019). Culturalisation and devices: What is culture in cultural economy?. *Journal of Cultural Economy*, 12(3), pp.228~241.

Robinson, S. (2011). Convergence crisis: News work and news space in the digitally transforming newsroom. *Journal of Communication*, 61, pp.1122~1141.

Rothenbuhler, E., & Coman, M. (Eds.) (2005). *Media Anthropology*. London, UK: Sage.

Ryan, K. M. (2009). The performative journalist. *Journalism*, 10(5), pp.647~664.

Scannell. P. (2007). *Media and Communication*. London: Sage.

Schlesinger, P. (1978). *Putting 'Reality' Together: BBC News*. London: Constable.

Schlesinger, P. (2016). On the vagaries of production research. In C. Paterson, D. Lee, & A. Saha (eds.) *Advancing media production research: Shifting sites, methods, and politics*(pp.20~37). New York, NY: Palgrave MacMillan.

Scholz, T. (2013). *Digital labor: The internet as playground and factory*. New York, NY: Routledge.

Schudson, M. (2011). *The Sociology of News*. New York: W. W. Norton & Company.

Schultz, I. (2007). The journalistic gut feeling: Journalistic doxa, news habitus and orthodox news values. *Journalism Practice*, 1(2), pp.190~207.

Sorce, G. (2019). Institutional ethnography for communication and media research. *The Communication Review*, 22(4), pp.296~308.

Spigel, L. (1992). *Make Room for TV: Television and the Family Ideal in Postwar America*. Chicago, IL: University of Chicago Press.

Spigel, L. (2001). *Welcome to the Dreamhouse: Popular Media and Postwar Suburbs*. Durham, NC: Duke University Press.

Spigel, L. (2022). *TV Snapshots: An Archive of Everyday Life*. Durham, NC: Duke University Press.

Spigel, L. and Olsson, J. (eds.) (2004). *Television after TV*. Durham: Duke University Press.

Srnicek, N. (2017). *Platform capitalism*. [심성보 옮김. 《플랫폼 자본주의》. 킹콩북, 2020].

Stonbely, S. (2015) The social and intellectual contexts of the U.S. "newsroom studies," and the media sociology of today. *Journalism Studies*, 16(2), pp.259~274.

Taber, N. (2010). Institutional ethnography, auto-ethnography, and narrative: An argument for incorporating multiple methodologies. *Qualitative Research*, 10(1), pp.5~25.

Terranova, T. (2000). Free labor: Producing culture for the digital economy. *Social Text*, 18(2), pp.33~58.

Terranova, T. (2004). *Network culture: politics for the information age*. London & Ann Arbor, MI: Pluto Press.

Tinic, S. (2005). *On Location: Canada's Television Industry in a Global Market*. Toronto: University of Toronto Press.

Tuchman, G. (1978). *Making news: A study in the construction of reality*. [박홍수 옮김. 《메이킹 뉴스》. 나남, 1995].

Turner, G. & Tay, J. (eds.) (2009). *Television Studies after TV*. London: Routledge.

Ulrich, B. (2007). *Das unternehmerische Selbst*. [김주호 옮김. 《기업가적 자아》. 한울, 2014].

Uricchio, W. (2005). Television's Next Generation. In Spigel, L. & Olsson, J. (eds.) *Television after TV* (pp.163~182). Durham, NC: Duke University Press.

Uricchio, W. (2010). TV as time machine. In Gripsrud, J. (ed.) (2010). *Relocating Television*. London, UK:

Routledge, pp.27～40.

Urry (2007). *Mobilities*. Cambridge, UK: Polity.

Usher, N. (2014). *Making news at The New York Times*. Ann Arbor, MI: University of Michigan Press.

Usher, N. (2021). *News for the Rich, White, and Blue: What the Decline of Journalism Means for America*. New York, NY: Columbia University Press.

Waisbord, S. (2014). Introduction: Reappraising media sociology. In S. Waisbord (Ed.), *Media sociology: A reappraisal*(pp.1～21). Cambridge, UK: Polity.

Webster, F. (2014). *Theories of the Information Society* (4th ed.). [조동기 옮김. 《현대 정보사회 이론》. 나남출판, 2016].

Williams, R. (1974/2004). *Television: Technology and Cultural Form*. London, UK: Routledge.

Willis, P. (1981). *Learning to Labor: How Working Class Kids Get Working Class Jobs*. New York, NY: Columbia University Press.

Ybema, et al. (eds) (2009). *Organizational Ethnography: Studying the Complexities of Everyday Life*. London: Sage.

Zafirau, S. (2009). Audience knowledge and the everyday lives of cultural producers in Hollywood. In V. Mayer, M. J. Banks, & J. T. Caldwell (eds.) *Production studies*(pp.190～213). London, UK: Routledge.

Zelizer, B. (2004). *Taking Journalism Seriously: News and the Academy*. London, UK: Sage.

Zelizer, B. (2009). *The Changing Faces of Journalism: Tabloidization, Technology and Truthiness*. London, UK: Routledge.

찾아보기